민수기 강해집

하나님의
신병훈련소

우리는 신앙 생활을 하면서 어려운 시련을 당하게 되면 '하나님은 분명히 나를 사랑하시는데

왜 나에게 이런 어려움이 와야 하는가?' 하면서 좀처럼 이해를 하지 못할 때가 많습니다.

물론 하나님은 우리를 사랑하시지만 우리가 좀 더 능력있는 성도가 되려고 하면 연단을 받아야 하는 것입니다.

처음 군인들이 신병 훈련소에 입대를 하면 아무 것도 제대로 해내지 못합니다.

행진도 못하고 총도 쏘지 못하고 더욱이 어려운 임무는 감당을 해내지 못하는 것입니다.

그러나 훈련소에서 어려운 과정을 거치고 나면 씩씩한 군인이 되어서 어떤 임무가 주어져도

능히 감당을 해내게 됩니다. 민수기는 애굽의 노예들이었던 이스라엘 백성들이

광야의 연단 과정을 통해서 하나님의 군대로 만들어지는 과정을 보여주는 생생한 기록입니다.

민수기 강해집

하나님의
신병훈련소

김서택 지음

솔로몬

민수기 강해집
하나님의 신병훈련소

2015년 11월 10일 초판 3쇄발행

    지은이 김서택
    펴낸이 박영호
    펴낸곳 도서출판 솔로몬

등록번호 제 16-24호
  등록일 1990년 7월 31일

        주소 : 서울시 동작구 사당3동 207-3 신주빌딩 1층
        TEL : 599-1482 FAX : 592-2104
        직영서점 : 596-5225

        ISBN : 978-89-8255-438-4 (03230)

* 저작권법에 의하여 보호를 받는 저작물이므로 무단전재와 복제를 금합니다.
* 정가는 뒷표지에 있습니다.
* 잘못되거나 파손된 책은 구입하신 서점에서 교환하여 드립니다.

서문

고난은 전공 필수

우리는 신앙 생활을 하면서 어려운 시련을 당하게 되면 '하나님은 분명히 나를 사랑하시는데 왜 나에게 이런 어려움이 와야 하는가?' 하면서 좀처럼 이해를 하지 못할 때가 많습니다. 물론 하나님은 우리를 사랑하시지만 우리가 좀 더 능력 있는 성도가 되려고 하면 연단을 받아야 합니다.

처음 군인들이 신병 훈련소에 입대를 하면 아무 것도 제대로 해내지 못합니다. 예를들면 행진도 못하고 총도 쏘지 못하고 더욱이 어려운 임무는 감당을 해내지 못하는 것입니다. 그러나 훈련소에서 어려운 과정을 거치고 나면 씩씩한 군인이 되어서 어떤 임무가 주어져도 능히 감당을 해내게 됩니다.

민수기는 애굽의 노예들이었던 이스라엘 백성들이 광야의 연단 과정을 통해서 하나님의 군대로 만들어지는 과정을 보여주는 생생한 기록입니다.

아마 저희들 중에서 어느 누구들도 고난과 역경을 원하는 사람은 없을 것입니다. 그러나 우리가 아무리 하나님의 자녀요 택함 받은 백성이라 하더라도 우리에게 연단이 없으면 우리는 아무 쓸모없는 잡석에 불과할 것입니다.

하나님께서는 우리 한 사람 한 사람을 불과 같은 고난의 용광로에 넣으셔서 정금과 같은 믿음을 가지게 하십니다. 그러기에 우리 예수 믿는 사람들에게 고난은 선택 과정이 아니라 전공 필수과정인 것입니다. 우리에게는 우리 모두 나름대로의 민수기가 다 있습니다.

민수기에는 모세가 이스라엘 백성들의 인구를 두 번 조사한 것으로 나옵니다. 한번은 광야 훈련을 시작할 때이고 다른 한번은 광야 훈련을 마칠 때입니다. 사실 이 두 번의 인구 조사 사이에 이스라엘 백성들은 엄청난 훈련과 연단을 받게 되고 이스라엘 백성들은 완전히 다 바뀌어집니다. 그 결과 이렇게 훈련된 백성들은 단숨에 가나안 땅으로 진격해서 가나안 족속들을 몰아내고 새로운 나라를 세우게 되는 것입니다.

오늘 우리들이 이 세상에서 승리하지 못하고 자꾸 밀리는 이유가 무엇입니까? 훈련받지 못한데 그 이유를 생각할 수 있을 것입니다.

이 민수기 강해서는 대구동부교회에서 설교한 내용입니다. 금요일 기도회 때마다 열정적으로 말씀을 듣고 기도하신 대구동부교회 성도님들에게 깊은 감사를 드립니다. 그리고 이 설교집을 책으로 출판하여 많은 목회자들과 성도들이 함께 나눌 수 있는 가교의 역할을 감당하시는 솔로몬 출판사 대표 박영호 집사님께도 감사를 드립니다.

2009년 6월
대구수성교옆에서
김 서 택 목사

Open Field Bring Up

목차

서문 • 5

01 하나님의 점호 • 11
02 이스라엘의 배치 • 29
03 레위지파의 역할 • 47
04 이동하는 성전 • 65
05 이스라엘의 정결 • 85
06 나실인의 서원 • 105
07 이스라엘의 준비 • 125
08 나팔 소리 • 147
09 이스라엘의 불평 • 167
10 미리암의 도전 • 191
11 열두명의 정탐꾼 • 209
12 이스라엘의 반역 • 229
13 산자와 죽은자의 사이 • 251
14 열매맺는 백성 • 271
15 바위에서 생수가 나다 • 293
16 이스라엘의 장애물 • 315
17 나귀의 책망 • 337
18 발람의 저주 • 361
19 위대한 이스라엘 • 383
20 브올의 사건 • 405
21 이스라엘의 세대교체 • 427
22 가나안 땅에서 드릴 제사 • 449
23 모세의 마지막 임무 • 469
24 가나안 정복의 청사진 • 491

01 _ 민 1:1-54

하나님의 점호

　　비행기를 타고 미국의 텍사스를 향하여 가다보면 나무라고는 전혀 없고 사람이라고는 전혀 살 수 없는 황무한 산과 들판이 계속 펼쳐져 있는 것을 발견하게 됩니다. 산이나 들판의 색깔조차도 우리에게 익숙한 푸른색이 아니라 생명이 전혀 없는 회색으로 되어 있습니다. 만일 우리가 탄 비행기가 추락이라도 해서 그런 곳에서 백 명이나 이백 명이 일주일이나 한 달 정도 살아야 한다고 하면 아마 정말 끔찍한 지옥 같은 경험이 될 것입니다.

　소설 중에서 이와 비슷한 내용을 다룬 소설이 있습니다. 이것이 바로 윌리암 골딩이라는 사람이 쓴 '파리 대왕' 이라는 소설입니다. 우리가 '파리 대왕' 이라면 이것이 도대체 무슨 뜻일까 의아하게 생각할 것입니다.

　그런데 이 소설의 내용을 읽어보면 다음과 같습니다. 어떤 초등학교 학생들이 어떤 곳에서 군사 훈련을 받으면서 비행기를 타고 오다가 비행기가 바다에 불시착을 해버립니다. 아이들은 모두 수영을 하든지 튜브를 타서 가까이에 있는 섬으로 모두 가서 살게 됩니다. 그러나 문제는 섬에 가고 난 후부터 나타나게 됩니다. 아무도 없는 섬에서 아이들은 난폭해지기 시작한 것입니다. 그래서 힘 센 아이들이 서로 대장이 되겠다고 해서 편을 나누고 서로 싸우게 되는데 나중에는 아이들끼리 살인까지 하는 내용입니다. 그런데 어느날 그 섬에서 돼지 한 마리를 발견했는데 난폭해진 아이들이 그 돼지를 사냥해서 목을 잘라서 창에 꽂아서 세워놓습니다. 그러자 그 돼지 머리에 파리가 들끓게 되는데 그 죽은 돼지 머리가 바로 '파리 대왕'인 것입니다.

사람들은 극한적인 상황에 빠지면 난폭해지게 되어 있고 인간의 윤리나 도덕 같은 것은 다 없어지고 어떤 난폭한 리더의 말에 맹목적으로 복종해서 살아남으려고 하는 본능이 있습니다. 이것은 일종의 자포자기하는 심정과 같은 것입니다. 또한 이것은 마치 이미 사회에서 다른 가능성들은 다 포기해버린 사람들이 깡패가 되어서 두목에게 거의 맹목적으로 복종해서 살아남으려고 하는 것과 비슷한 심리인 것입니다.

오늘부터 저는 민수기를 통해 정말 우리와는 너무나도 동떨어진 이상한 세계를 살펴보려고 합니다. 이스라엘 백성들이 거주했던 광야는 학교도 없고 병원도 없고 농사도 짓지 않고 나무도 없고 풀도 없고 우물도 없는 그야말로 버려진 땅이었습니다. 민수기에 나타나는 이스라엘 백성들의 모습은 오늘 우리들이 하루하루 살아가고 있는 것과는 너무나도 이질적인 것입니다.

우리가 그들에 대하여 관심을 가지는 이유는 그들이 축복받은 하나님의 백성이라는 사실입니다. 우리는 대부분 아무것도 없는 버려진 들판에 대해서는 관심을 가지지 않지만 만일 그곳에서 석유가 나오거나 혹은 금이 나오면 이야기는 달라지게 될 것입니다. 마찬가지로 이스라엘 백성들은 철저하게 버려진 광야에 있었지만 그들은 축복의 백성들이었습니다. 그들에게서 나오는 것은 석유나 황금이 아니라 하나님의 축복이요 능력이었습니다. 그러니까 하나님의 축복을 받기 위해서 비록 광야에서 떠돌이 생활을 하고 있는 사람들이지만 이들에 대하여 관심을 가지지 않을 수가 없는 것입니다.

그리고 또 하나는 우리 한 사람 한 사람도 신앙생활을 하다보면 이스라엘 백성들의 광야 생활과 비슷한 과정을 경험하게 되기 때문입니다. 하나님께서는 이스라엘 백성들을 애굽에서 구원하신 후에 바로 가나안 땅으로 들어가게 하시지 아니하시고 무려 사십년 동안 광야 경험을 하게 하셨습니다. 결국 이스라엘 백성들은 이 광야 사십년을 통하여 진정한 하나님의 백성으로 훈련을 받게 되었습니다. 즉 이스라엘 백성들의 광야 사십년은 오늘 우리 식으로 표현을 하면 '하나님의 신병 훈련소' 와 같은 것입니다.

처음에 우리나라 청년들이 소집 영장을 받고 군대에 입대하면 그야말로 오합지졸들이나 마찬가지입니다. 줄을 제대로 맞추어서 걷지도 못하고 구보도 제대로 하지 못하고 상관의 명령을 받아도 어떻게 해야 할지 모릅니다. 더욱이 군인으로 가장 중요한 총을 쏠 줄도 모릅니다. 그러나 한 달이나 두 달 정도 집중적인 신병 훈련을 받으면서 조금씩 자기가 군인이라는 의식이 생기게 되면 상관의 명령에는 복종을 해야 하며 식사나 취침이나 모든 것을 명령에 따라서 해야 하는구나 하는 것을 익히게 되는 것입니다.

오늘날 우리식으로 하면 광야는 이스라엘 백성들의 신병 훈련소였습니다. 애굽에 있을 때 노예에 불과했고 책임을 질 줄도 몰랐고 오직 조금 더 편하게 지내고 조금 더 배불리 먹는 것만 생각했던 이스라엘 백성들이 하나님의 말씀 하나에 요단강을 건너가고 여리고성을 무너뜨리는 하나님의 용사로 변하게 되는 것입니다.

보통 군대는 군인들이 훈련받는 모습을 잘 보여주지 않습니다. 왜냐하면 훈련을 다 받고 난 후의 모습은 멋있고 훌륭하지만 막상 훈련받는 과정은 처참하고 끔찍하기 때문입니다. 사람들은 훈련을 받으면서 인간의 그 적나라한 이기심과 비겁함을 모두 다 나타냅니다. 그러나 하나님은 이스라엘 백성들의 훈련 과정을 모두 다 공개를 하셨습니다. 그것이 바로 이 민수기인 것입니다. 하나님께서 이렇게 하신 것은 우리들이 이런 비참한 훈련을 받을 때 도움을 받게 하기 위해서 그렇게 한 것입니다.

이 책에 '민수기' 라는 이름이 붙은 것은 두 번에 걸쳐서 이스라엘 백성들의 인구를 조사한 내용이 나오기 때문입니다. 즉 이스라엘 백성들이 처음 애굽에서 나온 후 광야에서 첫 번째 인구 조사를 했고 그리고 광야에서 사십년을 지난 후에 또 다시 두 번째 인구 조사를 했습니다. 그러나 우리가 민수기를 보면 알겠지만 이 안에는 역사적인 내용만 있는 것이 아니라 수많은 이름이나 자료들 그리고 제사나 율법에 대한 것이 함께 섞여 있어서 해석하는데 어려움을 만들고 있습니다. 우리 같은 경우에는 많은 것을 부록에 집어넣든지 해야 할 텐데 옛날 사람들에게는 책을 쓰는데 있어서 부록이라는 개념이 없었습니다. 그러나 분명한 사실은 이스라엘 백성들이 이런 광야 훈련을 통해서 하나님의 강한 군사들이 되었고 이 훈련을 받은 덕분에 너끈하게 가나안 땅을 차지할 수 있었던 것입니다.

인구 조사의 지시

하나님께서는 이스라엘 백성들이 애굽을 나와 광야에 있은 지 정확하게 일 년 일개월이 지난 후 모세에게 이스라엘 백성 전체의 인구를 조사하라고 모세에게 지시를 하셨습니다.

민수기 1장 1-2절
이스라엘 자손이 애굽 땅에서 나온 후 제 이년 이월 일일에 여호와께서 시내 광야 회막에서 모세에게 일러 가라사대 너희는 이스라엘 자손의 모든 회중 각 남자의 수를 그들의 가족과 종족을 따라 그 명수대로 계수할찌니

하나님께서는 이스라엘 백성들이 출애굽한 지 일 년 한 달이 지난 후에 숫자를 계수하게 하셨습니다. 그러면 이 일 년 한 달 동안 이스라엘 백성들은 무엇을 했습니까? 하나님이 거하실 장막 즉 성전과 하나님의 궤를 만드는 일을 했습니다. 이 일을 마치자 말자 하나님께서는 이스라엘 백성들의 숫자를 계수하게 하신 것입니다.

민수기는 한 노예 민족이 하나님의 군대로 변화하는 과정을 보여주는 책입니다. 보통 우리나라 청년들이 처음 국가의 부름을 받고 군대에 입대하게 되면 가장 먼저 하는 일은 이름을 확인하고 숫자를 헤아리는 일입니다. 신병 훈련소에서 가장 먼저 하는 것이 바로 이것이고 이것보다 중요한 일은 없습니다. 사람들의 이름을 확인하는 과정에서 와야 하는 사람은 반드시 와야 하며 와서는 안 되는 사람이 와 있어도 안 됩니다. 이스라엘 백성들이 애굽을 나올 때에는 그야말로 어중이떠중이들이었습니다. 그런데 그들은 이름을 확인하고 숫자를 계수함

으로 이제는 하나님의 백성으로 소속이 되는 것입니다.

이스라엘 백성들은 목축업을 했기 때문에 숫자 개념이 아주 정확하고 빨랐습니다. 목자가 양을 칠 때에 양들의 숫자가 정확한지 확인하는 것은 아주 중요했습니다. 그래서 목자들은 매일 아침 양들의 수를 헤아렸습니다. 대개 목자는 막대기를 문 입구에 걸쳐 놓고 양들의 이름을 부릅니다. 그러면 그 양이 정확하게 나와서 막대기를 뛰어 넘었습니다. 이것은 몇 백 마리든지 상관이 없었습니다. 그래서 목자가 양들의 숫자를 파악했다는 것은 그 양들을 보호하는 것이며 책임을 지는 것을 의미하는 것입니다.

마찬가지로 하나님께서 이스라엘 백성들의 숫자를 헤아리게 하셨다는 것은 특별한 의미가 있었습니다. 즉 이제부터 그들은 진정으로 하나님께 소속된 자들이기에 하나님은 그들을 보호하시고 책임을 지신다는 것입니다. 물론 그 전이라고 해서 하나님께서 이들을 모르시거나 보호하시지 않으신다는 뜻은 아닙니다. 그러나 이제 공적으로 숫자를 헤아림으로 이것이 명확하게 된 것입니다.

그러므로 우리는 하나님의 백성들의 숫자 안에 포함이 되어야 합니다. 이것은 현실적으로 신실하게 교회 안에 포함이 되는 것으로 나타나게 됩니다. 우리는 기독교의 사상만 심취해서는 안 됩니다. 쉽게 말해서 무교회주의자가 되어서는 안 되는 것입니다. 지성인들 중 일부는 기독교 사상은 너무나도 훌륭하고 좋은데 교회는 문제가 많고 실망스럽기 때문에 정신적으로만 기독교 사상에 심취하려고 하는 사람들이 있습니다. 그러나 이것은 결코 바람직한 것이 아닙니다. 우리는 문제가 많은 교회를 사랑해야 하고 내가 그 안에 포함되어야 더 진리가 구체적이 되고 능력 있는 것이 될 수 있습니다.

그런데 이스라엘 백성들의 수를 헤아리는 것은 요새 우리나라 군대에서 하는 것과는 많은 차이가 있습니다. 우리나라 군대는 일단 가족과 분리시켜서 군인들을 모집을 하고 훈련을 시킵니다. 그래서 군인이 되려고 하면 집을 떠나야 하는 것입니다. 그런데 이스라엘 백성들은 군인들을 따로 조직하지 아니하고 가족 단위와 종족 단위를 그대로 살리면서 숫자를 헤아리게 했습니다. 이것은 파트타임 일처럼 하나님의 일은 집에서 다른 일을 하면서 해도 된다는 뜻은 아닙니다. 이것은 하나님의 군대가 따로 있는 것이 아니라 모든 가족, 모든 종족이 다 하나님의 군대가 된다는 것을 의미합니다. 즉 집안의 모든 식구들이 전부 다 하나님의 군대인 것입니다.

하나님의 나라는 가정이 가장 중요한 단위입니다. 그리고 그 가정 안에 있는 부인이나 아이나 모두 하나님의 군대요, 죄와 싸우는 사람인 것입니다.

그래서 하나님의 백성들은 훈련을 받을 때에도 온 집안 식구들이 다 훈련을 받게 됩니다. 예를 들면 아버지가 직장을 잃거나 병으로 쓰러지시게 되면 온 식구들이 매달려서 기도하게 되고 심지어는 온 종족이 다 매달려서 기도하게 되는 것입니다. 이것이 모여서 이스라엘의 힘이 되는 것입니다. 그래서 이스라엘의 힘은 따로 군대가 있는 것이 아니라 모든 가족들의 기도의 힘이 이스라엘의 힘인 것입니다.

민수기 1장 3절
이스라엘 중 이십 세 이상으로 싸움에 나갈만한 모든 자를 너와 아론은 그 군대대로 계수하되 하나님께서는 이스라엘 백성들의 숫자를 헤아리는 목적이 하나님의 군대를 만드는 것이라는 것을 분명히 하셨습니다. 물론 이 군대는 적의 공격으로부터 가족을 지키고 재산을 지키는 것입니다. 그러나 더 중요한 것은 가나안 땅을 공격하는 군인이 되는 것입니다. 즉 믿음의 군인들이 되는 것입니다.

만약 하나님께서 모든 이스라엘 남자를 다 헤아리라고 하셨더라면 줄을 서서 기다리는 중에도 태어나는 아이들이 수도 없이 많았을 것입니다.

대개 이십 세 이상의 남자는 전부 가정을 가지고 있었습니다. 그래서 이스라엘의 숫자에 포함이 된 사람들은 미성년자들이 아니었습니다. 가정을 책임질 수 있는 성인이었던 것입니다.

우리는 남자에게 한 가정을 책임진다는 것이 얼마나 중요한지 알려 줄 필요가 있습니다. 한 여자의 남편이 되고 아이들을 책임지는 아버지가 되는 것은 남자로서는 가장 위대한 일인 것입니다. 저는 아내가 임신을 하고 우리 아기가 태어났을 때 그 기쁨은 말로 표현할 수가 없었습니다.

옛날에는 남자가 자기 야망이나 욕심 때문에 부인과 아이들을 버리고 방황하거나 다른데 가서 허송세월하는 경우가 많았습니다. 이것은 너무나도 비신앙적이고 비기독교적인 것입니다. 남자는 한 가정을 책임지고 아내와 자식들을 책임질 때 비로소 남자로서의 역할을 하는 것입니다. 거기에서 한 걸음 더 나아가서 크리스천은 가정에서 신앙적인 결단을 내려야 하는 위치에 있습니다. 이것을 하나님께서는 가장에게 주셨습니다.

각 지파의 두령을 뽑게 하심

하나님께서는 이스라엘 백성들 전체의 수를 헤아리는 것을 돕기 위해서 각 지파마다 책임자를 세우게 하셨습니다.

민수기 1장 4-7절

매 지파의 각기 종족의 두령 한 사람씩 너희와 함께 하라. 너희와 함께 설 사람들의 이름은 이러하니 르우벤에게서는 스데울의 아들 엘리술이요, 시므온에게서는 수리삿대의 아들 슬루미엘이요, 유다에게서는 암미나답의 아들 나손이요

여기서 하나님께서는 이스라엘 백성들을 양육하는데 두 가지 체계를 세우시는 것을 볼 수 있습니다. 하나는 말씀에 대한 것입니다. 하나님은 이 부분에 있어서는 결코 양보를 하시지 않으셨습니다. 하나님은 말씀만은 오직 모세가 독점하게 하셨습니다. 나중에 이 부분에 있어서 이스라엘 족장들의 많은 항의가 있었고 심지어는 모세의 누이 미리암이 반발했지만 하나님은 결코 이 부분은 양보하시지 않으셨습니다. 그 이유는 말씀의 순수성 때문이었습니다. 하나님의 말씀은 아무나 자기가 생각해서 좋다고 해서 하나님의 말씀이 될 수 있는 것은 아닌 것입니다. 무엇보다 말씀을 전하는 자는 하나님께서 말씀하시는 것을 그대로 전달할 수 있어야 했습니다.

그러나 하나님께서는 이스라엘 백성들이 하나님의 말씀을 듣고 이것을 자신들의 삶에 적용하는데 있어서는 자치를 인정하셨습니다. 그래서 각 지파마다 대표를 세우게 하시고 그들로 하여금 말씀의 범위 안에서 모든 것을 자발적으로 할 수 있게 하셨습니다. 이것이 하나님

의 법이 가지는 유연성인 것입니다. 하나님께서는 우리를 모두 기계나 로봇으로 사용하시지 않으십니다. 우리가 하나님의 말씀을 들은 후에는 이것을 얼마든지 자신들의 이성을 사용해서 스스로 판단할 수 있게 하시는 것입니다.

그런데 하나님은 최소한의 권위를 족장들에게 부여하셨습니다. 우리가 잘 하는 바와 같이 사람들이 극한적인 상황에 처하게 되면 난폭해지기 쉽고 그럴 때에는 아주 부정적이고 난폭한 리더의 말을 맹종할 가능성이 많습니다. 결국 이렇게 하는 것은 스스로 자포자기하는 것밖에 되지 않는 것입니다.

그러나 하나님께서는 각자가 자기 마음대로 행동하지 못하게 하셨습니다. 즉 어른을 두어서 아무리 위기의 순간이라 하더라도 질서를 지킬 수 있게 하신 것입니다. 하나님은 혼란의 하나님이 아니라 질서의 하나님이십니다. 그러나 마귀는 혼란의 마귀입니다. 사람들을 갑자기 혼란에 빠트려서 패닉 현상을 일으키게 하고 그리고 난 뒤에는 이성을 잃고 난동을 부리게 하는 것입니다. 그런 까닭에 폭동이나 난동이 일어나는 현상을 고찰해 보면 대개 이미 마귀가 사람들의 정신을 지배하고 있는 것입니다. 그때 사람들의 눈빛을 보면 모두가 정상적인 눈빛이 아닙니다. 전부 다 미쳐서 날뛰는 것입니다. 그러면서도 전혀 자신의 행동에 대하여 책임도 느끼지 않고 부끄러움도 느끼지 않습니다.

그러기에 혼란이나 폭동 같은 것이 일어나지 않으려면 하나님의 말씀이 풍성하게 공급이 되어야 합니다. 하나님의 말씀이 풍성하면 너무나도 이성적이고 충분히 판단력이 살아있기 때문에 누군가가 충동질을 한다고 해서 폭동이 일어나거나 금방 무질서해지지 않습니다. 그러나 하나님의 말씀이 없으면 마른 나뭇가지처럼 바삭 말라있기 때문에 누군가가 조금만 충동질을 하여도 금방 혼란이 일어나고 폭동이 일어나게 됩니다. 그러면 결국 모두가 다 손해를 보게 됩니다.

결국 이스라엘 백성들은 하나님의 지시에 따라서 이십 세 이상의 전체 이스라엘 남자들의 수를 계수했습니다. 이스라엘 백성들이 사람 수를 헤아리는 방법은 좀 독특했습니다. 즉 줄을 그어놓고 수를 헤아린 사람은 넘어가게 하는 것입니다. 전체 이스라엘 남자의 수가 육십만 명이었는데 육십만 명을 한꺼번에 헤아리는 것은 불가능했을 것입니다. 그러나 열두 지파로 나누니까 벌써 사만에서 칠만 정도 되었습니다. 그것을 다시 종족으로 나누면 몇 천 정도 되고 그것을 다시 가족으로 나누면 몇 백 정도 되니까 아마 얼마든지 헤아릴 수 있었을 것입니다.

모세가 배우게 된 것이 바로 이 분담의 원칙이었습니다. 원래 모세는 모든 이스라엘 백성들의 분쟁이나 재판을 혼자 다 담당을 했었는데 그러니까 사람들은 순서를 기다린다고 지치고, 모세는 이야기를 듣고 재판한다고 지쳤습니다. 이것을 보다 못해서 모세의 장인 이드로가 지혜롭지 못하다고 하면서 사람을 세워서 일을 분담하게 했습니다. 우리는 때때로 하나님의 일을 하면서 너무 미련하게 할 때가 많습니다. 그러나 이럴 때에는 세상적인 지혜가 얼마든지 도움이 될 수 있는 것입니다.

그래서 하나님의 말씀은 분명하게 하고 다른 부분들은 할 수 있는 대로 각자 깨달은 믿음대로 하게 하는 것이 얼마나 효율적인지 모릅니다. 결국 교인들이 성숙하면 성숙할수록 모든 일들은 자기 스스로 할 수 있게 됩니다. 그러나 아무리 사람들이 많아도 스스로 일어서지 못하면 일일이 다 챙겨주어야 하니까 짐이 엄청나게 많아지게 되는 것입니다.

이스라엘 백성들을 계수해보니까 정말 그 숫자가 엄청났습니다. 그 숫자는 육십만 삼천 오백 오십 명이었습니다. 여기에 레위인의 숫자는 포함이 되지 않았습니다. 여기서 여자와 아이들의 숫자까지 포함했을 때 대개 4인 가족으로 생각하면 이백만 명은 되었을 것이라는 계산이 나오는 것입니다.

좌우간 이백만명이나 되는 이스라엘 백성들이 지난 일 년 동안 황무지에서 죽지 않고 살아남았다는 것은 기적 중의 기적이었습니다. 그들이 이 황무지에서 일 년을 살아남았다면 앞으로도 얼마든지 살아남을 수가 있는 것입니다.

하나님의 기적은 한번으로 끝나지 않습니다. 예를 들면 우리가 달에 가서 일 년을 살겠습니까? 절대로 일 년을 살지 못할 것입니다. 그러나 만일 우리가 일 년을 살았다면 사십년도 살 수가 있는 것입니다. 그래서 우리가 오늘까지 하나님의 말씀으로 살아왔다면 앞으로도 살 것을 믿어야 합니다.

그런데 이 열두 지파를 살펴보면 우선 유다 지파가 가장 숫자가 많았습니다. 그 숫자가 칠만이 넘었습니다. 그리고 단 지파가 육만이 넘는 이등이었습니다. 그리고 오만이 넘는 삼등은 제법 많이 있었습니다. 시므온이라든지 잇사갈이라든지 스불론이라든지 납달리 같은 지파였습니다. 그리고 요셉 지파는 합치면 칠만이 넘는 대지파인데 에브라임과 므낫세 이렇게 두 지파가 되는 바람에 일등이나 이등이 되지 못했습니다. 그러나 이 둘을 합치면 숫자적으로는 일등이었습니다. 그러나 여기서 중요한 것은 일등이냐 이등이냐 하는 것이 아니라 어떻게 하나님의 훈련을 잘 받아서 훈련된 하나님의 백성이 되느냐 하는 것입니다. 아무리 숫자가 많아도 훈련되지 않은 사람들은 어중이떠중이 밖에 되지 못하는 것입니다.

하나님께 바쳐진 레위 지파

하나님은 레위 지파는 숫자를 헤아리지 못하게 하셨습니다.

> 민수기 1장 47-49절
> 오직 레위인은 그 조상의 지파대로 그 계수에 들지 아니하였으니

이는 여호와께서 모세에게 일러 가라사대 "레위 지파만은 너는 계수치 말며 그들을 이스라엘 자손 계수 중에 넣지 말고."

하나님은 이스라엘 열두 지파에서 레위인들은 아예 숫자 자체를 빼게 하셨습니다. 그래서 레위인들은 없는 것처럼 되어버렸습니다. 그 이유는 하나님께서 레위인은 오직 하나님을 섬기는 일에만 헌신하도록 하기 위해서였습니다.

하나님께서는 이스라엘 백성들이 출애굽할 때 모든 애굽의 장자를 다 죽이셨습니다. 사실은 모든 애굽인들이 다 죽어야 하는데 장자만 죽은 것입니다.

하나님께서는 이스라엘 백성들에게도 장자를 요구하셨습니다. 그 장자는 바로 레위인이었습니다. 그 이유는 두 가지로 생각할 수 있습니다. 하나는 이스라엘 백성들도 애굽인들과 다름없이 죄인이라는 것을 알라는 것입니다. 사실은 애굽인들이 멸망할 때 이스라엘 백성들

도 죽을 수밖에 없었습니다. 그러나 하나님의 장자가 죽음으로 이스라엘은 살아난 것입니다. 그래서 우리는 늘 자신이 하나님의 은혜로 사는 자라는 것을 잊어서는 안 됩니다. 우리는 결코 우리가 잘 믿었거나 우리가 봉사를 많이 해서 구원받는 것이 아닙니다. 하나님의 장자가 죽었기 때문에 우리가 구원을 받는 것입니다.

그리고 또 하나는 그렇기 때문에 우리는 이 세상일에 내 모든 정력을 다 써서는 안 됩니다. 우리는 하나님의 은혜로 사는 자들이기 때문에 우리가 가진 두 번째 힘을 가지고 살아야 하며 최고로 좋은 것은 하나님께 써야 하는 것입니다. 그래서 레위인들은 하나님께 바쳐진 자들이 되었습니다. 이스라엘 백성들은 전쟁이 났거나 농사를 지어야 하거나 수해를 만났다고 해서 레위인을 불러서 쓸 수가 없었습니다. 그들은 레위인은 아예 없는 것으로 생각해야 했습니다. 심지어는 레위인 자신들도 자기들은 죽은 것으로 생각해야 했습니다. 그래야 끝까지 하나님의 일을 할 수 있지, 살아있다고 생각하면 하나님의 일을 할 수가 없는 것입니다. 누가 세상에서 농사짓고 돈 벌려고 하지, 성전에서 나무패고 물 긷는 일을 하려고 하겠습니까?

그래서 우리는 언제나 세상일에 우리의 모든 힘과 열정을 다 쏟을 수가 없습니다. 왜냐하면 이미 우리의 중요한 부분은 하나님께 바쳐져 있기 때문입니다. 그래서 우리는 무엇인가 부족한 가운데서 이 세상을 살아야 하기에 하나님을 의지하지 않을 수가 없습니다. 그러면 우리에게 하나님의 능력이 나타나게 되는 것입니다.

이스라엘 백성들 입장에서 보면 한 지파를 통째로 사용하지 못한다는 것은 큰 손실이 아닐 수 없었습니다. 그러나 이 한 지파가 없기 때문에 그들은 하나님을 의지하게 되는 것입니다.

그러나 하나님은 더 중요한 책임을 레위인에게 주셨습니다. 그것은 바로 하나님을 상대하는 것이었습니다.

민수기 1장 50-51절

그들로 증거막과 그 모든 기구와 그 모든 부속품을 관리하게 하라. 그들은 그 장막과 그 모든 기구를 운반하며 거기서 봉사하며 장막 사면에 진을 칠찌며 장막을 운반할 때에는 레위인이 그것을 걷고 장막을 세울 때에는 레위인이 그것을 세울 것이요 외인이 가까이 오면 죽일찌며

민수기 1장 53절

레위인은 증거막 사면에 진을 쳐서 이스라엘 자손의 회중에게 진노가 임하지 않게 할 것이라. 레위인은 증거막에 대한 책임을 지킬찌니라 하셨음이라

여기서 우리는 다시 처음에 했던 이야기로 돌아가야 하겠습니다. 우리는 무엇 때문에 아무 것도 없는 황무지에 배회하는 이스라엘 백성들에게 관심을 가져야하는가 하는 것입니다. 그것은 바로 그들이 살아계신 하나님을 모신 축복의 백성들이었기 때문입니다.

이스라엘 백성들은 놀랍게도 무려 사십년 동안이나 황무지를 돌아다녔는데 이 사십년 동안 전 세계의 이목은 이들에게 집중이 되었고 그들은 뉴스 메이커였습니다. 그 이유가 어디에 있습니까? 인류 최초로 하나님이 인간들 안에 사시게 되었기 때문입니다.

처음 인류의 우주선이 달에 착륙했을 때 전 세계의 이목은 텔레비전 화면에 집중이 되었습니다. 그때 저도 암스트롱 선장이 우주선에서 내려서 달에서 걷는 장면을 보았습니다. 그것이 왜 그렇게 중요했습니까? 우리 인간들이 자신의 기술과 과학의 힘으로 지구를 벗어나

서 다른 세계에 처음으로 발을 내딛는 일을 해내었기 때문입니다. 그런데 그것보다 수천 배 수만 배 위대한 사건이 있습니다. 그것은 처음으로 하나님께서 인간들 안에 집을 짓고 인간들과 함께 사시기 시작하신 것입니다.

하나님께서는 이스라엘을 축복의 민족이 되게 하셨습니다. 그것은 바로 하나님께서 그들 안에 계셨기 때문입니다. 그래서 그들은 아무것도 없는 황무지에 있었지만 그렇게 중요한 백성들이었던 것입니다.

하나님은 레위인들이 자신을 바로 섬기는 일이 군대보다 더 중요하다고 하셨습니다. 왜냐하면 레위인들이 하나님께 바른 예배를 드리면 아예 군대를 쓸 일이 일어나지 않도록 하시기 때문입니다. 그 결과 이스라엘 공동체에는 더이상 재앙이 일어나지 않습니다. 오히려 그곳에서 온 세계를 향하여 하나님의 엄청난 축복이 흘러가도록 하십니다.

오늘 하나님은 어떤 성전에 계시기를 기뻐하십니까? 그것은 사람으로 만들어진 성전입니다. 즉 우리 한 사람 한 사람이 말씀으로 다듬어져서 말씀 중심으로 모일 때 우리 안에 하나님이 함께 하십니다. 그러면 우리에게는 온갖 복이란 복은 다 나타나게 되는 것입니다. 우리는 석유가 쏟아지는 유전이 되기도 하고 황금이 쏟아지는 금광이 되기도 하고 병자들이 벌떡 벌떡 일어나는 기적의 병원이 되기도 하는 것입니다.

우리는 우리가 살고 있는 환경이 결정적으로 중요하지 않다는 사실을 알아야 합니다. 왜냐하면 우리의 환경이 아무리 황무지라도 하나님을 모시면 기적이 일어나기 때문입니다. 우리는 오늘 현실을 탓하지 말아야 합니다. 우리 자신도 레위인들처럼 하나님 앞에서 죽었다고 생각하고 온전히 하나님께 영광 돌리고 하나님의 능력을 나타내시는 성도들이 되어야 할 것입니다. 그래서 전쟁을 막고 전염병을 막고 지진을 막고 폭동이나 혁명을 막고 진정으로 안정되고 축복된 나라를 만드는 성도들이 되어야 할 것입니다. 여러분이 그러한 주인공이 되시길 바랍니다.

02_ 민 2:1-34

이스라엘의 배치

최근 들어서 우리나라 젊은이들이 서울에 집중되는 현상은 더욱 더 심해지고 있습니다. 그렇지 않아도 우리나라에서는 지방에 있는 기업들은 크게 인정을 받지 못하고 있었는데 경제가 위축이 되면서 더욱더 젊은이들이 원하는 직장은 지방에서는 찾기가 어려워지게 되었습니다. 일단 젊은이들은 서울에 모든 정보가 집중되고 있고 또 인재들이 서울에 다 집중되고 있기 때문에 무조건 서울에 가야 한다는 생각을 가지고 있는 것 같습니다.

또한 서울 중에서도 사람들이 가장 관심을 가지는 대상은 권력을 가진 사람들입니다. 왜냐하면 권력이야말로 그 사회의 모든 미래를 결정하고 끌고 나가는 역할을 하기 때문입니다.

이런 의미에서 본다면 전 세계의 수도도 아니고 권력의 핵심도 아닌 허허벌판 광야에 있는 이스라엘 민족에게 관심을 가진다고 하는 것은 이해가 되지 않은 일일 것입니다. 그러나 민수기는 무려 사십년 동안 풀 한포기 없고 건물이 한 채도 없는 허허벌판에서 떠돌이 생활을 하던 이스라엘 백성들의 이야기를 기록하고 있습니다. 왜 지식이나 문화나 권력이나 모든 부분에서 철저하게 소외되어 있었던 이스라엘 백성들이 이렇게 중요한 관심의 대상이 되어야만 했을까요? 그 이유는 이들이 하나님의 복을 가진 백성들이었기 때문입니다. 그러기에 이 당시의 기록을 보면 전 세계가 광야에 있는 이스라엘 백성들의 일거수일투족에 대하여 많은 관심을 가졌던 것을 볼 수 있습니다.

이것은 오늘 우리들에게도 마찬가지입니다. 우리는 하나님의 백성이 되었지만 정신을 차리고 보면 이 세상의 모든 지식이나 정보나 권력의 중심에서 소외되어 있는 것을 볼 수 있습니다. 쉽게 이야기를 해서 우리는 완전히 이 세상에서 낙오되어 있는 사람인 것입니다. 때때로 우리는 예수를 믿는 과정에서 사업에 실패하기도 하고 정신적으로 방황을 하기도 하고 인생에 실패하기도 합니다. 더욱이 예수를 믿고 난 후에 보니까 세상은 나를 버리고 저 멀리 가버리고 나 혼자 세상에 엄청나게 뒤떨어져 있는 자신의 모습을 보고 낙심할 때도 있습니다. 우리는 이런 것을 '낙동강 오리알' 이라는 말을 씁니다.

분명히 예수님께서는 말씀하시기를 '내가 온 것은 양으로 생명을 얻게 하고 더 풍성히 얻게 하기 위해서라' 고 말씀하셨는데 우리는 예수는 분명히 믿지만 세상적으로는 완전히 광야에 버려진 처지가 되어 있고 앞으로도 계속 광야의 방랑자로 살아갈 것 같은 처지를 느끼는 것입니다.

전에 어떤 청년은 저에게 찾아와서 이렇게 질문을 했습니다. '제가 나이가 이렇게 들었고 세상에서 이렇게 뒤떨어져 있는데 제가 이 세상에서 정상적인 생활을 할 수 있을까요?' 이것은 참으로 솔직한 질문입니다. 사실 우리는 이것 때문에 여기에 모인 것입니다.

우리가 사는 세상은 너무나도 경쟁적인 세상이고 여기서 한 걸음만 밀려버리면 다시는 재기하기 어려운 세상을 살아가게 됩니다. 그런데 하나님께서는 우리로 하여금 하나님이 백성이 되게 하기 위해서 때로는 세상에서 구별되게 하시는 것입니다.

세상에서 구별된다는 것이 말이 좋아서 구별이지 실제로는 세상의 경쟁에서 밀려버리고 쓸모없는 사람이 될 경우가 많은 것입니다. 그런데 하나님께서는 우리를 그냥 내버려 두시지 않으시고 멋지게 재기를 해서 가나안 땅을 정복하게 하시는 것입니다. 그 과정을 민수기는 상세히 보여주고 있습니다.

오늘 말씀은 그 중에서 이스라엘 백성 각 지파 사람들을 광야에서 배치한 것을 보여주고 있는 내용입니다. 출애굽한 이스라엘 백성들은 숫자가 엄청나게 많았습니다. 그러나 이 사람들은 전혀 조직도 되어 있지 않고 질서도 없는 무리들이었습니다. 그런 사람들은 움직이는 것도 대단히 무질서할 뿐 아니라 의사 전달을 하려고 해도 제대로 되지 않고 어떤 일을 시키려고 해도 되지도 않습니다. 특히 60만 명이나 되는 사람들이 무질서하게 움직일 때 자기들끼리 깔려서 죽는 사람도 많이 생길 것이고 전쟁을 한다고 하는 것은 더더욱 상상할 수도 없는 일이었습니다.

그런데 하나님께서는 이 60만명 이상이 질서있게 행진을 할 수 있도록 열두 지파로 나누어서 배치를 했습니다. 즉 여호와의 성전을 중심으로 해서 동쪽에는 어느 어느 지파, 서쪽에는 어느 어느 지파, 남쪽에는 어느 어느 지파, 그리고 중앙에는 레위 지파 하는 식으로 질서정연하게 배치를 한 것입니다. 그래서 행진을 할 때에는 어느 지파부터 행진을 하고 또 도착하고 난 후에 진을 만들 때에도 어느 순서로 해야 하는지를 상세히 가르쳐 주신 것입니다. 그런데 사실 이것이 우리가 이 세상에서 살아남을 수 있는 방법이고 성공할 수 있는 비결인 것입니다.

이스라엘 백성의 출발점

> **민수기 2장 1-2절**
> 여호와께서 모세와 아론에게 일러 가라사대 이스라엘 자손은 각각 그 기와 그 종족의 기호 곁에 진을 치되 회막을 사면으로 대하여 치라

하나님께서는 이스라엘 백성들을 애굽에서 불러 내셨습니다. 그 불러 낸 백성들이 적은 수가 아니라 장년 남자만 육십만 명이나 되는 엄청나게 많은 대군이었습니다. 문제는 이 육십만 명이 넘는 많은 사람들이 도대체 어디에 가서 무엇을 해야 먹고 살겠습니까? 사실 이것이 이스라엘 백성들에게 가장 심각한 문제였습니다. 육십만 명의 남자들이 애굽에서 가족들을 다 데리고 탈출을 했습니다. 그런데 이 세상 어느 곳에도 이들을 환영해주는 곳은 없었기에 이들이 마음 놓고 가서 살 수 있는 나라가 없었습니다.

예를 들면 오늘날도 남자들 중에서 자기 직장에서 정말 만족해서 직장생활을 하는 분은 많지 않을 것입니다. 어떤 경우에는 자기가 하는 일이나 직장 상사나 혹은 거래처 사람이 마음에 들지 않아서 사표를 던지고 직장을 그만 두고 싶지만 그 이후 대책이 서지 않아서 그만두지 못하고 계속 직장생활을 하는 것입니다. 마찬가지로 이스라엘 백성

들은 애굽의 노예들이었습니다. 그러나 적어도 애굽에 있을 때 그들에게 먹을 것은 보장이 되었고 일만 하면 죽지는 않을 수 있었습니다. 그러나 하나님께서 나오라고 해서 가족들을 다 데리고 따라 나왔지만 막상 가족을 먹여 살려야 하는 사람들만 육십만 명이 넘었던 것입니다. 그러나 어디에도 이 육십만 명을 환영하는데는 없었습니다. 이들이 갈 수 있는 곳도 아무 데도 없었습니다.

무엇보다 이스라엘 백성들이 처음으로 발을 내딛은 곳은 문명이 있는 곳이나 농사를 지을 수 있는 땅이 아니라 그야말로 아무 것도 없는 허허벌판이었습니다. 이것은 마치 가족을 부양해야 하는 육십만 명에게 죽으라는 소리나 마찬가지인 것입니다.

사실 이것은 오늘 우리 크리스천들이 종종 현실에서 경험하는 것과 아주 비슷합니다. 우리는 이 세상에서 많이 방황을 하다가 드디어 하나님의 말씀을 듣고 하나님의 백성이 되었습니다. 그러나 정신을 차리고 보니까 가족들은 딸려 있는데 먹고 살 길이 없는 것입니다. 도대체 이 세상에서 무엇을 해야 할지 목표가 서지 않는 것입니다.

우리가 예수를 믿기 전에는 모두 다 나름대로 크고 작은 세상적인 목표를 가지고 살았습니다. 즉 공부를 해서 교수가 된다든지 고시에 합격해서 공무원이 된다든지 아니면 회사에서 승진을 해서 성공한다든지 하는 목표가 있었습니다. 그런데 예수를 바로 알고 하나님을 믿게 되니 그 변화가 얼마나 엄청난지 세상적은 다 소용이 없고 오직 하나님의 말씀만 듣고 봉사만 하면서 살고 싶은 것입니다. 그러나 집에는 내가 돈을 벌어야 살 수 있는 늙은 부모님이나 동생들이 있고 결혼한 사람에게는 부인이나 자식들이 있는데 먹고 살 대책이 없는 것입니다.

이때 하나님께서는 우리로 하여금 이스라엘 백성들처럼 애굽땅에 뿌리내리게 하시지도 아니하시고 가나안 땅에 뿌리 내리게도 아니하시고 하나님에게 뿌리를 내리게 하십니다.

하나님께서는 이스라엘 백성들을 공중으로 데리고 가시지 않으셨습니다. 그들이 출애굽한 후 인생의 첫발을 내디딘 곳은 분명히 이 세상이었습니다. 그러나 아무 것도 없고 철저하게 모든 문명에서 소외된 벌판이었습니다. 그러나 이스라엘 백성들은 하나님께 뿌리를 내리고 이 세상을 다시 시작했습니다.

하나님께서는 이스라엘 백성들에게 '사람이 떡으로만 살 것이 아니요 하나님의 입에서 나오는 말씀으로 살 것이니라'고 말씀하셨습니다. 우리는 너무 성급하게 이 세상 속에 우리가 필요로 하는 것이 다 있다고 생각해서 달려가기 쉽습니다. 그러나 우리에게 필요한 모든 것은 하나님께 있습니다. 이 세상 복도 하나님이 주시는 복의 일부에 불과한 것입니다. 그러나 그것은 진짜 복은 아니고 그림자 복이라고 보아야 합니다. 하나님의 말씀의 복이 있어야 이 세상의 복이 진짜 복이 될 수 있는 것입니다.

우리는 아무 것도 없는 광야에서 새로운 인생을 시작한다고 해서 하나님에게 속았다고 생각해서는 안 됩니다. 그러나 이스라엘 백성들은 하나님께서 자기들을 속였다고 생각해서 자꾸 애굽으로 돌아가려고 했습니다. 그러나 우리는 더 이상 애굽으로 돌아갈 수 없습니다. 한번 믿은 후에는 '죽이 되던 밥이 되던' 하나님의 복으로 살아야 합니다.

그러기에 어떤 의미에서 보면 우리 믿음의 삶은 말씀과 기도의 '서바이벌 게임'이라고 할 수 있습니다. 즉 아무도 도와줄 수 없는 철저하게 소외된 처지에서 말씀과 기도로 살아남는 것입니다.

하나님은 광야에서 가족을 가진 육십만 명의 남자들이 오직 말씀과 기도로 살아남도록 훈련시키셨습니다. 그 결과 인류 역사상 가장 많은 사람들이 가장 오랫동안 말씀과 기도로 광야에서 살아남았습니다. 이것이 바로 민수기입니다. 즉 이백만명이 사십년 동안 허허벌판 황무지에서 살아남았던 것입니다. 이렇게 해서 한번 살아난 사람들은 이 세상 속에 아무리 들어가도 자신이 있게 됩니다. 왜냐하면 말씀을 붙들고 기도하면 다 되기 때문입니다. 보십시오. 이스라엘 백성들이 얼마나 짧은 기간에 가나안 땅을 정복을 했습니까? 요셉은 애굽에서 오직 말씀과 기도로 서바이벌 게임에서 살아남아서 애굽의 총리가 되고 7년 대흉년에서 모든 애굽 사람들과 가족들을 다 살려내었습니다.

오늘도 우리 많은 크리스천들이 지금 이 게임을 하고 있습니다. 우리가 이 세상에서 생존하려면 다른 길을 추구해서는 안됩니다. 오직 말씀과 기도의 길만이 정상적인 길을 가는 유일한 통로인 것입니다. 여기에서 살아남아야 가나안 땅도 정복할 수 있고 세상 사람들도 살릴 수 있는 것입니다. 믿는 자들이 이런 서바이벌 게임을 하지 않고 세상에 편승해서 아무리 성공해봐야 결국은 가나안을 따라가는 것 밖에 되지 않습니다. 결국 애굽의 7년 대흉년을 내다보지 못하게 될 것입니다. 요셉의 형들은 아무리 하나님을 믿는다고 했지만 실제로는 가나안 족속들과 똑같이 죄짓고 못되게 살았습니다. 그러나 요셉은 제대로 살았고 7년 대흉년을 볼 수 있었던 것입니다.

두 가지 기초

광야라는 곳은 그야말로 풀 한 포기 자라지 않는 곳입니다. 그래서 도저히 농사를 지을 수가 없습니다. 장사도 할 수도 없고 오직 광야에서 가장 잘 할 수 있는 것이라고 해봐야 굶어죽지 않고 살아남는 것입니다. 그런데 하나님께서는 이런 삭막한 곳에서 이스라엘 백성들이 복을 받을 수 있는 두 가지 기초를 마련해 주셨습니다. 이것은 비단 광야의 이스라엘 백성들만이 아니라 오고 오는 세상에 모든 하나님의 백성들이 복을 받을 수 있는 비결인 것입니다. 그 첫째가 철저하게 하나님의 말씀 중심으로 사는 것입니다.

하나님께서는 모든 이스라엘 백성들이 회막을 중심으로 해서 진을 치게 하셨습니다.

> 민수기 2장 2절
> 이스라엘 자손은 각각 그 기와 그 종족의 기호 곁에 진을 치되 회막을 사면으로 대하여 치라

대개 군대가 진을 칠 때에는 세로로 하든지 가로로 할 때가 많습니다. 대개 군대에서 열병을 할 때에는 가로로 합니다. 왜냐하면 그래야 군대를 잘 보여줄 수 있기 때문입니다. 그리고 행진을 할 때에는 세로로 해서 행진을 합니다. 그런데 이스라엘 백성들의 배치는 하나님의 회막을 중심으로 해서 네모난 꼴이었습니다. 이것은 모든 지파가 하나님의 말씀을 가장 잘 들을 수 있도록 한 형태였습니다. 이스라엘 백성들이 전혀 농사도 지을 수 없고 장사도 할 수 없고 집도 지을 수 없

는 광야에서 살아남을 수 있는 방법은 그들 중심에 하나님의 말씀을 두는 것입니다.

그리고 또 다른 하나는 모든 이스라엘 백성들이 지파별로 연합이 되는 것입니다. 즉 동서남북으로 넷으로 나누어서 동쪽에 세 지파, 남쪽에 세 지파, 서쪽에 세 지파, 북쪽에 세 지파 하는 식으로 지파 중심으로 모이는 것입니다.

이것이 우리가 이 세상에서 복을 받는 비결입니다. 모든 복은 세상에 있는 것이 아니라 하나님께 있습니다. 이 세상에 있는 복들을 만들어 주신 분은 하나님이십니다. 그러니까 우리는 아무리 광야에 있고 허허벌판에 있다 하더라도 복의 근원이신 하나님을 모시고 있으면 걱정할 필요가 없는 것입니다. 이것이 광야에 있는 이스라엘 백성들에게 가장 큰 힘이었습니다.

그러면 하나님의 복은 어디에 있습니까? 하나님의 복은 하나님의 말씀 속에 들어있는 것입니다. 그래서 하나님의 백성들이 해야 할 가장 중요한 것은 하나님의 말씀을 연구해서 자꾸 자신들에게 적용을 해나가는 것입니다. 이것이 세상에서 돈 잘 버는 것보다 훨씬 더 중요한 것입니다. 왜냐하면 하나님의 복이 없으면 이 세상의 복은 그야말로 겨와 같이 날라 갈 수 있기 때문입니다. 세상의 복이 모래라면 하나님의 복은 철근 콘크리트와 같습니다. 철근 콘크리트가 있어야지 모래만 가지고는 아무 집도 지을 수가 없습니다. 우리가 그렇게 하기 위해서는 성경을 깊이깊이 연구를 해 나가야 하고 또 그것을 자신의 삶에 자꾸 적용을 해야 합니다.

무엇보다 우리는 하나님의 말씀을 사모하는 마음으로 하나가 되어야 하고 지속적으로 말씀을 듣고 배우기 위해 모여야 합니다.

하나님께서는 눈에 보이지 않는 성전을 짓는 것을 아주 좋아하셨습니다. 그래서 사실은 성막을 가운데 두고 이스라엘 열두 지파가 모여 있는 이 모습이 바로 하나님께서 원하셨던 성전이었던 것입니다.

이스라엘 백성들이 아무 것도 없었던 광야에서 사십년 동안 살아남을 수 있었던 것은 말씀이 있는 공동체 구조였기 때문입니다.

그러므로 우리는 교회에서 가장 중요한 것이 있다면 그것은 하나님의 말씀을 듣는 구조가 되어야 한다는 사실을 잊어서는 안됩니다. 어른도 하나님의 말씀을 들어야 하고 어린이들도 하나님의 말씀을 들어야 합니다. 이것이 광야에 있는 이스라엘 백성들이 사십년 동안 한 것이었습니다. 우리는 처음부터 하나님을 위해서 많은 것을 하려고 합니다. 그러나 광야에서 이스라엘 백성들이 할 수 있는 것은 아무 것도 없었습니다. 오직 육십만 명의 가족들이 한 것은 둘러서서 하나님의 말씀을 듣는 것이었습니다.

오늘 우리에게 가장 중요한 것은 하나님의 말씀을 듣는 것입니다. 그래야만 우리의 속사람이 하나님의 보물로 변합니다. 이것은 이 세상의 어떤 직위나 수입보다 비싼 것입니다.

그리고 하나님은 우리의 신앙을 공동체를 통해서 연단하십니다. 우리가 혼자서는 얼마든지 잘 믿을 수 있습니다. 그러나 함께 모여 보면 별의 별 사람들이 다 있습니다. 어떤 사람은 너무 성격이 날카롭게 모가 난 사람도 있고 어떤 사람은 깨어져서 푹 들어간 사람들도 있습니다. 그런데 이 사람들이 모두 다 말씀과 하나님의 은혜로 다듬어져서 네모반듯한 벽돌이 되어 성전으로 지어졌을 때는 하나님의 모든 복이 다 부어지게 되고 넘치게 됩니다.

사실 광야 이스라엘 백성들은 신앙적으로 잘 다듬어진 돌이 되지 못해서 가나안 땅을 차지하지 못했습니다. 그들은 기회가 있을 때마다 하나님 앞에 소리를 지르고 하나님의 말씀에 반항을 했습니다. 그래서 그들은 무려 사십 년 동안 광야를 돌면서 다듬어져야 했던 것입니다. 그리고 난 후에야 바로 하나님의 기적들이 나타나기 시작했습니다. 요단 강을 걸어서 건넜고 여리고 성은 손도 대지 않고 무너졌습니다. 그리고 기브온 골짜기에서는 해와 달이 머무는 기적이 일어났습니다.

하나님께서 이스라엘 백성들에게 원하셨던 것은 말씀을 중심으로 한 성전이 되는 것이었습니다. 즉 모든 이스라엘 백성들이 말씀으로 하나가 되는 것이었습니다. 그렇게 되기만 하면 기적이 일어나고 능력이 나타나고 가나안 땅도 정복하게 됩니다.

그래서 예수님께서도 말씀하시기를 좋은 나무가 좋은 열매를 맺는다고 말씀하셨습니다. 즉 우리 자신이 하나님의 말씀으로 다듬어지면 비록 늦게 성공하는 것 같지만 일단 열매를 한번 맺기 시작하면 수백 배 수천 배의 결실을 하게 되는 것입니다.

저 자신의 목회를 생각해보면 아무 것도 한 것이 없습니다. 많은 봉사나 활동을 하는 것도 아니고 학교를 세우거나 병원을 세우지도 못했습니다. 또 눈에 보이는 이런 큰 예배당도 제대로 짓지 못했습니다. 그러나 저는 언제나 짓는 것이 있습니다. 그것은 눈에 보이지 않는 거룩한 산돌로 만들어진 성전인 것입니다. 일단 하나님을 우리 안에 모시기만 하면 우리는 세상을 다 가지게 됩니다. 솔로몬이 받았던 그 복이 진짜 복이 아닙니다. 오히려 하나님께서 솔로몬에게 앞으로 이런 진짜 성전을 지으라는 뜻으로 미리 주신 것입니다. 솔로몬이 성전을 짓고 난 후에 온 이스라엘에 말씀 운동을 일으켰어야만 했습니다. 만일 그가 온 이스라엘이 하나님의 말씀을 연구하고 듣고 적용할 수 있도록 에스라와 같은 부흥 운동을 일으켰더라면 이스라엘은 훨씬 더 큰 부흥이 일어났을 것입니다. 그러기에 저는 지금 솔로몬을 훨씬 능가하는 복을 받는 것이 목표인 것입니다. 성도 한 사람 한 사람이 말씀으로 다듬어져서 네모반듯한 산돌이 되어지고 우리 안에 하나님의 말씀으로 충만하게 채우는 것입니다. 그때 하나님은 우리를 통해서 매일 오순절의 기적을 주시고 마른 땅에 생수가 나게 하시며 이 세상의 좋은 것을 정복하는 복을 주실 것입니다.

진행형으로 되어 있는 이스라엘진

이스라엘 백성들은 한 곳에 가만히 정착해 있는 민족이 아니라 미래를 향하여 전진하는 민족이었습니다.

그래서 하나님께서는 이스라엘 백성들을 네모꼴로 배치를 하게 하신 후에 그 순서대로 행진을 하게 하셨습니다.

> **민수기 2장 9절**
> 유다 진에 속한 군대의 계수함을 입은 군대의 총계가 십팔만 육천 사백명이라 그들은 제 일대로 진행할찌니라

> **민수기 2장 16절**
> 르우벤 진에 속한 계수함을 입은 군대의 총계가 십오만 일천 사백 오십명이라 그들은 제 이대로 진행할찌니라

민수기 2장 17절

그 다음에 회막이 레위인의 진과 함께 모든 진의 중앙에 있어 진행하되 그들의 진 친 순서대로 각 사람은 그 위치에서 그 기를 따라 앞으로 행할찌니라

민수기 2장 24절

에브라임 진에 속한 계수함을 입은 군대의 총계가 십만 팔천 일백명이라 그들은 제 삼대로 진행할찌니라

민수기 2장 31절

단의 진에 속한 계수함을 입은 군대의 총계가 십오만 칠천 육백명이라 그들은 기를 따라 후대로 진행할찌니라 하시니라

이스라엘 백성들의 진 구조는 계속 한 곳에 정착해서 뿌리를 내리는 구조가 아니었습니다. 그들이 정지하고 있을 때에는 성막을 중심으로 네모난 꼴을 하고 있지만 이스라엘 백성들은 언제나 진행형이었습니다. 그래서 그들이 진행을 할 때에는 네모꼴을 풀고 유다 진영부터 먼저 행진을 하게 되는데 행진을 할 때에도 가운데 성막이 있었습니다. 그래서 앞에 두 지파에 속한 여섯 지파가 행진을 하고 그 다음에 중간에 성막이 있고 그 후에 나머지 두 지파에 속한 여섯 지파가 순서대로 행진을 했습니다.

과연 이스라엘 백성들은 어디를 향하여 행진을 하는 것일까요? 물론 목표는 가나안 땅이었습니다. 그러나 하나님에게는 가나안 땅이 목표의 전부가 아니었습니다.

우리가 이스라엘 백성들의 행진을 이해하려고 하면 배를 생각하면 좋을 것입니다. 배는 먼 바다를 항해하기 위해 필요한 것입니다. 배가

먼 바다를 항해하려고 할 때는 많은 위험과 위기를 만나게 됩니다. 특히 옛날에 기상에 대한 지식이 없을 때에는 태풍에 대해서 전혀 대비가 되어 있지 않았기 때문에 일단 태풍을 만나면 배가 파선될 위험이 많았습니다. 그리고 때로는 바람이 불지 않아서 배가 꼼짝도 못하고 보름이나 한 달씩 제자리에 있어야 할 때도 있고 양식이나 물이 떨어지거나 해적들을 만날 때도 있습니다. 때로는 안개가 낀 상태에서 암초나 빙산을 피해가야 할 때도 있습니다. 하지만 선장과 모든 선원들이 이 모든 위기를 다 극복하고 목적했던 항구에 무사하게 도착하게 되면 그 항해는 성공을 한 것입니다. 그러면 거기서 가족들을 만나게 되고 물건을 팔아서 많은 돈을 벌게 되는 것입니다.

하나님께서는 우리 믿는 사람들은 이 세상을 항해하는 사람들이라는 것을 자주 보여주십니다. 이스라엘 백성들이 광야를 행진할 때 물이 떨어지기도 하고 양식이 떨어지기도 하고 더위에 쓰러져 죽게 될 뻔 했던 적도 많이 있었습니다. 그리고 불뱀 떼의 공격을 받기도 했고 아말렉이라는 도적떼들의 공격을 받기도 했던 것입니다. 또 자신들 안에 있는 의견의 불일치로 인하여 다투기도 하고 하나님의 징계로 사람들이 죽기도 했습니다, 심지어는 가나안 땅까지 다 갔다가 믿음이 없어서 다시 광야로 되돌아오기도 했습니다. 이 모든 것이 이스라엘 백성들이 겪어야만 했던 과정이었습니다.

하나님께서는 이스라엘 백성들의 여행 체험을 통해서 이것들을 우리들에게 생생하게 보여주시는 것입니다.

우리는 결코 이 세상 어느 한 곳에 정착해서 고기를 구워먹고 노래를 부르면서 살 수는 없습니다. 우리는 끊임없이 여러 가지 파도를 해치고 위기를 극복하면서 미래를 향하여 나아가야 하는 것입니다. 우리가 미래를 향하여 나아가는데 가장 중요한 것은 배로 치면 노이고 엔진입니다.

사람들은 배를 멋있게 보이려고 인테리어를 화려하게 하지만 화려한 장식은 배가 큰 바다를 건너가는데 전혀 도움이 되지 않습니다. 그러나 엔진이 강력하고 힘이 있으면 웬만한 파도나 바람은 뚫고 나아갈 수 있습니다. 바로 이 엔진이 설교이고 말씀인 것입니다.

이스라엘 백성들이 하나님의 말씀을 무시하고 자기 힘으로 미래를 향하여 나가려고 했을 때 무려 사십년 동안 광야에서 제 자리만 맴돌았던 것입니다. 그러나 우리는 그들의 불신앙을 답습하지 말고 미래를 향하여 나가야 합니다.

그리고 또 중요한 것은 배에 물이 새는 곳이 없어야 합니다. 배에 새는 곳이 있으면 아무리 엔진이 튼튼해도 결국 물이 새어 들어와서 배가 침몰하고 말 것입니다.

이스라엘 백성들은 중간에 하나님을 원망하다가 어른 60만 명 중에서 두 명을 빼놓고는 모두 다 중간에 탈락하고 말았습니다. 군대에는 중간에 낙오하는 것을 가장 큰 불명예로 생각합니다. 어떻게 해서든지 정해진 목표를 향하여 끝까지 가야 하는 것입니다. 그런데 이스라엘 백성들 중에서 끝까지 갈 수 있었던 사람들은 두 사람밖에 되지 못했습니다. 이만큼 믿음의 길은 어려운 것입니다. 우리는 끝까지 하나님을 믿고 가야 합니다. 우리는 언제까지나 현재 진행형의 사람들입니다. 부족한 것이 있고 실수한 것이 있어도 끝까지 가야 약속의 땅을 차지할 수 있습니다.

특히 이스라엘 진을 보면 강한 지파 중심으로 약한 지파를 묶어 놓아서 서로 도와주게 했습니다. 우리는 서로를 지켜주어야 하고 붙들어주어야 합니다. 여기에서 교회는 가장 강력한 역할을 합니다. 아무리 목사라 하더라도 정해진 교회 없이 떠돌아다니면 신앙이 흔들리게 됩니다. 마치 이빨이 빠지기 직전 흔들리듯이 흔들흔들하게 되는 것입니다.

우리는 미래를 향하여 나아가고 있는 사람들입니다. 우리는 미래에 무엇이 우리를 기다리고 있는지 잘 알지 못합니다. 그러나 우리는 미래를 향하여 진행할 때 가장 부패하지 않을 수 있습니다. 이스라엘 백성들은 광야에서 행진할 때 그래도 가장 덜 부패했습니다. 그러나 가나안 땅에 들어가서 정착함과 동시에 썩어 들어가기 시작했습니다. 그 이유는 말씀으로 더 나가지 못했기 때문입니다. 우리는 한 곳에 오래 살아도 말씀대로 살면 우리는 영적으로 살아있는 것입니다.

그러면 우리의 가나안 땅은 어디일까요? 우리가 이 세상에서 모든 좋은 것을 다 차지하는 것이 가나안 땅일까요? 아니면 죽어서 천국 가는 것일까요?

우리가 이 세상에서 차지하는 가나안 땅은 다름 아닌 놀라운 부흥의 역사를 경험하는 것입니다. 즉 우리에게 강한 하나님의 말씀이 선포되고 놀라운 성령의 역사가 나타나면 우리는 이 땅에서 가나안의 축복을 누리는 것입니다. 그러면 하나님께서는 이 세상의 복도 우리에게 더하여 주실 것이며 이 세상의 전쟁이나 전염병이나 지진으로도 망하지 않도록 지켜주시고 복을 내려주실 것입니다.

이 세상에서 가장 무서운 것은 부패해지는 것입니다. 이 세상의 좋은 것 중에서 부패하지 않는 것은 아무 것도 없습니다. 그러나 오직 하나님을 생명처럼 여기고 행진하는 하나님의 백성들만은 부패하지 않을 수 있습니다. 왜냐하면 하나님의 말씀이 우리의 부패를 막고 성령께서 우리의 썩은 부분은 날마다 새롭게 소생시켜주시기 때문입니다. 이 멋진 믿음의 행진을 끝까지 멋있게 잘 감당하는 성도님들이 다 되시기를 축원합니다.

03 _ 민 3:1-51

레위지파의 역할

이 세상에서 불을 끄는 일만 전문적으로 하는 사람들이 있습니다. 이 사람들이 바로 소방관들입니다. 어느 곳에 불이 났을 때 일반인들은 큰 불을 끌 수가 없습니다. 이때 소방관들은 방화복을 입고 물을 뿌릴 수 있는 호스를 준비해서 불을 진화하는 일을 하게 됩니다. 만일 소방관들이 빨리 출동해서 불을 빨리 끄면 피해는 최소한도로 막을 수 있지만 만일 소방관들이 늦게 출동하거나 혹은 불이 너무 세어서 도저히 끄지 못할 때에는 많은 사람들이 죽게 되고 집들이나 재산이 불에 타버리게 되는 것입니다.

미국의 9.11 비행기 테러 사건 때 죽은 사람들 중에 미국의 소방대원들이 많이 있습니다. 이 사람들은 모두 국제 무역 센터 빌딩이 비행기에 부딪쳐서 불이 붙는 것을 알고는 그 불을 끄기 위해서 건물 속에 많이 투입이 되었습니다. 하지만 빌딩이 무너지는 바람에 안에 들어갔던 사람들은 모두 다 건물에 깔려서 죽었습니다.

저희들이 어렸을 때 초등학교 책에 보면 동네에서 가장 높은 건물은 소방서 탑이었습니다. 소방대원들은 그 높은 탑에서 어디에서 화재가 나는지 보고 있다가 연기가 올라오면 재빠르게 출동을 해서 불을 끄는 일을 하는 것입니다. 우리는 가끔 퇴직이 얼마 남지 않은 베테랑급 소방관들이 건물에 갇힌 사람을 건지러 들어갔다가 나오지 못하고 죽은 기사들을 신문을 통해 볼 수 있습니다. 소방관들이 무장하는 무기는 호스와 사닥다리입니다. 호스로 물을 쏘아서 불을 끄고 또 불 속에 갇힌 사람이 있을 때에는 창문을 부수고 사닥다리로 사람을 구출하는 일을 하게 되는 것입니다.

그런데 이스라엘 백성 중에도 하나님의 특별 소방관에 해당되는 사람들이 있었습니다. 이 사람들이 바로 레위족들이었습니다. 레위족들은 이 세상에서 유일하게 하나님의 진노의 불을 끄는 책임을 맡은 사람들이었습니다.

우리는 민수기를 처음 대하면서 우리가 무엇 때문에 광야에서 떠돌이 생활을 하는 이스라엘 백성들에 대하여 관심을 가져야 하는가 하는 질문을 던진 적이 있었습니다. 그 대답은 광야의 이스라엘 백성들은 석유가 나오는 백성들도 아니고 금이 나오는 백성들도 아니지만 그들에게는 하나님의 능력이 나오는 백성이라는 것이었습니다. 이것이 우리가 광야에서 떠돌이 생활을 하고 있던 이스라엘 백성들에게 관심을 가져야 했던 이유입니다. 사실 이스라엘 백성들의 축복은 오직 그들 가운데 계신 하나님으로부터 임하는 것이었습니다. 하지만 이스라엘 백성들이 하나님을 바로 모시는 것이 쉬운 일은 아니었습니다. 왜냐하면 하나님은 소멸하는 불이시며 원자 폭탄과 같은 분이시기 때문이었습니다. 하나님은 이스라엘 백성들이나 주위의 모든 백성들에게 아주 사소한 티끌만한 죄가 있어도 진노하실 수밖에 없는 절대적으로 거룩하신 분이셨습니다. 하지만 이 하나님의 진노의 불을 끄는 소방관들이 있었습니다. 그들이 바로 레위인들이었습니다. 레위인들이 하는 일은 하나님의 진노의 불을 축복으로 바꾸는 일이었습니다.

그래서 이스라엘 백성들의 생사는 레위인들의 사명에 달려 있었습니다. 마치 레위인들의 사명은 강의 둑과 같은 것이었습니다. 둑이 잘 버티고 있으면 마을이 평안할 수 있지만 둑이 터져버리거나 무너져버리면 온 마을은 물바다가 되고 마는 것입니다.

그러나 이런 사정을 모르는 사람들이 보면 레위인들은 도저히 이해할 수가 없는 사람들이었습니다. 왜냐하면 이 사람들은 오직 하나님 앞에서 제사 드리는 일과 말씀으로 봉사하는 일만 하는 사람들이었기 때문입니다.

하나님이 주신 직분

처음 하나님을 섬기는 일로 레위인들을 구별하신 분은 하나님이셨습니다.

레위인들은 자기들이 하고 싶어서 레위인들이 된 것이 아니었습니다. 하나님께서는 일방적으로 레위족은 누구나 할 것 없이 오직 성전에서 하나님을 섬기는 일만 하게 하셨고 제사장은 오직 아론과 그의 후손들에게만 하게 하셨습니다.

> **민수기 3장 1-3절**
>
> 여호와께서 시내산에서 모세와 말씀하실 때에 아론과 모세의 낳은 자가 이러하니라. 아론의 아들들의 이름은 장자는 나답이요 다음은 아비후와 엘르아살과 이다말이니 이는 아론의 아들들의 이름이며 그들은 기름을 발리우고 거룩히 구별되어 제사장 직분을 위임받은 제사장들이라

하나님은 이스라엘 제사장들을 모든 지파가 똑같이 민주적으로 돌아가면서 하게 하시지 아니하시고 오직 아론의 후손들만 한다고 못을 박으셨습니다.

그 이유는 하나님을 섬기는 자들을 하나님 자신이 선택을 하시기 때문입니다. 즉 구원은 인간의 위대함이나 의욕이나 열심에 달려 있는 것이 아니라 오직 하나님의 은혜에 있기 때문입니다. 그러나 여기에서 언제나 문제되는 것이 있는데 과연 인간들 중에서 온전히 하나님을 감당할 자가 있느냐 하는 것입니다. 그러나 인간들 중에는 하나님의 일을 온전히 감당할 수 있는 자가 없는 것입니다.

그 대표적인 예가 아론의 아들 두 사람이 제사장이 되자 마자 성전에서 분향하다가 불에 타 죽었습니다.

> **민수기 3장 4절**
>
> 나답과 아비후는 시내 광야에서 다른 불을 여호와 앞에 드리다가 여호와 앞에서 죽었고 무자하였고 엘르아살과 이다말이 그 아비 아론 앞에서 제사장의 직분을 행하였더라

아론에게는 네 명의 아들이 있었는데 이스라엘의 처음 제사장은 아론과 네 아들 이렇게 다섯 명뿐이었던 것입니다. 그런데 성소에는 하

나님 앞에서 분향하는 향로가 있었습니다. 하나님께서는 아론에게 이 향로의 불은 반드시 제단에서 하나님께 바쳐진 불로 붙이라고 명령하셨는데도 아론의 두 아들 나답과 아비후가 다른데서 아무 불이나 가지고 와서 불을 붙이는 바람에 불이 나와서 이 두 제사장이 불에 타죽어 버렸습니다.

이 사건이 보여주는 것은 아무리 제사장이라 하더라도 이 세상에서 하나님을 감당할 자가 없다는 것입니다. 제사장이 하나님 앞에 분향을 하다가 하나님이 지시하시지 않으신 다른 불로 불을 붙이다가 그 자리에서 불에 타 죽었다는 것은 아무도 하나님을 감당할 수 없다는 뜻입니다.

이스라엘 자손이든 레위족이든 모든 인간들은 하나님 앞에서 죄인입니다. 그런데 죄인인 우리가 어떻게 하나님을 감당할 수 있습니까? 오직 하나님의 은혜입니다. 하나님께서 레위인을 구별하실 때 이미 은혜로 지켜주시겠다고 결정을 하신 것입니다. 그래서 오직 하나님의 말씀대로 하면 얼마든지 죽지 않을 수 있었습니다. 그들이 하나님의 말씀대로 하면 아무리 그들에게 허물이 있고 죄가 있어도 하나님은 그들의 제사를 받아주셨습니다.

나답과 아비후가 생각하기에는 이 불이나 저 불이나 불만 붙으면 되는 것이 아닌가 라고 생각을 했는데 그것이 아니었습니다. 절대로 우리는 인간적으로 생각해서 옳은 것이 하나님 앞에서도 옳다고 생각해서는 안 됩니다.

왜냐하면 인간들에게는 합리적인 것이나 효율적인 것이 가장 중요하지만 하나님 앞에서는 거룩한 것이 가장 중요하기 때문입니다.

그래서 제사장들은 언제나 하나님의 말씀에서 벗어나면 가장 먼저 죽을 수 있었습니다. 특히 대제사장은 지성소에 들어가면서 언제나 죽을 수 있기 때문에 허리에 줄을 매고 들어갔습니다. 만일 하나님의 진노로 죽으면 줄로 당겨내기 위해서였습니다.

따라서 레위인이 되고 제사장이 되는 것은 나쁜 것일까요? 좋은 것일까요? 우리가 생각하기에는 좋지 않을 것 같습니다. 괜히 레위인이 되고 제사장이 되어서 세상에서 돈도 벌지 못하고 짐승만 죽이다가 잘못해서 죽으면 또 어떻게 합니까? 그러나 이 세상에서 가장 보배로운 직분이 바로 이 성전의 직분인 것입니다. 물론 레위인이 되고 제사장이 되면 세상적인 것은 아무 것도 할 수 없습니다. 이것만 생각하면 엄청난 손해일 것입니다. 그러나 이 세상에서 다른 사람들의 죄를 해결하는 직분만큼 가장 명예스러운 것은 없는 것입니다. 우리 사회에서 의사나 판사는 존경을 받습니다. 왜냐하면 다른 사람의 병을 고치는 사람이고 다른 사람의 죄를 판결하는 사람이기 때문입니다. 그러나 레위인이나 제사장은 하나님 앞에서 사람들의 죄를 용서받게 하는 직분이기에 이 보다 더 영광스러운 일은 없는 것입니다.

그런데 문제가 되는 것은 우리가 과연 하나님 앞에서 그런 일을 할 수 있을 정도로 거룩한가 하는 것입니다. 우리는 절대로 거룩하지 않습니다. 우리는 다 위선적이며 우리는 모두 죄가 많은 사람들입니다. 그런데 어떻게 하나님 앞에서 레위인의 직분을 감당할 수 있을까요? 그것은 오직 하나님의 은혜입니다. 하나님의 말씀만 믿고 하나님 앞에서 정직하면 무슨 죄든지 하나님께서 다 사하여 주시고 용납하여 주십니다. 그러기에 우리는 하나님 앞에서 더 이상 위선적이어서는 안 됩니다.

여기서 우리가 생각해야 하는 것이 있다면 '하나님은 원자폭탄이

신가, 원자력이신가? 하는 것입니다. 이렇게 말하는 이유는 이스라엘 백성들이 출애굽을 할 때나 시내 산에서 하나님의 말씀을 받으면서 보니까 하나님은 마치 원자폭탄과 같은 분이셨기 때문입니다. 제 2차대전 때 일본 히로시마에 번쩍하면서 원자탄이 떨어졌습니다. 그리고 그 빛을 받은 모든 사람들은 한 순간에 다 불에 타 죽고 말았습니다. 그리고 잠시 후에는 엄청난 후폭풍이 밀어닥치면서 모든 것을 다 부수고 날려버렸습니다.

비유컨대 이스라엘 백성들이 출애굽하면서 보니까 하나님은 애굽 사람들에 대해서는 마치 원자폭탄과 같은 분이었습니다. 하나님은 애굽에 모든 재앙을 다 몰고 오셨습니다. 개구리라든지 파리라든지 이라든지 모든 해충들을 다 몰고 오셨고 심지어는 우박을 내리시고 태양까지 캄캄하게 하셨습니다. 하나님은 애굽의 모든 장자들을 다 죽이셨고 홍해 바다를 가르셨습니다. 홍해 바다를 가른 위력은 히로시마에 떨어진 원자폭탄의 백만 배가 넘는 것입니다. 모세가 시내산에 율법의 말씀을 받으러 올라갔을 때 시내 산 전체가 불덩어리였고 모세는 그 불덩어리 속으로 말씀을 받으러 갔습니다. 그런데 하나님은 이스라엘 백성들에게는 축복이요 능력이었습니다. 하나님은 이스라엘 백성들에게는 빛으로 나타나셨고 홍해 속에 길이 나게 하셨고 반석을 쳤을 때 생수가 쏟아지는 능력으로 나타나셨습니다. 그러면 하나님이 이 무지무지한 능력이 계속 재앙이 아니라 축복으로만 나타나게 할 수 없을까요? 그것이 바로 성전의 제사였습니다.

그리고 이 제사만 전적으로 감당하는 사람이 바로 레위인들이었고 제사장들이었습니다.

우리가 일단 세상 사람들의 눈으로 볼 때에 이 많은 레위인들은 완전히 시간과 사람의 낭비로 보일 것입니다. 왜냐하면 이스라엘의 열두 지파 중에서 완전히 한 지파가 다른 일은 아무 것도 하지 않고 오직 하나님을 섬기는 일을 하기 때문입니다. 무려 이만명이 넘는 사람들이 세속적인 일은 일체하지 않고 오직 성전 일만 한다는 것에 대해 이 세상 사람들은 이해를 할 수 없을 것입니다.

그러나 하나님께서 말씀하신 것이 무엇입니까? 모든 복은 하나님께 있다는 것입니다. 그리고 이 하나님께서 이스라엘 백성들 가운데 계십니다. 하나님이 이스라엘 백성 가운데 계신다는 것이 이스라엘 백성들로서는 가장 큰 축복이지만 또 가장 큰 위기이기도 합니다. 왜냐하면 이스라엘 백성들이 하나님을 잘 모시지 못하면 전멸을 당할 수도 있기 때문입니다. 그 대신 그들이 하나님을 잘 모시기만 하면 이 세상에서 최고로 복된 민족이 될 수 있습니다.

그래서 이스라엘 백성들에게는 다른 나라와의 전쟁이나 혹은 가나안 땅을 차지하느냐 못하느냐 장사를 해서 이익을 얼마나 남기느냐 하는 것은 문제가 되지도 않았습니다. 오직 하나님을 바로 섬기면 아무리 이 세상 나라가 다 쳐들어와도 사는 것이고 반대로 하나님을 잘 모시지 못하면 아무리 다른 나라와 잘 지내고 세상에서 성공했다 하더라도 망할 수밖에 없는 것입니다.

이것은 오늘 우리 믿는 자들에게 있어서도 마찬가지입니다. 우리가 사는 세상은 너무나도 경쟁적이어서 웬만큼 죽을둥 살둥 몸부림치지 않으면 살아남기가 힘든 세상입니다. 이런 가운데서 우리는 또 신앙생활도 온전히 해야 합니다.

그래서 어떤 분들은 적당하게 타협책을 찾는 것 같습니다. 즉 교회에 있는 동안은 신자 노릇을 하자는 것입니다. 그리고 세상에 나가서는 세상 사람들과 똑같이 열심히 경쟁에 이기면서 사는 것입니다. 그러나 이것은 세상과 우리가 다 함께 죽는 길입니다. 우리는 세상이 사는 원리를 분명히 알고 있습니다. 에스겔의 환상을 보면 성전 문지방에서 흘러나오는 생수가 세상을 살리는 것을 보게 됩니다. 즉 교회 안에서 하나님의 은혜가 흘러 넘쳐서 세상으로 흘러가야 세상의 썩은 부분이 치료가 되면서 하나님의 축복이 임하게 되는 것입니다.

그런데 도대체 우리가 어떻게 해야 하나님의 의를 만족시킬 수 있겠습니까? 우리 인간의 공로나 열심으로는 하나님의 의를 만족시킬 수가 없습니다.

우리는 오직 예수님의 피 공로만 의지해야 하고 그 다음에는 하나님의 말씀만 앞세워야 합니다. 우리가 하나님을 사랑하고 하나님의 말씀을 가장 최우선으로 믿고 나갈 때 말씀이 우리를 온전케 합니다.

하나님의 장자

하나님께서는 레위 지파 전체를 하나님의 장자라고 말씀하셨습니다. 어느 집에서도 장자는 가장 믿음직스럽고 장차 그 집안을 이끌어 나갈 중심이 되는 사람입니다.

> **민수기 3장 11-13절**
> 여호와께서 모세에게 일러 가라사대 보라. 내가 이스라엘 자손 중에서 레위인을 택하여 이스라엘 자손 중 모든 첫 태에 처음 난 자를 대신케 하였은즉 레위인은 내 것이라. 처음 난 자는 다 내 것임은 내가 애굽 땅에서 그 처음 난 자를 다 죽이

> 던 날에 이스라엘의 처음 난 자는 사람이나 짐승을 다 거룩히 구별하였음이니 그들은 내 것이 될 것임이니라. 나는 여호와니라

하나님께서는 이스라엘 열두 지파를 계수할 때 레위 지파는 완전히 빼게 하셨습니다. 그 이유는 레위 지파는 완전히 하나님께 속한 자들이 되어버렸기 때문입니다. 즉 이 세상에 속한 지파가 아니요 하나님께 속한 지파가 된 것입니다. 레위 지파는 이 세상에 없는 사람들이었습니다. 이스라엘 백성들이 출애굽할 때 하나님께서는 애굽 땅의 모든 장자를 다 죽이는 재앙을 내리셨습니다. 그러나 이스라엘 백성들의 장자는 아무도 죽지 아니하였습니다. 이때 사실 하나님이 보시기에는 이스라엘 백성들의 장자도 모두 죽을 수밖에 없었습니다. 그런데 하나님은 어린양의 피를 보시고 이스라엘 장자는 아무도 죽지 않게 하셨습니다. 그러나 하나님은 이스라엘의 장자를 다시 요구하셨습니다.

여기서 우리는 하나님께 대하여 한 가지 의문을 가지게 됩니다. '왜 하나님께서는 이스라엘 장자들을 한번 살려주셨으면 되었지 한참 지난 후에 다시 장자들을 요구하실까? 하는 것입니다. 이것은 우리 인간들이 너무나도 간사해서 그 당시 어려움만 지나면 금방 모든 것을 다 잊어버리기 때문입니다.

그래서 우리가 처음 믿는 원리도 장자를 하나님께 바치는 것이었다면 우리가 이 세상을 살아가는 원리도 장자를 하나님께 바치는 원리라는 것을 가르쳐 주시기를 원하시는 것입니다.

우리가 구원받는 것은 하나님의 장자이신 그리스도께서 죽으셨기 때문입니다. 그렇다면 우리도 장자를 하나님께 바치는 것입니다. 우

리가 하나님의 말씀을 가장 중요한 것으로 붙잡고 살아가면 세상적인 것이 절대로 가장 중요한 것이 되지 못합니다. 우리에게 있어서 가장 중요한 것은 하나님이고 하나님이 주시는 은혜입니다. 그러기에 세상 것은 두 번째나 세 번째 것이 될 수밖에 없습니다.

예를 들면 두 팀이 경기를 하는데 상대방은 최고 에이스들이 다 나오고 우리 팀의 에이스들은 부상을 당해서 출전할 수가 없고 후보 선수들을 가지고 경기를 치러야 하는 상황이 되었다고 합시다. 그러면 지는 것은 너무나도 분명한 것입니다. 이때 우리가 이기려고 하면 기도를 할 수 밖에 없습니다.

'하나님, 저희들은 최고 우수선수들이 아닙니다. 우리는 두 번째와 세 번째 선수들로 상대방의 최우수 선수들과 싸울 수밖에 없습니다. 하나님, 우리와 함께 해 주옵소서'

이렇게 기도를 하고 나면 오히려 이상하게 마음이 편안해지면서 어떻게 잘 될 것 같은 기분이 들게 됩니다.

하나님은 우리를 이 세상에 보내실 때 가장 좋은 것으로 승리하지 못하게 하셨습니다. 왜냐하면 너무 조건이 좋으면 생각을 너무 많이 하게 되기 때문입니다. 그래서 이것을 할까 저것을 할까 내내 생각만 하다가 아무 것도 하지 못하게 됩니다. 우리가 하나님을 섬길 때는 뜨거운 마음으로 해야 하지만 세상 일은 차가운 이성과 믿음으로 해야 합니다. 그래서 세상 일에 너무 의미를 많이 두게 되면 두려운 마음이 생겨서 오히려 성공하기 어렵습니다.

그래서 하나님께서는 이스라엘 열두 지파 중에서 영원히 한 지파는 빼버리셨습니다. 레위 지파는 있지만 세상일에는 전혀 도움이 되지 않는 쓸모없는 지파였습니다. 사람들은 레위 지파에게 무엇이라고 말을 합니까?

'다른 것은 해 주실 것이 없으니까 기도나 해 주세요' 라고 합니다. 그런데 이 레위 지파의 기도가 두 배의 힘이 될 수도 있고 세 배의 힘이 될 수도 있습니다.

하나님께서는 레위 지파가 이스라엘 전체를 대표한다는 것을 계산적으로도 확실히 하셨습니다.

> **민수기 3장 44-47절**
> 여호와께서 모세에게 일러 가라사대 이스라엘 자손 중 모든 처음 난 자의 대신에 레위인을 취하고 또 그들의 가축 대신에 레위인의 가축을 취하라. 레위인은 내 것이라. 나는 여호와니라. 이스라엘 자손의 처음 난 자가 레위인보다 이백 칠십 삼인이 더한즉 속하기 위하여 매명에 오 세겔씩 취하되 성소의 세겔대로 취하라 한 세겔은 이십 게라니라

하나님께서는 레위 지파 한 지파를 빼는 것으로 만족하지 아니하시고 모든 이스라엘 백성 중 이십 세 이상 남자의 수와 레위인의 수를 맞추게 하셨습니다. 그랬더니 거의 비슷하기는 한데 일반 이스라엘 남자의 수가 약간 더 많았습니다. 즉 이백칠십삼명이 레위인보다 더 많았습니다. 그랬더니 하나님께서 남는 수만큼 돈으로 내라고 하셔서 일천삼백육십오 세겔을 받았습니다.

하나님께서 이렇게 하신 것은 모든 레위인은 모든 이스라엘 장자와 바꾸었다는 뜻입니다. 이것은 하나님께서 오직 레위인들의 믿음을 보

시고 모든 이스라엘 백성들의 믿음을 합격시키시겠다는 것입니다. 이것이 바로 '대표성의 원리' 입니다. 즉 대표만 합격하면 다른 사람들은 저절로 다 합격이 되어버리는 것입니다. 그래서 레위인의 신앙은 이스라엘 장자들의 신앙을 대신했고 이스라엘 장자들은 또 다른 사람들의 신앙을 대표했던 것입니다.

특히 아브라함의 집에는 어마어마한 복이 상속되고 있었습니다. 이것이 모세와 다윗과 선지자들과 예수님을 거치면서 복이 눈덩이같이 커져서 어마어마하게 크게 되었습니다. 그 복이 지금 다 어디에 있습니까? 하나님의 말씀 속에 있습니다. 강대상에서 흘러나오는 말씀에 있고 그 말씀을 듣고 뜨겁게 기도하는 레위인의 기도에 들어 있는 것입니다.

그러기에 하나님의 말씀을 듣고 기도하는 것이 최고 귀중한 복인 줄 아시기 바랍니다. 에서는 그 복의 가치를 알지 못해서 팥죽 한 그릇에 장자의 명분을 팔아버렸습니다. 야곱은 그 복이 있는 줄 알기는 알았는데 정확하게 어디에 있는지 몰랐습니다. 그러나 나중에 형을 피하여 도망을 치다가 들판에서 돌을 베개하고 자다가 하나님을 만나고 말씀을 들었습니다. 그것이 바로 야곱의 복이었습니다. 하나님은 네가 어디로 가든지 함께 하시겠다고 하셨습니다.

오늘 우리는 세상에 대하여 장자가 없는 사람들입니다. 즉 세상을 이길 수 있는 최고의 무기가 없는 사람들입니다. 우리의 최고의 무기는 어디에 있습니까? 바로 기도에 있습니다. 기도 할 때 우리는 마귀를 정복하고 원수들을 정복하고 가나안 땅을 정복하는 것입니다. 그래서 이 세상 일에 여러분의 장자권을 주지 마시기 바랍니다. 최고로 좋은 힘은 말씀과 기도에 바치고 두 번째나 세 번째 힘으로 공부를 하시고 직장 일을 하시기 바랍니다. 그러면 나는 힘이 없는데 이상하게 좋은 결과가 나오는 것을 보게 될 것입니다. 이것이 바로 하나님의 능력입니다.

레위인들의 믿음

하나님께서는 다른 이스라엘 백성들은 모두 스무 살 이상 만 계수하게 하셨습니다. 그런데 레위 지파만은 일 개월 이상 된 어린 아이들부터 계수하라고 하셨습니다.

> **민수기 3장 15-16절**
> 레위 자손을 그들의 종족과 가족을 따라 계수하되 일개월 이상의 남자를 다 계수하라. 모세가 여호와의 말씀을 좇아 그 명하신대로 계수하니라

왜 하나님께서는 레위인들은 스무 살부터 계수하라고 하시지 않으시고 한 달 이상 된 남자는 전부 다 계수하라고 하셨을까요? 특히 옛날에는 유아 사망률이 아주 높았기 때문에 돌이 지나도 안심할 수가 없었습니다.

제가 한번은 시골에서 어느 집 비석을 유심히 볼 때가 있었습니다. 그 집 비석을 보니까 거의 대개가 십대 이전에 죽은 것을 볼 수 있었습니다.

그런데 왜 하나님은 일 개월 이상된 레위인들은 모두 계수하라고 하셨을까요?

그 이유는 두 가지로 생각할 수 있습니다. 하나는 하나님께서 레위 지파에 대해서는 아주 어렸을 때부터 거룩하게 구별하시기 위한 것이었습니다. 레위 지파에게 생명보다 더 중요한 것은 거룩이었습니다. 그래서 하나님께서는 레위 지파는 아예 젖떼기도 전부터 구별하셔서 일반 이스라엘 백성들과는 다르게 살게 하셨습니다. 즉 다른 지파 아이들처럼 욕을 하거나 싸우지도 못하게 하고 나쁜 것을 듣거나 보지도 못하게 했습니다. 아예 그들을 어려서부터 세상의 죄로부터 격리를 시켰습니다.

이러한 현상은 오늘날 교회에서도 볼 수 있습니다. 어려서부터 신앙생활을 해 온 어린이들은 영적인 감수성이 아주 높은 것을 볼 수 있습니다. 그래서 이미 청소년기가 되면 하나님과 자신의 죄성에 대하여 깊이 고민을 하는 것을 보게 됩니다.

그래서 '이른 추수' 라고 해서 하나님께서 일찍 사용하시는 종들을 보면 아주 어렸을 때부터 영적인 감수성이 아주 높았던 것을 볼 수 있습니다. 물론 이런 식으로 구별한다고 해서 죄성이 없어지거나 자동적으로 거룩해지는 것은 아니지만 이 아이들은 매일 보고 듣는 것이 제사 지내고 기도하는 것이기 때문에 자동적으로 하나님을 배우게 되는 것입니다.

어린 사무엘 같은 경우에는 어머니가 아예 사무엘을 젖을 떼자 말자 성전 아이로 바쳐버렸습니다. 그래서 사무엘은 아주 어렸을 때부터 성전 제사나 성전의 여러 기구들을 보면서 아주 영적인 감수성이 풍부한 상태에서 자라게 되었습니다. 사무엘 당시 제사장은 홉니와 비느하스였습니다. 그들은 깡패들이었는데도 불구하고 사무엘은 그들의 나쁜 영향을 전혀 받지 아니하고 오직 하나님의 영향을 받으면서 자랐습니다. 그래서 결국 이스라엘이 나라가 되게 하고 두 명의 왕에게 기름을 붓고 말씀의 시대를 여는 위대한 종이 되게 되는 것입니다.

스펄전 목사 같은 경우에는 십칠 세부터 설교를 하기 시작했는데 어렸을 때 아버지가 어려운 개척 교회를 하느라고 스펄전을 잘 키울 수가 없어서 할아버지 집에 맡겼습니다. 그런데 이 할아버지가 마지막 청교도 세대였기에 그 서가에는 청교도 책들이 즐비하게 꽂혀 있었습니다. 그래서 스펄전은 어릴때부터 그 책들을 읽으면서 컸고 천로역정 같은 책은 백번이상을 읽었다고 말을 하고 있습니다. 그 결과 스펄전 목사는 십구 세에 런던에 와서 설교하면서 엄청난 부흥을 일으키게 되었습니다. 무엇보다 하나님을 멀리 떠나서 세상에서 술도 마시고 못된 짓도 많이 하다가 돌아오는 것도 귀한 일이지만 생후 일개월부터 구별되어 기도하는 분위기와 예배드리는 분위기에서 자라는 것은 아주 중요한 것입니다.

또한 하나님께서 죽을지도 모르는 레위족 아이들을 생후 일개월부터 계수하라고 하신 것은 하나님께서 책임져 주실테니까 아이들을 키우는 것을 걱정하지 말라고 하시는 것입니다. 물론 계수에 들었다고 해서 레위족 아이들이 절대로 병에 걸리지 않는다거나 혹은 죽지 않는다고 말할 수는 없습니다. 그러나 하나님의 숫자에 포함된 이 어린양들을 하나님이 모든 병이나 사고나 어려움으로부터 지켜주실 것은 분명합니다. 그러니까 레위인들은 아이들이 죽을 것을 미리 염려할 필요가 없는 것입니다.

사실 레위인들은 자신들의 산업이나 직장이 없었습니다. 그들은 다른 이스라엘 백성들이 바치는 십일조나 예물로 살았습니다. 그러니까 다른 이스라엘 백성들의 신앙이 없어져서 십일조나 예물을 바치지 않으면 살 도리가 없는 것입니다. 그러기에 하나님은 레위인들에게 믿음으로 살 것을 요구하시는 것입니다. 즉 그들이 믿음으로 하나님을 섬기면 먹을 것이 생기게 되어 있고 아이들도 굶어죽지 않고 건강하게 잘 살 것이라는 것입니다.

그런 까닭에 레위인들이 사용하는 주 무기는 다른 이스라엘 백성들과는 달랐습니다. 다른 이스라엘 백성들이 사용하는 주 무기는 농사를 짓는 괭이나 쟁기나 혹은 적과 싸우는 칼이었습니다. 그러나 레위인들의 주 무기는 불과 연기였습니다. 불은 제물을 태우는 불이었고 연기는 그 제물이 타서 하늘로 올라가는 연기였습니다. 그러면 어떻게 되는 것입니까? 그 제사가 하나님의 뜻에 맞는 제사이면 이스라엘 백성들에게 복이 임하게 됩니다. 그리고 사람들은 죄 사함을 받고 기도의 응답을 받게 됩니다.

제사장이나 레위인의 직업은 이 세상에 속한 직업이 아닙니다. 그러나 하나님은 이들의 불의 제사와 연기를 향기로 받으시고 이들을 통하여 온 세상을 축복하시는 것입니다. 그러기에 하나님 앞에서 가장 가치 있는 것은 불과 연기입니다.

사실 우리는 모두 레위족들입니다. 그러나 구약 레위족들보다 더 계급이 높은 레위족들입니다. 왜냐하면 구약 이스라엘 백성들은 짐승의 피로 제사를 드렸지만 우리는 어린양의 피로 제사를 드렸고, 구약 레위인들은 하나님의 지성소 밖에서 제사를 드렸지만 예수님이 십자가 위에서 죽으실 때 성전 휘장이 찢겨져버렸기 때문에 우리는 하나님의 지성소 안에서 예배를 드리는 레위족들이 된 것입니다. 우리는 구약 대제사장보다 더 높은 사람이 되었습니다.

그럼에도 불구하고 하나님이 불이신 것은 여전히 변함이 없습니다. 이 세상의 모든 화복은 하나님 앞에 있습니다. 이 세상을 살릴 수 있는 사람은 오직 레위인의 기도 밖에 없습니다. 우리는 세상과 하나님 사이에서 하나님 쪽을 택했습니다. 우리가 하나님 앞에 바칠 수 있는 것은 불과 연기입니다. 오직 하나님의 말씀만 붙잡고 기도로 하나님께 부르짖는 것입니다.

그러면 하나님은 원자 폭탄이 아니라 원자력 발전으로 우리에게 찾아오실 것입니다. 하나님의 모든 진노의 심판이 축복으로 기도 응답으로 능력으로 나타나게 될 것입니다.

요즘 원자력 병원 같은데 보면 암도 방사능으로 치료하는 것을 볼 수 있습니다. 하나님의 방사능으로 여러분의 모든 암과 모든 불치의 병이 다 치료되기를 바랍니다.

우리는 믿음으로 살아야 합니다. 이미 우리는 하나님께 바쳐진 자들이고 우리의 자녀들도 이미 하나님께 바쳐진 자들입니다. 우리가 이 경쟁이 심한 험악한 세상을 어떻게 살아갈 수 있겠습니까? 오직 우리는 믿음으로 살아가야 하며 믿음으로 우리들의 자녀를 키워야 할 것입니다. 그러면 하나님께서 반드시 우리의 삶을 축복해 주실 것입니다.

04 _ 민 4:1-49

이동하는 성전

아이들이 어렸을 때에는 이사하는 것을 아주 좋은 것으로 생각합니다. 그래서 친구들에게 자기 집이 먼데로 이사하게 되었다고 자랑을 하고 다닙니다. 그러나 어른들에게는 이사하는 것보다 더 골치 아프고 지겨운 것은 없습니다. 특히 우리 사회에서는 자기 집을 가진 자와 자기 집을 가지지 못한 자 사이의 빈부의 차이가 더 현격하게 벌어지고 있는 형편입니다.

자기 집이 있는 사람은 이사를 하지 않고 한 곳에 오래 살 수 있지만 집이 없는 사람은 자주 이사를 다녀야 합니다. 그런 까닭에 자주 이사를 하는 사람들은 아예 이사를 하는 요령을 알고 있습니다. 이불은 어떻게 이불보에 싸야 하는지 책이나 그릇들은 어떻게 종이 박스에 넣어야 하는지 귀중품들은 작은 가방에 넣어서 손에 들고 차에 타면 된다는 것을 잘 알고 있습니다.

오늘 말씀은 하나님께서 레위 족속들에게 성전을 이사할 때 이삿짐을 어떻게 싸야 하며 어떻게 이동을 시켜야 하는지 가르쳐 주신 내용입니다.

우리가 참 이해가 되지 않는 것이 있습니다. 하나님께서 이스라엘 백성들에게 성전을 짓게 하실 때 좀 기다리셨다가 가나안 땅에 들어간 후에 돌과 백향목으로 웅장한 성전을 짓게 하셨더라면 훨씬 크고 좋은 성전을 지을 수 있었을 것인데 하나님께서는 그렇게 하시지 아니하시고 지금 광야에서 이동 중인 이스라엘 백성들에게 이동할 수 있는 조립식 성전을 짓게 하셨습니다.

보통 안정된 토지 위에서 집을 지을 때에는 무거운 돌이나 나무를 사용해서 얼마든지 튼튼하고 안정된 집을 지을 수가 있습니다. 그러나 이동식 조립 건물을 지으려고 하면 일단 붙였다 뗐다 해야 하니까 무거운 돌이나 큰 통나무는 사용할 수가 없고 가벼운 작대기나 천막 같은 것으로 지을 수밖에 없습니다. 그러면 성전이 아주 보잘 것 없고 초라한 성전이 지어질 수밖에 없을 것입니다. 그러나 하나님께서는 이 이동식 성전을 아주 좋아하셨습니다. 특히 성전에서 가장 중요한 부분은 맨 안쪽에 있는 지성소이고 그 중에서도 언약궤인데 하나님께서는 이 언약궤를 성전을 덮는 천막과 보자기로 싸서 반드시 레위 지파 중에서 고핫 자손이 어깨에 메게 하였습니다. 하나님께서는 고핫 자손 외에는 어느 자손도 이 언약궤를 매지 못하게 하셨습니다. 그래서 하나님께서는 어떤 일이 있어도 고핫 자손은 살려두라고 했습니다. 왜냐하면 고핫 자손이 다 죽어버리면 이 언약궤를 질 사람이 없어지기 때문입니다. 그런 일이야 없겠지만 무슨 전염병이 퍼지든지 아니면 무슨 내란이 일어나더라도 고핫 자손 네 사람은 살려두어야 언약궤를 옮길 수가 있는 것입니다.

이동하는 이스라엘

하나님께서는 아예 성전을 만드실 때 이동을 전제로 성전과 그 모든 기구를 만드셨습니다.

> **민수기 4장 5-6절**
> 행진할 때에 아론과 그 아들들이 들어가서 간 막는 장을 걷어 증거궤를 덮고 그 위에 해달의 가죽으로 덮고 그 위에 순청색 보자기를 덮은 후에 그 채를 꿰고

하나님께서는 광야의 이동 중인 백성들에게 성전을 지으라고 하셨기 때문에 아무래도 이동식의 조립식인 성전을 지을 수밖에 없었습니다. 그런데 하나님께서는 이 이동식의 조립식 성전에 대만족을 하셨습니다. 이것은 하나님께서 성전을 짓는 것이 너무 급해서 우선 임시로 조립식으로 짓게 하신 것이 아니라 이 조립식 성전이야말로 하나님께서 원래 원하신 성전이었다는 것을 알게 하는 것입니다.

그러면 왜 하나님께서는 굳이 이런 이동식 조립식 성전을 짓게 하셨을까요? 가장 중요한 이유는 이스라엘 백성들이 지금 이동 중이었기 때문입니다.

그러면 왜 이스라엘 백성들은 이렇게 이동을 해야 했을까요? 그것은 이스라엘 백성이 가나안 땅을 향해서 이동하면서 하나님의 훈련을 받아야 했기 때문입니다.

그래서 우리는 이스라엘 백성들의 세 가지 모습을 함께 평면에 놓고 보아야 합니다. 하나는 애굽 땅에서 종살이하는 이스라엘 백성들의 모습입니다. 애굽은 아주 문명국이고 문화적인 수준이 높은 곳이었

지만 이스라엘 백성들은 거기서 종살이를 하고 있었습니다. 그리고 두 번째는 물도 없고 양식도 없는 광야에서 하나님을 의지해서 살아가는 법을 배우는 것이었습니다. 그리고 세 번째는 젖과 꿀이 흐르는 가나안 땅에 들어가서 가나안 족속들을 몰아내고 농사를 짓고 집을 짓고 풍족하게 사는 이스라엘 족속들의 모습입니다.

그런데 하나님께서 이스라엘 백성들의 세 가지 모습 중에서 가장 중요하게 생각하신 것은 광야에서의 이스라엘 백성들의 모습이었습니다. 즉 하나님을 만나기 전의 애굽에서의 모습이나 가나안 땅에서 성공하고 난 후의 이스라엘의 모습보다는 아무 것도 없는 가운데서 말씀으로 변화되는 이스라엘 백성들을 가장 중요하게 보신 것입니다. 그래서 하나님께서는 광야의 이스라엘 백성들의 모습에 자신을 맞추기를 기뻐하셨습니다.

광야 이스라엘 백성들의 특징이 무엇입니까? 불안정한 것이었습니다. 그들에게는 안정된 것이 아무 것도 없었습니다. 광야에서 그들이 얻을 수 있는 것은 풀 한 포기나 나무 열매하나 없었습니다. 그리고 그들은 계속 어디론가 이동을 해야만 했습니다. 그래서 하나님께서는 바로 이 광야에서 이동하는 이스라엘 백성들에게 자신을 맞추셔서 이동형 조립식 성전을 짓게 하신 것입니다. 결국 우리가 하나님을 믿을 때 찾아오는 가장 큰 문제는 생활의 불안정입니다. 우리는 할 수 있는 대로 이 세상에서 빨리 자기 집을 가지고 안정된 직장을 가지고 안정되기를 원합니다. 우리는 행복이라는 것을 이 세상에서 안정되게 사는 것으로 생각합니다. 그러나 하나님께서는 우리가 안정되기 전에 반드시 훈련을 받아야 한다고 생각하십니다. 그것이 바로 이 세상에서 아주 불안정한 가운데 하나님을 믿고 살아가는 법을 배우는 것입니다.

　이스라엘 백성들이 광야에서 가장 먼저 배운 것은 먹는 것에서 하나님을 의지하는 법이었습니다. 광야에서는 이스라엘 백성들이 먹을 양식이 없었습니다. 그런데 하나님께서는 '사람이 떡으로만 살 것이 아니요 하나님의 입에서 나오는 말씀으로 살 것이니라' 고 하셨습니다. 이스라엘 백성들이 처음 배워야 했던 것은 안정된 직장에서 나오는 양식이 아니라 하나님의 말씀을 믿는데서 나오는 양식이었습니다. 이것이 바로 하나님의 능력으로 사는 것입니다. 그러나 우리는 종종 이렇게 사는 것이 죽는 것보다 더 비참하다고 생각하고 너무나도 자신이 무능하다고 생각할 수 있습니다. 하지만 하나님의 말씀을 붙드는 사람은 결코 굶어죽지는 않습니다. 엘리야 같은 선지자는 까마귀가 날라다 주는 떡과 고기를 먹기도 했고 나중에는 이방인 과부의 집에 얹혀서 살았습니다. 아마도 이스라엘 백성들 중에서 많은 사람들은 까마귀가 날라다주는 고기를 먹고 이방인 과부에게 얹혀서 사느니 차라리 장렬하게 굶어죽겠다고 생각하는 사람들도 많이 있었을 것입니다. 그러나 여기서 우리는 한 끼 한 끼 사는 것이 얼마나 위대한 것인지 깨닫게 됩니다. 우리가 돈이 있고 직장이 있고 양식이 있다고 해서 하나님을 의지하지 않고 큰 소리 치면서 산 것이 얼마나 교만한 것이었는지 알게 됩니다.

　저는 옛날에 얼마나 교만했는지 모릅니다. 저는 한 때 주기도문에서 '일용한 양식을 주옵시며' 라고 기도하는 것이 너무나도 소극적인 기도라고 생각했습니다. 저는 사람이 얼마나 못났으면 한 끼 양식을 위해서 기도할까 하는 생각을 했고 적어도 몇 년 후 큰 일 하는 것만 위해서 기도를 했습니다. 그러나 하나님은 저를 연단하시는데 정말 아무 도움도 받지 못한 상태에서 몇 년을 살게 하셨습니다. 그때는 단 한 푼이 신기했고 단 한 끼의 식사가 얼마나 귀했는지 모릅니다. 그리고 한 끼의 양식을 우습게 알고 적은 돈을 시시하게 생각했던 저의 자존심이나 저의 교만이 얼마나 무참하게 깨어졌는지 모릅니다.

그래서 그 뒤에는 한 끼의 식사가 매 순간 하나님의 능력으로 사는 것임을 알게 되었습니다. 이 한 끼의 식사 안에는 먹는 것만 들어 있는 것이 아니라 모든 병이나 사고나 사탄의 시험으로부터 이기는 힘이 다 들어 있는 것입니다. 우리는 하루하루 밥 먹고 사는 것이 얼마나 대단한 하나님의 능력인지 알아야 합니다. 그리고 자기 뜻대로 되지 않는다고 원망하고 불평하는 자신의 모습이 얼마나 어리석은지 알아야 합니다. 우리는 당장 실현되지도 않을 허황된 꿈을 꾸면서 자기만족에 빠지곤 합니다. 그리고 적은 돈은 시시하게 생각할 때가 많습니다. 또 얼마나 자존심이 강한지 모릅니다. 그러나 그 어떤 것도 지금 우리가 살아있는 것보다 더 중요한 것은 없고 우리가 하나님의 능력에 붙들려 있다는 것보다 더 중요한 것은 없습니다.

하나님께서는 광야에서 이스라엘 백성들에게 도저히 논리적으로 이해가 되지 않는 만나라는 음식을 주셨습니다. 그런데 이 만나는 그렇게 맛있는 음식은 아니었습니다. 만나는 아침 해 뜨기 전에 내렸다가 해가 뜨면 사라졌습니다. 그러니까 이스라엘 백성들은 만나를 거두기 위해서는 부지런 할 수밖에 없었습니다. 그리고 이 만나는 저축이 되지 않았습니다. 이틀만 두면 벌레가 생겨서 먹을 수가 없었습니다. 그래서 이스라엘 백성들은 매일의 필요한 것을 하나님으로부터 공급받는 것을 배웠던 것입니다. 우리에게 필요한 모든 것은 하나님께 있습니다. 그래서 우리에게 필요한 모든 것을 하나님으로부터 공급받는 것이 하나님의 백성들의 기본 훈련이었던 것입니다.

그러나 하나님은 안식일 훈련을 받게 하셨습니다. 이 만나가 안식일에는 내리지 않았습니다. 하나님께서는 안식일을 위해서는 만나를 미리 거두게 하셨고 안식일 때는 신기하게도 만나가 상하거나 벌레 나지 않게 하셨습니다. 우리 같은 사람들에게는 안식일이라고 해서 특별히 구별되는 개념은 없습니다. 단지 달력을 보니까 일요일 일 뿐이지 일요일이라 해서 다른 날보다 더 날씨가 건조하다든지 일요일이라고 해서 더 포근한 것도 아닙니다. 그러나 하나님께서는 안식일이 특별한 축복의 날이라는 것을 만나를 통해서 가르쳐 주셨습니다. 그 이유는 안식일에 우리 영혼에 이 만나와 비교되지 않는 수십 배 수백 배의 복이 쏟아 부어지기 때문입니다. 그래서 이 영혼의 복은 먹는 것 때문에 빼앗기지 말라는 것을 가르쳐 주신 것입니다.

하나님께서 광야 훈련을 통해서 두 번째로 가르쳐 주신 것은 이동하는데 철저하게 하나님의 지시를 받는 것이었습니다. 이스라엘 백성들이 광야에서 생활 할 때는 어느 곳에 얼마나 머물러 있어야 하는지 아무도 예측을 하지 못했습니다. 단지 성막 위의 구름을 통해서 지시를 받을 뿐이었습니다. 어느 곳이든 성막 위의 구름이 떠오르지 않고 계속 머물러 있으면 이스라엘 백성들은 계속 그곳에 머물러 있어야만 했습니다. 이스라엘 백성들의 마음으로는 하루라도 빨리 광야 생활을 청산하고 가나안 땅에 들어가고 싶지만 구름이 움직이지 않으면 별 도리가 없이 무작정 기다려야만 했습니다. 그러나 어떤 곳에서는 정착한 지 하루 만에 구름이 올라가면 그동안 정착하느라고 준비하고 정돈한 것을 다시 다 싸서 또 이동을 해야만 했던 것입니다.

하나님의 백성들에게 있어서 가장 중요한 훈련은 하나님의 때를 기다리는 훈련입니다. 우리는 언제 그때가 올지 모릅니다. 그러나 그때가 올 때까지는 무한정으로 기다려야 합니다.

저희 성도님들 가운데는 언젠가는 하나님께서 자신의 삶을 아름답게 회복시켜주실 것이라는 것을 믿고 기다리는 분들이 많이 계십니다. 그러면 우리는 언제까지 기다려야 합니까? 그 답은 '구름이 떠올 때까지' 입니다.

어떤 분은 이렇게 질문을 합니다. '목사님, 구름이 영원히 떠오르지 않고 그냥 이대로 살다가 죽지는 않을까요?' 그러나 결코 그렇지 않습니다. 하나님의 말씀을 붙들고 사는 자들에게는 반드시 구름이 떠오르고 가나안 땅으로 진격해 들어가게 되어 있습니다. 그러나 우리는 하나님을 기다리는 훈련을 받아야 합니다. 이것은 사실 우리가 하나님의 손에 붙잡히는 과정에 불과합니다. 우리의 마음과 하나님의 마음이 일치를 해야 하나님께서 우리를 쓰실 수가 있습니다.

그러나 거의 대부분 우리의 마음과 하나님이 친히 우리의 마음은 정반대입니다. 우리는 혈기도 많고 특히 가만히 있지를 못하는 성미를 갖고 있습니다. 그래서 하나님은 우리의 기운을 빼신 후에 하나님이 친히 우리의 손을 잡으십니다. 우리가 우리 힘으로는 아무 것도 할 수 없다는 고백이 나와야 하는 것입니다. 그래도 엉터리 고백이 많기 때문에 하나님은 더 기다리십니다. 우리는 처음에 기다면서 답답해하고 그 다음에는 미치려 하고 그 다음에는 자포자기를 하게 됩니다. 그러나 자포자기도 아직 혈기가 남아서 자포자기한 것입니다.

어떤 분은 자기 뜻대로 되지 않아서 집에서 가출을 하기도 하고 어떤 분은 죽으려고 금식을 생각하기도 합니다. 이것도 전부 아직 혈기가 남아서 그런 것입니다. 하지만 우리가 완전히 죽고 나면 우리 입에서 무슨 말이 나오게 되는가 하면 '주여 말씀하소서. 주의 종이 듣겠나이다.' 라는 말이 나오게 됩니다. 주님이 죽으라고 하면 죽고 주님이 살라고 하면 살겠습니다. 주님이 높이시면 높아지는 것이고 주님이 낮추시면 얼마든지 낮아져도 좋습니다 라고 고백하게 되는 것입니다.

사도 바울은 '내가 그리스도와 함께 십자가에 못 박혔나니 그런즉 이제는 내가 산 것이 아니요. 내 안에 그리스도가 산 것이라' 고 고백을 했습니다.

셰익스피어의 작품 중에 '말괄량이 길들이기' 라는 작품이 있습니다. 여기에 보면 어느 집 큰 딸이 엄청난 말괄량이였는데 남자들 중에서 이 여자에게 터지지 않은 사람이 없습니다. 아무도 감당을 하지 못합니다. 그래서 아버지는 아예 광고를 내기를 무조건 큰 딸이 결혼을 해야 얌전한 둘째딸을 결혼시킬 것이라고 했습니다. 그러나 아무리 지참금을 많이 준다고 해도 데려가려는 남자가 없었습니다. 그런데 진짜 임자가 나타났습니다. 이 사람은 자기가 이 여자와 결혼하겠다고 해 놓고 결혼하는 시간까지 나타나지 않습니다. 그러니까 신부 아버지도 불안초조하고 신부도 불안해서 견디지 못합니다. 그러면서 처음에는 화를 내다가 나중에는 오기만 해라고 합니다. 그때 이 신랑은 정말 병든 말을 타고 거지같은 옷을 입고 나타나서 결혼식을 합니다. 신부 아버지와 친구들이 아무리 말려도 듣지 않고 그 거지같은 옷으로 결혼식을 하는데 주례하는 신부가 마음에 안 든다고 소리를 고래고래 지르고 책으로 주례 신부 머리를 때려서 쓰러지게 합니다. 원래는 이 신부가 소리를 질러야 하는데 신랑이 너무 미친 것처럼 소리를 질러대니까 말괄량이 신부가 질려서 말을 하지 못합니다. 그리고 결혼 마친 후에도 만찬도 하지 않고 신부를 자기 집에 끌고 가는데 식사를 하려고 하는데 음식이 식었느니 간이 맞지 않느니 하면서 음식을 집어 던지고 그릇을 던져서 완전히 말괄량이 신부를 굶겨버립니다. 그리고 잠을 자야 하는데 잠자리가 이러니저러니 하면서 밤새도록 고래고래 소리를 지르고 하인들을 야단을 치는 통에 한 숨도 잠을 자지 못하게 만듭니다. 옷도 새로 맞춘다고 재단사가 왔는데 좋은 옷인데도 이따위 옷이 어디 있느냐고 하면서 옷을 전부 다 갈기갈기 찢어버립니다. 신부는 배가 고파 죽겠는데 먹을 것만 오면 맛이 없다고 집어 던져버리고 고래고래 소리를 지르고, 잠을 자야 하겠는데 잠자리가 형편없다고 고래고래 소리를 지르니까 신부가 그만 질려 버리게 된 것입니다. 그 후에 신부를 신부 집에 데리고 가면서도 말도 되지도 않는 이야기를 하면서 동의하지 않으면 또 자기 집으로 돌아가려고 합니다. 예를 들면 태양을 보고 아름다운 달이라고 하고 늙은이보고 멋진 아가씨라고 하는데 말도 되지도 않는다고 하면 집으로 또 돌아가는 것입니다. 그래서 이 말괄량이가 무조건 신랑의 말에 순종을 하게 됩니다. 그래서 나중에 집에 돌아가서 남편들끼리 내기를 하는데 남편의 말을 가장 잘 듣는 신부는 바로 이 말괄량이 신부인 것입니다.

　우리는 하나님을 믿기는 하지만 실제로는 제멋대로인 말괄량이와 같습니다. 모든 것이 다 자기 마음대로 되어야 하고 조금이라도 자기 뜻대로 되지 않으면 토라지고 침체되고 자기 멋대로 행동하는 버릇이 없는 자녀들인 것입니다. 하나님은 이런 우리들을 버리지 아니하시고 훈련을 시키십니다. 하나님은 우리를 단순히 군대 훈련시키듯이 하지는 않습니다. 하나님께서 우리를 그냥 가만히 내버려두시는 것입니다. 아무리 길길 날뛰어도 가만히 내버려두면 결국 자존심도 없어지고 남에게 순종하는 법도 배우게 되고 특히 하나님의 뜻에 아주 민감하게 반응하는 아주 뛰어난 하나님의 군사들이 됩니다. 우리가 하나님의 손에 붙들린 종이 되면 천사와 같은 능력이 나타나게 됩니다.

움직이는 성전

하나님께서는 이스라엘 백성들이 광야 사십년을 돌아다니는 동안 늘 이스라엘 백성 한 가운데 계셨습니다. 그래서 성전도 이동 조립식이었습니다.

아마도 이 세상에 있는 신전들 중에서 전 세계에 이런 이동식 조립식 성전은 없을 것입니다. 그리스 사람들이나 로마 사람들은 거대한 대리석으로 신전을 지어야 정성이 있다고 생각을 했습니다. 그래서 지금도 그리스에는 옛 신전의 기둥들이 남아 있습니다. 우리나라와 중국은 거대한 바위에 불상을 새겨서 자신들의 정성을 표현을 했습니다.

그러면 하나님께서 성전을 이런 식으로 이동식 조립식으로 만들게 하신 이유가 과연 광야의 임시용이었을까요, 아니면 영구적으로 이런 이동식 조립식 성전을 원하셨을까요? 하나님께서는 이스라엘 백성들이 가나안 땅에 들어간 후에도 계속 이 이동식 성전을 유지하게 하셨습니다.

이렇게 한 것은 하나님께서 이동식 성전에 굉장한 뜻이 있음을 보여주기 위함입니다. 도대체 이 이동식 성전의 뜻은 어디에 있는 것일까요?

결국 이 이동식 조립식 성전은 나중에 찢어질 예수 그리스도의 육체를 나타내는 성전이었던 것입니다. 예수님은 움직이는 성전이셨습니다.

예수님께서는 자신의 육체 안에 하나님의 모든 영광과 능력과 축복을 싸가지고 오셨습니다. 이것이 바로 움직이는 성전의 실체였습니다. 그러나 이스라엘 백성들은 그리스도가 오시기 전까지는 천막으로 된 성전을 들고 다녀야만 했습니다. 그래서 이스라엘의 성전은 아주 약한 성전이었습니다. 칼로 찢으면 얼마든지 찢어질 수 있고 불로 태우면 탈 수도 있는 연약한 것이었습니다. 그러나 이스라엘 백성들이 진심으로 하나님의 말씀을 붙들 때 이 성전은 앗수르의 군대 십팔만 오천 명을 죽일 정도로 강한 성전이 되었습니다.

예수님께서는 예루살렘 성전에 오셔서 '너희가 이 성전을 헐라. 내가 사흘 만에 다시 일으킬 것이니라' 고 말씀하셨습니다. 그때 이 성전은 예수님의 육체를 두고 말씀하신 것이었습니다.

결국 하나님께서는 이동하는 성전을 통해서 이스라엘 백성 전체를 성전으로 삼기를 원하셨습니다.

신약 성경에서 베드로 사도는 이렇게 말을 했습니다.

> **베드로전서 2장 5절**
> 너희도 산 돌 같이 신령한 집으로 세워지고 예수 그리스도로 말미암아 하나님이 기쁘게 받으실 신령한 제사를 드릴 거룩한 제사장이 될찌니라

결국 하나님이 원하시는 것은 돌과 나무로 지어진 웅장한 성전이 아니었습니다. 그래서 하나님께서는 다윗이 돌과 나무로 된 성전을 짓겠다고 말을 했을 때 한편으로는 그의 믿음을 인정하시면서도 다른 한편으로는 인정하지 아니하셨습니다. 그 이유는 하나님께서 궁극적으로 원하신 것은 사람으로 지어지는 성전이었기 때문입니다. 성도

한 사람 한 사람이 움직이는 벽돌이 되어서 모난 부분이나 깨어진 부분들이 다듬어지고 보충이 되어서 하나님의 말씀 중심으로 빈틈없이 지어지는 살아있는 성전을 원하셨던 것입니다.

그래서 솔로몬은 예루살렘 성전을 지음으로 큰 복을 받았지만 실제로는 하나님이 원하시는 성전은 짓지 못한 사람이었습니다. 하나님께서 원하시는 성전은 사람으로 지어지는 살아있는 성전이었습니다.

오늘 우리 시대에 하나님이 원하시는 성전은 바로 이 세상에서 눈에 보이지 않는 성전을 짓는 것입니다. 즉 하나님이 원하시는 성전은 우리 한 사람 한 사람이 벽돌이 되고 성전 기둥이 되고 성전 천막이 되어서 아주 빈틈없이 견고하게 지어지는 성전이 되는 것입니다.

오순절에 예루살렘에서 성령을 받았던 사람들은 백 이십 명쯤 되는 사람들이었습니다. 이 사람들은 부활하신 예수님을 만났으며 전혀 기도에만 힘썼던 사람들이었습니다. 이때 예루살렘 성전에는 수십만 명 혹은 수백만 명이 모여서 짐승을 죽여서 태우는 제사를 드리고 있었지만 성령은 그들에게 임하지 아니하셨습니다. 오직 말씀과 기도로 하나가 된 이 120명의 사람들 위에 성령은 불같이 바람같이 임했던 것입니다.

그래서 하나님께서 이스라엘 백성들에게 움직이는 성전을 짓게 하신 것은 결국 이스라엘 백성 한 사람 한 사람이 모여서 성전이 되어야 한다는 것을 가르치기 위함인 것입니다. 그들이 모난 부분이나 더러운 부분들이 다 씻음 받고 말씀으로 하나가 되었을 때 성전은 진짜 성전이 되는 것입니다.

오늘 우리들이 짓고 있는 성전은 바로 이 눈에 보이지 않는 성전입니다. 즉 우리 성도 한 사람 한 사람이 말씀으로 은혜를 받고 오직 말씀과 기도로 하나가 되었을 때 우리 안에 반드시 오순절의 성령이 임하십니다. 또한 우리의 모든 기도가 응답되며 큰 부흥의 역사가 일어나게 됩니다.

그래서 벽돌 하나라도 깨어지거나 빠지면 안 됩니다. 나 같은 사람은 하나 있어도 그만이고 없어도 그만이라는 생각을 해서는 안 됩니다. 우리는 모두 다 말씀과 기도로 하나가 되어야 합니다. 그릇 중에서 가장 보기 싫은 것이 이빨이 빠진 그릇입니다. 우리는 온전한 그릇이 되어야 합니다. 그러기 위해서 가장 중요한 것은 우리가 먼저 은혜를 받고 기도로 서로 하나가 되어야 합니다. 그러면 반드시 우리 가운데 하나님이 임재하시며 능력을 나타내실 것입니다. 이것이야말로 솔로몬을 능가하는 복을 받는 진정한 비결이며 계속적인 부흥이 일어나는 하나님의 방법인 것입니다.

고핫 자손의 역할

하나님께서는 민수기 4장에서 성전을 이동할 때 이삿짐을 레위 지파 세 족속이 어떻게 싸야 하는지를 가르쳐 주셨습니다.

성전 구조는 세 부분으로 되어 있었습니다. 맨 안에 있는 지성소와 성소와 안 뜰이었습니다. 그러나 이것은 컴퓨터로 치면 소프트웨어에 해당하는 부분입니다. 즉 하나님의 구원 프로그램인 것입니다.

성전 프로그램은 맨 안쪽에 지성소가 있고 그 다음에 성소가 있습니다. 그리고 안뜰이 그것입니다. 안뜰에는 번제단과 물두멍이 있는데 여기서 이스라엘 백성들은 짐승을 태움으로 죄 씻음을 받았습니다. 그러기에 어떻게 보면 성전에서 가장 중요한 부분은 바로 이 뜰에서 이루어지는 제사라고 할 수 있습니다.

모든 제사 행위는 안뜰에서 이루어집니다. 그리고 성소에는 세 가지가 있는데 떡상과 금등대와 향로입니다. 이것은 오늘날 우리의 신앙생활하는 모습을 보여줍니다. 즉 떡상은 모든 이스라엘 백성이 하나님 앞에서 거룩한 떡으로 바쳐진 것을 보여줍니다. 이스라엘 백성들이 개개인은 아무리 잘나고 똑똑한 사람이라 하더라도 일단 가루가 되어야 하고 가루가 된 후에는 떡이 되어야 하나님 앞에 바쳐질 수 있습니다. 그리고 향로는 기도를 나타냅니다. 기도는 우리의 생명입니다. 기도가 끊어지면 우리는 죽는 것입니다. 그리고 이 모든 것을 하나님의 금등대가 비추어줍니다. 이 금등대는 부흥을 약속하는 등대입니다. 기름이 많이 부어지게 되면 불은 더 환하게 타오르게 될 것입니다.

그리고 맨 안에 지성소에는 언약궤가 있는데 이 언약궤는 아카시아 나무로 만든 것입니다. 아카시아 나무는 아주 나무질이 좋지 못합니다. 그러나 이것을 잘 다듬어서 궤로 만들고 금으로 입히면 하나님의 보좌가 되는 것입니다. 그런데 이 상자 안에는 오직 모세의 언약의 돌비만 들어 있습니다. 즉 하나님의 말씀으로 이스라엘이 하나님과 하나가 되는 것입니다. 그 위의 뚜껑이 속죄소이고 속죄소 뚜껑에 그룹 천사가 새겨져 있습니다. 대제사장은 이 속죄소 뚜껑에 일 년에 한 차례씩 피를 뿌립니다. 그리고 하나님은 그 뚜껑 위에 있는 두 천사 사이에서 말씀을 하십니다.

성전을 하드웨어 측면에서 보면 모든 기구와 천막과 휘장 및 모든 작대기와 판때기와 기둥들이 여기에 속합니다.

하나님께서는 이것을 레위의 세 후손 족속들에게 분담을 시키셨습니다. 레위에게는 세 아들이 있었습니다. 그들이 바로 고핫과 게르손과 므라리입니다.

이 중에서 가장 중요한 모든 기구는 고핫 자손이 맡았습니다. 특히 성전에서 가장 중요한 하나님의 궤를 고핫 자손이 맡았습니다. 그리고 이 일은 다른 어느 지파나 어느 다른 레위 족속도 맡을 수가 없었습니다. 그리고 성전에 있는 휘장이나 천막은 게르손 자손이 맡았습니다. 그리고 나머지 기둥과 판대기 같은 것은 므라리 자손이 맡았습니다. 무엇보다 이들은 일손이 모지란다고 해서 다른 지파에서 사람을 빌려와서 시킬 수는 없었습니다. 그리고 하나님의 성전 일은 모든 레위인들이 잘 협력해야 이루어질 수 있는 것이었습니다. 결국 이것은 하나님을 사랑하는 마음으로 하나가 되어야 하는 것입니다.

좋은 기계의 특징은 소리가 나지 않는 것입니다. 그러나 기계가 좋지 못할수록 요란한 소리를 내게 되어 있습니다. 그리고 그렇게 소리를 내는 것을 또 좋아하는 사람들도 있습니다. 그러나 우리가 은혜에 충만하면 자기가 어디에 있어야 할 줄을 알게 됩니다. 그래서 소리 없이 모든 것이 하나가 되어서 움직이게 되는데 이것이 바로 하나님께서 훈련시키는 목적인 것입니다.

하나님의 백성들은 움직이는데 소리가 나지 않아야 합니다. 고함을 치거나 욕을 하면서 일을 해서는 안됩니다. 그것은 세상 사람들이 일을 하는 방식인 것입니다. 하지만 우리가 그리스도 안에서 하나가 된다고 하는 것은 모두가 다 똑같은 사람이 되는 것을 말하지 않습니다. 서로가 다른데 기가 막히게 모든 것이 맞아 떨어지는 것입니다.

그런데 여기에서 중요한 것은 고핫 자손의 역할입니다. 고핫 자손은 가장 중요한 지성소에 있는 하나님의 궤를 맡았습니다. 특히 고핫 자손은 하나님의 궤를 반드시 어깨에 메어야만 했습니다.

　여기서 궁금한 것은 왜 하나님의 궤를 반드시 어깨에 메게 하셨을까 하는 것입니다.

　수술을 할 때에도 가장 중요한 부분은 담당 의사가 직접 수술을 해야 합니다. 그런 까닭에 하나님께서는 성전의 가장 중요한 부분을 고핫 자손이 직접 책임을 지게 하셨습니다. 즉 자신의 어깨에 짊어짐으로 이 부분은 우리가 목숨을 걸고 우리가 지킨다는 의미가 들어 있는 것입니다.

　결국 하나님께서는 궤를 이동할 때 고핫 자손과 하나님의 궤의 신체적인 접촉을 허락하셨습니다. 이것은 다른 사람들은 할 수가 없었고 오직 고핫 자손만 할 수 있었던 것입니다.

　저는 우리 성도들 중에서 자기 집에서 신앙이 가장 좋은 사람은 그 집에서 고핫 자손이라고 믿습니다. 그는 자기 집안의 영적인 책임을 자기 어깨에 짊어져야 하는 것입니다. 그리고 이것은 결코 다른 사람에게 미루거나 피할 수가 없습니다. 목회자가 교회에서 하나님의 말씀을 전하는 것은 고핫 자손이 어깨에 하나님의 궤를 지는 것과 같습니다. 이것은 결코 다른 사람에게 맡길 수가 없고 자기 자신이 감당을 해야 하는 것입니다.

　요즘 성경도 녹음기로 읽거나 예배도 지난 비디오를 틀어놓는 경우가 있는데 이것은 옳지 않습니다. 반드시 사람이 설교해야 하고 사람이 기도를 해야 하는 것입니다. 성경을 읽을 때에도 자신이 직접 읽어야 하는 것입니다.

　다윗은 하나님의 궤를 옮길 때 고핫 자손이 메게 하지 않고 소가 끄는 수레에 실었다가 소가 뛰는 바람에 궤를 잡았던 웃사라는 청년이 죽었습니다. 그러나 사실은 이 정도로 그친 것이 다행이지 고핫 자손이 궤를 메지 않은 것은 엄청나게 큰 죄인 것입니다.

하나님께서는 이스라엘 백성들이 제사를 바칠 때에도 그 냄새를 맡으신다고 하셨습니다. 우리가 다른 사람의 냄새를 맡는다든 것은 그 사람과 굉장히 가깝고 그 사람에 대하여 속속들이 다 안다는 것을 의미합니다.

대개 부부 사이에는 서로의 독특한 향수 냄새를 잘 알고 있습니다. 그리고 그 냄새를 아주 좋아합니다. 또 아이들은 엄마의 냄새나 아빠의 냄새를 좋아합니다. 하나님은 우리가 제사드릴 때 멀리 계시는 분이 아니라 아주 가까이 계시면서 우리가 회개하는 눈물의 냄새를 좋아하시며 기도하는 그 입 냄새를 아주 좋아하시는 것입니다. 그리고 하나님께서는 언어로 표현할 수 없는 그 깊은 내면적인 문제를 모두 다 알고 계신 것입니다.

필립 브룩스라는 사람에 의하면 설교를 가리켜 하나님의 말씀이 설교자의 인격을 관통한 것이라고 정의를 내렸습니다. 설교자의 인격을 관통하지 않는 설교는 옳기는 옳은데 이상하게 구름 잡는 소리 같고 도저히 마음에 와 닿지가 않는 것입니다. 하지만 설교자의 인격을 관통한 설교는 때로는 표현이 세련되지 못하고 고상한 문장을 쓰지 않아도 마음에 와 닿고 감동을 불러일으키게 되는 것입니다.

그래서 사도 바울도 '하나님이 전도의 미련한 것으로 믿는 자들을 구원하시기를 기뻐하셨다'(고전1:21)고 말을 했습니다. 여기서도 '전도'는 원어로 '설교'로 되어 있습니다. 결국 하나님께서는 인격을 관통한 설교와 전도를 통해서 세상을 구원하시기를 기뻐하시는 것입니다. 그러기에 어디를 가든지 사람이 가야하고 말씀을 자기 어깨에 메고 가서 말로 가르쳐 주어야 합니다.

　우리는 하나님의 말씀을 우리의 어깨에 직접 메고 가야 합니다. 비록 이것이 힘들고 답답하다 하더라도 다른 방법으로 부흥이 일어날 수 없기에 우리는 이것을 고수해야 합니다. 이스라엘 백성들이 요단을 건널 때에도 고핫 자손은 현장에 언약궤를 메고 있었고 이스라엘 백성들이 여리고 성을 돌 때에도 고핫 자손들은 가장 먼저 서서 언약궤를 매고 성을 돌았습니다.

　하나님께서는 말씀이 우리의 신체를 통과하는 것을 기뻐하십니다. 그리고 우리의 인격과 삶을 통과한 말씀이 이 세상을 살릴 줄을 믿습니다.

05 _ 민 5:1-31

이스라엘의 정결

병원은 특히 사람들의 병을 치료하는 곳이기 때문에 다른 어떤 곳보다 위생적으로 청결해야 합니다. 일단 병원에 오는 환자들은 아주 많은 병을 가진 환자들이기에 그들에게서 나오는 공기나 손을 대는 곳이나 침이나 오물 등 수많은 곳에 병균들이 있게 됩니다. 그래서 자칫 잘못하면 병을 고치는 것이 아니라 병을 도로 옮아가지고 오는 경우도 많이 있는 것입니다.

하나님께서는 이스라엘 백성들에게 특별히 육체적으로나 정신적으로 깨끗할 것을 요구하셨습니다. 하나님께서 그렇게 하신 이유는 이스라엘이 사람의 죄를 치료하는 병원이었기 때문입니다. 하나님께서는 우리에게 전혀 대가없이 은혜를 주시고 축복을 주시지만, 얼마나 하나님의 은혜가 예민한가 하면 조금이라도 위선이 있고 조금이라도 감추어진 죄가 있으면 하나님의 은혜는 막혀버립니다. 하나님의 백성들에게는 은혜가 막히면 재앙을 당하는 것과 같습니다. 왜냐하면 하나님의 은혜가 있어야 세상과 싸우고 죄와 싸울 수 있는데 은혜가 없으면 절대로 세상에서 승리할 수가 없기 때문입니다.

그 대표적인 예가 여호수아가 가나안 땅에서 아이 성을 공격할 때 실패한 것입니다. 여호수아와 이스라엘 백성들은 이미 여리고 성을 기적으로 무너뜨렸기 때문에 너무나도 기분이 좋은 상태였습니다. 그래서 그 다음 아이 성을 공격할 때에는 하나님께 물어보지도 않고 소수의 인원이 공격하러 갔다가 아이 성 사람들 앞에서 맥도 추지 못하고 패배하고 도망을 치고 말았던 것입니다. 그 이유는 이스라엘 안에 숨은 죄가 있었기 때문입니다. 즉 아간이라는 사람이 여리고 성에서 하나님의 말씀에 불순종하고 은덩이와 금덩이와 외투를 훔쳐다가 감추었기 때문입니다.

우리의 죄로인해 하나님의 은혜가 막히면 우리는 완전히 적진에서 공급이 끊어진 부대처럼 꼼짝할 수가 없는 것입니다. 그런데 때로는 하나님의 백성들을 이렇게 무기력하게 할 수 있는 요인이 엄청나게 큰 죄나 잘못이 아니라 아주 작은 죄와 작은 잘못일 때가 있습니다.

그러므로 우리는 사소한 죄를 짓지 않기 위해 노력해야 합니다. 우리가 생각하지 못했던 아주 사소한 죄나 불경건이 부흥의 불길을 꺼버릴 수가 있는 것입니다.

하나님의 백성들에게는 언제나 부흥의 불길이 활활 타올라야 세상을 이길 수 있습니다. 그런데 아주 작은 죄나 부주의가 부흥을 막을 수 있습니다. 그렇게 된다면 그 손실은 어마어마한 것입니다.

오늘 본문 말씀은 하나님께서 이스라엘 일반 백성들이 부흥의 불길을 꺼트리지 않기 위해서 주의해야 할 것들을 명령하고 있는 말씀입니다. 그러나 우리가 알아야 할 것은 일반 백성들이 지켜야 할 이 규정들이 이스라엘을 정결케 하는 것은 아니라는 사실입니다. 이스라엘을 정결케 하는 것은 이 몇 가지 명령들이 아닙니다. 이스라엘을 정결케 하는 것은 불같은 하나님의 말씀과 제사장들입니다. 하나님은 불이십니다. 마치 원자력과 같은 분이십니다. 그래서 하나님 앞에서 모든 죄인들은 불에 타서 죽을 수밖에 없습니다. 그러나 하나님이 말씀을 주셨습니다. 그런데 우리가 하나님의 말씀을 받으려면 제사장이 죄를 불로 태워야 합니다. 제사장이 죄를 불로 태우지 않으면 하나님의 말씀을 받을 수가 없습니다. 그래서 이스라엘을 정결케 하고 부흥의 불이 꺼지지 않게 하는 것은 말씀과 기도라는 것을 알아야 합니다.

그러나 오늘 말씀은 일반 백성들이 이 부흥을 방해하지 않기 위해서 그들이 최소한도로 지켜야 하는 의무를 말씀하고 있는 것입니다. 즉 누구나 이스라엘 백성이라면 이스라엘 안에 하나님이 계신 줄 믿어야 하고 최소한도로 우리가 하나님 앞에서 이 은혜가 막히지 않게 하기 위해서는 말씀을 지켜야 합니다.

오늘 말씀은 세 부분으로 되어 있습니다. 한 부분은 여러 가지 신체적인 부정에 대한 것입니다. 그리고 두 번째는 돈에 대한 것입니다. 그리고 세 번째는 부부 사이의 문제입니다. 즉 부부 사이에 순결에 대한 의심이 있을 때 어떻게 해야 하느냐 하는 것입니다. 이런 세 가지는 이스라엘 부흥에 본질적인 것이 아닙니다. 그러나 때로는 별 것 아닌 사소한 것이 부흥을 막을 수 있습니다. 다시 말해서 제사장들이 아무리 피의 제사를 드리고 선지자들이 아무리 목이 터져라고 하나님의 말씀을 선포한다 하더라도 이스라엘 백성들이 아주 적은 이런 것을 지키지 않을 때 이스라엘의 믿음의 용광로는 꺼져버리게 되는 것입니다.

신체적인 부정

하나님께서는 모세를 통해서 이스라엘 백성들 중에서 신체적으로 정결하지 못한 자들은 모두 이스라엘 진 밖으로 내어보내라고 명령하셨습니다.

> 민수기 5장 1-3절
> 여호와께서 모세에게 일러 가라사대 이스라엘 자손에게 명하여 모든 문둥병 환자와 유출병이 있는 자와 주검으로 부정케 된 자를 다 진 밖으로 내어 보내되 무론남녀하고 다 진 밖으로 내어 보내어 그들로 진을 더럽히게 말라. 내가 그 진 가운데 거하느니라 하시매

사람이 짐승들과 같이 살지 못하는 이유는 역시 배설물 문제 때문일 것입니다. 동물들에게는 사람과 같은 위생의 개념이 전혀 없습니다. 하지만 동물들도 배설물을 아주 중요하게 생각합니다. 예를 들면 호랑이 같은 경우에는 배설물을 통해서 자신의 영역을 나타내기도 합니다. 즉 자신의 배설물 냄새가 나는 곳까지가 자신이 다스리는 영역이고 그 안에 다른 호랑이들이 들어오면 물어서 죽이는 것입니다. 그래서 요즘 농가에서는 멧돼지들 때문에 피해를 많이 보고 있는데 다른 것으로는 아무리 해도 소용이 없는데 동물원에서 호랑이의 배설물을 받아가지고 가서 뿌려 놓으면 멧돼지에게 효과가 있다고 합니다. 하마 같은 경우에는 자기 꼬리를 돌리면서 배설물을 튀기는데 배설물이 퍼지는 그 영역이 자신의 영역인 것입니다.

그래서 사람들은 짐승들과는 도저히 이 배설물 때문에 한 방에서

살 수가 없는 것입니다. 그런데 이스라엘의 문제가 어디에 있습니까? 하나님께서 인간들과 함께 사시는 것입니다.

이 세상의 실험 중에서 가장 위험한 실험이 원자 폭탄의 실험이 아니었습니다. 바로 하나님과 인간이 같이 사는 것입니다.

미국의 네바다 주에 가면 원자폭탄을 가지고 실험한 곳이 일반에게 공개가 되고 있다고 합니다. 원자폭탄의 실험실은 원자력의 가공스러운 힘을 실제로 느끼게 해주는 것입니다. 그런데 광야 이스라엘 백성들은 원자폭탄의 실험실보다 더 위험한 실험실에 있었습니다. 그것은 하나님과 인간이 함께 사는 실험이었습니다. 하나님은 그야말로 인간의 죄에 대해서는 원자폭탄보다 더 강한 위력으로 반응하시는 분이십니다. 이스라엘 백성들의 광야 사십년은 바로 이 실험이 성공한 것을 보여주는 것입니다. 즉 하나님께서 인간 속에 오셔서 인간들과 함께 복을 나누면서 사시는데 성공한 것입니다.

그런데 하나님과 인간의 동거를 가장 불가능하게 만드는 것이 있습니다. 그것이 바로 인간의 죄인 것입니다. 특히 인간의 죄는 잠재력 안에 깔려 있습니다.

사실 이것을 다시 한 번 생각할 수 있게 해 준 사람이 심리학자 프로이드 박사였습니다. 프로이드 박사는 인간에게는 잠재의식이라는 것이 있고 그 잠재의식 안에는 인간이 의지로 통제할 수 없는 성적 본능 같은 것이 있다고 설명을 했습니다. 이것은 사실 엄청난 발견이었습니다. 왜냐하면 사람들은 겉으로나 일상적으로 볼 때에는 멀쩡하기 때문입니다. 그러나 문제는 잠재의식 속에 있는 죄의 욕망이 튀어나오면서 인간의 의지는 아무 소용이 없는 것이 되어버리기 때문입니다. 프로이드가 성적인 욕망으로 본 것은 사실 죄의 욕망이었습니다.

하나님께서는 우리 인간들에게 완전히 죄가 없어야 한다고 말씀하시지 않으셨습니다. 하나님은 우리 인간들의 잠재의식 속에 있는 죄까지 다 들추어내어서 인간들은 깨끗해야 한다고 말씀하시지 않으셨습니다. 왜냐하면 그것은 우리에게 불가능하기 때문입니다. 하나님께서 우리에게 요구하신 것은 잠재의식에서 겉으로 나오는 모든 것들은 다 회개하라는 것입니다. 즉 우리 속에 본질적으로 들어앉아 있는 것은 우리 힘으로 어떻게 할 수가 없습니다. 하지만 우리가 의식할 수 있는 부분 안에서 부정하고 더러운 것은 하나님 앞에 내어놓고 깨끗함을 받으라는 것입니다. 그러면 하나님께서 속에 있는 죄 덩어리까지도 깨끗케 해주시는 것입니다. 우리는 이것을 믿어야 합니다.

그래서 우리는 어떤 의미에서 항상 회개해야 합니다. 왜냐하면 인간이 살아 있는 이상은 더러운 생각과 추악한 것들이 잠재의식으로부터 우리의 의식 세계로 나오지 않을 수 없기 때문입니다. 우리는 우리의 추악한 생각들과 더러운 것들을 언제나 회개해야 합니다.

저는 대학 시절에 기독교를 믿지 않으려고 했습니다. 왜냐하면 기독교의 모든 진리가 순환논리와 같이 보였기 때문입니다. 즉 모든 사람들을 죄인으로 정죄하고 오직 예수만 믿어야 구원을 얻는다는 것은 너무나도 뻔한 논리로 보였기 때문입니다. 그러나 제가 이 뻔한 논리에 굴복하게 된 것은 제 안에 실재하는 죄 때문이었습니다. 제가 학창 시절에 거룩하려고 노력하면 노력할수록 제 안에서 죄의 시궁창이 있는데 거기서 거의 하수구의 썩은 물과 같은 생각과 충동들이 끊임없이 솟아나왔습니다. 그때 저는 그것을 보고 기독교가 옳다는 것을 알게 되고 주님 앞에 항복을 했습니다. 그랬더니 시궁창이 없어지지는 않았는데 깨끗한 새로운 수도가 생겼습니다. 그것은 바로 성령의 새로운 수돗물이었습니다. 그 후부터 제가 할 일은 이 더러운 하수구는 틀어 먹고 성령의 수도를 언제나 콸콸 틀어 놓은 것이었습니다. 그러나 그 일에 언제나 성공했던 것은 아닙니다. 때로는 성령의 수도는 막히고 하수구물이 터져 나올 때도 있었고 어떤 때에는 성령의 수도와 하수구 물이 같아 나와서 혼탁할 때도 있었습니다.

그런데 하나님께서 출애굽한 이스라엘 백성들에게 정신적인 순결까지는 가르치는 것이 어려웠던 것 같습니다. 그래서 하나님께서는 신체적인 것으로 가르쳐 주셨습니다. 그러나 실제로는 이것이 정신적인 순결을 위한 징검다리라고 생각해야 합니다.

그 첫 번째가 나병이었습니다. 아마 한센병을 앓으시는 분들은 구약성경에서 나병 이야기가 나오면 굉장히 침체가 되실 것입니다. 또 맹인들도 성경에서 맹인에 대하여 좋지 않은 비유로 사용될 때 굉장히 속이 상하실 것입니다. 사실 비유로 말하는 것이라 할지라도 본인이 관계가 될 때에는 기분이 상할 수 있습니다. 그렇지만 이해를 하시기를 바랍니다.

최근에는 나병의 원인도 많이 밝혀지고 약도 개발이 되어서 우리나라에서는 최근 발병자들이 거의 없는 형편이지만 아직도 못살고 더운 지방에는 나병 환자들이 많다고 합니다. 나병의 특징은 살이 썩는 것인데 이것을 본인이 감각하지 못하는 것입니다. 또 전염이 될 수 있기 때문에 나병이 걸리면 사람들은 환자들을 격리를 시켜왔습니다. 그런데 주님이 원래 의도하셨던 것은 육체적인 나병이 아니라 정신적인 나병이었던 것 같습니다.

출애굽기에 보면 모세의 누이 미리암이 있습니다. 미리암은 모세가 어렸을 때 죽을 수밖에 없는 처지에서 참 지혜롭게 행동을 해서 모세가 바로의 딸에게 아들로 입양이 될 수 있도록 수고한 일등 공신이었습니다. 그리고 미리암이 영적으로도 은사가 있어서 예언을 하는 사람이었습니다. 그런데 모세가 너무 하나님 앞에서 말씀에 있어서 특별하니까 미리암이 모세를 비난을 했습니다. 그것은 나도 하나님의 말씀을 받는데 왜 모세 너의 말씀만 하나님의 말씀이냐 하는 것이었습니다. 그때 하나님은 미리암을 나병으로 치셔서 나환자가 되게 하셨습니다. 하나님 앞에서 인간의 이 교만한 마음이 얼마나 무서운 나병이며 자신이나 다른 사람의 정신을 썩게 만들면서도 무감각하게 만드는 것인지 하나님은 분명히 보여주신 것입니다.

교만한 사람은 자기가 교만하다는 것을 전혀 느끼지 못합니다. 그러면서 그의 정신과 삶은 자기도 모르는 사이에 썩어 들어가고 있는 것입니다.

사실 우리가 말하는 나병은 육체적인 병인데 하나님은 정신적인 교만을 가르치는 수단으로 이 병을 사용하신 것입니다.

하나님께서는 모세가 미리암을 용서해달라고 했을 때 일단은 이스라엘 진 밖으로 내보라고 말씀하셨습니다. 이스라엘 진은 교만한 자가 있을 수 없습니다. 영적으로 교만한 것은 영적인 나병이기에 이스라엘 진에서 내어 보내야 합니다. 그래야 본인도 깨닫고 다른 사람도 깨달을 수 있기 때문입니다.

얼마나 많은 교회에서 잘못된 신비주의가 영적인 나병으로 교회를 망치고 있는지 우리는 알아야 합니다. 이런 신비주의적인 사람들은 교회도 인정하지 않고 목회자도 인정하지 않습니다. 즉 하나님께서 나에게 직접 말씀을 하셨기 때문에 해야 한다는 것입니다. 그것이 이스라엘 안에서는 인정이 되지 않습니다.

또한 나중에 이스라엘을 죽게 만든 것은 우상이라는 정신적인 나병이었습니다. 우리가 생각하기에 무엇 때문에 이스라엘 백성들이 하나님께서 그렇게 하지 말라고 하신 것을 해서 멸망하는지 이해가 되지 않는다고 할 것입니다. 물론 이것은 이스라엘 백성들도 처음에는 다 그렇게 생각을 했습니다. 그러나 이스라엘이 점점 우상 숭배에 빠지게 되자 이 우상들이 이스라엘 안에서 하나님의 능력과 축복을 모두 다 갉아 먹어버렸습니다. 우상들은 영적인 거머리들이었던 것입니다. 결국 이스라엘 백성들이 우상숭배를 함으로써 자기들이 하나님으로부터 받은 모든 은혜를 다 빼앗겨서 죽고 만 것입니다. 하나님의 백성들은 이 말씀을 자기 생명처럼 붙잡아야 합니다.

목회를 하다보면 세상 지식이나 유행을 가지고 거들먹거리는 사람들이 많이 있습니다. 이런 사람들을 모두 이스라엘 진 밖으로 몰아내어야 합니다. 그래야 진정한 부흥의 역사가 일어나게 됩니다. 오직 백 퍼센트 하나님의 말씀만 의지하고 전해야만 성령의 역사가 일어나는 것입니다.

두 번째는 유출병이 있는 사람도 이스라엘 진 밖으로 내어보내게 했습니다.

유출병이라고 하는 것은 어떤 진물이나 혈액이 계속 몸에서 나오는 것입니다. 물론 우리가 생각하기에 이런 것은 분명히 병이고 또 전염이 되는 것도 아니기 때문에 이스라엘 진 안에서 보호하고 치료를 해주어야지 밖으로 내어 쫓는 것은 너무 심하다고 생각할지도 모르겠습니다.

물론 하나님께서는 이런 것이 병이라는 것을 모르시는 것도 아니고 이런 사람들을 보호해주고 치료를 해주어야 한다는 것도 모르시는 것이 아닙니다.

그러나 사실 이런 진물이나 좋지 않은 피가 계속 흐르는 것은 안에 무슨 병이 있는 것입니다. 그런데 이런 것은 몸에서 일어나는 것이기 때문에 옷으로 감추어버리면 다른 사람은 전혀 알지 못할 것입니다. 그래서 실제로는 좋지 않은 병이 있는데도 병이 없는 것처럼 행동하게 되는 것입니다. 그래서 오히려 하나님께서는 이런 병은 노출시킴으로 환자도 보호하고 가족이나 다른 사람들도 경각심을 가지게 하도록 했습니다.

사실 이 유출병은 모든 인간들이 다 가지고 있는 병입니다. 왜냐하면 우리 인간들은 잠재의식 속에 죄의 본성을 가지고 있기 때문입니다. 우리가 수시로 생각하는 것들, 사람들이 보지 못하고 알지 못하는 곳에서 가지고 있는 악한 생각들이나 허황된 공상들은 정신적인 유출병인 것입니다.

그래서 사람은 낮과 밤이 다릅니다. 낮에는 멀쩡하던 신사나 숙녀가 밤이 되면 완전히 난봉꾼으로 변하든지 춤추는 여자들로 변하는 것입니다.

남자들은 멀쩡하다가도 예비군복을 입으면 사람이 달라진다고 말을 합니다. 행동을 이상하게 하고 벽에 소변을 보기도 하고 지나가는 처녀를 보면 휘파람을 분다는 것입니다.

사실 우리가 소돔과 고모라를 생각할 때 낮에는 이 도시들이 멀쩡한 도시였다는 것입니다. 사람들이 모두 정상적으로 일을 하고 눈도 똑바로 뜨는데 문제는 밤만 되면 전부 오토바이 폭주족으로 변하고 동성연애자들이 되고 난봉꾼들이 되는 것입니다.

요즘은 사람들이 이렇게 혼자 생각한 더러운 것들을 포르노성 영화나 책으로 만들어내는데 물론 베스트셀러로 팔립니다. 그 영화나 책들은 바로 유출병에 걸린 책이나 영화들인 것입니다. 이런 것들은 모두 이스라엘 진 밖으로 내어 쫓아야 합니다. 그래서 동성연애자가 교회를 다닐 수가 없습니다. 그 관계를 청산하고 회개하고 예수를 믿어야 하는 것입니다.

음란은 정신을 썩게 만드는 것입니다. 우리가 좋지 않은 영화나 드라마를 자꾸 보고 있으면 악한 영향으로 영혼이 오염이 되게 됩니다. 이런 것들은 모두 우리의 삶속에 침범하지 못하도록 해야합니다.

그리고 세 번째는 시체를 만진 사람들도 이스라엘 진 밖으로 보내어야 합니다. 왜냐하면 옛날 사람들은 시체에 균이 많다는 것을 잘 모르기 때문입니다. 특히 병으로 죽은 경우에는 죽은 사람이 사용하던 물건이나 옷이나 이불 같은 것들은 전부 병투성이입니다. 그런데도 사람들은 위생 관념이 없어서 그대로 쓸려고 할 수 있습니다. 그래서 죽은 자는 산자와 철저하게 격리하게 한 것입니다. 즉 산자와 죽은 자 사이에는 분명한 격리가 필요했고 죽은 자를 만진 자들도 그 만진 것이 다 깨끗해졌을 때 다시 들어오게 함으로 함부로 죽은 자를 만진 손으로 하나님의 백성들을 만지지 말라고 하신 것입니다.

경제적인 부정

옛날에는 오늘날같이 경제활동이 빈번하지 않아서 비교적 경제적인 부정은 그렇게 심각하지 않았습니다. 그러나 오늘날은 이것이 굉장히 복잡하고 심각합니다.

민수기 5장 5절-8절

여호와께서 또 모세에게 일러 가라사대 이스라엘 자손에게 이르라. 남자나 여자나 사람들이 범하는 죄를 범하여 여호와께 패역하여 그 몸에 죄를 얻거든 그 지은 죄를 자복하고 그 죄 값을 온전히 갚되 오분지 일을 더하여 그가 죄를 얻었던 그 본주에게 돌려 줄 것이요. 만일 죄 값을 받을만한 친족이 없거든 그 죄 값을 여호와께 드려 제사장에게로 돌릴 것이니 이는 그를 위하여 속죄할 속죄의 수양 외에 돌릴 것이니라.

우리는 대개 신앙이라는 것은 내 마음의 문제라고 생각하기 쉽습니다. 그래서 남에게 죄를 지었을 때에도 내 마음으로 '미안하다' 고 생각하고 하나님께 '죄송합니다. 앞으로 안하겠습니다.' 라고 하면 되는 것으로 생각을 합니다.

그러나 하나님께서는 그런 식으로 '구렁이 담 넘어가듯이 회개하면 안 된다' 고 말씀하십니다. 사람이 마음으로만 미안하게 생각하고 넘어가면 그런 죄를 다시 반복할 가능성이 많습니다.

사실 중세시대에 종교 개혁이 일어나게 된 원인 중에 바로 이 '회개' 에 대한 문제가 있었습니다. 그 당시 가톨릭에서는 죄를 지었을 때 '참회' 를 해야 한다고 가르쳤습니다. '참회' 라는 것은 자기가 지은 죄에 대하여 슬퍼하는 것입니다. 울면서 괴로워하는 것입니다. 그리고 혼자 울고 혼자 괴로워하고 혼자 하나님께 미안해하면서 넘어가버리는 것입니다. 그런데 마틴 루터가 성경을 연구해보니까 '회개' 는 마음으로 미안해하는 것이 결코 아니었습니다. 이것은 삶을 바꾸는 것이고 태도를 바꾸는 것이었습니다.

예를 들면 어떤 사람이 부정한 관계에 빠졌다고 합시다. 그런데 부정한 사람과 기도원에 가서 아무리 하나님께 기도한다고 해서 그 죄가 없어지는 것이 아닌 것입니다. 잘못된 사람과 헤어지고 금전적으로 보상할 것은 보상하고 회복할 것은 회복을 하는 것이 회개입니다. 어떤 의미에서 진정한 회개는 눈물 한 방울 흘리지 않아도 되는 것입니다. 다량의 눈물을 흘리면서 죄로 인하여 괴로워하면서 자기는 이만큼 정신적인 고통을 받았기 때문에 이미 죄를 다 용서받았다고 생각해서는 안 되는 것입니다.

우선 그 중에 하나가 남에게 피해를 끼치거나 물질적인 손해를 끼쳤을 때는 반드시 금전적인 배상을 하라는 것입니다. 우리는 어떤 때 돈으로 배상하는 것이 너무 계산적으로 생각할 때가 있을지 모릅니다. 그러나 돈이라고 하는 것은 그런 데 쓰라고 있는 것입니다. 그래서 남에게 돈을 빌린 후에 세월이 많이 흘러서 갚지 못했을 때에도 찾아가서 갚으라는 것입니다. 본인이 죽었을 때에는 자식이나 부인에게도 갚으라는 것입니다.

왜냐하면 이것이 심판 때에 모두 다 기록으로 살아나기 때문입니다. 가끔 보면 병원비를 갚지 않았거나 혹은 외상값을 떼먹었거나 혹은 차비를 내지 않았는데 십년이나 이십년이 지난 후에 이자까지 붙여서 우편으로 돈을 내는 사람들이 있습니다. 어떻게 보면 바보 같은 짓일지 모르지만 그래도 그 사람의 양심 속에는 십년이나 이십년 전에 돈이 없어서 떼먹었던 것이 양심의 가책으로 남아 있었다는 것입니다. 그리고 그렇게 했을 때 너무나도 속이 시원했다는 말을 합니다.

사실 우리는 약간의 금전적인 손해를 보기 싫어서 거짓말을 할 때가 있습니다. 그때 우리는 분명히 금전적으로는 이익을 보았는지 모르지만 우리 안에 있는 양심은 엄청나게 병들게 되는 것입니다. 결국 이것이 더 손해를 보게 되는 것입니다. 그래서 하나님께서는 돈 때문에 양심을 쇠사슬에 묶어 놓지 말라고 말씀하시는 것입니다. 지난 돈 때문에 양심이 가책이 되는 것이 있다면 다 갚아버려서 십년 이십년 전의 것으로 비참해지지 말라고 말씀하시는 것입니다. 여기에 본인이 없을 때 친족에게 갚고 친족도 없으면 하나님께 바치라고 하신 것은 이렇게 하는 데 게으르지 말라는 것입니다. 적극적으로 해결을 하라는 것입니다.

그런데 놀라운 것은 제가 어렸을 때 늙으신 목사님이 이 부분을 많이 강조하셨습니다. 그래서 지금까지 돈을 갚지 못한 것을 다 갚으라고 하셨는데 교인들 중에서 이것을 '참회 헌금'이라고 해서 내는 분들이 상당히 있었습니다. 물론 무명으로 내는 것이었지만 저는 어렸을 때 이것을 보고 놀랐습니다. 왜냐하면 예수 믿는 사람들 중에 남의 돈 안 갚은 사람이 그렇게 많은 줄은 몰랐기 때문입니다. 아마 청년들 중에서 남의 책 빌리고 안 돌려준 사람 돌려주라고 하면 회개할 사람들 많을 것입니다. 한때 예일대에 부흥이 일어났을 때 도서관에서 그 동안 학생들이 돌려주지 않았던 책들이 엄청나게 돌아왔다는 일화가 있습니다. 우리가 남의 것을 굳이 가져야 할 이유가 없는 것은 결국 하나님께서 우리에게 수십 배 수백 배로 축복해주시기 때문에 굳이 다른 사람의 물건을 갖고 있을 필요가 없습니다. 하나님은 우리에게 넘치도록 채워주시는 분이십니다. 그런데 잠시 어려울 때를 참지 못해서 죄를 지으면 더 큰 것을 놓치게 되는 것입니다.

의심의 소제

세 번째 부분은 참으로 남에게 내어놓기에는 민망한 부분이고 너무나도 은밀한 부분입니다. 그럼에도 의심이 있을 때 어떻게 하느냐 하는 것입니다.

> 민수기 5장 11-14절
>
> 여호와께서 모세에게 일러 가라사대 이스라엘 자손에게 고하여 그들에게 이르라. 만일 어떤 사람의 아내가 실행하여 남편에게 범죄하여 타인과 정교를 하였으나 그 남편의 눈에 숨겨 드러나지 아니하였고 그 여자의 더러워진 일에 증인도 없고 그가 잡히지도 아니하였어도 그 더러워짐을 인하여 남편이 의심이 생겨서 그 아내를 의심하든지 또는 아내가 더럽히지 아니하였어도 그 남편이 의심이 생겨서 그 아내를 의심하거든

셰익스피어의 작품 중에 보면 참 슬픈 것들이 있습니다. 그 중에 하나가 '겨울 이야기' 인데 겨울 이야기를 보면 두 나라의 왕이 어렸을 때부터 참으로 친한 친구였습니다. 그런데 둘 다 왕이 되어서 한 왕이 친구를 찾아와서 잘 지냈습니다. 한 몇 달 있다가 친구 왕이 자기는 이제 자기 나라로 꼭 가야 한다고 고집을 부렸습니다. 그러니까 왕이 자기 부인에게 친구 왕을 잡아 달라고 했습니다. 그래서 왕비가 남편 친구에게 꼭 남아 달라고 하니까 친구가 마음을 바꾸어서 남았습니다. 여기서 왕은 꼭지가 돌아버렸습니다. 자기가 잡을 때는 간다고 고집을 부리더니 왕비가 잡으니까 서슴지 않고 남겠다고 하니까 질투심에 눈이 어두워서 이 둘을 의심을 하게 됩니다. 그래서 자기 충신에게

친구 왕을 독약으로 독살을 하라고 하는데 충신이 이 사실을 친구 왕에게 알리고 같이 도망을 쳐버립니다. 여기에 화가 난 왕은 왕비를 간음을 했다고 재판을 해서 감옥에 집어넣고 왕비가 감옥에서 낳은 딸은 자기 딸이 아니라고 해서 먼데 가서 버려서 죽게 하라고 합니다. 하지만 그 딸이 죽지 않고 살아서 돌아옴으로 모든 의심이 다 풀리고 죽은 줄 알았던 왕비도 살아서 만나게 됩니다.

저는 이것을 보면서 부인에 대한 남자의 의심이 얼마나 무서울 수 있는지 생각을 하게 되었습니다. 물론 부인이 남편의 부정을 의심하는 경우도 많이 있습니다. 특히 우리나라 같은 경우에는 남자들의 직장생활과 가정이 완전히 분리 되어 있기 때문에 늙어가다가 엉뚱한 생각이 들어서 자기 가정을 파탄에 빠트리고 이혼을 당하는 경우들이 많이 일어나고 있습니다. 그래서 앞으로는 한쪽에서 부정을 행하면 재산을 거의 다 빼앗기도록 해야 할 것입니다. 그래야 바람피우는 것을 두려워 할 것입니다.

하나님께서는 이스라엘 안에서 혼인의 순결을 굉장히 중요하게 여기고 강조를 하셨습니다. 왜냐하면 남녀의 사랑에 하나님의 형상이 있기 때문입니다. 그래서 남자가 남자이고 여자가 여자인 것은 굉장히 존귀한 것입니다. 그리고 남성과 여성의 바른 사랑과 결혼은 하나님의 형상을 회복하는 축복입니다. 그러나 사람이 이 세상을 살다보면 하나님이 주신 복으로 만족을 하지 못하고 딴 길을 생각하게 됩니다. 하나님의 백성들은 철저하게 내게 주신 안에서 모든 복을 누려야 합니다. 하나님이 주시지 않은 복은 사탄의 미끼인 것입니다.

물고기들이 낚시 바늘에 달려 있는 지렁이를 보면 너무나도 먹고 싶을 것입니다. 그러나 미끼는 절대로 물어서는 안 됩니다. 왜냐하면

무는 그때 그 순간은 좋을지 몰라도 그 후에는 무시무시한 심판이 있기 때문입니다. 바로 낚시 줄에 끌려 올라와서 그 후에는 무시무시한 칼로 난도질을 당하게 되는 것입니다.

그래서 하나님의 백성들은 죄짓는 데는 철저하게 바보가 되어야 합니다. 그래서 성경에는 죄는 모양이라도 버리라고 했습니다. 즉 죄와 비슷하게 생긴 것이라면 다 버리라는 뜻입니다.

그런데 어떤 이스라엘 남자가 있는데 자기 부인이 의심이 되는 것입니다. 그런데 성경을 앞뒤로 잘 읽어보면 그냥 의심이 아니고 무엇인가 증거가 있는 것이었습니다. 그것이 무엇인가 하면 부인의 임신인 것입니다.

자기 부인이 임신을 했는데 자기 아이가 아닌 것 같다는 것입니다. 그렇다고 해서 증거가 있는 것도 아니고 상대가 분명한 것도 아니고 그렇다고 해서 그냥 두자니 의심이 자꾸 생겨서 미칠 것 같은 것입니다.

이것은 너무나도 심리적인 것이고 또 창피한 것이어서 누구에게도 내어놓을 수도 없는 것입니다. 그러나 하나님께서는 그런 의심도 하나님 앞에 내어 놓게 하셨습니다.

즉 하나님 앞에 나아가서 '하나님, 저는 남에게 말 하지 못할 창피한 의심이 있습니다. 즉 제 아내가 임신을 했는데 제 자식이 아닌 것 같습니다' 라고 솔직하고 고백을 하라는 것입니다. 그런데 이 문제를 두고 제사장이나 레위인이나 어느 누구도 조롱을 하거나 우습게 여기지 못하게 되어 있었습니다. 왜냐하면 하나님께서 이렇게 하라고 명령하셨기 때문입니다.

하나님께서는 먼저 여자를 불러서 제사장 앞에서 의심의 소제를 바치게 했습니다. 이 의심의 소제는 다른 소제와 다른 것이었습니다. 이 소제는 곡식은 바치지만 기름도 붓지 않고 유향도 섞지 않는 것인데 죄를 생각나게 하는 제사였습니다. 즉 여인의 양심이 살아나는 제사인 것입니다.

그리고 여자의 머리를 풀게 하고 성전 바닥의 티끌을 거룩한 물에 풀어서 여자로 하여금 마시게 하는 것입니다. 아마 아무리 간덩이가 부은 여자라 하더라도 이 정도가 되면 죄를 고백하게 되어 있습니다. 그러니까 의심의 소제는 요즘으로 치면 일차로는 거짓말 탐지기 같은 역할을 하는 것입니다.

죄라고 하는 것은 주는 쾌락은 잠깐이고 그 후회와 고통은 영원합니다. 그런데도 사람들은 그 잠깐의 유혹을 참지 못해서 성적인 죄에 빠지는 것입니다. 사랑해서는 안 되는 사람을 사랑했을 때 그 기분은 잠깐이지만 그 후회와 죄의식은 영원한 것입니다. 거기에다가 임신까지 되면 이 죄를 씻을 수가 없게 되는 것입니다. 다윗은 신하의 부인을 사랑한 죄로 얼마나 무서운 죄를 반복적으로 짓게 됩니까?

그런데 이 의심의 소제는 거짓말 탐지기 역할만 하는 것이 아니었습니다. 이것은 부정한 씨를 낙태하는 힘이 있었습니다. 그래서 속에서 자연 유산이 되어버리니까 넓적다리가 썩고 배가 부으면서 저주의 결과가 나타나게 되는 것입니다. 요즘은 유산을 해도 병원에서 치료를 받으면 되지만 옛날에는 이것이 잘 되지 않아서 아마 오랫동안 병으로 고통을 받았던 것 같습니다.

그렇다고 해서 유산이 죄라고 생각하지는 마시기 바랍니다. 하나님께서 옛날에 그런 식으로 부정한 여자를 심판하셨다는 뜻입니다.

이런데 이 의심의 소제의 핵심은 남자의 의심을 없애는데 있습니다. 사람이라고 하는 것은 한번 의심하기 시작하면 의심이 자꾸 깊어지게 되어 있습니다. 그런데 하나님 앞에서 상담하고 또 부인이 깨끗하면 의심의 소제로 인하여 임신을 하게 됩니다. 그것을 남편은 믿어야 하는 것입니다.

그래서 의심의 소제는 우리 마음속에 일어나는 의심을 어떻게 신앙적으로 해결을 해야 하는지 보여주는 것입니다. 특히 옛날에 이런 법이 있었다는 것은 놀라운 것입니다. 핵심은 억울한 부인의 누명을 풀어주고 남편의 의심을 다시 믿음으로 바꾸는 것입니다.

결국 하나님께서는 부부 싸움까지도 신앙으로 해결해 주셔서 서로 의심 없이 끝까지 사랑하게 하셨습니다. 그러나 죄를 짓고 거짓말한 여자는 보호해주지 않는 것이 율법의 정신이었습니다. 이런 여자는 허벅지가 썩어서 떨어져 나가고 배에 복수가 차서 고통을 받게 되는 것입니다.

오늘은 의심의 시대입니다. 정신적으로 건강한 줄 알고 결혼했는데 알고 보니까 정신적으로 너무 병들어 있는 경우도 있을 수 있습니다. 성적으로 깨끗한 줄 알고 사귀고 결혼을 했는데 나중에 보니까 문제가 많을 수도 있습니다. 이런데 속지 않는 것이 이제는 가장 중요한 것입니다. 다른 것은 아무리 잘해도 이런 부분에 속아버리면 인생은 사기당하는 것입니다. 그래서 사람에게 속지 않도록 기도도 해야 하고 욕심도 너무 부리지 말아야 합니다.

또한 속에 의심을 혼자 많이 품고 있는 것은 자신을 위해서나 이스라엘을 위해서 결코 좋은 것이 아닙니다. 이것이 바로 정신을 병들게 하는 가장 심각한 문제입니다. 여러분은 모든 의심을 하나님 앞에 내어 놓고 해결 받음으로 건강한 정신을 소유하시는 성도들이 다 되시기 바랍니다.

06 _ 민 6:1-27

나실인의 서원

사람이 병이 들면 일단 힘이 없기 때문에 일어나지도 못하고 남을 위해서 어떤 일을 한다는 것도 엄두를 낼 수 없습니다. 그러다가 병이 좀 낫게 되면 힘이 생겨서 일어나 앉게도 되고 또 빨래를 한다거나 청소를 한다거나 혹은 다른 사람의 결혼식에도 참가하게 됩니다. 무엇보다 사람이 건강하게 되면 생에 대한 의욕이 생기는 것입니다.

마찬가지로 우리가 평소에 침체되어 있거나 죄에 빠져 있을 때에는 죄를 끊는다거나 혹은 하나님을 위해서 어떤 일을 한다는 생각을 하지 못합니다. 그러다가 새로운 은혜를 받게 되면 나름대로 의욕을 가지고 하나님 앞에서 작은 약속을 하게 됩니다. 즉 어떤 사람은 하나님이 기뻐하시지 않는 죄를 버리기로 결심을 하는가 하면 어떤 사람은 남을 위한 어떤 봉사를 하기로 결심을 할 때도 있습니다. 어떤 경우에는 자기가 쓸 것을 쓰지 않고 헌금을 결심할 때도 있습니다. 그런데 이 작은 결심이 얼마나 하나님을 기쁘시게 하는지 모릅니다. 하나님은 이 작은 결심을 축복하셔서 큰 구원이나 큰 축복이 나타나게 하실 때가 많습니다.

바벨론에 포로로 붙들려 간 다니엘은 어느 날 하나님 앞에서 작은 결심을 하게 됩니다. 그것은 바벨론 왕이 주는 기름진 음식과 포도주로 자신을 더럽히지 않기로 결심을 한 것입니다. 어떻게 보면 이것은 아무 것도 아닐 수 있습니다. 특히 전 세계를 정복한 바벨론의 느부갓네살 앞에서 다니엘의 작은 결심은 아무 것도 아닐 수 있습니다. 그러나 하나님은 다니엘의 그 작은 결심을 기뻐하셔서 결국 그의 소원대로 왕의 진미를 먹지 않고도 건강하게 살 수 있게 하셨고 나중에는 느부갓네살의 꿈의 비밀을 푸는 사람이 되게 하셨습니다.

이스라엘 백성들 중에는 '나실인' 이라는 사람들이 있었습니다. 이 '나실' 이라는 말은 히브리어에 '분리시키다' 라는 뜻을 가진 '나자르' 라는 동사에서 파생된 단어입니다. 즉 '분리된 자' 라는 뜻입니다. 그런데 이 나실인이라는 사람들은 우리가 생각하는 것처럼 대단한 사람들이 아니었습니다. 즉 이스라엘 백성들이면 누구든지 나실인이 될 수 있었습니다. 그러나 나실인은 모두 하나님으로부터 은혜를 받고 나름대로 하나님 앞에서 작은 한 가지 약속을 한 사람들이었습니다. 물론 나실인이라고 해서 결혼을 하지 못하는 것도 아니고 직업을 가지지 못하는 것도 아닙니다. 나실인도 다른 이스라엘 백성들과 똑같이 생활할 수 있습니다. 그러나 자기가 하나님 앞에서 한 약속 때문에 몇 가지를 할 수가 없었습니다. 뒤집어서 말하면 이 몇 가지 말고는 모든 것을 다 할 수 있었습니다. 그런데 놀라운 것은 이스라엘이 위기에 빠졌을 때 이스라엘을 구원한 사람들은 바로 이 나실인들이었다는 것입니다.

　운동 경기에는 의외성이라는 것이 있습니다. 어떤 때에는 아주 잘 할 줄 알았던 주전 선수가 의외로 경기를 잘 하지 못할 때가 있습니다. 하지만 생각지도 않았던 후보 선수가 굉장히 경기를 잘 해서 경기를 뒤집어엎는 경우가 자주 있습니다. 우리나라 축구팀도 2002년 월드컵 경기를 치르면서 그 전에 전혀 알려지지 않았던 많은 훌륭한 선수들을 배출해내게 되었습니다. 오히려 그 전에 유명했던 선수들은 별로 경기를 잘 하지 못했는데 신인들이 너무 잘해서 유명한 스타가 되어버리는 것입니다. 사실 경기에서 우승을 하려면 이런 돌풍을 일으키는 의외의 선수가 있어야 하는 것입니다.

　여기서 우리는 이스라엘이 영적으로 두 가지 시스템으로 구성되어 있다는 것을 알게 됩니다. 이스라엘의 정신적인 기둥은 레위인이고 그 중에서도 제사장입니다. 이들은 불과 같은 하나님을 자신의 몸 전체를 통해서 막는 사람입니다. 그래서 레위인들은 마치 바다의 등대와 같습니다. 바다의 등대는 밤에 항해하는 모든 배들에게 빛을 비추어줍니다. 그러나 그렇다고 해서 바람을 일으키는 것은 아닙니다. 배가 순탄하게 가려고 하면 등대만으로는 안 되고 바람이 필요합니다. 이스라엘에서 성령의 바람을 일으키는 사람들은 바로 이 나실인이라고 하는 비레위인들이었습니다. 이 사람들은 언제 누구에게 하나님의 능력이 임할지 몰랐습니다. 그러나 이스라엘이 위기에 처했을 때에는 이 나실인들이 갑자기 능력의 사람으로 변했습니다. 그래서 나팔을 불어서 사람들을 모으고 전쟁에 앞장서서 적을 물리치고 이스라엘을 위기에서 구했던 것입니다. 사사기에 나오는 믿음의 영웅들은 모두 다 바로 이 나실인들인 것입니다.

오늘날 이 나실인은 말씀을 전하는 목회자와 같습니다. 목회자는 어디에 죄의 암초가 있고 어디에 사탄의 함정이 있는지 밝히는 일을 하는 것입니다. 그러나 하나님의 위대한 능력의 바람을 일으키는 사람들은 평소에는 잘 알려지지도 않았던 교인들 중에도 있는 것입니다. 이들에게 갑자기 성령이 임하면서 삼손이 되기도 하고 기드온이 되기도 하는 것입니다. 그러나 이 사람들에게는 공통점이 하나 있습니다. 그것은 이 사람들이 늘 침체되어 있는 사람들도 아니고 냉소적인 신앙에 빠진 자들도 아니고 하나님 앞에서 은혜 받고 나름대로 힘을 내고 작은 결단을 내린 사람들이었던 것입니다.

나실인의 서원

민수기 6장 1-2절
여호와께서 모세에게 일러 가라사대 이스라엘 자손에게 고하여 그들에게 이르라 남자나 여자가 특별한 서원 곧 나실인의 서원을 하고 자기 몸을 구별하여 여호와께 드리거든

하나님께서는 모세를 통해서 이스라엘 백성들에게 나실인 제도라는 것을 인정하셨습니다. '나실인' 이라는 원어의 뜻은 '구별된 사람' 이라는 뜻인데 사실 레위인들도 구별된 사람들이고 다른 이스라엘 백성들도 다 구별된 사람들이기 때문에 그냥 고유 명사처럼 '나실인' 이라고 쓴 것 같습니다.

나실인은 두 종류가 있는데 한 평생을 나실인으로 드리는 사람이

있는가 하면 한시적으로 자신을 하나님께 드리는 사람도 있습니다. 예를 들면 사무엘 같은 경우에는 '어머니 한나가 하나님께 그의 평생을 하나님께 바치나이다'라고 했는데 이것은 평생을 나실인으로 바치는 것입니다. 삼손 같은 경우에는 하나님의 천사가 찾아와서 부모에게 이 아이를 평생 나실인으로 바치라고 말씀을 하십니다. 삼손은 어머니 뱃속에서부터 나실인이 되어서 포도주나 독주를 마시지 못했습니다.

그러면 도대체 나실인은 뭐하는 사람이며 도대체 어떤 경우에 나실인의 서원을 하게 되는가 궁금할 것입니다. 나실인이 되는 경우는 하나님의 은혜를 받았을 때입니다. 사람이 어떤 어려운 일에 부딪치게 되면 굉장히 절망하게 되고 낙심을 하게 됩니다. 예를 들면 죽을병에 걸리게 되었다든지 혹은 자신의 전 재산을 다 잃어버리게 되었다든지 혹은 아이를 잃어버렸는데 도저히 찾을 수가 없다든지 하면 사람은 너무나도 많은 고통을 받게 되고 절망을 하게 됩니다. 그런데 하나님 앞에 기도하고 또 말씀을 듣는 가운데 그 모든 어려움을 다 이기고 승리하게 되었을 때 하나님 앞에 감사한 마음은 이루 말로 표현할 수가 없을 것입니다. 죽을 병에 걸렸다가 나았을 때 또 재산을 다 잃어버린 줄 알았는데 도로 찾게 되었을 때 혹은 죽은 줄 알았던 아이를 도로 찾게 되었을 때 그것이 얼마나 감사한 일입니까? 비단 이뿐 아니라 나름대로 마음속으로 고민하고 힘들어 하던 문제들이 하나님의 은혜와 말씀으로 다 해결 받고 응답받았을 때 얼마나 기쁘고 감사합니까? 우리가 복음서를 읽어보면 많은 질병으로 고통 받던 사람들이 예수님의 한 마디의 말씀으로 다 낫게 되는 것을 볼 수 있습니다. 즉 '소자야. 네 믿음이 너를 구원하였느니라' 혹은 '네 믿음대로 될찌어다' 라는 한 마디의 말씀이면 모든 병이 다 떠나고 새로운 삶을 살게 되는 것입니다.

그런데 사람의 마음이 얼마나 간사한가 하면 막상 하나님의 은혜를 받았을 때에는 너무나도 기쁘고 감사한데 시간이 지나면서 어느새 이런 감사한 마음은 다 없어져버리는 것입니다. 즉 다시 일상적인 문제에 돌아오면 다른 사람들과 옳고 그른 것을 따지면서 사소한 것에 속상해 하면서 감사와 감격을 다 잃어버리고 살아가는 것이 우리 인간의 모습입니다.

그런데 성도들 중에서는 절대로 하나님이 주신 이 감사와 감격을 잃고 싶지 않다는 생각을 하는 분들이 있습니다. 즉 '나는 하나님이 주신 이 은혜를 결코 쉽게 잊어버리지 않겠다', '나는 죽을 때까지 이 감사하는 마음과 이 감격스러운 마음을 잃지 않고 끝까지 지키겠다'고 결심을 하는 것을 보게됩니다.

이런 분들은 하나님 앞에 나아가서 나실인의 서원을 하면 됩니다. 즉 나실인이라는 것은 하나님이 주신 은혜에 힘을 얻어서 자기 나름대로 하나님 앞에서 어떤 약속을 하는 것입니다. 예를 들면 '그동안 술을 끊지 못했는데 술을 끊겠습니다' 라고 하든지 혹은 '그동안 새벽 기도나 금요일 기도를 한 번도 나오지 않았는데 이제는 몇 달 동안 혹은 일 년 이상 빠지지 않고 나오겠다' 고 스스로 하나님 앞에서 다짐을 할 수 있습니다.

하나님께서 나실인의 서원을 하게 하신 것은 우리의 연약함을 도와주기 위한 것입니다. 우리는 너무나도 연약하기 때문에 아무리 결심을 해도 속으로 한 것은 몇일은 고사하고 몇 시간도 가지 못해서 다 깨고 맙니다.

예를 들면 '오늘 부터는 내가 꼭 새벽 기도를 빠지지 않고 일 년 내

내 기도하겠다'고 결심했으면 하루도 가기 전에 '오늘은 몸이 좀 피곤하니까 오늘까지만 푹 자고 내일부터 하겠다'는 식으로 마음이 변하게 되는 것입니다.

어떤 사람이 술을 끊기로 결심했더라도 친구가 부르면 '오늘까지만 조금 마시고 다음부터는 절대로 술을 마시지 않으리라'고 결심을 하는 것입니다. 그러나 우리가 이런 식으로 타협을 해버리면 결심은 지켜질 수가 없습니다. 그래서 하나님 앞에 나와서 제사장 앞에서 나실인의 서원을 하게 하셨습니다.

그런데 나실인에게 중요한 것은 하나님으로부터 받은 은혜를 그냥 은혜 받은 것으로 그치지 않고 하나님 앞에서 무엇인가 스스로 결심을 하고 약속을 하는 것입니다. 이렇게 하면 그의 침체되었던 영혼도 살아나게 됩니다.

우리가 병들어 누워 있으면 누가 찾아와도 일어나 앉지도 못합니다. 누워서 사람을 맞이할 수 밖에 없습니다. 그리고 다른 사람을 위한 봉사 같은 것은 생각할 수도 없습니다. 거저 그냥 누워서 목숨만 지탱할 뿐인 것입니다. 그러나 건강이 회복되고 힘이 생기면 자리에서 일어나 앉기도 하고 어떤 때는 빨래를 하기도 하고 방을 닦기도 하고 다른 사람을 찾아가서 도와주기도 합니다.

나실인들이 하는 것이 무엇인지는 구체적으로 잘 밝혀져 있지 않지만 성전 봉사라든지 혹은 가난한 자나 어려운 자들이나 병든 자들을 위해서 봉사를 하는 것입니다. 그러나 이 모든 것을 억지로 하는 것이 아니고 감사와 기쁜 마음으로 하게 된다는 것입니다. 왜냐하면 내가 먼저 하나님의 은혜를 받았고 내가 먼저 치료함을 받았기 때문입니다.

놀라운 것은 사람이 한번 은혜를 받고 나면 그동안 얼마나 내가 앉은뱅이 신앙이었고 얼마나 내 자신만 생각했는지 생각하게 됩니다. 그래서 은혜 받고 난 후에는 자신의 삶을 남을 위해서 쓰고 싶고 주님을 위해서 시간이나 정력을 드리고 싶어합니다. 이것이 앉은뱅이 신앙에서 일어서는 것입니다. 그리고 냉소적인 신앙에서 치료가 되는 것입니다.

이것을 하나님은 굉장히 중요하게 생각하셨습니다. 그래서 이런 나실인 중에 하나님은 성령의 능력을 주셔서 큰일을 행하게 하셨는데 그 사람들이 모두 다 사사기에 나오는 영웅들인 것입니다. 입다라든지 옷니엘이라든지 삼손이나 기드온 같은 사람들이 다 여기에 속합니다. 이 사람들은 모두 레위인이 아닌 평신도들이었습니다. 그러나 하나님의 은혜를 받고 주저앉은 신앙에서 일어선 자들이었습니다. 자신들의 시간이나 정력을 주님을 위해서 쓰기를 원하는 사람들이었습니다. 삼손은 갑자기 성령의 능력이 임하면서 나귀 턱뼈로 블레셋 사람들 일천 명을 때려죽이는 일을 했습니다(삿 15:15).

이것은 오늘 우리들에게도 마찬가지입니다. 아무리 큰 은혜를 받고 큰 축복을 받아도 그것을 잊어버리는 자는 아무 소용이 없습니다. 그 사람은 아직 주저앉아 있는 사람입니다. 하나님의 은혜를 잊지 않고 끝까지 지키며 이 작은 은혜로 인하여 주저앉은 자리에서 일어서는 사람이 바로 나실인인 것입니다.

나실인의 의무

보통 이방 종교 같은 경우에는 사람을 신에게 바친다고 할 때 아주 처참하게 바치는 것을 보게 됩니다. 즉 살아있는 사람을 죽여서 바친 다든지 혹은 처녀를 평생 동안 신전에서 여사제로 있게 한다든지 하는 것입니다.

그러나 하나님의 나실인들은 하나님께서 하지 말라고 하신 것 외에는 모든 것을 다 할 수 있었습니다. 직업도 가질 수 있고 결혼 생활도 할 수 있었습니다. 얼마든지 정상적인 생활을 할 수가 있었습니다.

그러나 다음 몇 가지는 지켜야만 했습니다.

그 첫 번째가 술을 마셔서는 안 되는 것이었습니다.

민수기 6장 3절
포도주와 독주를 멀리하며 포도주의 초나 독주의 초를 마시지 말며 포도즙도 마시지 말며 생포도나 건포도도 먹지 말찌니

나실인의 가장 중요한 규칙이 술을 마셔서는 안 되는 것이었습니다. 포도주나 독주나 소주나 술이란 것은 일체 마실 수가 없었습니다.

이것이 에베소서에 와서는 이렇게 표현되고 있습니다.

에베소서 5장 18절
술 취하지 말라. 이는 방탕한 것이니 오직 성령의 충만을 받으라

우리는 왜 하필이면 술 취하는 것과 성령 충만을 비교하시는가 의아하게 생각할 것입니다. 그것은 술도 사람을 변화시키고 성령도 사람을 변화시키기 때문입니다. 그런데 술이 사람을 변화시키는 것은 기분만 변한 것이지 실제로는 변한 것이 없습니다. 이것은 사람을 변한 것처럼 속이는 것입니다.

술은 기분이 나쁜데 좋은 것처럼 느끼게 합니다. 비겁한 사람을 용감한 사람처럼 느끼게 만듭니다. 그러나 싸우기는커녕 몸도 가누지 못하게 합니다. 더 무서운 것은 이런 기분을 자꾸 가지도록 하기 위해서 중독이 들게 합니다. 그래서 술 취하는 것은 성도들이 성령 충만을 받는데 가장 치명적인 것인 줄 알아야 합니다. 비단 술만이 아니라 중독성이 있는 모든 것을 피해야 합니다. 담배도 중독성이 있습니다. 마약도 마찬가지입니다. 모든 죄의 특징이 한 순간에 죄에 빠지는 경우도 있지만 대개의 경우는 자기도 모르는 사이에 조금씩 죄에 중독이 되게 되는데 나중에는 이것을 자기 힘으로는 끊을 수 없는 것입니다. 그래서 예수님께서는 '오른 손이 범죄케 하거든 찍어버리고 오른 눈이 범죄케 하거든 빼어버리라' 고 하셨습니다. 이런 식으로 팔을 자르고 눈을 뽑는 과감한 결단이 아니고서는 죄는 자를 수가 없습니다.

특히 포도즙이나 생포도나 건포도까지도 먹지 말라고 하셨습니다. 이 당시 팔레스타인에서 가장 맛있는 과일이나 음료는 포도였고 포도주였습니다. 그러나 나실인은 가장 맛있는 과일이나 음료를 포기해야만 했습니다. 왜냐하면 언제 성령이 그에게 임하실지 모르기 때문입니다. 그래서 은혜를 사모하는 자들은 언제든지 성령의 충만이 임하실 수 있도록 하기 위해 세상의 재미있는 일들을 포기해야 합니다. 골프가 너무 재미있고 세상 음악이나 영화가 너무 재미가 있으면 성령의 충만함을 받기가 어렵습니다. 그래서 나실인들은 세상의 가장 재미있는 것을 포기해야 했습니다. 어떤 사람들은 예수 믿는 사람들에게 묻습니다. '도대체 너희들은 무슨 재미로 이 세상을 사느냐?' 그때 우리는 '성령의 재미로 산다' 고 대답을 할 수 있어야 합니다.

성령이 주시는 기쁨은 포도주의 기쁨과 비교할 수 없습니다. 영화나 드라마나 세상 스포츠가 주는 재미와 비교할 수 없습니다. 이것이 극상품의 은혜요 축복인 것입니다.

두 번째는 머리를 자르지 못하는 것이었습니다.

> **민수기 6장 5절**
> 그 서원을 하고 구별하는 모든 날 동안은 삭도를 도무지 그 머리에 대지 말 것이라. 자기 몸을 구별하여 여호와께 드리는 날이 차기까지 그는 거룩한즉 그 머리털을 길게 자라게 할 것이며

나실인은 나실인 기간 동안에는 머리를 자를 수가 없었습니다. 평생 나실인인 경우에는 한 평생 머리를 자르지 못했습니다. 삼손은 평생 나실인인데도 들릴라에게 속아서 머리가 밀리는 바람에 하나님의 능력을 모두 다 잃어버리고 말았습니다.

왜 하나님께서는 나실인의 머리를 자르지 못하게 하셨을까요? 옛날에는 머리가 주인을 나타내었습니다. 우리나라에서도 여인들이 처녀로 있다가 결혼을 하면 머리에 비녀를 질렀습니다. 이것이 바로 그 여자에게는 주인이 있다는 뜻입니다. 서양 사람들은 반지를 꼈는지 끼지 않았는지 유심히 봅니다.

만약 남자나 여자가 반지를 끼지 않고 있으면 이혼을 했거나 결혼을 하지 않았거나 독신인 것입니다.

우리나라에서는 남자들이 결혼을 해도 귀찮아서 반지를 잘 끼지 않습니다. 우리는 자신의 마음이 중요하지 반지 같은 것은 별로 중요하지 않다고 생각하기 쉽습니다. 그러나 서양 사람들은 반지를 끼지 않으면 아주 이상하게 생각하니까 주의를 하시기 바랍니다.

이스라엘 사람들 중에서 머리를 기르는 사람은 하나님이 주인인 사람입니다. 그래서 머리를 기르는 것은 하나님께 바쳐진 사람이라는 표시였습니다.

여성들은 남편이나 남자 친구에 대한 감정을 머리 스타일로 표시를 할 때가 있습니다. 머리를 잘 기르다가 어느 날 갑자기 머리를 숏 컷으로 자르고 나타나면 '이제부터 너는 별 볼일 없다' 는 표시인 줄 알아야 합니다.

나실인들은 머리를 길게 기름으로 자신의 모든 생각이나 감정을 하나님께 맞추게 됩니다. 즉 모든 일을 할 때 하나님을 최우선적으로 생각하게 되는 것입니다. 부인이나 아이들보다도 하나님 일이 먼저입니다. 이것을 다른 사람들이 양해를 해 달라는 것입니다.

사실 우리가 예수 믿고 은혜를 받으면 믿지 않는 부모님이나 친구들의 요청을 받아주지 못할 때가 많습니다. 왜냐하면 우리에게는 더 우선적인 것이 생겼기 때문입니다. 그것은 바로 하나님의 일입니다. 어떤 집에서는 부모가 뭐라고 말을 해도 자녀는 성경 공부가 더 중요하다고 하면서 밥도 먹지 않고 뛰어간다는 것입니다. 은혜를 받고 나면 하나님의 일을 최우선적으로 하게 됩니다.

처녀들의 경우에도 애인이 없을 때에는 집안일에 여러 가지 신경도 쓰고 도와주기도 하지만 일단 사랑하는 사람이 생기게 되면 이제 집안일은 끝장 난 것입니다. 오직 남자친구와 만나서 데이트를 하고 음악회를 가고 영화 구경하러 가고 싸돌아다니는데 전적으로 헌신을 하게 되는 것입니다.

그러니까 나실인은 한 마디로 말해서 하나님과 데이트 중인 것입니다. 지금 다른 사람들이 아무리 뭐라고 말을 해도 귀에 들어오지 않습니다. 왜냐하면 지금 하나님과 열애에 빠졌기 때문입니다. 이런 열정적인 사랑이 있기 때문에 세상의 위기도 이기고 죄도 이기고 유혹도 이기는 것입니다.

우리 성도님들 모두 하나님과 열애에 빠지기기 바랍니다. 누군가가 물으면 '나는 지금 하나님과 연애 중'이라고 대답을 하시기 바랍니다.

성령의 충만함을 받으면 사실 외모 같은 것은 머리에 들어오지도 않습니다. 내가 어떤 옷을 입었는지 머리를 깎을 때가 되었는지 아무 것도 머리에 들어오지 않습니다. 오직 하나님으로 충분한 것입니다.

세 번째는 시체를 가까이 하지 말라고 했습니다.

민수기 6장 6-7절

자기 몸을 구별하여 여호와께 드리는 모든 날 동안은 시체를 가까이 하지 말 것이요. 그 부모 형제자매가 죽은 때에라도 그로 인하여 몸을 더럽히지 말 것이니 이는 자기 몸을 구별하여 하나님께 드리는 표가 그 머리에 있음이라

우리는 사람이 죽으면 영혼은 떠나고 몸만 남는다는 것을 압니다. 그리고 시체는 썩기 때문에 빨리 매장을 해야 한다는 것을 압니다. 그러나 옛날 사람들은 죽은 사람을 굉장히 신성하게 생각을 했고 특히 이방 종교에서는 죽은 자와 가까워지는 것이 더 영생의 세계에 가깝다는 식으로 생각을 많이 했습니다.

인도에 갔다 오신 분들이 하는 말을 들어보면 인도에서는 시체도 데리고 버스를 타는데 똑같이 차비를 낸다는 것입니다. 시체도 사람이기 때문에 차비를 받는 것입니다.

그러나 하나님께서는 그 백성들에게 시체에는 더 이상 남은 것은 없기 때문에 신성시하지 못하게 하셨습니다. 즉 흙이니 흙으로 돌아가야 하는 것입니다. 그래서 기독교에서는 죽은 자에 대해서 영생을 비는 그런 기도는 하지 않습니다. 또한 죽은 조상에 대한 제사도 하지 않습니다. 왜냐하면 부모님이 살아계실 때에는 하나님의 영광이 있지만 돌아가시면 그 역시 한 줌의 흙에 불과하기 때문입니다.

특히 하나님께서는 나실인이 부패한 시체와 가까이하는 것을 허락지 않고 금지시키셨습니다. 이것을 통해서 하나님께서는 나실인들에게 사람들이야말로 가장 부패하기 쉬우며 일단 하나님의 은혜가 떠나면 인간의 모든 일은 급격하게 부패한다는 것을 가르쳐 주시려고 하신 것입니다. 우리는 인간관계를 아주 조심을 해야 합니다. 우리가 하나님의 은혜 안에서 만날 때에는 모든 것이 신선하고 아름답지만 일단 은혜에서 벗어나면 그때부터는 급격하게 부패하고 썩어들어가기 시작합니다. 그래서 하나님의 종들이 가장 조심해야 하는 것은 부패하는 것입니다. 일단 부패하는 모든 것은 멀리해야 합니다. 그래서 나실인들은 세상적인 모임이나 만남들을 멀리해야 합니다. 왜냐하면 거기서 나오는 대화들이 모두 다 썩은 송장 냄새들이기 때문입니다. 심지어는 부모나 형제가 죽었을 때에도 장사하는데 가지 못하게 했습니다.

예수님께서는 제자 중 한 사람이 아버지를 장사하고 주님을 따르겠다고 하였을 때 '죽은 자들로 죽은 자를 장사하게 하고 너는 나를 좇으라' 고 말씀하셨습니다. 어떻게 보면 인간으로서는 가장 무정한 것 같지만 예수님께서는 죽은 일에 매달리지 말라는 것입니다. 우리는 주위에서 쓸데없는 격식이나 쓸데없는 체면에 너무 정력을 많이 낭비하는 것을 볼 수 있습니다. 그것은 다 죽은 것입니다. 힘을 그런 쓸데 없는데 낭비하지 말고 실제적으로 영혼을 살리는데 정력을 다 쏟아야 부흥이 일어나는 것입니다.

나실인의 언약을 어겼을 때

우리 인간 세상에는 완전한 것이라고는 없습니다. 우리가 하나님 앞에서 아무리 나실인의 서원을 했다 하더라도 우리는 이 세상 살면서 본의든 타의든 이 서원을 깨트릴 때가 많이 있습니다. 그때는 어떻게 해야 합니까? 하나님께서는 절대로 어물쩍 넘어가지 못하게 하셨습니다.

서원을 깨트린 것을 하나님 앞에 솔직히 인정하고 다시 시작해야 합니다.

민수기 6장 9-11절
누가 홀연히 그 곁에서 죽어서 스스로 구별한 자의 머리를 더럽히거든 그 몸을 정결케 하는 날에 머리를 밀 것이니 곧 제 칠일에 밀 것이며, 제 팔일에 산비둘기 두 마리나 집비둘기 새끼 두 마리를 가지고 회막문에 와서 제사장에게 줄 것이요, 제사장은 그 하나를 속죄 제물로, 하나를 번제물로 드려서 그의 시체로 인하여 얻은 죄를 속하고 또 그는 당일에 그의 머리를 성결케 할 것이며

나실인이 어디에 앉아 있는데 옆에 있는 사람이 갑자기 죽어버렸다고 합시다. 그 사람은 도저히 어쩔 수 없는 상황에 의해서 나실인 서원을 깨트리는 것입니다. 그때 어떻게 해야 합니까? 하나님께서는 그때

도 그냥 대충 넘어가서는 안 되고 큰 것은 아니지만 작은 제물을 하나님께 바쳐서 속죄를 해야 합니다. 여기에 보면 산비둘기나 집비둘기 새끼는 제물로는 가장 적은 것입니다. 그렇지만 적지만 하나님 앞에서 서원이 깨어진 것에 대한 속죄를 해야 합니다. 그리고 머리를 밀고 처음부터 다시 시작해야 합니다.

삼손이 들릴라와 데이트를 하면서 술을 마셨을까요? 아니면 마시지 않았을까요? 성경에는 삼손이 술을 마셨다거나 마시지 않았다는 말은 일체 없습니다. 그러나 그의 행동을 보면 술을 마셨을 것이 거의 틀림이 없습니다.

그렇다면 삼손은 하나님 앞에서 정직하게 머리를 밀고 다시 시작했어야 하는 것입니다. 그렇다면 머리가 밀린 삼손을 들릴라가 좋아하지 않았을 것입니다. 그러나 삼손은 어물쩍 넘어갔기 때문에 들릴라에게 속아서 머리털이 밀리고 눈알까지 뽑히고 말았던 것입니다.

우리가 하나님 앞에서 잘못한 것을 고백 드리면 얼마든지 다시 시작할 수 있습니다. 이것이 우리의 엄청난 축복인 것입니다. 우리는 언제든지 다시 출발할 수 있습니다.

> **민수기 6장 12절**
> 자기 몸을 구별하여 여호와께 드릴 날을 새로 정하고 일년 된 수양을 가져다가 속건제로 드릴찌니라. 자기 몸을 구별한 때에 그 몸을 더럽혔은즉 지나간 날은 무효니라

우리가 생각하기에 그렇게 오랫동안 참고 기다렸는데 그 모든 것이 다 무효가 되고 처음부터 다시 시작하려고 하면 너무나도 억울할 수

있을 것입니다. 예를 들면 어떤 군인이 군대 의무 복무를 다 했는데 무엇인가 잘못되어서 처음부터 다시 군대 생활을 해야 한다면 너무나도 억울하고 원통할 것입니다. 그러나 하나님 앞에서는 더 오래 봉사하거나 구별된다고 해서 억울할 것이 없습니다. 왜냐하면 하나님은 우리를 위하여 너무 오래 기다리셨고 하나님께서는 우리를 위하여 원점에서 시작하신 일이 너무 많기 때문에 하나님의 일은 아무리 기다려도 결코 우리는 억울하지 않습니다.

하나님께서는 나실인이 정상인으로 돌아갈 때에도 그냥 기간만 다 되었다고 자기 마음대로 돌아가지 말고 하나님 앞에 정해진 제사와 예물을 다 드리고 일반 생활로 돌아가게 하셨습니다. 그런데 13절 이하에 기록된 것을 보면 나실인이 되는 것보다 나실인 해제되는 것이 더 복잡한 것을 볼 수 있습니다. 이것과는 상관이 없지만 어떤 분은 말하기를 핸드폰 계약하는 것보다 해지하는 것이 훨씬 더 어렵더라고 하는데 나실인도 그렇느냐고 묻습니다.

민수기 6장 13-15절

나실인의 법은 이러하니라. 자기 몸을 구별한 날이 차면 그 사람을 회막문으로 데리고 갈 것이요. 그는 여호와께 예물을 드리되 번제물로 일년 된 흠 없는 수양 하나와 속죄 제물로 일년 된 흠 없는 어린 암양 하나와 화목제물로 흠 없는 수양 하나와 무교병 한 광주리와 고운 가루에 기름 섞은 과자들과 기름 바른 무교전병들과 그 소제물과 전제물을 드릴 것이요

왜 이렇게 나실인의 기간이 끝나서 해제하는 것이 이렇게 복잡한 것일까요? 그것을 설명해주는 것이 18-20절에 나옵니다.

민수기 6장 18-20절

자기 몸을 구별한 나실인은 회막 문에서 그 머리털을 밀고 그것을 화목제물 밑에 있는 불에 둘찌며 자기 몸을 구별한 나실인이 그 머리 털을 민 후에 제사장이 삶은 수양의 어깨와 광주리 가운데 무교병 하나와 무교전병 하나를 취하여 나실인의 두 손에 두고 여호와 앞에 요제로 흔들 것이며 그것과 흔든 가슴과 든 넓적다리는 성물이라 다 제사장에게 돌릴것이니라. 그 후에는 나실인이 포도주를 마실 수 있느니라

나실인은 자기가 서원한 기간이 지나면 얼마든지 정상적인 생활을 할 수가 있습니다. 그렇다고 해서 나실인의 축복이 다 없어진 것은 아닙니다. 그가 처음에 하나님 앞에서 서약한대로 그 감동과 축복은 영원히 가슴 속에 남아 있게 되는 것입니다. 그렇지만 나실인의 의무는 하나님께 반납을 해야 합니다. 그래서 머리털도 하나님의 것이기 때문에 밀어서 번제물을 태우는 불에 넣고 같이 태웁니다. 그리고 요제라는 것이 나오고 든 넓적다리라는 것이 나오는데 요제는 흔드는 것입니다. 그리고 거제는 들었다 놓는 것입니다. 이것은 모두 하나님 앞에서 바쳤다가 다시 도로 받는 것을 의미합니다. 이제 하나님으로부터 다시 나의 모든 정상적인 삶을 받아서 이제는 포도주도 마시면서 머리도 자르면서 얼마든지 정상적으로 사는 것입니다. 그러나 이미 받은 은혜는 그의 마음속에 영원히 새겨져 있게 됩니다.

그리고 하나님은 아론의 자손으로 하여금 이스라엘 자손들을 축복하게 합니다. 이 본문이 구약의 가장 유명한 축복 기도입니다. 많은 사람들은 왜 이 축복이 여기에 있어야 하는지 잘 모르겠다고 합니다. 그 이유는 그만큼 나실인의 헌신과 봉사가 중요하기 때문에 하나님께서

여기서 이 축복을 하시는 것입니다.

> **민수기 6장 22-26절**
> 여호와께서 모세에게 일러 가라사대 아론과 그 아들들에게 고하여 이르기를 너희는 이스라엘 자손을 위하여 이렇게 축복하여 이르되 여호와는 네게 복을 주시고 너를 지키시기를 원하며 여호와는 그 얼굴로 네게 비춰사 은혜 베푸시기를 원하며 여호와는 그 얼굴을 네게로 향하여 드사 평강 주시기를 원하노라 할찌니라 하라

우선 하나님께서는 아론과 제사장들에게 이스라엘 백성들을 축복할 수 있는 권한을 주셨습니다. 우리는 하나님의 축복이 너무나도 필요합니다.

그 첫 번째 복이 무엇입니까? 우리를 지켜주시는 것입니다. 이것은 이 세상에 많은 위험과 어려움이 있다는 것을 인정하는 것입니다. 그러나 하나님의 첫 번째 복이 이 모든 위기나 위험으로부터 우리를 지켜주시는 것입니다.

옛날에는 도둑이나 강도들도 많았고 기근이나 질병이 닥쳐도 대책이 없었습니다. 그러나 우리 하나님은 그 모든 위험으로부터 우리를 지켜주십니다. 왜냐하면 하나님은 자비로우시고 은혜로우시기 때문입니다. 하나님의 은혜가 축복으로 나타날 때 우리는 모든 위험으로부터 보호받게 됩니다.

두 번째는 하나님이 우리에게 얼굴빛을 비추시는 것입니다. 하나님은 자신을 태양빛에 비유를 하고 계십니다. 즉 밤은 위험합니다. 그리고 어두워서 아무 것도 할 수 없습니다. 그러나 낮은 위험하지 않고 무

엇이든지 다 할 수 있습니다. 하나님의 얼굴빛을 비추는 것은 하나님의 말씀을 주시는 것입니다. 우리에게 하나님의 말씀은 생명 그 자체입니다. 말씀이 끊어지면 우리는 죽게 됩니다. 그리고 말씀 안에 모든 복이 다 들어 있습니다. 하나님의 말씀 안에 존귀도 있고 부귀도 있고 위기를 해쳐나갈 지혜도 있습니다. 우리는 이것을 계속 캐내어야 합니다.

그리고 세 번째는 평강 주시기를 원한다고 했습니다. 이 평강이라고 하는 것은 단순히 고통이나 전쟁이 없는 소극적인 평강을 말하지 않습니다. 이것은 모든 갈등과 도전을 믿음으로 이긴 평강인 것입니다. 무엇보다 이 평강은 하나님과 우리의 관계가 정상적인 상태에 있는 것을 의미합니다. 그 결과 우리에게 지속적으로 부흥이 일어나게 되는 것을 말합니다. 축복의 황금기가 오게 되는 것입니다. 우리가 하나님과의 관계가 바로 되어 있으면 계속 하나님의 은혜와 축복이 공급이 되게 됩니다. 이때 우리가 교만해서 말씀을 멀리하거나 숨어서 죄짓지만 않으면 축복이 차서 넘치게 됩니다. 결국 모든 성도들이 축복을 받고 모든 기도가 응답되며 병자들이 없어지고 똑똑하고 훌륭한 자녀들이 많이 생겨나게 되는 것입니다. 이런 축복이 모든 성도들에게 함께 하시기를 축원합니다.

07 _ 민 7:1-9:23

이스라엘의 준비

우리 인류는 역사가 시작되면서부터 지금까지 서로 전쟁을 하면서 살아왔습니다. 그래서 서양 문화사나 동양 문화사를 읽어보면 결국 역사는 전쟁의 역사라고 말할 수 있을 정도로 전쟁이 역사나 문화나 생활이나 모든 것을 변화시켜 온 것을 볼 수 있습니다. 특히 20세기에 와서 인류의 가장 큰 실험은 원자탄의 실험이라고 볼 수 있습니다. 원자탄의 실험은 독일에서 먼저 시작이 되었는데 독일의 많은 유대계 학자들이 미국으로 도망을 치는 바람에 원자탄은 미국에서 먼저 개발이 되게 되었습니다. 이론적으로는 우라늄 핵이 분열될 때 어마어마한 에너지가 발생이 되게 되는데 이것이 실제적으로 가능한가 하는 실험이었습니다. 이것이 미국에서 성공함으로 일본이 제 2차대전에서 패전을 하게 됩니다.

민수기는 출애굽한 이스라엘 백성들이 사십년간 광야에서 떠돌이 생활을 한 것을 기록한 책입니다. 우리는 보통 어떤 사람들이 광야에 있다면 대개 지질탐사를 한다든지 아니면 석유 탐사를 한다든지 혹은 미국이 네바다 주에서 한 것처럼 원자폭탄 실험을 한다든지 하는 것을 생각할 것입니다. 그런데 이스라엘 백성들은 그것보다 훨씬 더 위험하고 폭발적인 실험을 하고 있었습니다. 그것은 과연 하나님께서 이스라엘 백성들과 함께 살 수 있느냐 하는 실험이었습니다.

우리는 보통 하나님이 이 지구에 존재하신다는 것을 믿습니다. 우리는 보통 그런 것을 신학적인 용어로 '편재한다'고 합니다. 이것은 하나님께서 이 우주 어느 곳이나 골고루 계신다는 뜻입니다. 즉 이 우주에 하나님이 없는 빈 공간은 존재하지 않는 것입니다. 그런데 광야의 이스라엘 백성들이 실험을 한 것은 하나님이 실제로 이스라엘 백성들 가운데 오셔서 실제로 계시는 것이었습니다. 이것은 철학적으로 하나님이 계신 것도 아니고 영적인 의미로 하나님이 임재하시는 것도 아니고 실제로 하나님의 신적인 능력과 영광이 이스라엘 백성들 가운데 항상 있는 것입니다.

예를 들면 우리가 집에서 사용하는 모든 철로 된 제품들은 용광로에서 나온 것입니다. 식칼도 그렇고 못이나 나사도 그렇고 전선이나 파이프도 그렇습니다. 그러나 그렇다고 해서 우리 집 안에 용광로를 두는 것은 불가능할 것입니다. 아마 우리 모든 집에 용광로가 있다면 집도 다 태울 것이며 사람도 다 타죽을 것입니다. 그런데 광야의 이스라엘 백성들이 실험했던 것은 실제로 하나님이 이스라엘 백성들 안에서 같이 계실 수 있느냐 하는 것입니다. 그리고 그렇게 했을 때 그 나타나는 결과는 무엇인가 하는 것이었습니다.

하지만 이스라엘 백성들이 무려 사십년 동안이나 광야에서 하나님과 함께 살았다고 하는 것이 증명되었기에 이 실험은 성공을 한 것입니다. 이스라엘 백성들은 인류 최초로 핵무기가 아니라 전능하신 하나님을 보유한 백성들이 된 것이었습니다.

오늘 본문 말씀은 민수기 7장부터 9장까지 아주 넓게 잡았습니다. 이 전체적인 내용은 이스라엘 백성들이 하나님을 모시고 위대한 광야 생활을 준비한 내용입니다. 즉 그들은 이 준비를 잘 갖춤으로 이 위대한 핵 실험을 할 수 있는 준비가 다 끝난 것입니다.

그 준비는 세 가지 내용으로 되어 있습니다. 첫 번째는 이스라엘 백성들이 제사를 드리는 단을 준비하는 것이었습니다. 그 단에 기름을 바르는 것으로 시작되는데 이스라엘 열두 지파의 모든 두령들은 다 순서대로 하나님께 번제와 선물을 바쳤습니다(7장). 그리고 두 번째는 성전 안에 있는 등대에 불을 켜는 것입니다. 무엇보다 이 불을 켜기 위해서 레위인들은 특별히 자기 자신들을 정결케 했습니다(8장). 그리고 세 번째는 광야에서 이스라엘 백성들이 처음으로 유월절을 지킨 것이었습니다. 이스라엘 백성들이 애굽에서 나옴으로 유월절이 끝난 것이 아니었습니다. 그들은 광야에서도 유월절을 지켜야만 했습니다(9장). 이스라엘 백성들이 이렇게 했을 때 하나님의 반응은 두 가지로 나타났습니다. 하나는 하나님께서 지성소 안에 있는 언약궤의 그룹 날개 사이에서 말씀을 하신 것이었습니다. 그리고 다른 하나는 성막 위에서 하나님의 구름이 올라갔다 내려갔다 하면서 이스라엘 백성들이 나아갈 때와 방향을 인도하신 것이었습니다.

오늘 우리는 이스라엘 백성들의 광야 실험과는 비교할 수 없는 엄청난 능력을 보유하고 있는 사람들입니다. 광야 실험과 비교되지 않는 것이 예수님의 십자가의 은총입니다. 하나님의 아들이 십자가 위에서 죽으시고 그리고 우리에게 성령이 오신 것입니다. 이것은 광야 이스라엘 백성들에게 하나님이 임하신 것에 비하면 백만 배가 넘는 능력인 것입니다.

오늘 우리가 보는 것은 마치 아주 구식 원자로를 보는 것과 같습니다. 그러나 이 안에 들어 있는 원리는 지금 우리가 신앙 생활하는 것과 비슷합니다.

우리가 분명히 알아야 할 것은 우리 안에 하나님이 함께 거하시는 것이 하나님의 확고한 의지라는 사실입니다. 그 이유는 우리 인간의 모든 문제가 하나님의 능력이 우리 안에 와야 해결될 수 있기 때문입니다. 우리 인간의 문제는 인간이 연구를 더 많이 해서 기술을 발달시킨다고 해서 해결될 수 있는 것이 아닙니다. 즉 우리 안에 용광로 같은 하나님의 능력이 들어와서 항상 이 불이 타올라야 해결될 수 있는 것입니다. 이 능력이 이미 우리 안에 들어와 있습니다. 여러분에게도 이 하나님의 능력의 용광로가 불타오르기를 바랍니다. 오늘도 이 하나님의 능력이 우리의 모든 어려움들을 다 해결하는 축복이 되기를 바랍니다.

단에 기름을 바름

이스라엘 백성들이 하나님 앞에 나아가는데 있어서 최초로 가장 중요한 것은 제단이었습니다. 법궤도 아니고 향단도 아니었습니다. 안뜰에 있는 놋으로 된 번제단이 가장 중요한 것이었습니다.

하나님께서는 이스라엘 백성들이 하나님의 능력을 받기 위하여 가장 먼저 하게 하신 것이 있습니다. 그것이 바로 이 놋제단에 기름을 바르게 한 것입니다.

민수기 7장 1-2절

모세가 장막 세우기를 필하고 그것에 기름을 발라 거룩히 구별하고 또 그 모든 기구와 단과 그 모든 기구에 기름을 발라 거룩히 구별한 날에 이스라엘 족장들 곧 그들의 종족의 두령들이요 그 지파의 족장으로서 그 계수함을 입은 자의 감독된 자들이 예물을 드렸으니

　하나님의 단과 기구에 '기름을 바른다' 는 것은 이제부터 하나님께 바쳐서 실제적으로 사용한다는 뜻입니다.

　예를 들면 우리는 도로나 지하철 같은 것을 처음 개통하거나 운행을 하게 되면 개통식을 합니다. 물론 그런 것 없이도 얼마든지 차나 지하철이 다닐 수도 있지만 개통식을 하게 되면 많은 사람들이 그 사실을 알 수 있고 또 사용하는 자들도 더 떳떳하게 사용할 수 있는 것입니다.

　이와 같이 성전의 제단과 기구도 처음 시작을 할 때 '기름을 바르는 것' 으로 시작을 했습니다. 무슨 북을 치는 것도 아니고 나팔을 부는 것도 아니고 기름을 바름으로서 제단은 제단 역할을 시작하게 되었고 다른 기구들도 정식으로 사용할 수 있게 되었습니다. 여기서 '기름을 바른다' 는 것은 무슨 의미가 있을까요? 아마 옛날 사람들은 기름 자체가 무슨 능력이 있다기보다는 이제부터 이 모든 것은 하나님의 뜻대로만 사용되어야 한다는 구별의 의미로 생각을 했을 것입니다. 그러나 나중에는 이 기름이 성령의 역사를 나타낸다는 의미로 사용되었습니다. 즉 모든 믿음의 행위는 성령님이 오셔서 그 예배가 하나님께 상달되게 하시고 우리 안에 은혜를 주셔야 능력이 나타나는 것입니다. 그래서 성령이 주시는 은혜는 인간이 만들어내는 감동과는 완전히 성격이 다릅니다. 일단 많은 사람들이 모이면 사람들도 쉽게 감동이 일어

납니다. 이것은 일종의 군중심리인 것입니다. 그리고 누군가가 애국적인 행동을 하거나 영웅적인 행동을 하면 감동이 일어납니다. 혹은 노래를 함께 부르면 눈물이 나면서 마음이 흥분되기도 합니다. 그러나 이것은 성령의 기름 부음이 아닙니다. 성령의 기름은 이런 것보다 훨씬 더 깊이가 있고 훨씬 더 고차원적인데서 이루어지는 감동입니다. 그렇지 않은 때도 많이 있지만 어떤 때 우리가 하나님의 말씀을 듣고 기도하면 정말 내 영혼 깊은 곳에서 하나님의 사랑이 느껴지면서 온 몸이 전율을 하고 울고 싶고 하나님을 향하여 부르짖고 싶은 강한 마음이 일어날 때가 있습니다. 또 어떤 때는 하나님의 말씀을 듣는 가운데 완전히 그 말씀에 빨려 들어가는 것처럼 사로잡혀 버려서 시간 가는 줄도 모르고 정신없이 말씀을 들었는데 나중에 보니까 내 영혼 깊은 곳에 있던 불신과 두려움과 불안이 치료된 것을 알게 되는 것입니다. 인간의 감동은 효과가 일시적이지만 성령의 기름부음은 효과가 지속적인 것이 특징입니다. 한번 내 가슴이 성령의 불이 임하면 완전히 마음 한 구석의 차갑고 냉소적이던 것이 완전히 없어져버립니다. 그 후에는 계속 하나님을 향한 뜨거운 마음이 살아 있습니다. 물론 때로는 약해질 때도 있지만 절대로 꺼지지는 않습니다.

하나님께서는 이스라엘 백성들의 위대한 실험의 시작을 제단에 기름을 바르는 것으로 시작하게 하셨습니다. 이것이 '위대한 점화식'인 것입니다.

앞으로 우리 인간들이 짓는 모든 정신적이며 육체적인 죄는 이 제단을 통해서 사함을 받는 것입니다.

이때 하나님께서는 특이한 일을 하게 하셨습니다. 그것은 이스라엘 열두 지파의 모든 족장들이 매일 번갈아가면서 똑같은 제물과 예물을 바치게 하신 것입니다.

우선 첫 번째는 예물이었습니다.

민수기 7장 3절

그들의 여호와께 드린 예물은 덮개 있는 수레 여섯과 소 열 둘이니 족장 둘에 수레가 하나씩이요 하나에 소가 하나씩이라 그것들을 장막 앞에 드린지라

하나님은 이스라엘 백성들과 성전이 계속 이동할 것을 말씀하셨습니다. 그래서 이스라엘 열두 지파의 우두머리들이 성전 기구를 이동할 수레와 소를 바쳤습니다. 그런데 소는 지파마다 하나씩이지만 수레는 두 지파가 하나씩이었습니다. 그래서 수레는 여섯 개였고 소는 열두 마리였습니다.

그리고 여러 가지 많은 예물과 제물을 바쳤습니다.

민수기 7장 12-17절

제 일일에 예물을 드린 자는 유다 지파 암미나답의 아들 나손이라. 그 예물은 성소의 세겔대로 일백 삼십 세겔중 은반 하나와 칠십 세겔중 은바리 하나라 이 두 그릇에는 소제물로 기름 섞은 고운 가루를 채웠고, 또 십 세겔중 금 숟가락 하나라 그것에는 향을 채웠고, 또 번제물로 수송아지 하나와 수양 하나와 일년 된 어린 수양 하나이며, 속죄제물로 수염소 하나이며, 화목제물로 소 둘과 수양 다섯과 수염소 다섯과 일년 된 어린 수양 다섯이라 이는 암미나답의 아들 나손의 예물이었더라

여기서 우리는 왜 하나님께서 이스라엘 족장들에게 가장 먼저 수레와 소를 바치게 하셨을까 하는 의문이 듭니다. 무엇보다 이스라엘 족

장들이 가장 먼저 알아야 할 것은 이스라엘 백성들은 한 곳에 가만히 있는 정체된 민족이 아니라 미래를 향하여 항상 앞으로 나아가는 민족이라는 것을 깨닫게 하신 것입니다. 예를 들면 배의 기능은 바다에서 파도를 헤치고 앞으로 나아가는 것입니다. 배는 단지 부두에 밧줄로 매어놓는 것이 전부가 아닙니다. 배가 진가를 발휘하는 것은 파도를 헤치고 바다를 건너갈 때입니다.

우리가 이 세상을 살아가는 것은 바다를 건너가는 것과 같습니다. 우리는 지리적으로 이동하는 것이 아니라 시간적으로 이동을 하고 있습니다. 그리고 주위의 많은 도전과 많은 어려움을 직면하게 됩니다. 이 모든 것을 하나님을 모시고 이기는 것이 이스라엘 백성들이 해야 할 일인 것입니다. 즉 이 모진 광야의 시련을 이기고 가나안 땅으로 다 들어가야 하는 것입니다. 그래서 이 수레와 소는 모두 가나안으로 가는 마차요 열차인 것입니다. 우리는 이 세상에서 비참하게 살기 위해서 예수를 믿는 것이 아닙니다. 단지 우리가 이 불타는 광야를 통과해야 하는 이유는 진정한 행복을 이루기 위해서입니다. 이스라엘 백성들은 하나님을 모시고 소에 성전 기구들을 실어서 매일 매일 약속의 땅 가나안을 향해 새로운 곳으로 이동을 해야 했습니다.

모세는 족장들로부터 받은 소와 수레를 레위 지파에게 전달을 했는데 직임에 따라서 주었습니다. 즉 성전 기구들을 옮기는 게르손 지파는 수레 둘과 소 넷이고 널빤지나 기둥이 많은 므라리 족속은 수레 넷과 소 여덟을 주고 고핫 자손은 어깨에 메어야 하기 때문에 소나 수레를 일체 주지 않았습니다.

그리고 또 한가지 의문은 왜 하나님이 족장들에게 이런 예물을 바치게 했을까 하는 것입니다. 그것은 이스라엘 지도자는 자기 마음대로 사람들을 지도하는 사람들이 아니었기 때문입니다. 이스라엘 지도자들은 백성들을 하나님의 말씀으로 인도하는 인도자였습니다. 사람들은 지도자가 방향을 잡으면 따라가게 되어 있습니다. 즉 한 사람 한 사람은 하나님의 말씀대로 살기가 어렵지만 지도자가 그렇게 방향을 정하면 사람은 설득이 되어서 따라가게 되어 있습니다. 그래서 이스라엘에서는 지도자의 믿음이 아주 중요했습니다. 나중에 이스라엘 백성들이 가나안 입구까지 갔다가 다시 돌아서게 되는 것은 바로 이 지도자들이 믿음이 흔들렸기 때문입니다.

사실 오늘도 우리가 눈에 훤히 보이는 것을 믿지 않고 오직 글로만 되어 있는 성경을 믿는다는 것은 보통으로 어려운 일이 아닙니다. 이것을 지도자는 해내어야 하는 것입니다. 그리고 우리가 하나님의 말씀에 순종할 때 축복이 임하는 것을 보여주어야 하고 다른 길로 가려고 하면 설득을 해서 붙잡아야 하는 것입니다. 그러기에 지도자들 자신이 우리는 오직 하나님의 말씀에만 헌신하겠다고 작정을 하면 이스라엘은 바른 길을 가게 되어 있는 것입니다. 광야에서 이스라엘 백성들이 그렇게 난리를 치고 그렇게 욕을 해도 모세 한 사람이 중심을 잡고 흔들리지 않으니까 결국 이스라엘 백성들은 광야 사십년 훈련을 무사히 통과하고 가나안 땅을 정복하게 되는 것입니다.

결국 지도자의 신앙은 매우 중요합니다. 이것이 흔들려버리면 이스라엘 전체가 흔들리게 됩니다. 여기에 보면 족장들이 바친 예물과 짐승들이 나옵니다. 특히 은그릇이 나오고 은 바리가 나오고 금 숟가락이 나오는데 여기에는 기름을 섞은 곡식과 향을 담았습니다. 그리고 하나님은 이스라엘 열두 족장이 하나도 빠짐없이 다 하나님께 똑같은 예물을 바치게 하셨습니다.

그런데 여기에 보면 세 가지 제사가 나오는 것을 볼 수 있습니다. 하나는 번제이고 두 번째는 속죄제이고 세 번째는 화목제입니다. 그런데 번제물이 수송아지 하나와 수양 하나와 일 년 된 어린 수양 하나였습니다. 또 속죄 제물은 간단하게 숫염소 하나였습니다. 그리고 화목제물이 많은데 소 둘과 수양 다섯과 숫염소 다섯과 일 년 된 수양 다섯이었습니다. 속죄 제물보다 화목제물이 훨씬 더 많았습니다. 우리는 대개 번제는 기본 제사로 생각합니다. 즉 하나님 앞에 우리의 모든 죄를 다 태우는 것입니다. 특히 그 죄 안에 법적인 관계를 해결하는 것이 속죄제사로 본다면 감정적으로 화해하게 하는 것을 화목 제물로 봅니다. 이스라엘이 하나님 앞에 예배드리려면 무조건 번제가 있어야 했습니다. 그런데 법적으로 갈라진 관계를 회복하는 것이 속죄제사라면 사람은 법적으로만 해결되어졌다고 해서 감정적으로 회복되는 것이 아니기에 화목제가 필요했습니다. 예를 들면 부부가 이혼으로 갈라섰다가 다시 합쳤을 때 법적으로만 합쳤다고 해서 다 되는 것은 아닙니다. 그들의 마음속에 진심으로 용서가 있어야 하고 화해가 있어야 진정으로 하나가 될 수 있는 것입니다. 그래서 화목제물이 더 많았고 더 복잡했습니다. 결국 제사는 하나님 앞에서 우리의 감정까지 완전히 회복되는 것을 나타내는 것입니다.

그런데 이 제사는 모든 이스라엘 족장들에게 다 똑같았습니다. 열두 지파 족장들이 모두 다 똑같은 제사로 하나님께 다 드렸을 때 이스라엘은 하나님의 용광로를 담는 그릇이 될 수 있었습니다.

그래서 열 두 지파 족장이 하나님께 모든 예물과 제사를 다 바쳤을 때 은 쟁반이 열두 개이고 은 바리가 열두 개이고 금 숟가락이 열두 개가 되었는데 성경에는 무게까지 다 계산을 했습니다. 무게까지 다 똑같아야만 했습니다. 그리고 모두 다 똑같은 제사를 드렸습니다. 그때 성전 지성소의 하나님의 언약궤 위에 있는 두 그룹 날개 사이에서 하나님의 음성이 들렸습니다.

> **민수기 7장 8-9절**
> 모세가 회막에 들어가서 여호와께 말씀하려 할 때에 증거궤 위 속죄소 위의 두 그룹 사이에서 자기에게 말씀하시는 목소리를 들었으니 여호와께서 그에게 말씀하심이었더라

결국 이스라엘 백성들이 하나님 앞에서 정상적인 상태에 있을 때 하나님의 능력은 말씀으로 나타나게 됩니다. 바로 이 말씀이 하나님의 원자력인 것입니다. 하나님의 말씀이 우리에게 선포되고 있다는 것은 하나님의 영광이 우리에게 충만하게 임한다는 것입니다. 또한 이것은 하나님께서 우리의 모든 죄를 사하셨다는 의미도 됩니다. 무엇보다 이것은 우리에게 은혜위의 은혜와 축복 위의 축복을 내리고 계신 것으로 볼 수 있습니다.

제사를 드리고 예물을 바치는 이유는 모두 이 하나님의 말씀을 듣기 위해서였습니다.

등대의 불을 켜게 하심

하나님께서 성전의 제단을 기름으로 바르게 하신 후에 하신 것이 성전 안에 성소에 있는 등대에 불을 붙이게 하신 것입니다.

> **민수기 8장 1-2절**
> 여호와께서 또 모세에게 일러 가라사대 아론에게 고하여 이르라 등을 켤 때에는 일곱 등잔을 등대 앞으로 비취게 할찌니라 하시매

등대는 성전 안에 있는 유일한 빛이었습니다. 지성소에는 등이 없습니다. 성소에는 일곱 가지가 난 등대가 유일한 빛이었습니다. 그런데 이 등대는 만들 때 특이하게 만들어졌습니다. 하나님께서 이 등대는 살구꽃과 그 가지 모양으로 만들게 하신 것입니다. 그래서 등대의 가지는 살구꽃 가지 모양이었고 등잔은 살구꽃 모양으로 만들게 하셨습니다. 그리고 등대는 모두 금 한 덩어리로 쳐서 만들었는데 이음새가 없었습니다. 그 전체가 완전한 하나였습니다. 하나님께서 등대를 살구꽃 모양으로 만들게 하신 것은 살구꽃이 광야에서는 가장 먼저 피는 꽃이었기 때문입니다. 즉 추운 겨울이 가고 봄이 올 때 봄이 오는 소식을 가장 먼저 알리는 것이 살구꽃이었습니다. 이 꽃이 피면 새로운 계절이 오는 것입니다.

또한 성전의 등대는 새로운 성령의 시대가 도래하는 것을 알려주는 표시이기도 합니다. 우리 인간에게 가장 중요한 것은 성령의 시대가 오는 것입니다.

모세는 이 땅에 성령의 시대를 오게 했습니다. 모세의 지팡이로 인해 애굽은 초토화가 되고 하나님의 백성들은 모두 자유를 얻게 되었습니다. 이것이 바로 하나님의 용광로의 축복이었습니다. 이스라엘 백성들은 홍해 바다를 맨 땅처럼 건넜습니다. 위대한 사사들은 성령의 시대를 오게 했습니다. 다른 민족의 지배를 받고 산이나 들판에 도망을 쳐서 비참하게 살던 이스라엘 백성들에게 이 사사들은 성령의 능력

이 얼마나 강한지 보여주었습니다. 기드온은 불과 삼백 명으로 십오만 명의 미디안 적들을 쳐부수었습니다. 여사사 드보라는 맨손으로 시스라의 철병거 구백승을 다 쳐부수었습니다. 삼손은 맨 손으로 나귀 턱 뼈 하나만 가지고 블레셋 군대 천명을 때려죽였습니다.

그러나 사무엘 선지자는 이런 능력 없이도 말씀만 가지고 이스라엘 백성들의 침체된 마음을 일으켜 세워서 독립 국가가 되게 했습니다. 세례 요한은 하나님의 말씀이 없던 시대에 광야의 외치는 소리로 수만 명의 마음을 하나님께로 돌아오게 했습니다. 그리고 드디어 예수님이 오셔서 성령의 불덩어리가 우리 믿는 자 위에 부어지게 했습니다. 오순절에 임한 성령은 불이요 바람이었습니다. 그 맹렬한 불 앞에 모든 사탄의 세력들은 견디지 못하고 다 타버렸습니다.

등대는 하나의 금덩이를 쳐서 만들었기 때문에 이음새가 전혀 없었습니다. 이것은 등대의 기름이 절대로 중간에서 새거나 다른 이물질이 들어가지 못하도록 하기 위한 것입니다. 순수한 기름이 공급이 될 때 불은 폭발적으로 활활 타오르게 됩니다.

저는 헨델의 메시야를 자주 들으면서 이것은 확실히 성령의 기름부음으로 지은 곡이라는 것을 생각하게 됩니다. 헨델이 무려 53곡을 22일 동안 침식을 잊으면서 작곡을 했다는데 성령의 기름부음이 없이는 이런 불후의 명작이 만들어지는 것이 불가능하기 때문입니다.

오늘 우리에게도 이 성령의 불이 임해야 합니다. 이 불은 모든 무지와 미신과 사탄의 세력을 다 태워버립니다.

하나님께서는 이 불을 위하여 레위인들을 철저하게 정결케 하셨습니다.

민수기 8장 6-7절

이스라엘 자손 중에서 레위인을 취하여 정결케 하라. 너는 이같이 하여 그들을 정결케 하되 곧 속죄의 물로 그들에게 뿌리고 그들로 그 전신을 삭도로 밀게 하고 그 의복을 빨게 하여 몸을 정결케 하고

레위인들을 정결케 하는 방법은 속죄의 물로 뿌리는 것이었습니다. 속죄의 물이라고 하는 것은 부정한 자를 정결케 하는 물이 있었습니다. 죄를 지은 사람이 돌아오면 우슬초로 그 물을 찍어서 뿌렸습니다. 그것을 레위인들에게 먼저 뿌리게 하고 그 다음에 몸에 있는 모든 털을 다 밀고 옷까지도 깨끗이 빨도록 했습니다. 물론 이렇게 한다고 해서 마음이 깨끗해질 수 있는 것은 아니지만 하나님 앞에서 새 마음을 가지는 결심을 하는 것입니다.

머리털이나 몸에 있는 털을 다 미는 것은 새로 시작하는 의미가 있습니다. 속죄의 물을 뿌리는 것도 안전히 하나님의 죄 사함의 은총에 온 몸을 적시는 것입니다. 그리고 나서는 옷 까지도 새 옷을 입었습니다. 구약 시대에는 옷은 행실을 의미했습니다. 즉 이제는 다시 깨끗한 새로운 삶을 시작하겠다는 뜻이었습니다. 이스라엘의 열두 족장이 하나님의 원자탄을 싸는 껍질이라면 레위인과 성전 등대는 그 뇌관이었습니다. 더 중요한 것은 뇌관이었습니다.

그러면서 하나님은 레위인이 내 것이라는 것을 자꾸 강조를 하십니다.

민수기 8장 16절

그들은 이스라엘 자손 중에서 내게 온전히 드린바 된 자라 이스라엘 자손 중 일절 초태생 곧 모든 처음 난 자의 대신으로 내가 그들을 취하였나니

애굽인들의 장자가 죽을 때 하나님은 이스라엘의 장자를 다 살리셨습니다. 그리고 이스라엘 중에서 레위인을 또 장자로 택하셨습니다. 이렇게 한 이유는 하나님께서 장자만 온전하면 다른 사람들은 다 용납하시겠다는 대표의 원리를 보여주시는 것입니다. 어떻게 보면 다른 사람들은 불만일지도 모르겠습니다. 둘째나 셋째나 넷째 아들은 아들이 아닙니까? 왜 하나님은 자꾸 장자만 상대를 하시는 것일까요? 제가 어렸을 때 아버지는 장자만 상대를 하셨습니다. 저는 넷째 아들인데 그것이 늘 불만이었습니다. 왜 아버지는 나는 상대를 하시지 않으시는 것일까? 그런데 나중에 보니까 이것이 하나님의 원리였습니다. 하나님은 예수님 한분이 온전하셨을 때 우리를 모두 다 오케이 하셨습니다. 그리고 오늘 이 세상이 아무리 엉망진창이라 하더라도 예수 믿는 사람들이 장자들이기 때문에 믿는 자들만 정신을 차리고 바로 믿고 살면 우리나라는 오케이입니다. 우리는 이 나라를 바로 잡을 힘이 없습니다. 또 구석구석이 썩어 있어서 우리 힘으로 이 사회를 제대로 정화한다는 것은 어느 누구의 힘으로도 불가능한 것입니다. 그런데 우리가 바른 신앙을 가지면 우리나라는 사는 것입니다. 또 우리 자신도 마찬가지입니다. 우리의 생활 중에 부정하고 더럽고 온전치 못한 부분들이 많이 있습니다. 그러나 우리가 예배 때 하나님 앞에 정직으로 온 몸의 털을 밀고 다시 시작하면 하나님은 우리 생활 전체를 다 오케이로 받으시는 것입니다.

그래서 레위인들이 새 마음으로 무장되고 등대의 불을 밝히면 이미 성령의 시대는 오고 있는 것입니다.

유월절을 지킴

이스라엘 백성들이 애굽땅을 하나님의 은혜로 나왔기 때문에 유월절은 그들에게 더 이상 의미가 없고 끝난 것으로 생각했습니다. 그런데 하나님께서는 애굽에서 나온 지 일 년이 되었을 때 광야에서 유월절을 지키게 하셨습니다.

> **민수기 9장 1-3절**
> 애굽 땅에서 나온 다음 해 정월에 여호와께서 시내 광야에서 모세에게 일러 가라사대 이스라엘 자손으로 유월절을 그 정기에 지키게 하라. 그 정기 곧 이달 십사일 해질 때에 너희는 그것을 지키되 그 모든 율례와 그 모든 규례대로 지킬찌니라

왜 하나님께서는 이미 애굽을 나온 이스라엘 백성들에게 유월절을 지키게 하셨을까요? 바로 이 유월절이 하나님의 은혜의 화약고이기 때문입니다.

원자탄이 터지려면 우라늄이 분해가 되어야 합니다. 그 바로 우라늄에 해당되는 것이 바로 이 유월절이었습니다. 하나님의 은혜는 어디에서부터 시작이 됩니까? 바로 어린양의 피에서부터 시작이 되었습니다. 이스라엘 백성들이 모든 죄에서 탈출할 수 있었던 것은 바로 이 어린양의 피가 있었기 때문입니다. 그러나 이스라엘 백성들이 애굽에서는 탈출했지만 진정한 애굽은 이스라엘 백성들의 마음속에 남아 있었습니다. 그래서 이스라엘 백성들은 조금만 힘이 들기만 하면 애굽으로 돌아가겠다고 소리를 지르면서 모세 대신 다른 지도자를 세우자

고 했습니다. 사실 애굽을 떠난 첫 세대가 가나안 땅에 들어가지 못하고 광야에서 다 죽었던 이유는 마음속에 있는 이 애굽을 떠나지 못했기 때문입니다.

결국 우리 인간은 아무리 하나님의 은혜를 많이 받아도 마음속에 애굽을 향한 옛 탐욕과 죄가 있기 때문에 자기도 모르게 또 애굽으로 돌아가는 것입니다. 결국 예수님이 오실 때까지 이스라엘 백성들은 매년 유월절을 통해서 계속 애굽을 떠나야만 했습니다. 죄와 욕심을 버리고 더러운 생활을 청산해야만 했습니다.

그런데 놀라운 것은 이스라엘 백성들이 아무리 침체되어 있고 아무리 절망해 있어도 출애굽의 정신으로 돌아가기만 하면 언제나 능력이 임하고 부흥이 임했습니다. 참으로 놀라운 것이 바로 이것이었습니다. 이스라엘의 위대한 선지자들이 말한 것은 출애굽의 정신으로 돌아가자는 것이었습니다. 특히 이스라엘 백성들이 출애굽의 정신으로 돌아갈 때에는 감동을 받아서 울면서 기도할 수 있었고 능력이 임했던 것입니다. 그리고 그 출애굽의 정신의 핵심은 유월절이었습니다. 마치 우리가 정신이 해이해지고 침체되었을 때 다른 것은 다 제쳐놓고 오직 복음과 말씀으로 돌아가면 부흥이 일어나는 것과 같습니다. 그리고 그 복음의 핵심에 예수님의 겟세마네의 기도와 갈보리 언덕의 십자가가 있는 것입니다.

히스기야 때 히스기야가 모든 우상을 다 부수고 바른 예배를 회복하고 말씀을 회복했을 때 큰 부흥이 일어났습니다. 그때 몇 백 년 동안 하지 않고 있었던 유월절 의식을 행합니다. 그때 이스라엘 백성들은 진정으로 부흥의 능력을 체험할 수 있었습니다.

그래서 출애굽의 정신과 유월절은 이스라엘 백성들의 신앙의 뿌리요 핵심이었습니다. 이스라엘 백성들이 이 정신을 잃었을 때 그들은 부패하고 있는 것이었으며 하나님의 능력은 다 빼앗기고 있는 것이었습니다. 그러나 아무리 절망적인 상황이라 하더라도 출애굽으로 돌아가고 유월절로 돌아가면 다시 은혜가 회복이 되었습니다.

유월절 어린양이 무엇입니까? 우리는 다 죄인이어서 죽어야 하는데 어린양의 피 때문에 구원을 얻은 것입니다. 어린 양이 나를 대신해서 죽은 것입니다. 모든 짐승의 새끼가 다 귀엽고 예쁘지만 어린양은 정말 착하고 귀엽습니다. 죽어야 할 이유가 전혀 없는 것입니다. 그런데 이 죄 많은 인간들을 위해서 흠도 없고 티도 없는 어린양이 죽은 것입니다. 그러면 그 때 나도 어린양과 같이 죽은 것입니다. 죽은 사람이 무엇을 하겠습니까? 이미 죽은 사람이 돈을 가지면 얼마나 많이 가지며 의욕이 있으면 얼마나 의욕이 있겠습니까? 그러기에 우리는 죽으면 살아나게 되어 있습니다. 그것도 가장 깨끗하고 아름답고 능력 있게 살아나게 됩니다. 그래서 사도 바울은 이렇게 말을 했습니다.

갈라디아서 3장 20절
'내가 그리스도와 함께 십자가에 못박혔나니 그런즉 이제는 내가 사는 것이 아니요 오직 내 안에 그리스도께서 사시는 것이라'

하나님은 우리와 예수님을 바꾸셨습니다. 우리가 죽어야 할 자리에 예수님이 우리를 대신해서 십자가에서 죽으셨습니다. 이제 우리는 주님의 은혜로 사는 것입니다.

또한 이때 하나님의 구름이 나타났습니다.

민수기 9장 15-16절

성막을 세운 날에 구름이 성막 곧 증거막을 덮었고 저녁이 되면 성막 위에 불 모양 같은 것이 나타나서 아침까지 이르렀으되 항상 그러하여 낮에는 구름이 그것을 덮었고 밤이면 불 모양이 있었는데

이스라엘 백성들이 하나님 앞에서 모든 준비를 마쳤을 때 그들에게 나타난 것은 하나님의 용광로가 아니었습니다. 하나님의 불은 이미 말씀으로 그들의 마음속에 들어와 있었습니다. 이제는 그들을 인도하는 것은 구름 기둥과 불기둥이었습니다. 이 구름이 낮에는 구름의 모양이어서 아마 그늘까지 되어졌던 것 같습니다. 그리고 그 많은 사람들이 나아갈 수 있는 방향을 분명하게 지시해주셨습니다. 그리고 밤에는 불기둥이 되어서 이스라엘 백성들이 있는 곳은 환하게 비쳐주었고 또 밤에도 길을 갈 수 있도록 방향을 빛으로 지시해주었습니다. 이제 이스라엘 백성들은 길을 조사하거나 길을 알아볼 필요가 없었습니다. 왜냐하면 전능하신 하나님께서 길을 인도하시기 때문입니다.

그러기에 우리는 우리의 미래에 대하여 모든 것을 다 확인하거나 알려고 할 필요가 없습니다. 우리는 하나님의 불기둥과 구름 기둥만 확인하고 그 인도하심을 따라서 끝까지 가기만 하면 되는 것입니다. 우리는 초조해하거나 조급해 할 필요가 없습니다. 왜냐하면 우리는 길을 찾았기 때문입니다.

이스라엘 백성들은 구름 기둥과 불기둥을 따라 움직였습니다. 구름이 성막에 내려와 앉아 있으면 꼼짝도 하지 않고 있었습니다. 아무리 구름이 오래 있어도 구름이 움직이지 않으면 이스라엘 백성들도 움직이지 않았습니다. 그러나 구름이 올라가면 그들은 장막을 걷고 성막

을 걸어서 또 새로운 미래를 향하여 출발을 했습니다.

> **민수기 9장 22-23절**
> 이틀이든지 한 달이든지 일 년이든지 구름이 성막 위에 머물러 있을 동안에는 이스라엘 자손이 유진하고 진행치 아니하다가 떠오르면 진행하였으니 곧 그들이 여호와의 명을 좇아 진을 치며 여호와의 명을 좇아 진행하고 또 모세로 전하신 여호와의 명을 따라 여호와의 직임을 지켰더라

이스라엘은 광야를 지리적으로 돌아다니는 사람들이 아니고 미래를 향하여 행진하는 사람들입니다. 즉 시간의 광야를 여행하고 있는 사람들인 것입니다. 이스라엘이 지리적으로 방황하지 않은 것은 하나님의 엄청난 은혜입니다. 이스라엘은 언제나 새로운 미래를 향하여 가야 합니다. 그들 앞에 어떤 미래가 기다리고 있으며 어떤 도전이 기다리고 있는지 알지 못합니다. 그러나 이스라엘은 하나님의 구름 기둥과 불기둥의 인도를 받으면 어떤 시련이나 어떤 도전도 다 이기고 가나안 땅을 정복할 수 있었습니다.

우리에게도 분명한 하나님의 말씀이 있습니다. 하나님의 말씀이 선포되고 있는 동안 우리는 배에 엔진을 달고 미래를 향하여 나아갈 수 있습니다. 그러나 우리는 세밀한 것에 대해서는 성경에서 직접적인 지시를 받지 못할 때가 많이 있습니다. 그러나 그때에는 또 하나님께서 세밀한 음성을 통해서 우리에게 모든 지혜를 주십니다. 예를 들면 누군가가 밤에 만나자고 조르는데 이유는 모르겠지만 만나서는 안 될 것 같은 생각이 드는 것입니다. 혹은 어떤 직장에 원서를 내고 싶은 마음이 들 때도 있고 어떤 때에는 우연한 기회에 의해서 전혀 새로운 길

이 열릴 때가 있습니다. 이 모든 것은 우연이 아니고 성령의 구름 기둥이고 불기둥인 것입니다. 물론 이런 영감들이 정확하지 않을 때도 있지만 계속 하나님의 말씀을 듣는 사람에게는 상당히 구체적으로 하나님의 뜻을 알 수 있는 기회가 되는 것입니다.

우리 안에는 원자 폭탄보다 더 큰 능력을 지니신 하나님이 계십니다. 우리가 오직 그분의 능력만 의지하면 우리 가족을 살리고 큰 축복의 부흥을 일으킬 수 있습니다.

08 _ 민 10:1-36

나팔 소리

옛날 군인들이 전쟁할 때는 나팔이 아주 중요했습니다. 군인들은 갑자기 다른 군대의 습격을 받을 때도 있고 또 자신들이 다른 군대를 공격해야 할 때도 있습니다. 이때 모든 것을 나팔 소리를 듣고 결정을 하게 됩니다. 예를 들면 적이 습격을 했을 때 급하게 나팔 소리를 울리면 병사들은 모든 하던 일을 중단하고 자신들의 위치로 가서 싸워야 합니다. 그리고 진격을 할 때에도 진격을 할 것인지 말 것인지 우물쭈물하고 하고 있으면 전쟁은 실패하게 됩니다. 분명하게 공격나팔이 울려 퍼지면 그때에는 일제히 소리를 지르면서 공격을 해야 이길 수 있습니다. 그러나 때로는 공격만이 최선은 아닐 때가 있습니다. 예를 들면 작전상 후퇴를 해야 할 때도 있습니다. 그때는 퇴각하는 나팔을 불어야 하고 그 소리를 듣고 군인들은 후퇴를 해야 그 다음 작전을 쓸 수가 있는 것입니다.

민수기는 하나님의 신병 훈련소 일지와 같은 것입니다. 즉 지금까지 애굽의 노예로 있던 이스라엘 백성들이 하나님 나라의 백성이 되어서 하나님의 군대로 훈련을 받고 있는 내용인 것입니다. 그런데 이스라엘 백성들의 본격적인 훈련은 하나님의 나팔 소리를 듣고 움직이는 훈련을 하는 것에서부터 시작이 됩니다.

우리가 살고 있는 사회는 마치 온실안과 같이 보호가 되어 있는 사회입니다. 온실 안은 언제나 따뜻하고 언제나 바람을 막아주는 비닐이나 유리가 있기 때문에 언제든지 싹을 낼 수 있고 꽃을 피울 수 있습니다. 그러나 온실이 아닌 자연은 언제 어떤 일이 일어날지 모르는 대단히 불안하고 두려운 세상입니다. 이스라엘 백성들이 하나님의 백성의 훈련을 받은 곳은 온실과 같은 가나안 땅이 아니었습니다. 이스라엘 백성들이 훈련을 받았던 곳은 그야말로 전갈과 방울뱀이 득실거리고 밤낮의 기온의 차이가 이십 도, 삼십 도가 넘는 최악의 광야였습니다. 하나님은 이런 상황 가운데서 이스라엘 백성들이 하나님의 나팔 소리를 듣고 모이고 행진하는 훈련을 받게 하셨습니다.

사실 오늘 대부분의 사람들이 생각하는 성공의 개념은 온실 안의 성공입니다. 즉 이미 모든 것이 다 갖추어진 사회에서 시험이나 학벌을 통해서 인정을 받는 식의 성공으로서 이것은 온실안의 성공입니다. 머리만 좋고 돈의 뒷받침이 있으면 얼마든지 성공할 수 있는 길입니다. 그러나 하나님께서는 하나님의 백성들이 온실 밖에서 훈련받아서 가나안으로 들어가기를 원하십니다. 즉 광야에서 하나님의 나팔 소리로 훈련받은 후에 가나안으로 들어가서 성공하는 방식을 하나님은 원하십니다. 광야에서 철저히 훈련을 받은 사람은 가나안 땅이 아니라 어디로 가든지 성공을 하게 되어 있습니다.

오늘 우리들은 너무 빨리 이 사회에서 성공을 하려고 대단히 조급

해 하고 있습니다. 이것은 그야말로 I.Q의 싸움이고 기억력의 싸움이지 진정한 성공이 아닌 것입니다.

토인비의 '역사 연구'라는 책을 읽어보면 이 세상에서 진정한 리더가 되기 위해서는 이 세상에서 한번 도태가 되어서 광야 생활을 해 봐야 한다고 주장을 하고 있습니다. 그 예로 모세가 미디안 광야에서 사십년간 방랑자 생활을 한 것을 예로 들고 있습니다. 그리고 예수님께서도 삼십 세가 될 때까지 예루살렘이 아닌 변두리 갈릴리에서 이름 없는 목수로 지낸 것을 예를 들고 있습니다. 바울 같은 사람도 다메섹으로 가다가 예수님을 만난 후 무려 십삼 년 동안이나 자기 집인 다소로 가서 이름도 없이 묻혀 있다가 안디옥 교회에 부름을 받아서 말씀 봉사를 하면서 위대한 선교사로 쓰여지게 됩니다.

오늘날 많은 젊은 크리스천들도 그야말로 광야와 같은 상태에서 지금 자신의 첫 삶을 시작해야 합니다. 미래에 대하여 보장된 것은 아무것도 없고 어디로 가야 할지 모르는 가운데 하나님의 말씀만 듣고 방향을 결정하고 나아가야 하는 것입니다. 이것이 위대한 하나님의 백성이 되기 위해서 진짜 훈련을 받는 것입니다.

하나님은 길을 아신다

이스라엘 백성들이 하나님의 훈련을 받았던 광야는 길이 없는 곳이었습니다. 거기에는 우물도 하나도 없고 가게도 하나도 없고 식당이나 시장이나 호텔은 상상할 수도 없는 그야말로 불모의 땅이었습니다. 하나님께서는 이스라엘 백성들이 그런 극한적인 상황에서 훈련을 받도록 하셨습니다. 이 모든 훈련을 통해 하나님은 우리에게 중요한 메시지를 전해주고 있습니다. 즉 '하나님은 우리 생명을 책임지시며 하나님은 우리의 나아갈 길을 다 알고 계신다' 는 것이었습니다. 만약 하나님께서 이스라엘 백성들의 나아갈 길을 모르시거나 혹은 이스라엘 백성들의 생명을 책임질 수 없었다면 훈련 자체가 불가능한 것입니다. 즉 민수기라는 것 자체가 성립이 될 수 없는 것입니다. 그러나 하나님은 이스라엘 백성들을 위한 분명한 목표를 가지고 계셨고 나아갈 길을 알고 계셨습니다.

이스라엘 백성들이 훈련을 받으면서 가장 힘들었던 것이 바로 하나님을 신뢰하는 것이었습니다. 당시 이스라엘 백성들이 현실적인 상황만 보면 꼭 하나님께서 자기들을 광야로 데리고 오셔서 굶겨서 죽이려고 하는 것 같았고 모세야말로 미친 사람같이 보였습니다. 이스라엘 백성들이 하나님의 지시를 받고 첫 이동하자 말자 터져 나왔던 것이 바로 이 부분에 대한 불신이었습니다. 즉 '하나님은 우리를 이 광야에서 죽이실 것이라' 는 것이었습니다.

그러나 하나님은 그들을 광야에서 죽이려고 애굽에서 구출한 것이 결코 아닙니다. 하나님은 이스라엘 백성들을 훈련시켜 영적인 거인을 만들어 이 땅에 하나님의 나라를 세우는 거룩한 용사로 만드시기 위해서 그들을 광야로 데려와 훈련시키는 것입니다.

하나님께서는 모세에게 은 나팔 두개를 만들라고 하셨습니다.

민수기 10장 1-2절
여호와께서 모세에게 일러 가라사대 은나팔 둘을 만들되 쳐서 만들어서 그것으로 회중을 소집하며 진을 진행케 할 것이라 여기서 하나님께서 그 백성을 인도하시는 두 가지 방법을 보게 됩니다.

하나는 구름 기둥과 불기둥으로 인도하시는 방법입니다. 구름 기둥과 불기둥으로 인도하는 것은 이스라엘 백성들을 전체적으로 인도하시는 것입니다. 즉 구름 기둥과 불기둥은 이스라엘 백성들이 전체적으로 나아갈 방향을 가르쳐 주었습니다. 그리고 구름이 성막 위에서 올라가느냐 가지 않느냐에 따라서 이스라엘 백성들이 머물러야 할지 아니면 이동을 해야 할지를 알려주었습니다. 이것은 마치 군대에서 기상나팔이나 취침나팔과 같은 것입니다.

지금 이스라엘 백성들은 하나님의 보호를 받고 있으며 정상적인 상태에서 모든 것이 이루어지고 있다는 것을 알려주는 것입니다. 그러나 군대라고 하는 것은 기상나팔과 취침나팔만 가지고 일이 되지 않습니다. 군인들은 집합을 해야 하고 그 다음에 부대마다 이동을 해야 하고 결정적인 순간에는 공격이나 방어를 해야 하는 것입니다. 그래서 하나님께서는 나팔을 준비하게 하셨습니다. 이 나팔은 이스라엘 백성들이 구체적으로 해야 할 일을 지시하는 나팔이었습니다. 그런데 주로 이 나팔이 사용되는 경우는 소집과 이동이었습니다.

오늘 본문에도 '그것으로 회중을 소집하며 진을 진행케 할 것이라'고 했습니다. 그러나 지금 이스라엘 백성들이 원하는 것은 소집을 하거나 진행을 하는 것이 아니었습니다. 이스라엘 백성들이 관심을 가지는 것은 그들이 언제 가나안 땅에 들어가며 언제 안정된 생활을 할 수 있느냐 하는 것이었습니다. 하지만 하나님께서는 그런 것에 대해서는 전혀 말씀을 하시지 아니하시고 오직 나팔 소리를 듣고 모이라고 하면 모이고 움직이라고 하면 움직이라고 하시는 것입니다.

사실 우리가 살고 있는 이 사회는 보물 천지나 마찬가지입니다. 사람이 잘만 노력하면 돈도 많이 벌 수 있고 공부도 잘 해서 성공할 수 있고 또 출세도 할 수 있는 그런 기회가 너무나도 많이 있습니다. 사람들이 못살고 가난하게 지내는 것은 그런 기회를 제대로 잡을 수 없었기 때문에 못사는 것입니다. 우리가 살고 있는 이 사회는 그야말로 보물 덩어리입니다. 어떤 사람은 부동산 투기를 해서 돈을 많이 버는 사람도 있고 어떤 사람은 옷 장사를 잘해서 돈을 버는 사람도 있고 어떤 사람은 생각지도 못했던 아이템을 개발해서 벼락부자가 되는 사람도 있습니다.

그런데 하나님께서는 이스라엘에게 그런 지혜나 훈련은 하나도 시켜주시지 아니하시고 오직 나팔 소리를 듣고 '오라' 고 하면 모이고 '가라' 고 하면 짐을 챙겨서 이사를 하는 훈련을 하게 하신 것입니다. 아직 '전쟁' 하는 나팔 소리는 가르쳐 주시지도 아니하셨습니다. 전쟁하는 나팔 소리를 가나안 땅에 들어가서나 가르쳐 주시겠다고 말씀하셨습니다.

왜 하나님께서는 우리를 이런 식으로 훈련을 시키실까요? 그것은 이 세상에 있는 것이 진짜 보물이 아니기 때문입니다. 진짜 보물은 전부 하나님의 말씀을 듣는데 있고 우리 자신이 그 말씀으로 변화되는데 있는 것입니다.

그래서 하나님께서는 세상의 모든 좋은 것을 다 떼어버리게 하시고 아무 것도 없는 광야에서 오직 하나님의 나팔 소리만 듣고 움직이는 훈련을 하게 하신 것입니다.

하나님께서는 이스라엘 백성들에게 나팔 소리를 분별하는 요령을 가르쳐 주셨습니다.

민수기 10장 3-5절

두 나팔을 불 때에는 온 회중이 회막 문 앞에 모여서 네게로 나아올 것이요, 하나만 불 때에는 이스라엘 천부장 된 족장들이 모여서 네게로 나아올 것이며, 너희가 그것을 울려 불 때에는 동편 진들이 진행할 것이고

이스라엘 백성들에게 중요한 것은 나팔소리를 잘 분별하는 것이었습니다. 일단 먼저 나팔이 하나가 부는지 두개가 부는지를 구별을 해야 했습니다. 왜냐하면 하나를 부느냐 두개를 부느냐에 따라서 성막 앞에 나아갈 대상이 달랐기 때문입니다.

나팔 두개를 불면 온 이스라엘이 하나님의 회막 앞에 다 모였습니다. 이것은 큰 집회가 되는 것입니다. 온 이스라엘 백성들이 하나님의 말씀을 듣는 시간이었습니다. 그 대신에 나팔이 한개만 불면 천부장 이상의 족장들만 성막에 모여야 했습니다.

하나님의 백성들에게 가장 중요한 것은 하나님 앞에 모이는 것이었습니다. 그것은 이스라엘 백성들의 가장 중요한 보물이 하나님의 말씀을 듣는 것이었기 때문입니다.

그리고 또 하나는 나팔 하나를 울려 불면 순서에 따라서 진이 이동을 해야 하는 것이었습니다.

민수기 10장 5-6절

너희가 그것을 울려 불 때에는 동편 진들이 진행할 것이고, 제 이차로 울려 불 때에는 남편 진들이 진행할 것이라. 무릇 진행하려 할 때에는 나팔소리를 울려 불 것이며

여기서 '나팔을 울려 분다' 는 말이 무슨 뜻인지 분명치가 않습니다. 어떤 학자는 날카로운 소리라고 하고 어떤 학자는 길게 부는 것이

라고 해석을 합니다. 우리 번역은 '길게 분다' 는 뜻으로 해석을 해서 '울려 분다' 고 번역을 했습니다. 이때 나팔은 하나로 쳐서 만들었기 때문에 많은 음을 낼 수가 없었습니다. 요즘 나팔 같으면 한개만 가지고도 온갖 소리를 다 낼 수 있지만 옛날 나팔은 '짧게' 혹은 '길게' 정도 밖에 소리를 내지 못했을 것입니다.

그래서 제사장이 나팔을 일단 한 개를 가지고 길게 울려 불면 움직여야 하는 시간이었습니다.

민수기 10장 7절
또 회중을 모을 때에도 나팔을 불 것이나 소리를 울려 불지 말 것이며

여기서 이스라엘 백성들의 기본적인 행동 지침을 보게 됩니다. 하나는 하나님 앞으로 모이는 구조이고 다른 하나는 세상을 향하여 가는 구조입니다.

하나님의 가장 기본적인 훈련은 하나님의 백성들이 나팔 소리를 듣고 하나님 앞에 모이는 것과 또 나팔 소리를 듣고 세상을 향하여 가는 것이었습니다. 모일 때도 자기 마음대로 모이는 것이 아니라 나팔 소리를 듣고 모든 백성이 다 모이는 것입니다. 또 세상으로 갈 때에도 아무렇게나 가고 싶다고 해서 가는 것이 아니라 나팔 소리를 듣고 동쪽부터 시작해서 남쪽 서쪽 북쪽 이런 식으로 나팔을 불 때 이동을 해야 했습니다. 결국 이스라엘의 기본적인 생활은 무조건 하나님 앞에 죽치고 있는 것도 아니고 세상에서 돌아다니기만 하는 것도 아니었습니다.

우리도 역시 하나님 앞에 나아오는 것과 세상으로 가는 것을 적절하게 훈련을 받아야만 하는 것입니다. 세상 사람들이 하는 것은 한 가

지만 합니다. 즉 오직 세상만 파고드는 것입니다. 그러니까 세상에서 성공할 가능성이 훨씬 많은 것처럼 보입니다. 그러나 그 성공은 세상 안에서의 성공이지 하나님의 성공은 아닌 것입니다. 하나님 안에서의 성공은 우리가 하나님 앞에서 변화된 모습을 가지고 하나님의 은혜를 가지고 세상으로 들어가는 것입니다.

우리가 하나님의 은혜를 받고 변화된 모습으로 세상 속으로 들어갈 때 세상 사람들과는 완전히 다른 차원에서 문제를 보게 됩니다. 세상 사람들은 이 세상에서 많은 부와 높은 지위를 차지하려고 노력하지만 하나님의 백성들은 어떻게 해야 모든 것이 아름다울 수 있으며 어떻게 해야 여기에 하나님의 축복이 임하여 모든 사람들이 하나님의 복을 받을 수 있는지를 생각하게 됩니다.

무엇보다 하나님께서는 이 나팔을 아무나 불지 못하게 했습니다. 오직 제사장만이 불게 하셨습니다.

민수기 10장 8절
그 나팔은 아론의 자손인 제사장들이 불찌니 이는 너희 대대에 영원한 율례니라

나팔은 아무나 불고 싶다고 해서 불 수 있는 것이 아닙니다. 이 나팔은 오직 하나님 앞에 헌신된 제사장만이 불 수 있었습니다.

교회 안에서 말씀을 증거하고 심지어 광고를 하는 것도 나팔을 부는 것입니다. 이 나팔을 아무나 자기 편리를 위해서 불게 해서는 안 됩니다.

민수기 10장 9절
또 너희 땅에서 너희가 자기를 압박하는 대적을 치러 나갈 때에는 나팔을 울려 불찌니 그리하면 너희 하나님 여호와가 너희를 기억하고 너희를 너희 대적에게

서 구원하리라

하나님께서는 이스라엘이 전쟁을 위해 적과 싸우러 나갈 때 나팔을 길게 불면 그들을 구원해 주시겠다고 약속해 주셨습니다. 또한 우리가 세상으로 나가는 것도 바로 영적인 전쟁을 하러가는 것입니다.

우리가 하는 세상 모든 일에는 눈에 보이지 않는 사탄과의 신경전이 있습니다. 그때 우리는 나팔을 불어야 합니다. 왜냐하면 나팔을 불면 하나님께서 우리를 기억하시겠다고 하셨기 때문입니다. 즉 이때 우리는 하나님께서 나와 함께 하시며 나를 사용해 달라고 담대하게 기도를 해야 하는 것입니다.

여기 재미있는 것은 제사를 드릴 때에도 제물 위에 나팔을 불게 했습니다.

민수기 10장 10절
또 너희 희락의 날과 너희 정한 절기와 월삭에는 번제물의 위에와 화목제물의 위에 나팔을 불라. 그로 말미암아 너희 하나님이 너희를 기억하리라 나는 너희 하나님 여호와니라

우리가 상식적으로 생각할 때 이미 죽은 제물 위에 나팔을 분다고 해서 제물들이 살아서 일어나지 않을 것입니다. 그러나 하나님은 제물 위에 나팔을 불라고 하셨습니다. 이것은 '제물들에게 정신 차리라'는 뜻이 아닙니다.

이것은 이스라엘 백성들을 정신 차리게 하는 나팔인 것입니다. 사람은 제사를 반복해서 드리다 보면 자꾸 타성에 젖게 되어서 나중에는 제사를 드리면서도 멍청하게 엉뚱한 생각을 하고 기도 시간이나 설교

시간에도 잡념에 빠지기 쉽습니다. 이때 찬송이나 하나님의 말씀 가운데서 나팔 소리가 들려야 합니다. 즉 잡념에 빠져 있고 엉뚱한 생각에 빠져 있는 나를 깨우는 나팔 소리가 있어야 하는 것입니다. 이것은 바로 하나님께서 나를 기억하시는 순간인 것입니다.

모세가 시내산에 하나님의 말씀을 받기 위해서 올라갔을 때 이스라엘 백성들은 하나님의 말씀만 들은 것이 아니라 나팔 소리도 함께 듣게 되었습니다. 이 나팔 소리는 잠든 영혼을 깨우고 병든 양심을 깨우는 아주 날카로운 소리인 것입니다.

헨델의 메시야를 들어보면 몇몇 곡에서 날카로운 트럼펫 소리와 팀파니 소리가 납니다. 44번 할렐루야와 53번 죽임 당하신 어린양에서는 트럼펫과 팀파니가 없으면 연주가 되지 않을 것입니다. 그리고 48번 남자 베이스의 '나팔 소리가 날 때'는 그야말로 베이스도 나팔 소리이고 반주로 나오는 나팔도 아주 크고 날카로운 소리인데 그야말로 잠자는 자들을 다 깨우는 웅장한 소리인 것입니다.

우리는 예배를 드리면서 한번씩 이 나팔 소리를 들을 수 있어야 합니다. 찬양을 부르거나 기도를 하거나 특히 설교 말씀을 들으면서 갑자기 자고 있던 내 영혼을 완전히 흔들어 깨우는 나팔 소리를 들어야 하는 것입니다.

이스라엘 백성들의 훈련 시작

하나님께서는 이스라엘 백성들에게 이동하는 요령을 가르쳐 주신 후에 실제로 이동을 하게 하셨습니다.

민수기 10장 11-12절

제 이년 이월 이십일에 구름이 증거막에서 떠오르매 이스라엘 자손이 시내 광야에서 출발하여 자기 길을 행하더니 바란 광야에 구름이 머무니라

이제 이스라엘 백성들이 드디어 하나님께서 가르쳐 주신 방법대로 이동을 해보았습니다. 그 거리는 시내 산 광야에서 바란 광야까지인데 약 45마일 정도, 가나안 땅에 상당히 가까운 지점까지 이동을 하게 되었습니다.

여기서 이스라엘 백성들은 정식으로 하나님께서 명하신 방법대로 다 해보게 되었습니다. 이스라엘 백성들이 전체적으로 이동하는 표시는 구름이었습니다. 그러니까 이스라엘 백성들은 언제나 구름을 쳐다보아야 하는 것입니다. 구름이 올라가면 누가 뭐라고 말하지 않아도 이스라엘 백성들은 다 이동을 준비해야 했습니다. 즉 개인 장막을 걷고 빨래를 걷고 짐들을 묶어서 이동할 준비를 해야 했습니다. 그리고 기다리고 있으면 나팔 한 개가 울리는데 첫 번째 울리면 동쪽의 유다 지파가 먼저 움직이고 그리고 바로 성막을 해체해서 게르손과 므라리 자손이 천막과 널빤지를 거두어서 이동을 했습니다. 두 번째 나팔이 울리면 남쪽의 세 지파가 움직이고 그 뒤에 고핫 자손이 하나님의 궤를 짊어지고 이동을 했습니다. 그 뒤에 서쪽과 북쪽 지파도 이동을 했습니다.

여기서 우리가 알아야 할 것이 하나 있습니다. 이스라엘 백성들이 이사를 하는데 가장 중요한 재산이 무엇이냐 하는 것입니다. 아마도 집에서 이사를 할 때 가장 중요한 패물이나 귀중품들은 따로 보자기 같은데 싸서 소중하게 가지고 이동을 할 것입니다. 광야는 정말 아

무 것도 없는 곳입니다. 그런데 도대체 무엇 때문에 이스라엘 백성들은 이 광야에서 무려 사십년 동안이나 돌아다녔어야만 했는가 하는 것입니다.

그것은 물론 이스라엘 백성들이 하나님을 믿지 않고 가데스 바네아에서 하나님을 원망하고 불평했기 때문에 그 벌로 하나님께서 사십년 동안 돌리신 것도 있습니다. 그러나 더 중요한 것은 이스라엘 백성들이 자신들이 가지고 있는 보물의 가치를 몰랐기 때문입니다. 이 가치를 깨닫는데 무려 사십년의 시간이 필요했습니다. 그 보물이 무엇입니까? 하나님의 말씀과 자기 자신들이었습니다.

이스라엘 백성들은 하나님의 보물을 담고 있는 그릇이었습니다. 이 그릇 안에는 원자폭탄보다 더 강한 하나님의 능력이 들어있습니다. 그런데 이스라엘 백성들이 그 가치를 모르고 자꾸 애굽이나 가나안 땅에서 잘 사는 것만 집착을 했기 때문에 하나님께서는 이스라엘 백성들을 계속 광야에서 돌리신 것입니다. 무엇보다 우리 안에 있는 하나님의 말씀이 최고의 보물입니다. 그리고 한 사람 한 사람 변화되고 있는 우리 성도들이 보물입니다. 우리는 정말 어마어마한 보물을 가진 사람들입니다. 그런데 많은 경우에 예수를 믿는다고 하면서도 세상에 있는 것을 자랑하고 그것에 집착하며 심지어는 교회 안에도 그것을 끌고 들어와서 자랑을 해서 직성이 풀리는 사람들이 있습니다.

어떤 사람들은 이렇게 말할지도 모르겠습니다. 즉 우리가 아무리 보물이라고 해도 세상에서 알아주지 않고 팔아먹지도 못하는 데 그것이 무슨 보물의 가치가 있느냐고 물을지도 모르겠습니다. 하지만 진짜 보물은 절대로 팔지 않습니다. 보물은 가지고 있는 그 자체가 보물인 것입니다. 특히 이 보물은 하나님께서 인정을 해주시는 것입니다.

이 보물은 인간을 치료하는 보물입니다. 인간들의 망쳐버린 삶을 고쳐서 새로운 삶을 시작할 수 있게 하는 보물입니다. 그리고 기도의 응답을 가져오게 하고 부흥을 일으키는 보물입니다. 그리고 이 보물이 있어야 세상의 보물도 제대로 쓰일 수가 있습니다.

우리가 흔히 예를 들지만 세상의 보물들은 모두 모래와 같습니다. 모래만으로는 집을 지을 수가 없습니다. 고층 빌딩을 세울 수가 없습니다. 댐을 만들 수가 없습니다. 고층 빌딩을 세우고 댐을 만들려면 철근과 콘크리트가 있어야 합니다. 이것을 영적으로 비유하면 바로 하나님의 말씀과 성도들이 진정한 철근이고 시멘트 콘크리트입니다. 이 세상 어느 곳이든지 신실한 크리스천들이 있어야 그 직장이나 그 사회가 무너지지 않습니다.

그 동안 우리 사회가 곳곳이 무너지고 사고가 터진 것은 부실공사였기 때문입니다. 부실 공사로 지어진 건물이나 다리는 많은 사람들을 죽게 만듭니다. 부실 공사를 하지 않으려면 하나님의 말씀을 가지고 훈련을 받아야 합니다. 하나님이 주시면 하고 하나님이 주시지 않으면 절대로 해서는 안 됩니다. '내게 능력 주시는 자 안에서 모든 것을 할 수 있느니라' 우리는 이것이 훈련되어져야 합니다.

특히 최고의 보물은 성도들 한 사람 한 사람을 보물로 바꾸는 것입니다. 이것은 영원히 남는 장사입니다. 최고의 수익은 우리 자신이나 다른 사람들이 영적으로 성장하는 것입니다. 우리가 제대로 성장해서 바른 믿음을 가지기만 하면 하나님은 우리에게 모든 좋은 것을 다 주실 것입니다.

그래서 하나님은 이스라엘 백성들에게 하나님의 말씀을 중심에 두는 훈련을 받게 하셨습니다. 그리고 다른 이스라엘 백성들을 인정하는 훈련을 받게 하셨습니다. 우리가 하나님의 말씀을 알고 다른 성도들을 안다면 세상을 아는 것은 비교적 쉬울 것입니다. 왜냐하면 이것이 바로 작은 세계이기 때문입니다. 하나님의 백성들과 원만하게 잘 지내는 사람은 이 세상 어느 곳에 갖다 놓아도 모든 것을 잘 해냅니다. 왜냐하면 그만큼 지혜와 믿음이 생겼고 다른 사람들의 필요나 원하는 것을 너무나도 잘 알기 때문입니다. 그리고 사람을 잘 알기 때문에 절대로 속지 않습니다. 남에게 속는 사람은 자기 안에도 욕심이 있었기 때문입니다. 그러니까 아무리 좋은 미끼가 나타나더라도 하나님이 내게 주시는 것이 아니라면 절대로 덥석 물어서는 안 됩니다. 그러면 마귀의 밥이 되고 맙니다.

호밥의 도움을 청함

모세는 이스라엘 백성들에게 하나님의 구름이 있고 나팔이 있다고 해서 모든 것이 다 되었다고 생각하지 않았습니다. 하나님의 구름이 있고 나팔이 있음에도 불구하고 미디안 사람 호밥을 붙잡아서 도와달라고 했습니다.

> **민수기 10장 29절**
> 모세가 그 장인 미디안 사람 르우엘의 아들 호밥에게 이르되 여호와께서 주마 하신 곳으로 우리가 진행하나니 우리와 동행하자 그리하면 선대하리라 여호와께서 이스라엘에게 복을 내리리라 하셨느니라

여기에 보면 모세의 장인 르우엘의 아들 호밥이라는 사람이 나옵니다. 우리는 여기서 모세의 장인은 이드로라고 알고 있는데 여기에는 르우엘이 나오고 또 호밥이 나옵니다. 도대체 이드로는 누구이며 르우엘은 누구이며 호밥은 누구냐 하는 혼동이 생깁니다.

그런데 대개의 통설로는 이드로와 르우엘은 모세의 장인이고 여기 나오는 호밥은 모세의 처남이라고 보고 있습니다. 이 사람들은 유목민인데 언제나 텐트를 치고 사는 사람들이었습니다.

호밥은 모세에게 왔다가 자기 동족에게로 돌아가겠다고 했습니다. 왜냐하면 이 호밥 자손들은 가나안에 정착하는 것을 굉장히 좋아하지 않았습니다. 나중에 이 사람들을 겐 족속이라고도 불렀는데 예레미야 때까지도 집을 짓지 않고 농사를 짓지 않고 포도주를 마시지 않았습니다. 왜냐하면 그들은 평안한 생활에 빠져들면 나태해지고 사람이 부패한다고 생각했기 때문입니다. 그래서 나중에 유다가 바벨론에 공격을 받으니까 예루살렘 안으로 피하는데도 집에서 자지 않고 광장에 텐트를 쳤고 예레미야가 포도주를 한 사발을 갖다 주면서 더운데 마시라고 해도 절대로 마시지 않았습니다.

그래서 하나님께서 이 겐 족속을 굉장히 사랑하셔서 멸망당하지 않도록 지켜주셨습니다. 호밥의 자손들은 순수한 것을 좋아했고 기회주의적으로 잘 사는 것을 아주 경멸하는 사람들이었습니다. 그러니까 정말 이들은 이 세상에서 가장 오염되지 않은 '순수 무공해 족속'이라고 말할 수 있습니다.

그래서 호밥은 모세는 만났지만 가나안 땅으로는 가지 않겠다고 말을 하면서 도로 광야로 돌아가겠다고 했습니다. 그런데 호밥을 붙잡은 것은 하나님의 말씀의 복이었습니다.

민수기 10장 30-32절

호밥이 그에게 이르되 나는 가지 아니하고 내 고향 내 친족에게로 가리라. 모세가 가로되 청컨대 우리를 떠나지 마소서. 당신은 우리가 광야에서 어떻게 진 칠 것을 아나니 우리의 눈이 되리이다. 우리와 동행하면 여호와께서 우리에게 복을 내리시는대로 우리도 당신에게 행하리이다

    모세와 이스라엘 백성들은 광야를 잘 알지 못했습니다. 그러나 호밥은 광야의 체질을 너무 잘 알고 있었습니다. 호밥은 성경 지식은 모세나 이스라엘 백성들 보다 훨씬 못했지만 광야의 경험이 풍부했습니다. 모세는 자기들에게 그 경험이 필요하다고 생각했습니다. 그래서 호밥에게 도와달라고 했습니다. 나중에 솔로몬 성전을 지을 때 성전을 지었던 기술자들도 모두 이방인들이었습니다. 그러니까 우리는 이 세상의 일반은총의 필요성을 인정해야 합니다. 우리는 학교에서 공부도 해야 하고 직장도 다녀야 합니다.

    우리는 그런 경험이나 지식이 없습니다. 하지만 우리는 하나님의 풍성한 축복이 있습니다. 이것을 나누어주면 되는 것입니다.

    그런데 호밥은 하나님의 말씀의 부스러기라도 먹기를 원하는 사람이었습니다, 호밥은 가나안 땅이라고 하면 가지 않지만 하나님의 축복의 부스러기라고 하니까 마음이 동해서 결국 끝까지 이스라엘 백성들을 따라가게 되었습니다. 바다에서 고깃배가 지나가면 갈매기들이 배에서 던지는 고기를 주워 먹으려고 계속 따라갑니다. 외로운 고깃배에는 이 갈매기들이 길동무가 되는 것입니다. 결국 호밥 자손들은 가나안 땅까지 이스라엘 백성들을 따라가면서 하나님의 말씀을 먹었는데 하나님은 이들을 아주 사랑하셨습니다. 그래서 드보라 때에는 이

스라엘을 쳤던 시스라가 도망치는데 시스라의 머리를 말뚝으로 박아서 죽인 여자가 겐 사람 야일이라는 부인이었습니다. 그는 이스라엘을 괴롭히는 자들을 참을 수가 없었던 것입니다.

예수님이 두로 땅에 가셨을 때 수로보니게 여인이 예수님께 와서 자기 딸이 귀신들렸는데 고쳐달라고 했습니다. 예수님은 냉정하게 거절하면서 '자녀의 떡을 개에게 주지 않는다' 고 말씀하셨습니다. 이 여자는 실망하지 않고 '개들도 주인의 상에서 떨어지는 부스러기를 먹습니다.' 라고 하면서 부스러기 은혜를 달라고 했습니다. 예수님은 너무 기뻐하시면서 '이 말을 하였으니 가라' 고 하시면서 '네 딸의 병이 나았느니라' 고 말씀하셨습니다.

우리는 진정한 떡을 가진 자들입니다. 우리는 이 세상의 부스러기와 떡을 바꾸어서는 안 됩니다. 그러나 사람들 중에는 이 말씀의 부스러기라도 먹으려고 애를 쓰는 분들이 있는데 하나님은 그들을 더 사랑하시고 축복하시는 것입니다.

모세는 하나님의 궤가 움직일 때 이런 기도를 드렸습니다.

> **민수기 10장 35절**
> 궤가 떠날 때에는 모세가 가로되 여호와여 일어나사 주의 대적들을 흩으시고 주를 미워하는 자로 주의 앞에서 도망하게 하소서 하였고

우리가 바른 신앙으로 움직이면 이미 원수는 도망을 치게 되어 있습니다.

그래야 일이 쉽게 풀리게 됩니다. 그리고 궤가 멈출 때에는 이런 기도를 했습니다.

민수기 10장 36절
궤가 쉴 때에는 가로되 여호와여 이스라엘 천만인에게로 돌아오소서 하였더라

그러면 하나님이 이스라엘 가운데 오셔서 평강을 주시고 은혜를 주시는 것입니다. 하나님의 궤가 보물 중의 보물이었습니다. 나갈 때에는 적을 쳐주시고 마귀를 이기고 전쟁과 재앙을 이기지만 이스라엘 가운데 있을 때에는 말할 수 없는 은혜와 축복을 부어주시는 것입니다. 그런 까닭에 풀 한포기 없는 광야가 천국으로 변하고 축복의 도시로 변하는 것입니다.

09 _ 민 11:1-35

이스라엘의 불평

　　우리는 새로운 변화에 대하여 언제나 기대를 가집니다. 부인들이나 아이들은 이사를 할 때 새로운 집이 옛날 집에 비해서는 살기에 모든 것이 편리하기를 기대를 합니다. 그러나 새로 이사한 집이 옛날에 살던 집에 비하여 모든 면에서 살기가 좋을 때에는 상관이 없지만 새로 이사한 집이 옛날 집에 비해서 살기가 훨씬 불편하고 고생스러울 때 부인들이나 아이들은 불평을 하게 되어 있습니다. 왜냐하면 옛날에 살던 집과 새 집이 비교가 되기 때문입니다.

　또한 우리가 과거의 불신앙이나 미신을 버리고 예수를 믿게 될 때에 우리는 이제 새로운 신앙을 가지기 때문에 하나님께서 나를 축복해 주셔서 과거보다는 훨씬 나은 삶을 살게 하실것이라고 생각합니다. 또 실제로 예수를 믿음으로 우리가 많은 축복을 받는 것도 사실입니다. 그러나 우리는 예수를 믿고 난 후에 과거 예수를 믿기 전보다 경제적으로도 못살고 또 육체적으로도 건강하지 못할 때 우리는 자신의 신앙에 무엇이 잘못되었는가 의심을 가지게 됩니다.

경제학에서는 '기회비용'이라는 것이 있습니다. '기회비용'이라는 것은 지금 내가 여기에 쓴 돈을 여기에 쓰지 않고 다른데 사용하였더라면 어떤 결과가 나왔을까 하는 것을 혼자서 계산을 해 보는 것입니다.

우리 예수 믿는 사람들에게는 이런 점이 굉장히 심합니다. 즉 우리는 신앙생활을 하다가 한 번씩 만약 내가 예수를 믿지 않고 그대로 세상적으로 나갔더라면 지금쯤 어떻게 되어 있을까 하는 것을 스스로 생각을 해보는 것입니다. 그런데 누구를 비교하는가 하면 자기 친구나 형제들 중에서 예수 믿지 않고 세상적으로 나가서 성공한 사람들과 비교를 하는 것입니다. 그러면서 마음속으로 은근히 '나는 예수를 믿어서 내가 하고 싶은 대로 하지 못했고 손해를 봤다'는 생각을 하게 되는 것입니다. 즉 내가 예수 믿지 않고 옛날 그대로 나갔더라면 지금 보다는 더 성공했고 더 잘살고 있었을 것이라고 생각을 하는 것입니다. 물론 하나님 앞에서는 기쁘고 감사한 것이 많이 있지만 여전히 세상적으로는 내 뜻대로 성공하지 못한 것에 대한 미련이 남아 있는 것입니다.

그래서 하나님께서 우리를 연단하실 때 누구든지 처음 예수 믿자 말자 바로 연단하시지는 않습니다. 왜냐하면 예수 믿자 말자 연단을 해버리면 모두 너무 놀라서 신앙을 다 버려버리기 때문입니다. 그래서 하나님께서는 많은 축복을 주시고 사랑을 주십니다. 그러나 어느 순간 하나님의 때가 되었을 때 하나님께서는 사랑하는 자들을 연단하시기 시작하십니다. 그때 세상의 좋았던 시절은 다 물 건너 가버리고 이제는 하나님의 손에서 철저하게 낮아지는 훈련을 하게 되는 것입니다. 이 때는 이미 신앙적으로 어느 정도 철이 들었기 때문에 자기가 세상으로 갈 수 없다는 것을 알고 있습니다. 그러나 스스로 침체가 되어 버립니다. 왜냐하면 세상적으로 하고 싶은 대로 할 수 없으니까 화가 나는 것입니다. 그리고 마음속으로 '물론 내가 어렵다고 해서 세상으로 갈 수는 없지만 나는 예수를 믿어서 많이 손해를 보고 있다' 는 생각을 가지고 있는 것입니다. 이것이 일종의 자기 의입니다. 그러나 나중에 하나님께서 폭포수 같은 은혜와 축복을 부어주실 때는 내가 하나님 앞에서 손해 본 것은 아무 것도 없으며 무지무지하게 복 받은 자라는 고백이 나오게 되는 것입니다.

이스라엘 백성들의 광야 훈련은 오늘 본문 민수기 11장에서부터 시작이 됩니다. 그런데 이스라엘 백성들이 광야에서 훈련받으면서 맨 처음으로 한 것이 무엇인가 하면 하나님에 대하여 불평을 한 것입니다. 즉 자기들이 지금 살고 있는 형편이 애굽에 있을 때보다 훨씬 더 못하다는 것입니다. 그리고 당장 하나님 앞에서 고기를 먹게 해 달라고 떼를 썼습니다. 이스라엘 백성들이 하나님 앞에서 얼마나 떼를 썼는지 모든 백성들이 장막 문에 나와서 고기를 달라고 울어대었습니다. 이때 모세도 너무 기가 막혀서 하나님께 왜 이 사람들을 내게 맡겨서 이렇게 고생을 시키시느냐 하면서 차라리 죽게 해 달라고 했습니다.

그때 하나님께서는 메추라기를 보내셔서 이스라엘 백성들이 실컷 고기를 먹게 하셨습니다. 그리고 이스라엘의 칠십인의 장로들을 회막 문에 불러서 성령으로 충만케 하시는 체험을 하게 하셨습니다.

이스라엘 백성들의 불평

오늘 본문을 보면 이스라엘 백성들의 불평이 두 가지로 나타납니다. 하나는 출애굽의 전반적인 것에 대한 것이고 다른 하나는 구체적으로 고기를 먹지 못한 불평이었습니다.

> 민수기 11장 1절
> 백성이 여호와의 들으시기에 악한 말로 원망하매 여호와께서 들으시고 진노하사 여호와의 불로 그들 중에 붙어서 진 끝을 사르게 하시매

아마도 이스라엘 백성들은 모세를 따라서 애굽을 떠나면 애굽에서 살던 것보다는 훨씬 더 풍족하고 편한 삶이 기다리고 있을 줄로 생각을 했던 것 같습니다. 그러나 하나님의 능력과 기적으로 바다를 건너서 애굽을 떠나고 보니까 편한 것은 아무 것도 없고 모든 것이 애굽에 있을 때 보다 훨씬 더 못한 것이었습니다. 비록 애굽에서는 강제노동을 하기는 했지만 밤에는 돌아와서 편안하게 잘 수 있는 집이 있었고 적어도 먹는 것은 궁색하지 않았던 것 같습니다. 그러나 모세를 따라서 광야로 나와 보니까 집도 없고 먹는 것도 없고 물도 없고 당장 살아갈 수 있는 기본적인 것이 보장이 되지 않았습니다.

이것에 대하여 이스라엘 백성들은 '여호와의 들으시기에 악한 말로 원망을 했다'고 했습니다. 여기서 '악한 말로 원망하는 것'은 어떤 것일까요?

우리가 부부 싸움 하는 것을 예를 들어서 생각을 봅시다. 어느 집에서 남편이 출근을 해야 하는데 부인이 남편의 와이셔츠를 빨아 놓지

않았습니다. 그런데 아무 소리 하지 않고 냄새나는 입던 와이셔츠를 입고 나가면서 '여보 사랑해요' 라고 말하는 남편이 있다면 아마 그 사람은 천사일 것입니다.

그런데 악하게 말을 해야 직성이 풀리는 남편이 있습니다. 그는 '당신은 정신이 나간 여자야. 지금까지 내가 해 달라는 것을 제 때 제대로 해 준 적이 한번이라도 있어?' 라고 말을 합니다. 이것은 분명히 시비조인 것이고 정도를 넘어선 것입니다. 남편이 '와이셔츠가 준비가 되지 않았군. 당신, 어떻게 된 거야?' 라고 이 정도로 말한다면 충분히 말할 수 있는 것입니다. 그러나 사람들은 절대로 그 수준으로 만족을 하지 않습니다. 무슨 말을 하면 상대방의 기를 완전히 꺾어 놓아야 하고 극단적으로 자기 속에 있는 화를 퍼부어야 직성이 풀리는 것입니다. 그래서 옛날 것까지 끄집어내어서 비난을 할 때 이것은 이미 죄를 짓는 것입니다. 이렇게 되면 부인은 자기가 잘못하기는 했지만 과거까지 들먹이니까 화가 납니다. 그래서 부인도 말이 곱지 않습니다. '당신은 손이 없어요?' 한다든지 아니면 '내가 시집오고 난 후에 당신이 나에게 해 준 것은 뭐가 있어요?' 라고 한다든지 하면 이 집은 제대로 싸움이 붙은 것입니다.

이스라엘 백성들이 광야에 따라 나온 후에 '모세에게 지금 우리가 겪고 있는 것은 처음에 기대했던 것과는 많이 다른데 혹시 우리가 잘못된 길을 가고 있는 것은 아닐까요?' 라고 한다든지 '우리는 언제쯤 가나안 땅에 들어가서 안정된 생활을 할 수 있을까요?' 라고 하는 것은 얼마든지 할 수 있는 이야기였습니다. 하나님께서는 그런 말까지도 하지 말라고 말씀하시는 것은 아니었습니다. 그러나 이스라엘 백성들은 화가 나니까 이 화를 하나님과 모세에게 퍼부었습니다.

즉 '모세야, 너는 애굽에 무덤이 없어서 우리를 여기에 끌고 나와서 죽이려고 하느냐?' 하는 식의 말을 한 것입니다. 이것은 벌써 시비조이고 싸우려고 하는 것입니다. 이 말을 하나님께서 들으셨습니다.

우리는 말을 할 때 어떤 사건에 대하여 말하는 것으로 그치는 것을 배워야 합니다. 거기에 감정이 실리게 되면 이미 죄를 짓게 되는 것입니다.

예를 들면 '오늘은 춥다' 든지 혹은 '지금은 피곤하다' 든지 하는 말은 죄를 짓는 것이 아닙니다. 그런데 '오늘은 더럽게 춥다' 든지 '너의 얼굴만 봐도 피곤하다' 든지 하면 이것은 죄를 짓는 것입니다.

우리는 말을 할 때 너무나도 상대방의 인격 자체를 공격의 대상으로 삼습니다. 이것은 아무리 옳아도 전부 다 악한 것입니다. 예를 들면 '저 사람이 하는 짓은 언제나 그렇지 뭐' 라고 한다든지 '저 집 식구들은 모두 다 저래' 라는 것은 이미 인격적으로 판단을 하고 정죄를 하고 있는 것입니다. 우리는 다른 사람을 인격적으로 심판할 자격을 가지고 있지 않습니다.

우리가 알아야 할 것은 하나님은 귀가 있으셔서 우리가 하는 모든 말을 다 듣고 계신다는 사실입니다. 특히 아무 것도 아닌 것 같은 원망하는 말이나 불평하는 말들을 전부 다 듣고 계시고 심지어는 농담하는 말까지 하나님은 다 듣고 계십니다. 그래서 진노를 하십니다.

이스라엘 백성들이 출애굽에 대하여 자신들의 기대와 맞지 않는다고 원망하고 불평했을 때 '하나님의 불' 이 임했습니다.

1절 끝에 보면 '여호와의 불로 그들 중에 붙어서 진 끝을 사르게 하시매' 고 했습니다. 여기서 '여호와의 불' 이라고 하는 것은 인간적으로 볼 때 도저히 일어날 수 없는 곳에 불이 일어난 것입니다. 그리고 또 그 불이 꺼지지 않는 것입니다. 얼마 전에 미국 캘리포니아에서는 어마어마한 산불이 일어나서 아주 방대한 지역을 불태웠는데 도저히 그 불이 꺼지지 않았습니다.

마찬가지로 이스라엘 진에 도저히 불이 날 수 없는데 불이 났고 또 그 불이 도저히 꺼지지가 않았습니다.

이때 이스라엘 백성들은 이것을 신앙적으로 해결을 했습니다.

민수기 11장 2절
백성이 모세에게 부르짖으므로 모세가 여호와께 기도하니 불이 꺼졌더라

백성들이 이 엄청난 불을 도저히 자기들의 힘으로 끌 수 없으니까 모세에게 달려와서 불을 꺼달라고 부르짖었습니다. 이상한 것은 이스라엘 백성들이 툭하면 모세를 원망하고 불평해도 마음속 깊은 곳에는 모세가 하나님의 종이며 능력이 있다는 것을 믿었습니다. 그래서 결정적으로 어려우면 모세에게 달려와서 부르짖는 것입니다. 그리고 또 모세가 기도를 하니까 불이 저절로 꺼졌습니다. 이것을 '기도 진화법'이라고 부를 수 있을 것입니다. 우리에게 어려운 시험이 닥쳤을 때는 마치 산불이 붙은 것처럼 맹렬하게 퍼지게 됩니다. 그때 솔직하게 자신의 불신앙을 인정하고 기도를 부탁하거나 기도를 하게 되면 이상하게 시험이 스르르 줄어드는 것을 경험하게 되는 것입니다. 이것이 바로 기도로 시험을 해결하는 방법입니다. 일단 합심해서 기도를 하게 되면 더 악하게 발전하지 않게 되는 것입니다. 그래서 그곳 이름을 '다베라' 라고 불렀습니다.

'다베라' 라는 말은 '불탔기 때문에' 라는 뜻입니다. 즉 불이 났기

때문에 이스라엘 백성들은 자신들의 잘못을 알게 된 것입니다. 그리고 불이 났기 때문에 이런 식으로 말을 해서도 안 된다는 것을 알게 되었습니다. 더욱이 불이 났기 때문에 다시 한 번 하나님께 부르짖으면서 기도할 수 있게 된 것입니다.

우리는 말을 아주 조심을 해야 합니다. 왜냐하면 모든 말을 하나님이 다 듣고 계시기 때문에 아예 자신이 없는 말은 하지 않는 것이 좋습니다. 자신이 없으면 '말하지 않겠다' 고 하든지 아니면 그냥 입만 다물고 있어도 죄를 짓지 않을 수는 있는 것입니다. 그러나 말에 나쁜 감정이 섞여버리면 이미 사탄의 불은 붙은 것입니다. 그 말을 들은 사람의 마음은 이미 독으로 시커멓게 타버리게 됩니다. 그래서 예수님께서는 '살인하지 말라' 는 계명을 말하는 것과 연결 지어서 설명하셨습니다.

마태복음 5장 22절
나는 너희에게 이르노니 형제에게 노하는 자마다 심판을 받게 되고 형제를 대하여 라가라 하는 자는 공회에 잡히게 되고 미련한 놈이라 하는 자는 지옥 불에 들어가게 되리라

이스라엘 백성들의 못된 말은 진 끝을 불태웠지만 실제로는 모세의 속을 다 태웠고 하나님의 속을 다 태웠던 것입니다.

그러면 왜 하나님께서는 이스라엘 백성들로부터 이런 소리를 들어가시면서까지 이스라엘 백성들을 이런 고생하는 데로 데리고 오셨을까요? 그것은 두 가지입니다. 하나는 완전히 애굽과 단절시키기 위해서입니다. 하나님의 백성들은 이 세상의 행복으로 자신의 행복을 누

리려고 해서는 안 됩니다. 우리는 세상의 행복을 버리고 하늘의 은혜로 행복을 누리는 것을 배워야 하는 것입니다. 그리고 또 하나는 철저하게 하나님의 손에 붙잡히는 자들이 되게 하기 위해서입니다. 우리는 하나님의 손에 잡혀야 능력 있는 사람이 될 수 있습니다. 그렇게 되기 위해서는 아무 것도 없는 광야에서 하나님만 의지하는 것을 배워야 했습니다.

여기에 보면 이스라엘 백성들의 두 번째 불평이 나옵니다. 그것은 이스라엘 백성들이 너무나도 고기를 먹고 싶은 욕망 때문에 생긴 것이었습니다.

> **민수기 11장 4-6절**
> 이스라엘 중에 섞여 사는 무리가 탐욕을 품으매 이스라엘 자손도 다시 울며 가로되 누가 우리에게 고기를 주어 먹게 할꼬. 우리가 애굽에 있을 때에는 값없이 생선과 외와 수박과 부추와 파와 마늘들을 먹은 것이 생각나거늘 이제는 우리 정력이 쇠약하되 이 만나 외에는 보이는 것이 아무 것도 없도다 하니

이스라엘 백성들은 모두 고기를 먹지 못해서 자기 텐트 앞에 나와서 통곡을 했습니다. 우리가 이것을 보면 이스라엘 백성들이 지난 일 년 동안 고생을 하기는 엄청나게 했구나 하는 것을 알게 됩니다. 사람이 너무 가난하게 되고 너무 비참하게 되면 별 것 아닌 사소한 것에도 닭똥 같은 눈물이 쏟아지게 됩니다. 왜냐하면 지금 자신이 고생하는 처지가 너무나도 비참하게 느껴지기 때문입니다.

여기에 보면 이스라엘 백성들이 처음부터 고기를 먹지 못했다고 운 것은 아니라는 것을 알 수 있습니다. 이스라엘 백성들은 잘 참는 사람

들이었기 때문에 고기를 먹지 못했어도 잘 참고 있었습니다. 그런데 이스라엘 백성들을 자극한 사람들이 있었습니다. 그 사람들은 '이스라엘 중에 섞여 사는 이방인들' 이었습니다. 이 사람들은 그야말로 순수하게 물질적인 이득을 생각하고 이스라엘 백성들을 따라 나온 사람들이었는데 이스라엘 백성들이 바보같이 잘 참고 있으니까 이들을 자극을 했습니다.

'자. 너희들 잘 생각해봐. 우리가 애굽을 떠난 후에 한 번도 고기를 입에 대어보지 못했어. 우리 너무 오랫동안 고기를 굶었어. 우리가 애굽에 있을 때에는 다른 것은 몰라도 먹는 것 하나는 실컷 먹을 수 있었는데. 생선도 먹고 참외도 먹고 수박도 먹고 마늘, 파, 부추를 실컷 먹었었는데. 이런 것들을 너무너무 먹고 싶다' 고 하면서 이스라엘 백성들의 감정을 부추긴 것입니다.

이스라엘 백성들은 지금까지 고생스럽지만 잘 참고 있었는데 이방인들이 고기 먹던 이야기를 하면서 옛날이야기를 하니까 그만 자기들도 너무나도 서러운 나머지 한 사람 두 사람 울기 시작하더니 나중에는 집단적인 통곡으로 발전하고 만 것입니다.

옛날에 우리나라 코미디언이던 김 희갑씨가 외국에 동포들을 모아 놓고 공연을 하면서 '고향이 그리워도 못 가는 신세' 하면서 구성지게 노래를 부르면 교포들이 한 사람 두 사람 훌쩍거리기 시작하더니 나중에는 전부가 눈물바다가 되어버리는 것입니다.

지금 이스라엘 백성들은 애굽이 고향이었습니다. 그들은 애굽에서 태어났고 애굽에서 자랐습니다. 그들에게 있어서 애굽은 못살아도 고향이었던 것입니다. 그들은 값없이 생선과 외와 수박과 마늘과 파 같은 것을 실컷 먹었던 것을 생각하고 울었습니다. 그러나 생선이나 육류나 수박을 공짜로 먹은 것이 공짜가 아니었습니다. 그들은 모두 신앙을 포기하고 자유를 포기한 대가로 육류와 생선과 참외나 수박을 공짜로 먹었던 것입니다. 자기들은 그것이 공짜라고 생각했지만 사실은 공짜가 아니라 그것들은 굉장히 비싼 것이었습니다.

그러나 지금 이스라엘 백성들은 고기와 생선과 참외나 수박을 포기하고 신앙의 자유와 정신적인 자유를 얻었고 자녀들을 마음껏 키울 수 있는 자유를 얻었습니다. 이것은 도저히 비교할 수 없는 것입니다. 그러나 사탄은 우리들에게 비교할 수 없는 것을 비교하게 함으로 우리의 신앙의 가치를 깎아내고 하나님을 원망하게 만듭니다.

우리는 어마어마한 멸망에서 구원을 받은 사람들입니다. 그리고 우리는 마음껏 하나님을 예배하고 찬송하며 우리가 가장 귀하게 생각하는 것을 위하여 마음껏 살 수 있는 자유가 주어지게 되었습니다. 그런데 우리는 옛날만큼 놀지 못하고 먹지 못하고 자랑하지 못하는 것 때문에 하나님을 원망하게 되는 것입니다.

6절에 보면 '이제 우리 정력이 쇠약하되' 라고 말하고 있습니다. 즉 일년 동안 고기도 못 먹고 마늘이나 채소도 먹지 못하니까 지금 정력이 말이 아니라는 뜻입니다. 사실 이스라엘 백성들이 정력이 좀 줄어든 것은 사실이었습니다. 왜냐하면 그 동안은 이스라엘 백성들이 정력이 과잉이었고 혈기가 과잉이었기 때문입니다. 그래서 조금만 마음에 들지 않으면 소리를 지르고 땡깡을 부렸는데 자기들은 그렇게 하는 것이 아주 활기차다고 생각을 한 것입니다.

그러니까 모든 것을 내 마음대로 씩씩거리면서 설쳐대고 마음에 들지 않는 것이 있으면 악을 쓰면서 소리를 질러대어야 정력이 좋은 것인데 지난 일년 동안 이스라엘 백성들은 하나님의 말씀만 듣고 하라고 하는 대로만 하니까 지금 기운이 하나도 없는 것입니다.

오늘 사람들이 생기 있다고 하는 것도 따지고 보면 사실은 전혀 인격이 다듬어지지 않고 혈기가 넘치는 것입니다. 우리가 하나님의 은혜로 다듬어지면 소리를 지를 일도 없고 성질을 부릴 일도 없습니다. 그런데 사람들은 자꾸 그런 것을 가리켜 정력이 쇠약하다고 말하는 것입니다.

사실 이스라엘 백성들의 사정이 딱한 것은 사실이었습니다.

민수기 11장 6절
이제는 우리 정력이 쇠약하되 이 만나 외에는 보이는 것이 아무 것도 없도다 하니

이스라엘 백성들은 지난 일년 동안 오직 딱 하나 만나만 먹었습니다. 그리고 광야에는 만나 외에는 먹을 것이 전혀 없었습니다. 그때 이스라엘 백성들은 우리는 너무나도 많은 것을 먹지 못해서 지금 영양실조에 걸렸고 도저히 살 재미가 없다고 불평을 하면서 울었습니다.

사실 이 만나는 새벽이슬과 함께 내리는 것을 이스라엘 백성들이 주웠는데 진주같이 생겼고 무슨 씨같이 생겨서 갈아서 먹기도 하고 빻아서 먹기도 했습니다. 맛은 기름 섞은 과자 맛이라고 했는데 그런대로 고소하고 먹을 만했던 것 같습니다. 그러나 일년 내내 이것 하나만 먹으니까 불만이 터진 것입니다.

사실 이스라엘 백성들이 한 것은 오직 생존만 한 것입니다. 이스라엘 백성들의 지난 일 년을 결산해 보면 그냥 굶어죽지 않고 산 것 외에는 아무 것도 없었습니다. 사람은 굶어죽지 않고 산다고 해서 사는 것이 아닙니다. 사람에게는 무엇인가 추구하는 목표가 있어야 하고 또

세상적인 인정도 받아야 하고 자랑할 것도 있어야 사는 재미가 있는 것입니다. 오직 은혜만 받고 굶어죽지 않고 살기만 했다고 해서 만족스러운 것은 아닌 것입니다. 사실 사람에게는 누구나 성취하고자 하는 욕구가 있습니다. 그러나 이스라엘 백성들은 지난 일년 동안 성취한 것은 아무 것도 없고 오직 하나님의 말씀 듣고 만나 먹은 것 밖에 없었습니다. 그러자 이스라엘 백성들은 도저히 이렇게 사는 것은 사는 것이 아니라고 생각을 해서 울었습니다.

> **민수기 11장 10절**
> 백성의 온 가족들이 각기 장막 문에서 우는 것을 모세가 들으니라. 이러므로 여호와의 진노가 심히 크고 모세도 기뻐하지 아니하여

이스라엘 백성들은 자신들의 처지가 비참하다고 생각을 했습니다. 그리고 이스라엘 백성들은 출애굽한 것이 애굽에 있는 것보다 못하다고 생각을 했습니다. 마침내 이스라엘 백성들은 출애굽이 실패한 것이라고 생각을 하기 시작했습니다.

모세의 한계

모세는 모든 이스라엘 백성들이 자기 장막 문에 나와 앉아서 우는 것을 보고 굉장히 낙심을 했습니다. 왜냐하면 지금까지 모세가 노력해서 애쓴 것이 이것밖에 안된다고 생각했기 때문입니다. 결국 모세도 이스라엘 백성들이 고생한 것을 인정하지 않을 수 없었던 것입니

다. 무엇보다 나타난 결과는 없고 이스라엘 백성들을 고생만 실컷 시켰으니까 모세는 자신도 실패했다고 생각을 한 것입니다.

민수기 11장 11절
여호와께 여짜오되 주께서 어찌하여 종을 괴롭게 하시나이까? 어찌하여 나로 주의 목전에 은혜를 입게 아니하시고 이 모든 백성을 내게 맡기사 나로 그 짐을 지게 하시나이까?

민수기 11장 15절
주께서 내게 이같이 행하실찐대 구하옵나니 내게 은혜를 베푸사 즉시 나를 죽여 나로 나의 곤고함을 보지 않게 하옵소서

지금 모세도 한계점까지 와 있었습니다. 우리는 모세의 말을 들으면 잘 이해가 가지 않을 것입니다. 아니, 모세는 지팡이 하나로 열 가지 기적을 일으키고 홍해 바다를 갈라서 이스라엘 백성들을 이끌어 내었는데 왜 갑자기 자기를 죽게 해 달라고 할까요?

이것은 다른 사람의 영혼을 책임져보지 않으면 이해가 되지 않을 것입니다.

부모님들은 아이들이 다 커서 결혼할 때까지 그야말로 자녀들의 모든 것을 다 책임을 져야 합니다. 외출을 했다가 조금 늦게 들어와도 가슴이 졸여지고 수능 시험을 치면 자녀보다 더 가슴이 졸여집니다. 거기에다가 아이들은 많은데 수입마저 없으면 그야말로 하루하루 살아가는 것이 얼마나 무거운 짐인지 모릅니다.

마찬가지로 모세도 지금까지 자기 능력으로 이스라엘 백성들을 이끌어 온 것이 아닙니다. 하나님께서 능력을 주셔서 이 많은 이스라엘

백성들을 여기까지 책임지고 온 것입니다. 그러나 모세의 마음속에도 혹시 만나가 내리지 않으면 어떻게 하나 하는 걱정도 있었고 또 물이 다 떨어졌는데 물이 안생기면 어떻게 하나 하는 걱정이 있었습니다. 그리고 이스라엘 백성들이 자기를 인정하지 않고 폭동을 일으키면 어떻게 하나 하는 두려움이 솔직히 있었던 것입니다. 그러다가 이제 광야에서 일 년을 지난 후에 모세는 탈진을 해버렸습니다. 특히 이스라엘 백성들이 고기를 먹고 싶다고 모두 다 울 때 모세의 마음이 약해지면서 '내가 이 백성들을 괜히 끌고 나와서 고생을 너무 시켰구나' 하는 생각이 들면서 그냥 자포자기하는 마음이 들고 말았던 것입니다.

모세는 사람들 앞에서 자기 심중을 털어 놓지는 않았습니다. 그러나 하나님 앞에 가서는 정말 자기 속에 있는 불만과 두려움을 다 털어 놓았습니다.

모세는 하나님께 왜 자기가 이 백성들을 책임을 져야하는지 모른다고 말을 했습니다. '내가 낳은 자식들도 아닌데 왜 내가 이들의 정신적이고 육체적인 모든 것을 다 책임을 져야 합니까?' 라고 따졌습니다.

> **민수기 11장 12절**
> 이 모든 백성을 내가 잉태하였나이까? 내가 어찌 그들을 생산하였기에 주께서 나더러 양육하는 아비가 젖 먹는 아이를 품듯 그들을 품에 품고 주께서 그들의 열조에게 맹세하신 땅으로 가라 하시나이까?

어린 아이와 부모는 차이가 있습니다. 어린 아이는 무엇이든지 땡깡을 부릴 수 있습니다. 먹을 것이 없으면 먹을 것을 달라고 떼를 쓸 수 있고 자기가 하기 싫으면 안하면 그만입니다. 그러나 부모는 그것이 되지 않습니다. 먹을 것이 없으면 먹을 것을 만들어 내어야 하고 식구들을 먹여 살리기 위해서라면 하기 싫은 것도 얼마든지 해야 합니다. 고개를 숙일 때 숙여야 하고 허리를 굽힐 때 굽혀야 하고 그러면서도 그 모든 것을 묵묵히 참아내야 하는 것입니다. 그런데 사람의 마음은 그렇지가 않습니다. 어떤 때에는 이 책임과 부담을 훌훌 벗어버리고 어디 먼데로 도망을 치고 싶고 그것이 안 되면 죽어서라도 이 부담해서 해방되고 싶은 것입니다.

목회라는 것도 직업으로 생각하면 좋을지 몰라도 영혼을 책임지는 것이기 때문에 얼마나 무거운 것인지 모릅니다. 물론 자기 힘으로 하는 것도 아니고 전부 하나님의 도우심과 성도들의 도움으로 하는 것이지만 그럼에도 불구하고 그 짐은 너무나도 무거운 것입니다. 하지만 이 짐을 벗고 도망칠 수가 없습니다.

모세는 이 무거운 짐을 벗을 수 있도록 죽게 해 달라고 하나님께 부탁을 합니다. 물론 이 말만 들으면 모세의 그 좋던 신앙이 다 어디갔느냐고 생각할지 모르겠지만 사실 모세의 신앙도 바닥이 다 나버렸습니다.

특히 하나님의 백성들은 결코 완전하지 못하면서 완전하게 살기를 바라고 있습니다. 그런 까닭에 믿는 자들도 우울증에 걸린 최고로 좋은 조건을 가지고 있는 것입니다. 대개 우울증에 걸리는 사람의 특징은 완벽하지 못하면서 완벽하고자 하는 것입니다. 자기 생각이나 말에서 실수하는 것을 용납을 하지 못합니다. 그러나 사람이 어디 실수하지 않을 수 있고 잘못을 저지르지 않을 수 있습니까? 그러면 그것을 자꾸 생각을 합니다. '이렇게 하지 말았어야 하는데 나는 또 멍청하게 하고야 말았구나' 이것을 수백 번 수천 번 생각하면 결국 기쁨이 다 없어지고 죽고 싶은 생각이 드는 것입니다.

  그러기에 우리가 사는 방법은 결국 짐은 우리가 져야 하지만 이 짐을 자꾸 하나님 앞에 맡겨드려야 합니다. 우리는 모순에 가득찬 이 세상을 살아가야 합니다. 도저히 완전할 수 없는데 완전한 것처럼 살아가야 합니다. 그러니까 도저히 미치지 않을 수가 없는 것입니다. 이것을 하나님 앞에 입술로 다 고백을 드려야 합니다. 실컷 하나님 앞에서 울고 몸부림치고 나면 짐이 가벼워집니다.

  여기서 우리는 이스라엘 백성들이 한 것과 모세가 한 것의 분명한 차이를 볼 수 있습니다. 이스라엘 백성들은 자신의 어려움을 사람의 책임으로 돌렸습니다. 그리고 가장 못된 말로 원망을 했습니다. 울면서 신세타령을 했습니다. 그러니까 매일 그 자리를 벗어나지 못했던 것입니다.

  그러나 모세는 하나님 앞에 가지고 나와서 자기 마음을 있는 그대로 다 털어 놓았습니다. 짐이 무거워서 질 수 없다고 했고 솔직하게 이 짐을 벗기 위해서 죽었으면 더 좋겠다고 했습니다. 그리고 이 모든 것의 원인이 고기를 먹지 못한데 있다는 것을 분명히 밝혔습니다. 그랬더니 하나님께서 이 짐을 다 가볍게 해 주셨습니다. 그래서 모세는 이 짐을 단 하루도 더 질 수 없을 것 같았는데 앞으로 사십년을 더 감당할 수 있게 되었습니다. 이것이 기도의 힘인 것입니다.

> **민수기 11장 13-14절**
>
> 이 모든 백성에게 줄 고기를 내가 어디서 얻으리이까? 그들이 나를 향하여 울며 가로되 우리에게 고기를 주어 먹게 하라 하온즉 책임이 심히 중하여 나 혼자는 이 모든 백성을 질 수 없나이다

아마 이스라엘 백성들이 모두 모세를 보면서 '고기! 고기!' 하면서 울었던 것 같습니다. 모세는 다른 것은 몰라도 도저히 고기만은 이 광야에서는 구할 수가 없을 것이라고 생각했습니다. 백성들이 자기만 보면 '고기! 고기!' 할 텐데 자기는 도저히 이 스트레스를 감당할 수가 없다는 것입니다. 그래서 그는 이 문제를 하나님께서 해결해 주시도록 말씀을 드렸습니다.

하나님의 응답

하나님께서는 이스라엘 백성들도 폭발 일보 직전이고 모세도 폭발 일보 직전인데 모세에게 찾아오셔서 말씀을 주셨습니다.

> 민수기 11장 16절
> 여호와께서 모세에게 이르시되 이스라엘 노인 중 백성의 장로와 유사 되는 줄을 네가 아는 자 칠십인을 모아 데리고 회막 내 앞에 이르러 거기서 너와 함께 서게 하라

우리가 어떤 극단적인 어려운 처지를 당한다 하더라도 일단 하나님의 말씀을 들으면 다 살길이 생기게 되어 있습니다. 왜냐하면 하나님은 어떤 어려움보다도 크시며 하나님은 그 말씀으로 이 모든 것을 다 해결하실 수 있기 때문입니다. 그래서 우리에게 어려움이 생기는 것은 죽으라는 뜻이 아니고 하나님께 나아오라는 뜻인 줄 알아야 합니다. 무조건 하나님의 말씀을 듣고 하나님이 하라고 하시는 대로만 하

면 됩니다.

하나님께서는 지금 이스라엘 백성들이 고기를 달라고 울고 있는데 칠십 명의 장로들을 데리고 하나님께로 오라고 하셨습니다. 고기와 칠십 명의 장로가 무슨 관계가 있습니까? 우리 생각에는 아무 관계가 없는 것 같습니다.

그러나 하나님은 칠십 명의 지도자들을 데리고 오라고 명령하셨습니다. 그리고 이렇게 말씀하셨습니다.

민수기 11장 17절
내가 강림하여 거기서 너와 말하고 네게 임한 신을 그들에게도 임하게 하리니 그들이 너와 함께 백성의 짐을 담당하고 너 혼자 지지 아니하리라

하나님의 응답은 자세한 것은 알 수 없지만 모세의 짐을 가볍게 해주시겠다는 것입니다. 즉 지금까지 모세의 짐은 너무 무거워서 모세는 이제 거의 다 쓰러지게 되었습니다. 그런데 모세가 하나님께 나아와서 부르짖으니까 이 짐을 분산시켜서 얼마든지 가볍게 해주시겠다는 것입니다.

지금 우리의 짐은 얼마든지 무거울 수도 있고 가벼워질 수도 있습니다. 지금까지는 이스라엘 백성들이 너무 신앙적으로 어리니까 모세의 짐이 너무 무거웠던 것입니다. 그러나 이스라엘 백성들의 신앙이 성숙하게 되면 그 짐은 훨씬 가벼워지게 됩니다.

지금 우리나라 교회는 너무나도 양적인 성장에 치우치고 있습니다. 그러면 결국 그 모든 짐을 목회자 자신이 다 지게 되어서 나중에는 그 짐에 스스로 깔려서 죽게 됩니다. 그런데 목회자가 교인들을 말씀으

로 잘 자라게 하면 교인들이 스스로 일어서서 짐을 져주기 때문이 훨씬 짐이 가벼워지게 되는 것입니다.

옛날에 엄마가 아이들을 일곱이나 여덟을 낳고도 키울 수가 있었던 것은 큰 아이가 동생들을 책임을 지기 때문입니다.

하나님께서는 울고 있는 이스라엘 백성들에게 스스로 거룩하게 하라고 명령하셨습니다.

> **민수기 11장 18절**
> 또 백성에게 이르기를 너희 몸을 거룩히 하여 내일 고기 먹기를 기다리라 너희가 울며 이르기를 누가 우리에게 고기를 주어 먹게 할꼬? 애굽에 있을 때가 우리에게 재미있었다 하는 말이 여호와께 들렸으므로 여호와께서 너희에게 고기를 주어 먹게 하실 것이라

이스라엘 백성들은 울고만 있으면 안 됩니다. 하나님의 응답을 받으려면 스스로 준비를 하고 있어야 하는 것입니다. 이것은 우리들에게도 마찬가지입니다. 우리가 하나님의 응답을 받으려면 우리 자신을 깨끗케 해야 합니다. 기도 해 놓고 텔레비전만 실컷 보고 사람들이나 만나러 돌아다니면 안 되는 것입니다. 우리는 스스로 생활을 단순하게 정리하고 하나님의 응답을 기다려야 합니다.

그런데 하나님의 응답이 왠지 불길한 것 같습니다.

> **민수기 11장 19-20절**
> 하루나 이틀이나 닷새나 열흘이나 이십일만 먹을 뿐 아니라 코에서 넘쳐서 싫어하기까지 일개월간을 먹게 하시리니 이는 너희가 너희 중에 거하시는 여호와를 멸시하고 그 앞에서 울며 이르기를 우리가 어찌하여 애굽에서 나왔던고

함이라 하라

하나님은 고기를 주시는데 한번만 주시는 것이 아니라 매일 주시겠다는 것입니다. 이스라엘 백성들의 메뉴는 한 달 내내 고기였습니다.

그 이유는 역시 그들이 못된 소리로 하나님을 원망했기 때문이었습니다. 기도도 예쁜 모습으로 기도를 해야 하나님이 곱게 들어주시지 투정을 부리듯이 악을 쓰듯이 하면 하나님께서 응답해주시기는 하는데 결국 이것이 복이 되지 못하는 것입니다.

이때 모세는 하나님의 말씀에 놀랍니다.

민수기 11장 21-22절
모세가 가로되 나와 함께 있는 이 백성의 보행자가 육십만명이온데 주의 말씀이 일개월간 고기를 주어 먹게 하겠다 하시오니 그들을 위하여 양떼와 소떼를 잡은들 족하오며 바다의 모든 고기를 모은들 족하오리이까?

모세도 하나님께서 육십만 명을 일개월동안 입에 물리도록 고기를 주시겠다고 하니까 믿어지지 않았습니다.

그러니까 하나님이 무엇이라고 말씀을 하십니까?

민수기 11장 23절
여호와께서 모세에게 이르시되 여호와의 손이 짧아졌느냐? 네가 이제 내 말이 네게 응하는 여부를 보리라

홍해를 갈랐던 모세의 신앙도 고기에서는 흔들렸습니다. 우리의 신앙이 고기에 흔들려서는 안 되겠습니다. 어떤 사람은 고기에는 신앙

이 흔들리지 않는데 김치에는 흔들리는 사람도 있습니다. 김치가 없으면 교회에 나오지 않겠다고 해서는 안 될 것입니다.

'여호와의 손이 짧아졌느냐' 하나님의 손은 결코 짧아진 적이 없습니다. 하나님의 손은 언제나 충분히 깁니다. 여호와께는 능치 못한 일이 없습니다.

하나님께서는 두 가지 일을 하셨습니다. 그 하나는 칠십 인의 장로들에게 성령을 부어주셔서 성령 충만케 하신 것입니다.

민수기 11장 25절
여호와께서 구름 가운데 강림하사 모세에게 말씀하시고 그에게 임한 신을 칠십 장로에게도 임하게 하시니 신이 임하신 때에 그들이 예언을 하다가 다시는 아니하였더라

하나님께서는 고기를 달라고 하는 이스라엘 백성들에게 고기 대신에 먼저 성령을 주셨습니다. 하나님께서 우리 믿는 자들에게 가장 주시고 싶어 하시는 것이 바로 이 충만한 성령의 은사인 것입니다. 여기에 말씀과 성령 충만이 함께 나타나고 있습니다. 말씀을 하면서 성령의 충만함이 칠십 인들에게 임했습니다. 성령이 충만하게 임한다는 것은 우리 인간의 마음과 몸속에 하나님의 능력이 부어지는 것입니다. 우리 안에 하나님의 능력이 임하면 배가 고프지 않습니다. 예전에 그렇게 집착하던 것이 전부 다 시시해져 버립니다. 그 대신에 우리는 하나님의 축복으로 배부르게 됩니다.

환자들이 아프면 대개 병원에서 링거 주사를 놓습니다. 그러면 먹지 않아도 배가 고프지 않습니다. 왜냐하면 링거액으로 영양이 공급

이 되기 때문입니다. 우리에게 성령이 임하시면 우리는 하나님의 사랑과 축복으로 충만해지게 됩니다. 그러면 고기가 아무 것도 아닌 것이 됩니다. 집이나 차도 아무 것도 아닙니다. 내가 성령 받은 그곳이 천국으로 변해버립니다. 그리고 너무 기쁘고 감격스러우니까 울면서 감사하다는 말을 하게 되고 자기도 모르는 말을 자꾸 중얼거리게 됩니다. 그것이 여기에 나오는 예언인 것입니다.

결국 우리가 화가 나고 불평이 생기는 것은 성령 충만하지 못하기 때문입니다. 성령으로 충만하기만 하면 어떤 어려움도 전혀 문제가 되지 못합니다.

그런데 여기에 문제가 생겼습니다. 그것은 모세가 칠십 인을 소집을 했는데 두 명이 오지 않았습니다. 엘닷과 메닷이라는 사람인데 두 사람이 빠졌습니다. 그런데 성령의 은혜는 그들에게도 임해서 이 두 사람도 성령의 충만함이 임했습니다. 아마 이 두 사람이 빠진 것은 반항해서 빠진 것은 아닌 것 같고 사정이 있었던 것 같습니다. 그러나 좌우간 성전이 아닌 곳에서 두 사람이 은혜를 받아서 예언을 하고 방언을 하니까 한 소년이 여호수아에게 말하게 됩니다. 그러자 여호수아는 모세에게 이 두 사람의 예언을 금지시켜야 한다고 했습니다. 그러나 모세는 여호수아에게 우리가 하나님의 은사를 가지고 시기해서는 안 된다고 하면서 자기는 모든 이스라엘 백성들이 성령을 받아서 다 선지자가 되기를 원한다고 했습니다. 역시 모세는 큰 그릇이었습니다.

우리는 하나님의 은사와 축복을 나에게만 제한시킬 수는 없습니다. 결국 주님이 오심으로 그분 승천이후 모든 성도들이 다 성령 받아서 하나님의 종이 되는 시대가 온 것입니다.

그리고 하나님께서는 바람을 불게 하셨는데 그 바람에 메추라기가 날려 와서 이스라엘 진 주위에 쌓이기 시작했습니다. 얼마나 많은 메추라기가 날아 와서 쌓였는가 하면 일 미터 높이로 하루 길 되는 지면에 전부 메추라기였습니다. 메추라기는 너무 많아서 날지도 못했습니다. 이스라엘 백성들은 고기를 못 먹었다고 원망하고 불평하다가 그야말로 한 달 동안 고기를 입에 물릴 정도로 먹었습니다.

그러나 하나님은 이스라엘 백성들의 이런 모습을 기뻐하시지 않으셨습니다. 하나님이 주시면 먹고 주시지 않으면 참고 기다려야지 울고 떼를 써서 고기를 먹는 것은 하나님의 뜻이 아니었습니다. 그래서 고기를 입에 물고 씹기도 전에 하나님께서 병으로 치셔서 많은 사람들이 죽었습니다.

그래서 그곳 이름을 '기브롯 핫다아와'라고 지었는데 '탐욕의 무덤'이라는 뜻이었습니다. 결국 이 무덤은 욕심 부리다가 죽었다는 뜻입니다. 결국 이들의 묘비명은 '메추라기 먹다가 씹지도 못하고 죽다'였습니다. 어떤 사람은 '먹다가 죽었다'도 있을 것입니다. 그러기에 우리는 이 세상에서 탐욕만 추구하다가 탐욕의 무덤을 남겨서는 안 되겠습니다.

오늘 우리는 다 성령 충만을 받아야 합니다. '술 취하지 말라 이는 방탕한 것이니 오직 성령의 충만함을 받으라' 오늘도 여러분은 모두 하나님의 말씀으로 배부르며 기도로 배부르며 능력으로 배부른 성도들이 되어야 할 것입니다.

10_ 민 12:1-16

미리암의 도전

제가 어느 날 외국에 집회를 나갔을 때 경험한 일입니다. 텔레비전에서 유명한 은사 집회 부흥사인 베니 힌의 집회를 방송으로 본 적이 있었습니다. 저는 그 방송을 보면서 참으로 감동을 받았습니다. 아마 수천 명이 될 것 같은데 사람들이 일어서서 눈에서 눈물을 줄줄 흘리면서 계속 찬송을 부르고 있었고 베니 힌 목사는 앉은뱅이를 치료해서 무대 위를 여기 저기 데리고 다니면서 다리를 실험하고 있었고 귀머거리가 들린다고 해서 귀에 대어놓고 이런 저런 말을 하고 있었습니다.

그런데 이와는 또 완전히 대조되는 분이 있습니다. 그것은 이미 돌아가신 영국의 마틴 로이드 존즈 목사님입니다. 이 분은 아주 검은 칙칙한 가운을 입고 설교 중에 농담도 전혀 없이 그야말로 아주 딱딱한 교리 설교를 불붙듯이 토해내는 설교를 했는데 지금까지도 영어를 사용하는 곳에서는 최고의 존경을 받고 있는 것입니다.

요즘은 교회 안에 많은 성경 공부 프로그램이 생겼지만 예전에는 성도들이 교회에서 은혜로 채움 받지 못하면 은혜를 사모하여 여러 집회를 찾아가서 은혜를 받을 때가 많이 있었습니다. 그때 놀라게 되는 것은 같은 집회인데도 너무나도 내용이 다른 것을 보게 되는 것입니다. 어떤 집회는 집회 거의 대부분이 설교로 이루어져 있고 병 고치는 것이나 기도는 많이 하지 않는가 하면 어떤 집회는 말씀은 거의 없고 주로 기도나 병 고치는 은사가 중요한 내용을 차지하는 것을 보게 됩니다. 이것을 보면서 교인들은 과연 어떤 집회가 진정한 성령의 능력이 나타나는 집회인가 혼동이 일어나게 되는 것입니다.

이것은 모두 다 틀림없는 성령의 역사이고 축복인 것은 사실입니다. 그러나 병 고치는 체험 은사가 말씀의 씨를 뿌리기 위해서 밭을 가는 과정이라면 말씀이야말로 영혼을 추수하는 것입니다. 즉 병이 나았기 때문에 구원을 얻는 것이 아니라 말씀을 듣고 믿음이 생겼기 때문에 구원을 얻는 것입니다. 그러나 우리는 여기서 한 걸음 더 나아가서 이미 말씀을 듣고 은혜를 받은 자들이기에 병이 낫지 못할 이유가 없다고 생각합니다. 그러기에 우리는 말씀을 듣고 난 후에 더 뜨겁게 기도함으로 더 큰 능력을 체험하는 것입니다.

그런데 오늘 성경 말씀은 이런 성령의 역사 사이의 분명한 차이를 말씀하고 있습니다. 그리고 우리가 과연 어떤 성령의 역사를 따라가야 바른 길을 갈 수 있는지 보여주고 있습니다. 아마 오늘 이 말씀이 없으면 우리는 또 쓸데없는 은사를 구하기 위하여 또 많은 곳을 방황을 해야 할 것입니다.

예를 들면 어떤 집에서 큰 잔치를 하게 되었습니다. 대개 잔치를 하면 많은 음식도 있고 노래도 있고 춤도 있습니다. 또 재능 있는 많은 사람들이 나와서 노래도 부르고 이야기도 하고 또 잔치를 진행하기도 합니다.

요즘은 아예 이벤트 회사들이 있어서 이벤트 회사에 맡겨서 진행을 하는 경우도 있습니다. 이럴 때 진행을 맡은 사람은 워낙 말재간이나 여러 가지 공연 재주가 있기 때문에 재미있고 감동적으로 행사를 진행할 수 있습니다.

그러나 주인에게 가장 중요한 사람은 잔치 전체를 책임지는 자신의 하인일 것입니다. 이 사람은 잔치에 필요한 모든 것을 다 계산해서 주인에게 돈을 받아서 집행을 하고 또 음식을 장만하고 사람들을 초청하며 모든 마무리까지 깨끗하게 다 하는 종인 것입니다.

우리가 알아야 할 것은 하나님 나라에도 이런 종이 있는가 하면 진행만 하는 사람들도 있습니다. 그런데 모세는 하나님 나라를 위해 아주 충실한 사환이었다고 말씀하고 있습니다. 하나님 나라에서 가장 중요한 것은 어떤 은사가 있거나 기획을 잘 해서 행사를 잘 치르는 것이 아니라 끝까지 하나님의 말씀에 충성하는 것이 중요합니다. 그리고 그러한 종이 진짜 충성한 종이라는 것입니다.

우리는 모두 하나님의 충성된 종이 되기를 원하고 있습니다. 그러면 다른 것을 많이 해서는 안 되고 모세같이 하나님의 말씀에 충성해야하는 것입니다. 그때 우리는 하나님 앞에서 최고로 하나님의 신뢰받는 사람이 될 수 있습니다. 하지만 이런 말씀의 종을 무시할 때 하나님은 그런 사람의 얼굴에는 침을 뱉어버리겠다고 말씀을 하십니다.

모세에 대한 비난

이스라엘 백성들이 광야에서 행진을 시작하면서 가장 먼저 시작한 것은 하나님께 불평하는 것이었습니다. 그들은 자신들의 처지가 애굽에 있을 때 보다 훨씬 못하다고 하면서 특히 '고기를 못 먹어서 힘이 없다' 고 불평을 했습니다. 이것이 이스라엘 일반 백성들의 불평이었습니다.

그러나 그 다음에는 가장 중요한 지도자 사이에 불평이 있었습니다. 그것은 모세와 가장 가까운 협력자인 아론과 미리암이 모세를 비난한 것이었습니다.

> 민수기 12장 1절
> 모세가 구스 여자를 취하였더니 그 구스 여자를 취하였으므로 미리암과 아론이 모세를 비방하니라

여기서 궁금한 것은 모세가 아내로 취한 구스 여인이 과연 누구냐 하는 것입니다. 여기에 두 가지 학설이 있습니다. 하나는 '구스' 라고 하는 지명이 에티오피아를 말하기도 하지만 미디안 땅을 구스라고 부르기도 하기 때문에 모세의 부인 십보라가 돌아오고 난 후에 십보라와 미리암 사이에 갈등이 생겼다고 생각하는 것입니다. 원래 십보라는 들판에서 유목 생활을 하면서 양을 치던 여자였기 때문에 성격이 아주 괄괄한 여자였던 것 같습니다. 거기에 비해서 미리암은 모세의 누이로서 아주 똑 부러지는 성격을 가진 똑똑한 여자였습니다. 그러니까 괄괄한 여자와 똑 부러지는 여자가 만났으니까 모세를 가운데

두고 충돌이 일어나는 것은 당연한 일인지도 모르겠습니다.

거기에 비해서 어떤 학자는 모세가 십보라가 죽고 난 후에 에티오피아 여자와 다시 결혼을 했다고 생각을 합니다. 어떤 사람은 여기서 한 걸음 더 나아가서 모세는 에티오피아 공주 탈비스라는 여자와 재혼을 했다고 주장을 하기도 합니다. 갑자기 '탈비스' 가 어디서 나온 '탈비스' 인지 모르겠습니다.

제 생각으로는 다른데서 일제 십보라가 죽었다는 말이 없기 때문에 이 구스 여자가 십보라라고 생각합니다. 그리고 혹 십보라가 죽고 모세가 재혼을 했더라도 이것은 모세의 개인적인 사생활의 문제라고 보아야 할 것입니다.

그런데 모세의 누이 미리암과 아론은 이 문제를 가지고 모세의 지도력에 도전을 했습니다.

민수기 12장 2절
그들이 이르되 여호와께서 모세와만 말씀하셨느냐? 우리와도 말씀하지 아니하셨느냐? 하매 여호와께서 이 말을 들으셨더라

모세의 누이 미리암이 모세를 찾아와서 당신의 부인 성격이 거칠어서 나와 자꾸 부딪치는데 그렇게 하지 않게 해 달라고 요구했다면 이것은 전혀 잘못이 아닙니다. 그러나 미리암은 결코 그런 식으로 말하지 않았습니다. 즉 모세의 부인이 이스라엘 여자가 아니기 때문에 그의 지도력에 문제가 있다고 들고 나온 것입니다. 결국 이것은 모세에게 일종의 스캔들이 되는 것입니다.

모세는 미디안 광야 생활 사십년을 보내고 애굽에 있는 이스라엘

백성들에게 돌아올 때에 십보라를 데리고 왔습니다. 그러나 십보라는 주장이 강한 여자였기 때문에 모세가 아이들에게 할례를 행하지 못하게 했습니다. 그러다가 여행 중에 숙소에서 하나님께서 모세를 죽이려고 하시기 때문에 당황해 하면서 어쩔 수 없이 아이들에게 할례를 행함으로 모세를 살렸습니다. 그리고는 아이들을 데리고 돌아가버렸습니다. 모세는 자기 혼자 이스라엘 백성들을 찾아갔기 때문에 이스라엘 백성들은 모세가 부인이 있는지 아이가 있는지 잘 몰랐습니다. 또 자신들의 사정이 너무 다급했기 때문에 그런 문제에 신경을 쓸 정신적인 여유가 없었을 수도 있습니다. 그런데 출애굽하고 난 후에 광야에 있을 때 십보라가 두 아이들을 데리고 모세를 찾아왔습니다. 그때 모세의 부인은 흑인이었습니다. 완전한 에티오피아 흑인은 아닐지 몰라도 거의 흑인에 가까웠고 여자가 교양도 없고 거칠었습니다. 그런 까닭에 아마 모세의 누이 미리암과도 부딪혔던 것 같습니다. 미리암은 '모세는 내 동생이다. 모세가 태어나서 나일강에 빠져 죽게 되었을 때 내가 살렸다'는 자부심이 있었습니다. 그런데 십보라는 십보라 나름대로 '모세는 내 남편이다. 특히 중간에 죽으려고 하는 것을 내가 아이들에게 할례를 해서 살린 피남편이다'는 자부심을 가지고 있었던 것입니다. 그러니까 아무래도 신앙심이 깊고 성격적으로도 똑 부러지는 미리암이 십보라의 행동을 참을 수가 없었던 것 같습니다.

 사실 이 루머는 모세에게는 너무나도 억울한 것입니다. 모세는 사십년 전에 애굽에서 사람 하나 죽이고 미디안 광야로 도망을 쳐서 숨어 있으면서 이드로의 가정을 만나서 얹혀서 살았던 것입니다. 그리고 그때는 이렇게 이스라엘의 지도자가 될 줄도 몰랐고 살아서 돌아올 줄은 꿈에도 생각지 못했습니다. 단지 너무나도 도망자 생활이 외로

우니까 십보라가 의지가 되었고 또 십보라의 소탈한 성격이 좋아서 피부색이나 인종을 뛰어넘어서 결혼을 했던 것입니다. 그런데 모세가 이스라엘의 지도자가 되고 나니까 사람들은 '왜 사십년 전에 이스라엘 여자가 아닌 다른 인종의 여자와 결혼을 했느냐?' 하면서 걸고넘어지는 것입니다. 모세는 그때 죽지 않고 살아남은 것만 해도 기적인데 다른 사람들은 왜 그때 이스라엘 여자와 결혼하지 않았느냐 라고 비난을 하고 있는 것입니다. 그리고 이스라엘 여자와 결혼하지도 않은 사람이 과연 우리를 이끄는 지도자가 될 수 있느냐 하는 비난의 여론을 타고 퍼지고 있었던 것입니다.

그러기에 청소년기나 청년기 때 신앙생활을 잘 하는 것이 아주 중요합니다. 왜냐하면 사람들이 자랄 때 청소년기나 청년기는 그야말로 질풍노도의 시기이기 때문입니다. 이때 방황을 하지 않는 사람은 거의 없고 그야말로 마귀가 문 앞에 엎드려 삼킬 자를 찾아서 엎드리고 있는 형편입니다.

이때는 죄와 죄 아닌 것 사이에 종이 한 장 차이일 때가 많습니다. 그런데 청소년기나 청년기 때 신앙생활을 잘 하면 조금씩 방황을 하고 갈등을 하더라도 큰 죄를 짓거나 엄청난 스캔들이 될 죄에는 빠지지 않습니다.

모세는 애굽의 왕궁에서 자랐고 최고의 애굽 궁중학부를 나왔지만 청년기의 갈등에 사람을 하나 죽이고 사십년 도피 생활을 했던 것입니다. 이런 과정에서 모세가 미디안 여자와 결혼을 했다는 것은 모든 세상의 미련을 다 버린 것입니다. 그랬기 때문에 모세는 하나님의 손에 붙들릴 수 있었던 것입니다. 만약 모세가 세상의 미련을 버리지 못했더라면 미디안 광야의 방황이 더 길어질 수도 있었을 것입니다. 그런데 이것이 이제는 흠이 되는 것입니다.

그런데 미리암은 여기서 그치지 않았습니다. 모세의 예언의 능력을 들고 나온 것입니다. '여호와께서 모세와만 말씀하셨느냐? 우리와도 말씀하시지 아니하셨느냐 하매.'

어떻게 보면 미리암은 정말 민주적인 사고방식을 가진 가장 앞선 여성이었다고 말을 할 수 있습니다. 미리암은 하나님의 나라는 철저하게 민주적이어야 한다는 것입니다. 이 세상에는 권력을 잡은 왕 한 사람이 모든 것을 쥐고 흔드는 독재국가이지만 하나님의 나라는 모든 이스라엘이 하나님의 백성이기 때문에 철저하게 민주적이어야 한다는 것입니다. 즉 모세만 이스라엘의 리더십을 독점하는 것은 독선이고 모든 지도력은 온 이스라엘 백성들 안에 공평하게 나누어지는 것이 옳다고 주장을 한 것입니다.

우리가 미리암과 아론이 모세에 대하여 불평한 것을 보면 일반적인 것에다 신앙적인 것이 결부되어 있는 것을 볼 수 있습니다. 즉 모세 당신도 결점이 있는 인간이니까 이스라엘의 모든 지도력을 당신만 쥐고 있지 말고 다른 사람들에게도 내어주어서 민주적으로 이스라엘 백성들을 이끌어나가자는 것이었습니다. 그리고 그 증거로 자기에게도 하나님의 신이 임하고 하나님의 말씀이 임한 것을 제시했습니다.

여기서 우리가 생각해야 할 것은 과연 모세가 흑인 여자와 결혼한 것이 부끄러운 것인가 하는 것입니다. 그리고 또 하나는 과연 하나님의 나라는 민주적인가 하는 것입니다.

우리가 분명히 말을 해야 할 것은 모세가 미디안 여자와 결혼한 것은 결코 수치가 아니라는 것입니다. 모세가 미디안 여자와 결혼한 것은 그가 정말 하나님의 손 안에서 낮아졌으며 그가 정말 하나님의 뜻대로 잘 연단된 것을 보여주는 증표인 것입니다. 모세는 결코 부인 자랑을 할 수가 없었습니다. 왜냐하면 그의 부인이 미인도 아니었고 교양이 있는 사람도 아니었습니다. 그러나 그렇다고 해서 그의 결혼이 부끄러운 것은 결코 아니었습니다. 오히려 자랑스러운 것이었습니다. 또한 우리 하나님의 백성들은 과거로 인하여 너무 후회하거나 고통스러워해서는 안 됩니다. 왜냐하면 우리는 과거로 돌아갈 필요가 없기 때문입니다. 우리가 오늘 하나님의 말씀을 잘 믿고 믿음으로 받아들이면 모든 것이 합력하여 선을 이루기 때문입니다.

성도 여러분들은 결혼을 후회하지 마시기 바랍니다. 출생을 후회하지 마시기 바랍니다. 중요한 것은 오늘 우리들이 믿음으로 받아들이면 모든 것이 합력하여 선을 이루게 되는 것입니다.

민수기 12장 3절
이 사람 모세는 온유함이 지면의 모든 사람보다 승하더라

모세는 우리가 생각하는 것과는 달리 아주 온유한 사람이었습니다. 여기서 '승하였다' 는 말은 '이긴다' 는 뜻입니다. 이 세상에 어느 누구도 온유한 것으로는 모세를 이길 자가 없었습니다. 그러니까 미리암이 모세를 공격하고 난리를 쳐도 모세는 전혀 대항도 하지 않고 묵묵하게 참고 있었다는 뜻입니다.

여기서 우리는 모세의 가장 중요한 협력자인 아론과 미리암이 모세를 대적한 것을 보게 됩니다. 그러면 이 사람들이 자기들이 하는 일의 의미를 잘 알고 했느냐?를 생각해 보아야 할 것 입니다. 아마 잘 모르고 했을 것입니다. 특히 사탄은 우리를 공격할 때 가장 가까운 사람을

충동질해서 공격합니다. 일단 먼데 있는 사람은 공격을 해봤자 상처를 주기 어렵습니다. 그러나 가장 가까운 사람이 하는 말은 치명적인 상처를 줄 수 있습니다. 그래서 우리는 언제나 사탄이 가장 가까운 사람을 충동질 한다는 것을 의식을 하고 대비를 하고 있어야 합니다. 남편이 아주 신앙이 좋을 때 부인이 자기도 모르게 마귀 짓을 할 수 있습니다. 이때 남편은 아내를 공격하기 보다는 오히려 더 불쌍히 여기고 더 사랑해 주어야 합니다. 또 아내가 은혜를 많이 받았을 때 남편이 괜히 쓸데없는 것을 트집 잡아서 시비를 걸 수 있는데 이때 온유와 겸손으로 이겨야 합니다. 결국 자기들 끼리 싸워서 만신창이가 되면 마귀만 기뻐할 뿐이기 때문입니다.

하나님이 주신 은사의 차이

사실 미리암이 모세를 공격한 것은 인간적으로는 아주 탁월한 생각이었습니다. 미리암은 그 수천 년 전에 남녀 차별을 뛰어 넘었고 하나님의 나라의 리더십은 민주적이어야 한다고 생각을 한 사람이었기 때문입니다.

그러나 하나님의 나라는 우리가 생각하는 것 같은 민주적인 것은 아니었습니다.

우선 2절 끝에 보면 '여호와께서 이 말을 들으셨더라' 는 표현이 나옵니다. 이것이 민수기에는 많이 나옵니다. 즉 하나님께서는 우리가 별 생각 없이 하는 말들을 다 듣고 계신 것입니다. 우리가 평소에 다른 사람들에게 하는 말들은 결국 우리의 신앙 상태를 나타냅니다. 그러니까 하나님 앞에서 우리 신앙이 합격을 받으려면 평소에 말을 할때 아주 주의를 해서 해야 합니다. 공적으로 하는 말보다 사적으로 하는 말이 더 중요한 것입니다.

우리가 인간적으로 생각하기에는 미리암의 말이 타당성이 있습니다. 모든 이스라엘 백성들이 다 똑같고 또 모세도 결점이 있는 사람입니다. 그런데 오직 모세만 이스라엘의 지도자가 되고 다른 이스라엘 백성들은 모세의 지시를 따르기만 한다면 비민주적이라고 생각할 수 있습니다. 그러나 하나님이 이스라엘에게 원하신 것은 완전한 민주주의가 아니었습니다.

분명히 이스라엘 백성들 안에는 대단히 민주적인 요소가 많이 있었습니다. 그러나 하나님께서 원하시는 것은 모든 이스라엘 백성들이 다 똑같이 지도자가 되어서 돌아가면서 이스라엘을 지도하는 것이 아니었습니다. 하나님께서 원하신 것은 '말씀의 지배'였습니다.

그런데 여기서 생길 수 있는 문제가 있습니다. 그것은 말씀을 가르치는 자가 너무 높아지는 것이 아니냐 하는 것입니다. 하나님의 말씀을 가지고 바로 가르치면 거의 신적인 능력들이 나타나게 됩니다. 그리고 이 세상의 어느 것과도 비교할 수 없는 존귀가 나타납니다. 이것은 너무한 것이 아니냐 하는 것입니다. 그러나 그렇게 때문에 말씀을 전하는 자는 더 겸손해야 합니다. 왜냐하면 하나님께서는 죄인 중의 괴수들을 불러서 이렇게 쓰시기 때문입니다. 그래서 더 조심해야 하고 더 겸손해야 하며 말씀을 전하는 자신도 말씀을 들어야 합니다. 자기는 말씀을 듣지 않고 남에게만 전하면 남은 구원한 후에 자기는 지옥 자식이 되어버리는 것입니다.

하나님께서 죄인을 통해서 말씀을 주시는 것이 최고의 기적입니다.

우리가 이것을 믿을 때 감사하게 되고 더 은혜를 받게 되는 것입니다.

여기서 하나님께서는 하나님의 은사의 차이를 분명하게 선을 그으셨습니다.

> **민수기 12장 6-7절**
>
> 이르시되 내 말을 들으라 너희 중에 선지자가 있으면 나 여호와가 이상으로 나를 그에게 알리기도 하고 꿈으로 그와 말하기도 하거니와 내 종 모세와는 그렇지 아니하니 그는 나의 온 집에 충성됨이라

우리는 여기서 세 가지 성령의 은사를 비교할 수 있어야 하겠습니다. 그 하나는 칠십 인의 지도자들에게 성령이 임한 것입니다. 그들은 모두 성령의 충만함을 받고 예언을 했습니다. 여기서 말하는 '예언'은 일종의 영적인 엑스타시를 말합니다. 온 몸이 떨리면서 방언을 말하고 성령으로 극도로 흥분된 상태에 있는 것입니다. 이것이 영적 체험 중에서는 육체적으로 가장 강력하다고 볼 수 있습니다.

그리고 두 번째가 미리암이 받은 성령의 은사입니다. 이것은 칠십 인과는 좀 다른 것이었습니다. 즉 꿈이나 환상으로 하나님의 말씀을 받은 것입니다. 그러나 이것은 이미지를 본 것이지 언어적인 것이 아니었습니다. 그러나 환상을 보고 꿈을 꾼다는 것도 얼마나 대단한 것입니까?

그러나 모세에게 나타난 것은 언어적인 것이었습니다. 하나님께서는 모세에게 영적인 흥분도 아니고 꿈이나 환상도 아니고 대면하여 알아들을 수 있는 말씀으로 메시지를 주셨습니다.

이상의 세 가지 중에서 가장 체험적으로 강한 것은 칠십 인의 장로

들이 받은 예언이었습니다. 이것은 완전한 영적인 흥분이었고 모두 제 정신이 아니었습니다. 그러나 은사 중에는 가장 낮은 것이었습니다. 그리고 미리암이 받았던 꿈이나 환상도 아주 귀한 것이었지만 언어적인 메시지와는 비교가 되지 않았습니다.

하나님께서 가장 비중 있게 보시는 것은 언어적인 메시지였습니다. 하나님께서는 이것을 가지고 '모세가 나의 온 집에 충성되었다' 고 말씀하고 있습니다. 즉 다른 사람들은 모두 잔칫집에서 손님이었고 맛있는 요리 하나씩 먹고 자랑하는 상태였습니다. 그러나 모세는 이 모든 잔치를 다 맡은 청지기였고 충성된 종이었던 것입니다.

요즘 교회는 예배를 자꾸 축제의 분위기로 가고 있습니다. 물론 우리 예배에는 풍성한 영적인 잔치와 축제가 있습니다. 그러나 우리가 주의해야 할 것은 맛있는 요리 하나 먹고 자랑하면서 돌아가는 사람이 되어서는 안 된다는 것입니다. 우리는 주님의 충성된 종이 되어야 하고 끝까지 하나님의 나라에서 충성된 종으로 섬겨야 하는 것입니다. 그렇게 하려면 병을 낫게 하거나 환상적인 체험이나 방언으로는 안 되고 언어적인 메시지를 잡아야 하는 것입니다. 이것이 바로 우리가 하나님을 대면하는 것입니다. 이것이 우리가 하나님의 형상을 보는 것입니다.

예수님께서는 제자들에게 하나님의 말씀을 다 전하신 후에 "이제부터는 너희를 종이라 하지 아니하리니 종은 주인의 하는 것을 알지 못함이라. 너희를 친구라 하였노니 내가 내 아버지께 들은 것을 다 너희에게 알게 하였음이니라"(요15:15)고 말씀하셨습니다.

우리가 천국 잔치의 손님이 되지 않고 충성된 종이 되려고 하면 이 언어적인 메시지, 즉 하나님의 말씀을 잡아야 합니다. 그러면 정말 충성된 종이 되는 것입니다. 그리고 종에서 한 걸음 더 나아가서 하나님의 친구가 됩니다. 그러나 감동은 칠십 인의 예언이 가장 강했고 그 다음에 미리암의 꿈이나 환상이었고 그 다음에 모세의 대화였습니다. 그러니까 체험의 강도만 가지고 진리의 진정성을 확인하려고 해서는 안 되는 것입니다.

왜 타종교를 가진 사람들이 그 종교를 믿습니까? 그 안에 나름대로 심오한 체험이 있고 감동이 있기 때문입니다. 그러나 그것이 진정한 진리는 아닌 것입니다. 우리는 감동이 있든지 없든지 하나님의 말씀을 충성되게 붙잡고 그 말씀에 순종해야 합니다. 그러면 우리는 하나님의 가장 충성된 종으로 쓰임을 받게 될 것입니다.

하나님의 심판

하나님께서는 미리암의 반발에 대하여 진노하셨습니다.

민수기 12장 9절
여호와께서 그들을 향하여 진노하시고 떠나시매

하나님께서 미리암에 대하여 진노하셨다는 것은 그의 생각이나 주장에 대하여 기뻐하지 아니하셨다는 뜻입니다. 하나님은 미리암의 주장에 문제가 있다고 보셨습니다. 무엇보다 하나님은 그녀가 지켜야 할 자리를 이탈한 것으로 보신 것입니다.

죄라고 하는 것은 과녁을 빗나가는 것입니다. 즉 자신이 지켜야 할 자리를 벗어나서 하나님의 뜻에 대하여 도전하는 것이 죄인 것입니다. 하나님께서 진노하셨을 때 미리암은 나병이 걸렸습니다.

> **민수기 12장 10절**
> 구름이 장막 위에서 떠나갔고 미리암은 문둥병이 들려 눈과 같더라. 아론이 미리암을 본즉 문둥병이 들었는지라

미리암이 나병이 걸리자 나병은 역사적으로 굉장히 천대를 받게 되었습니다. 그리고 본의 아니게 나병 환자 형제들이 정신적으로 엄청난 고통을 받게 되었습니다. 모든 나병이 다 하나님의 저주라거나 혹은 하나님의 뜻에 불순종한 심판이라는 의미로 받아들이면 안됩니다. 사실 그렇게 보면 인간들 중에서 나병에 걸리지 않을 사람이 어디에 있겠습니까?

여기서 하나님께서는 하나의 비유를 사용하시는 것입니다. 무엇보다 나병의 특징 중의 하나가 감각이 없는 것입니다. 즉 자기도 모르는 사이에 썩어 들어가는 것입니다. 영적인 교만은 영적인 나병입니다. 자기도 모르는 사이에 사람의 정신과 육체를 썩게 만들고 다른 사람들도 썩게 만듭니다.

그래서 이 미리암의 병은 영적인 교만이 얼마나 무서운지 보여주는 것입니다. 그러면 왜 아론은 병에 안 걸렸을까요? 아론은 주동이 아니었기 때문입니다.

아론은 성격적으로 아주 유약한 사람이었고 남이 뭐라고 하면 쉽게 따라가는 사람이었습니다. 그러나 그는 유약했기 때문에 몇 번씩 죄를 짓는 편에 섰고 또 그렇게 될 때 마다 주동으로 몰리곤 했습니다.

가끔 청소년 비행도 보면 줏대가 약한 아이가 친구의 청을 거절하지 못해서 따라갔다가 주동으로 뒤집어쓰는 일들이 흔히 있습니다.

그래서 하나님의 백성들은 다른 것은 몰라도 영적인 일에는 줏대가 분명해야 합니다. 아무리 거절하기 힘든 친구나 상사가 시키더라도 아닌 것은 아니라고 거절을 해야 합니다.

그런데 아론은 또 회개하는 것도 아주 빨리 했습니다.

> 민수기 12장 11-12절
>
> 아론이 이에 모세에게 이르되 슬프다 내 주여 우리가 우매한 일을 하여 죄를 얻었으나 청컨대 그 허물을 우리에게 돌리지 마소서. 그로 살이 반이나 썩고 죽어서 모태에서 나온 자 같이 되게 마옵소서

아론이 회개하고 또 모세가 회개를 합니다.

> 민수기 12장 13절
>
> 모세가 여호와께 부르짖어 가로되 하나님이여 원컨대 그를 고쳐 주옵소서

이때 하나님의 대답이 아주 무서운 것이었습니다.

> 민수기 12장 14절
>
> 여호와께서 모세에게 이르시되 그의 아비가 그의 얼굴에 침을 뱉았을지라도 그가 칠일 간 부끄러워하지 않겠느냐? 그런즉 그를 진 밖에 칠일을 가두고 그 후에 들어오게 할지니라 하시니

자식이 못할 짓을 했을 때 아버지는 자식에게 침을 뱉고 저주를 합니다. 그러면 무조건 칠일 동안 근신을 해야 했습니다. 그런데 미리암

의 이 병은 하나님께서 침을 뱉으신 것입니다. 하나님께서 불쾌해서 침을 뱉었는데 어떻게 바로 병을 치료할 수 있겠느냐고 하신 것입니다.

심지어 은사를 받았거나 꿈을 꾸었다고 해서 하나님의 말씀을 무시하고 날뛰면 하나님이 침을 뱉어버립니다. 그러면 자기가 아무리 중요한 일을 하고 있고 재능이 있는 사람이라 하더라도 진밖에 내어 쫓아서 일주일 이상을 근신시키게 하라는 것입니다.

그러기에 진정으로 성령을 받은 사람의 특징을 보면 매우 겸손하다는 것입니다. 그리고 더 하나님의 말씀을 사모하고 자신을 전혀 가치 없는 자로 생각한다는 것입니다.

특히 성령의 은사는 흘러넘치는 것이 특징입니다. 그래서 어떤 사람이 받은 은사는 그 사람의 믿음의 분량과 반드시 일치하지 않을 때가 있습니다. 즉 믿음이 없어도 능력이나 기사가 나타날 수 있습니다. 그렇다고 해서 그 사람이 선지자이고 예언자냐 하면 절대로 그렇게 볼 수 없습니다.

하나님이 침을 뱉으신다는 표현을 쓰시는 것은 버리기 일보 직전이라는 뜻입니다. 거기서 한발만 더 뒤로 물러서면 지옥인 것입니다.

무엇보다 병 고치는 은사가 있다고 해서 그것으로 돈을 받는 것은 하나님께서 굉장히 싫어하시는 것입니다.

이스라엘 백성들은 미리암이 깨끗함을 받을 동안 진행을 할 수 없었습니다.

> **민수기 12장 15절**
> 이에 미리암이 진 밖에 칠일동안 갇혔고 백성은 그를 다시 들어오게 하기까지 진행치 아니하다가

결국 미리암의 사건은 이스라엘의 진행을 막았습니다. 모든 것을 민주적으로 하고 모든 은사가 다 인정이 되면 이스라엘이 떠 빨리 갈 줄 알았는데 오히려 더 앞으로 나아가지 못하고 이 문제가 다 해결될 때까지 이스라엘은 멈추어야만 했습니다.

우리에게 가장 중요한 것은 하나님의 말씀입니다. 은사는 이것을 더 풍성하게 하기 위해서 주시는 선물입니다. 우리는 주님의 일을 하면서 너무 자기를 알아주기를 바래서는 안 됩니다. 우리는 모두 다 똑같지만 하나님의 말씀은 절대적이어야 합니다. 오늘 이 시간 여러분 안에 있는 모든 문둥병들이 다 치료되고 다시 앞으로 전진하는 은혜가 있기를 축원합니다.

11 _ 민 13:1-14:12
열두 명의 정탐꾼

　　오늘날은 정보의 홍수시대이기 때문에 사람들은 매일 텔레비전이나 신문이나 인터넷을 통해서 많은 정보를 얻고 있습니다. 그러나 많은 정보나 자료보다 더 중요한 것이 있는데 그것은 이것을 과연 어떻게 해석해서 결론을 내리느냐 하는 것입니다. 그리고 그런 해석이나 결론보다 더 중요한 것은 결국 우리의 믿음인 것입니다. 오늘 거의 대부분의 사람들은 듣는 정보를 너무 믿어버리는 바람에 다른 사람의 말 한마디에 의해서 우왕좌왕하는 것을 많이 보게 됩니다. 예를 들면 텔레비전 건강 프로에서 어느 교수가 어떤 식품이 우리 몸에 좋다고 하면 바로 그 순간 슈퍼마켓에서 그 식품은 동이 나버리는 것입니다. 이것을 보면 오늘 현대인들이 얼마나 다른 사람이나 정보에 의해서 조종되기 쉬운 상태에 있는가 하는 것을 알 수 있습니다.
　　우리나라는 임진왜란 때 두 사람의 사절을 일본에 보내어서 풍신수길이 우리나라를 침략할 의사가 있는지 알아보게 했습니다. 그런데 일본에 갔다 온 두 사절의 의견이 정반대였습니다. 하나는 풍신수길이 정말 우리나라를 쳐들어 올 것이라고 했고, 다른 한 사람은 풍신수길은 인물이 왜소하고 보잘것없어서 절대로 우리나라를 침략할 인물이 되지 못한다고 보고를 한 것입니다. 여기에 우리나라 조정은 혼란을 겪었습니다. 결국 서로 머리 터지도록 싸우느라고 일본의 공격에 대해 준비를 해 놓지 못한 상태에서 임진왜란이 일어나는 바람에 많은 백성들이 죽었습니다. 이때 율곡은 십만양병설을 주장했는데 사실은 십만양병설도 부족한 것이었습니다. 임진왜란을 막으려면 오십만 명에서 백만 명의 군대를 준비했어야 했습니다.

아마도 제가 보기에 이 두 사람은 풍신수길이 전쟁 준비하는 것을 보지 못했을 것입니다. 그들은 둘 다 자기가 개인적으로 풍신수길을 보고 느낀 소감을 가지고 말을 하니까 이럴 수도 있고 저럴 수도 있는 것입니다. 중요한 것은 이런 상반된 정보를 가지고 왕이나 신하들이 제대로 된 바른 판단을 내릴 능력이 없었던 것입니다.

오늘 우리들에게는 엄청난 양의 정보가 쏟아져 들어오는 바람에 정보의 홍수 속에 허우적거리고 있습니다. 그러나 우리가 알아야 할 것은 이것들은 거의 대부분이 자기 멋대로 지껄여대는 쓰레기 정보라는 것입니다. 우리는 그 많은 정보들 중에서 필요한 것을 골라낼 수 있어야 하고 바른 믿음의 결론을 내릴 수 있어야 하는 것입니다.

지방에 있는 청년들이나 사업가들은 정보에 있어서 굉장히 불리한 위치에 있습니다. 수도나 유력한 기관에서 근무하면 거기서 듣는 것 자체가 모두 다 중요한 정보들인 것입니다. 그러나 우리는 정보보다 더 중요한 것을 가지고 있습니다. 그것은 하나님의 약속의 말씀입니다. 우리는 하나님의 약속의 말씀을 가지고 믿음으로 승리할 것입니다.

만약 우리가 신앙 없는 사람들의 말을 액면 그대로 받아들이면 우리는 이 세상에서 완전히 실패한 자들이며 할 수 있는 것이 아무 것도 없을 것입니다. 우리는 세상 사람들이 도저히 할 수 없다는 가운데서도 길을 뚫는 자들이며 불가능한 것을 해내는 사람들인 것입니다. 그러기에 우리에게는 결코 지치지 않는 믿음의 용기가 있어야 합니다.

이스라엘의 정탐꾼 선정

드디어 이스라엘 백성들은 가나안의 입구까지 도달했습니다. 원래 애굽을 출발해서 광야로 해서 가나안 남부 입구까지 오는 데는 대략 사십일 정도 걸리는 거리입니다. 그런데 이스라엘 백성들은 시내 산에서 하나님과 언약을 체결하고 또 성막을 만드는 동안 일 년이 걸렸기 때문에 일 년 사십일 정도 되어서 가나안의 남부 입구까지 오게 되었습니다.

여기서 하나님께서는 모세에게 지시하시기를 이스라엘 각 지파 가운데 한 사람씩 족장을 뽑아서 가나안 땅을 정탐을 하게 하라고 자시를 하셨습니다.

> **민수기 13장 1-3절**
> 여호와께서 모세에게 일러 가라사대 사람을 보내어 내가 이스라엘 자손에게 주는 가나안 땅을 탐지하게 하되 그 종족의 각 지파 중에서 족장 된 자 한 사람씩 보내라. 모세가 여호와의 명을 좇아 바란 광야에서 그들을 보내었으니 그들은 다 이스라엘 자손의 두령된 사람이라

그러면 왜 하나님께서 갑자기 모세에게 이스라엘 백성들의 지도자들을 정탐꾼으로 뽑아서 가나안 땅을 정탐하게 하셨는가 궁금하기도 합니다. 기왕 하나님께서 이스라엘 백성들에게 가나안 땅을 주시겠다고 약속하셨고 지금 가나안 입구까지 끌고 오셨으면 그냥 밀고 들어가는 쪽이 낫지 않았을까요? 결국 이스라엘 백성들이 정탐을 했기 때문에 그들은 가나안 땅을 차지하는 것이 불가능하다고 판단을 하게 되었고 결국 많은 혼동과 고통을 받게 되었던 것입니다.

하지만 첫째, 우리가 정보를 수집을 하는 것이나 어떤 것에 대하여 미리 알아보는 것은 믿음과 전혀 배치되는 것이 아니라는 사실입니다.

예를 들면 우리가 어떤 회사에 취직을 하는데 그 회사에 대하여 어느 정도 알아보는 것은 당연합니다. 이러한 행위는 그 회사에 대한 나의 믿음에 전혀 배치되는 것은 아니라는 것입니다. 오히려 때로는 우리가 어느 정도 미리 알아볼 필요가 있습니다. 그 이유는 내가 가려고 하는 곳이 정말 하나님께서 예비하신 곳인지 아니면 하나님이 예비하신 곳이 아닌지 알아볼 수 있는 것입니다. 우리가 결혼을 하는데 상대방에 대하여 할 수 있는 대로 많이 알아보는 것은 필요한 것입니다. 물론 너무 믿음이 좋아서 전혀 상대방이 누구인지도 알아보지 않고 결혼을 해서 잘 사는 사람들도 있지만 많은 경우에는 미리 어느 정도 상대방에 대하여 알아보는 것이 하나님의 뜻을 찾는데 도움이 되는 것입니다.

그러기에 우리는 어떤 일을 하는데 있어서 믿음과 인간적인 노력을 전혀 배치되는 것으로 생각해서는 안 됩니다. 그러나 이때 중요한 것이 하나 있습니다. 미리 알아보는 것은 어디까지나 알아보는 것에 불과하지 그것이 하나님의 뜻은 아니라는 것입니다.

하나님께서 이스라엘 백성들에게 가나안 땅을 미리 조사하게 하신 것은 가나안 땅이 얼마나 비옥한 곳인지 미리 확인하게 하신 것입니다. 가나안 땅은 그야말로 하나님께서 말씀하신 대로 젖과 꿀이 흐르는 곳이었습니다. 그렇다면 이곳은 하나님이 주신 곳이 맞는 것입니다. 그리고 하나님께서는 정탐을 통해서 그 땅을 차지하는 것이 얼마나 어려운 일인지 알게 하셨습니다. 그 땅에는 성들이 있고 무기도 뛰어나서 거인족들도 있었습니다. 이런 것들을 통해서 이스라엘 백성들은 자신들의 연약함과 부족함을 깨닫고 더욱 더 하나님을 의지해야 되는 것입니다.

그러나 이스라엘 백성들이 실패한 것은 이미 정탐꾼들이 가지고 온 결론적인 말을 그대로 백성들이 믿고 믿음이 흔들려 버린 것입니다.

정보는 어디까지나 정보에 그쳐야 하는데 이들은 정보를 그대로 믿어버렸습니다. 이스라엘 백성들이 그때 정탐꾼들이 하는 말을 듣고 '과연 가나안땅은 축복의 땅이구나. 그러나 가나안 땅을 차지하는 것이 결코 간단하지 않겠구나' 라고 생각했다면 이것은 잘한 것입니다. 하나님은 그렇게 하라고 정탐꾼들을 보내게 하신 것입니다. 그러나 이들은 하나님이 결론을 내리실 시간을 주지 않고 자기들이 바로 결론을 내려버렸습니다. 즉 '우리는 결코 가나안 땅을 차지하지 못한다. 이제 우리는 어떻게 할 것이냐? 하는 것입니다.

그러면 결국 이스라엘 백성들이 가나안 땅을 정탐한 것이 그들에게 손해가 아니었느냐 하는 것입니다. 하지만 그것은 그렇게 간단하게 말할 수 있는 성질의 것은 아닙니다.

왜냐하면 믿음이 성숙한 사람들에게는 정보가 유익하게 사용될 수 있기 때문입니다. 나중에 여호수아가 가나안 땅에 들어가서 여리고 성을 정탐했을 때에는 정탐꾼들이 아주 중요한 정보를 제공했습니다. 이것은 그들이 이미 성숙했기 때문입니다. 그래서 우리는 어떤 일을 할 때 모르고 당하는 것이 좋을 때가 많습니다. 하나님께서는 우리가 어떤 일을 닥칠 때 모든 것을 일일이 다 설명해 주시지 않으십니다. 그 이유는 우리가 아무 것도 몰라야 멋도 모르고 부딪치는 가운데 훈련이 되기 때문입니다. 어떤 때에는 우리가 감당하기 어려운데 미리 연단 받을 것을 알려주시면 우리는 기를 쓰고 도망을 쳐버릴 것입니다. 그래서 모르는 가운데 정신없이 훈련을 받다보면 나도 모르는 사이에 가나안 땅 안에 들어가 있게 되는 것입니다.

결국 중요한 것은 정탐꾼을 보내었느냐 보내지 않았느냐 하는 문제가 아니라 그들의 문제는 믿음이 없다는 것이 문제였습니다.

학생들이 시험을 칠 때 기억해야 할 것은 시험은 어디까지나 시험에 불과하다는 것입니다. 시험이라고 하는 것은 그 동안 공부한 것을 평가하는 것에 불과하지 그것 때문에 죽어야 하는 것도 아니고 인생에 완전히 실패한 것도 아니라는 사실입니다. 시험은 어디까지나 자신의 실력을 객관적으로 평가받는 것에 불과한 것입니다. 그러나 사람들은 누구나 다 자기 자신이 객관적으로 평가되는 것을 대단히 싫어합니다. 그리고 자기가 생각한 것보다 훨씬 못한 평가가 내려질 때 실망을 하고 충격을 받습니다. 그러나 하나님의 백성들의 위대한 것은 자신의 상태를 객관적으로 그대로 인정하는 데서부터 위대한 믿음이 시작이 된다는 것입니다. 우리는 자신의 부족함이나 열등함을 인정한다고 해서 그것으로 인생이 끝나거나 한 평생 내내 그런 사람으로 살아야 하는 것이 아닙니다. 나의 상태를 냉정하게 인정하고 받아들일 때부터 하나님의 계획이 진행되게 되는 것입니다.

여기에 보면 이스라엘 정탐꾼들의 소속된 지파와 이름이 나옵니다. 모두 열두 지파에서 각 한명씩 열두 명의 족장들이 선발이 되었습니다. 이 사람들은 나이가 아주 많은 노인 족장이 아니라 상당히 젊은 족장들이었습니다. 왜냐하면 사십일 동안 가나안 땅을 돌아다니면서 정보를 수집하려면 힘이 필요했기 때문입니다. 그래서 여기 나오는 지도자들은 오늘날로 표현하면 '차세대 지도자들급' 이었던 것입니다. 이들에게는 아직 젊음이 있고 용기가 있고 미래가 있는 사람들이었습니다. 그러나 그들이 나중에 보고한 것을 보면 늙은이보다 더 생각하는 것이 늙은 것을 볼 수 있습니다. 그들은 조금도 고생할 생각이 없었습니다. 그 이유가 어디에 있을까요? 하나님의 말씀이 없었기 때문입니다. 하나님의 말씀을 듣지 못한 젊은이들과 대화를 나누어보면 늙은이 이상으로 사상이 고루하고 따분하고 한 가지 말만 자꾸 또 하고 또 하는 것을 보게 됩니다. 그 이유는 그들의 정신이 고루하기 때문입니다. 그래서 우리는 나이가 단지 젊다고 해서 생각이 젊다고 생각해서는 안 됩니다. 하나님의 말씀으로 새롭게 변화된 사람만이 진정으로 희망이 있고 미래가 있다는 것을 알아야 합니다.

그런데 하나님께서 이스라엘 전체에서 한 사람이나 두 사람의 대표를 뽑지 아니하시고 매 지파에서 한 명씩 대표를 뽑으신 이유가 어디에 있을까요? 그것은 각 자가 자기가 들어갈 땅은 남의 이야기를 듣고 결정하지 말고 자기 눈으로 직접 보고 결정을 하라는 것입니다. 우리는 남의 이야기만 듣고 결정할 수가 없습니다. 왜냐하면 내 자신의 눈으로 보면 생각이 달라지기 때문입니다. 그래서 우리 신앙에 있어서 가장 중요한 것은 '남이 뭐라고 하더라' 도 전부 자기 눈으로 직접 확인을 해야 하는 것입니다.

열두 정탐꾼들의 활동

모세는 열두 사람의 정탐꾼들에게 그들이 무엇을 조사를 해봐야 하는지 지시를 했습니다.

> 민수기 13장 17-20절
>
> 모세가 가나안 땅을 탐지하러 그들을 보내며 이르되 너희는 남방 길로 행하여 산지로 올라가서 그 땅의 어떠함을 탐지하라 곧 그 땅 거민의 강약과 다소와 그들의 거하는 땅의 호 불호와 거하는 성읍이 진영인지 산성인지와 토지의 후박과 수목의 유무니라 담대하라 또 그 땅 실과를 가져오라 하니 그 때는 포도가 처음 익을 즈음이었더라

모세나 이스라엘 백성들 중에게 가나안 땅에 대하여 아는 사람은 단 한 사람도 없었습니다. 아무도 가나안 땅에 살아본 적도 없었고 가본 적도 없었습니다. 그러니까 모세는 도대체 가나안 땅이라는 곳이 어떤 곳인지 미리 좀 알아보는 것이 필요하다고 생각했습니다.

앞에서도 말씀을 드렸지만 신앙이 어릴 때에는 모르고 당하는 것이 훨씬 낫습니다. 왜냐하면 우리가 무엇을 안다고 해서 어려움이 없어지는 것도 아니고 오히려 엄청나게 고민만 하게 되기 때문입니다. 그래서 신앙이 어릴 때에는 멋도 모르고 그냥 닥치는 대로 부딪치는 것이 나을 때가 많습니다. 이스라엘 백성들이 모르고 그냥 가나안 땅으로 밀고 들어갔더라면 상당한 성공을 거둘 수 있었을 것입니다. 그러나 중요한 것은 그들이 그런 믿음이 준비되어 있지 않았던 것입니다.

열두 사람의 정탐꾼들은 정말 열심히 가나안 땅을 정탐했습니다.

민수기 13장 21-22절

이에 그들이 올라가서 땅을 탐지하되 신 광야에서부터 하맛 어귀 르홉에 이르렀고 또 남방으로 올라가서 헤브론에 이르렀으니 헤브론은 애굽 소안보다 칠년 전에 세운 곳이라. 그곳에 아낙 자손 아히만과 세새와 달매가 있었더라

신 광야는 가장 남쪽 이스라엘 백성들이 있는 곳인데 거기서부터 가장 북쪽에 있는 하맛 어귀 르홉까지 정탐을 했습니다. 열두 명이 모두 함께 움직였는데 이렇게 구체적으로 움직였는지 모르겠지만 아마도 나누어서 움직인 것 같습니다. 그래서 다른 한쪽은 산지로 올라가서 헤브론을 정탐하였는데 거기는 거인족들이 살고 있었습니다. 그 거인들 중에 아히만과 세새와 달매가 있었습니다. 열두 사람의 정탐꾼들은 정말 열심히 가나안 땅을 조사했습니다. 이렇게 이스라엘 사람들이 자유롭게 정탐할 수 있었던 것은 가나안 땅이 하나의 나라가 아니고 서른 개가 넘는 작은 국가로 나누어져 있었기 때문이었습니다.

민수기 13장 23-24절

또 에스골 골짜기에 이르러 거기서 포도 한 송이 달린 가지를 베어 둘이 막대기에 꿰어 메고 또 석류와 무화과를 취하니라. 이스라엘 자손이 거기서 포도송이를 벤 고로 그곳을 에스골 골짜기라 칭하였더라

이스라엘의 정탐꾼들은 가나안 땅에 대하여 길게 설명할 필요가 없었습니다. 가나안 땅이 어떤 곳이냐 하는 것은 포도 한 송이면 더 이상 설명할 필요가 없었습니다. 열두 정탐꾼들은 포도 한 송이를 두 사람이 막대기에 꿰어서 어깨에 메고 돌아왔습니다.

우리는 보통 알이 큰 포도를 '거봉' 이라고 합니다. 포도 알이 엄청

나게 큰 포도 종류입니다. 그런데 가나안 땅의 포도는 한 송이를 두 사람이 멜 정도였습니다.

가나안 땅은 정말 어마어마하게 땅이 기름진 곳이었습니다.

여기 '에스골' 이라는 지명이 나오는데 '송이의 골짜기' 라는 뜻입니다.

여기서 이스라엘 정탐꾼들이 이 어마어마한 슈퍼 포도를 보았고 그것을 가나안 땅의 증거물로 가져왔던 것입니다. 아마 이 송이 정도는 열 명 이상이 먹을 정도의 포도였을 것입니다. 한 송이가 이 정도라면 포도밭에 있는 포도는 어떻겠습니까? 정말 가나안 땅은 어마어마한 축복의 땅이었습니다.

이스라엘 정탐꾼들은 사십 일 동안 가나안 땅을 정탐하고 드디어 돌아와서 모세 앞에서 보고를 했습니다.

민수기 13장 25-27절
사십 일 동안에 땅을 탐지하기를 마치고 돌아와 바란 광야 가데스에 이르러 모세와 아론과 이스라엘 자손의 온 회중에게 나아와 그들에게 회보하고 그 땅 실과를 보이고 모세에게 보고하여 가로되 당신이 우리를 보낸 땅에 간즉 과연 젖과 꿀이 그 땅에 흐르고 이것은 그 땅의 실과니이다

이스라엘의 정탐꾼의 입에서 제일 먼저 '가나안 땅은 젖과 꿀이 흐르는 땅이더라' 는 말이 나왔습니다. 가나안 땅은 너무나도 좋은 땅이었고 축복의 땅이었습니다.

그러나 중요한 것은 '그러나' 에 있습니다. 이들은 '그러나' 라고 하면서 엄청나게 부정적인 보고를 하기 시작했습니다.

민수기 13장 28절

그러나 그 땅 거민은 강하고 성읍은 견고하고 심히 클 뿐 아니라 거기서 아낙 자손을 보았으며

문제는 '그러나'에 있습니다. 아무리 가나안 땅이 비옥하고 좋지만 '그러나' 우리 힘으로는 가나안 땅을 차지하지 못한다는 것입니다. 왜냐하면 그 땅 거민들은 강하고 성읍은 튼튼하고 거기에다가 거인족들까지 있었기 때문입니다. 사실 이스라엘 열두 정탐꾼들이 본 것은 전부 다 사실이었습니다.

그 땅 사람들은 강한 사람들만 있었고 성은 높고 튼튼했습니다. 출애굽한 이스라엘 백성들이 성을 깨트릴 수 있는 방법은 없었습니다. 그리고 틀림없이 아낙 자손들이 있었습니다. 그리고 이스라엘 백성들은 그 거인족들을 이길 수 없었습니다. 사실로 말하면 신앙이 없는 정탐꾼들의 말이 옳았습니다. 그러나 중요한 것은 그런 현실을 어떤 믿음의 눈으로 받아들여야 할 것이냐 하는 것입니다. 즉 우리 힘으로 안 되는 것은 분명한데 하나님은 하실 수 있느냐 하는 것입니다.

결국 중요한 것은 정보가 아닙니다. 정보를 어떻게 해석하고 어떤 믿음의 눈으로 받아들이느냐 하는 것입니다.

갈렙은 이것을 믿음으로 해석을 했습니다.

민수기 13장 30절

갈렙이 모세 앞에서 백성을 안돈시켜 가로되 우리가 곧 올라가서 그 땅을 취하자 능히 이기리라 하나

갈렙은 가나안 정탐을 믿음으로 받아들였습니다. 즉 '우리는 하나

님의 뜻에 따라 여기까지 왔고 정말 우리 눈앞에 하나님이 약속하신 가나안 땅은 있으니 우리가 가나안 땅을 차지하는 것은 당연하다는 것입니다. 그런 까닭에 하나님을 의지하고 그 땅을 차지하자' 는 것입니다. 우리가 못한다고 해서 하나님도 못하시라는 법은 없다는 것입니다.

그러나 다른 족장들은 불신앙의 해석을 내렸습니다.

> **민수기 13장 31-33절**
> 그와 함께 올라갔던 사람들은 가로되 우리는 능히 올라가서 그 백성을 치지 못하리라. 그들은 우리보다 강하니라 하고 이스라엘 자손 앞에서 그 탐지한 땅을 악평하여 가로되 우리가 두루 다니며 탐지한 땅은 그 거민을 삼키는 땅이요 거기서 본 모든 백성은 신장이 장대한 자들이며 거기서 또 네피림 후손 아낙 자손 대장부들을 보았나니 우리는 스스로 보기에도 메뚜기 같으니 그들의 보기에도 그와 같았을 것이니라

갈렙과 같이 올라갔던 족장들은 우리는 결코 가나안 땅을 칠 수 없다고 말을 했습니다. 이것은 사실이었습니다. 이스라엘 자손들의 힘으로는 도저히 가나안을 칠 수 없었습니다.

그런데 그들은 여기서 인간적인 생각을 덧붙였습니다. 즉 그 땅은 '사람을 삼키는 땅' 이라고 한 것입니다. 우리는 '젖과 꿀이 흐르는 땅이 왜 사람을 삼키는 땅인가' 라고 의아하게 생각할 것입니다.

이것은 아마 그 땅을 보면 이해가 갈 것입니다. 예를 들면 어떤 힘 없는 사람들이 너무나도 좋은 땅을 가지고 있으면 다른 사람들이 그 땅을 차지하기 위해서 계속 전쟁을 할 것입니다. 그러니까 결국 그 땅은 사람을 살리는 땅이 아니고 사람을 삼키는 땅이 되는 것입니다.

이스라엘 족장들은 가나안 땅이 너무 좋으니까 앞으로 두고두고 이 땅을 차지하기 위해서 모든 사람들이 다 싸울 것이라고 판단을 했습니다. 그러니까 아예 골치 아픈 땅은 손대지 말자는 것이었습니다. 어떻게 보면 이스라엘 족장들이 과욕을 부리지 않고 미리 포기하는 것은 훌륭한 자세인 것처럼 보일 수도 있습니다. 우리나라 속담에도 '오르지 못할 나무는 쳐다보지도 말라' 는 말이 있습니다.

그러나 과연 우리는 하나님의 축복이 오르지 못할 나무이며 사람을 삼키는 땅인지 생각해 보아야 합니다. 어떤 분은 그렇게 말을 합니다. '모든 교회는 다 비슷비슷하기 때문에 결국은 다 거기가 거기' 라고 말을 합니다. 과연 우리가 다 그렇고 그런 신앙을 가지는 것이 당연한 것이냐 하는 것입니다. 우리는 오순절의 축복을 우리에게는 너무 과분한 것이라고 생각해야 하느냐 하는 것입니다.

그리고 한 걸음 더 나아가서 이 족장들은 가나안 족속들 중에서 '네피림' 을 보았다고 했습니다. 네피림은 노아 홍수전의 무법자들이었습니다. 가나안 땅에는 아마도 무법자들이 날뛰었던 것 같고 아낙 자손들이 설쳤던 것 같습니다. 그러나 자기들을 '메뚜기' 라고 말한 것은 잘못이었습니다. 여기서 메뚜기라고 하는 것은 발로 한번 밟기만 하면 으스러지는 힘이 없는 존재이고 뛰어봐야 멀리 가지도 못하는 존재라는 뜻입니다.

그들은 스스로를 '메뚜기족' 으로 자처를 했습니다. 사실 이스라엘 백성들은 메뚜기와 비슷했습니다. 즉 숫자는 엄청나게 많은데 뭐하는 사람들인지도 분명치 않고 하루는 여기 하루는 저기 돌아다니면서 만나 갉아 먹는 사람들인 것입니다. 그리고 그 사람들도 자기들을 메뚜기로 보았을 것이라고 말을 했습니다. 즉 이스라엘 백성들이 정탐을 한다고 여기 저기 뛰어다니는 것을 보고 메뚜기 한 마리가 이리 뛰고 저리 뛰는 것으로 생각했을 것입니다.

물론 하나님께서는 우리의 연약함을 미물로 표현하실 때가 있습니다.

예를 들면 하나님께서는 야곱을 '너 지렁이 같은 야곱아' 라고 부르신 적이 있었습니다. 지렁이는 그야말로 존재의 의미를 알기 어려운 미물이고 징그럽습니다. 그러나 우리는 하나님께서 우리를 '지렁이' 라고 부르면 '예 맞습니다. 저희들은 지렁입니다' 라고 할 수 있지만 다른 사람들이 '지렁이' 라고 부르면 '우리는 지렁이가 아니라' 고 해야 합니다. 우리는 지금 하나님의 손에서 연단 받고 있는 존귀한 사람들인 것입니다.

결론은 항상 하나님이 내리시게 해야 합니다. 하나님께서 이스라엘 백성들을 보고 '너희들은 메뚜기니까 전부 다 죽으라' 고 하시면 죽는 것이고 '너희는 메뚜기가 아니라' 고 하면 우리는 메뚜기가 아닌 것입니다.

사실 이스라엘 족장들은 가나안 땅에 한번 들어가 보고 난 후에 자기들이 얼마나 이 세상 현실에서 동떨어진 자들인지 알게 된 것입니다. 이 세상은 엄청나게 발전했는데 그들은 숫자만 많지 아무 것도 가진 것이 없었습니다. 그러나 실제로 이스라엘 백성들은 가장 위대한 것을 가지고 있었습니다. 그것은 바로 하나님이었습니다. 하나님의 백성은 결코 메뚜기가 될 수 없습니다.

어떤 분은 우리 믿음의 형제자매들을 보고 밥만 먹고 아무 것도 하지 않는 자들이라고 핀잔을 줍니다. 그러나 우리는 아무 것도 하지 않는 것이 아닙니다. 우리는 지금 하나님 앞에서 가장 위대한 일을 하고 있는 것입니다.

어떤 분은 '요즘 뭐하시느냐?'고 물으니까 '그냥 놀고먹어요.' 라고 대답을 하는 것을 듣습니다. 그렇게 하지 마세요. 저는 '가장 위대한 일을 하고 있습니다.' 라고 대답을 해야 합니다. 그것은 하나님의 말씀을 듣고 기도하는 일입니다.

이스라엘 백성들의 통곡

지금 가나안 땅을 정탐한 열두 사람의 의견이 완전히 갈라졌습니다.
열두 명 중에서 두 명은 우리는 가나안 땅을 정복할 수 있다고 대답을 했습니다. 거기에 비하여 열 명은 우리는 가나안 땅을 정복할 수 없다고 주장을 했습니다. 원래 이것은 정탐꾼들이 할 일이 아닌 것입니다. 정탐꾼들이 할 일은 가나안 땅이 어떻더라는 정보만 주면 되는 것이지 가나안 땅을 공격한다 혹은 안한다 하는 것은 그들이 결정할 일이 아니었습니다. 그러나 이미 열 명의 정탐꾼들은 이스라엘 백성들을 선동을 했고 이스라엘 백성들은 그 말을 믿었습니다.

민수기 14장 1-3절
온 회중이 소리를 높여 부르짖으며 밤새도록 백성이 곡하였더라. 이스라엘 자손이 다 모세와 아론을 원망하며 온 회중이 그들에게 이르되 우리가 애굽 땅에서 죽었거나 이 광야에서 죽었더면 좋았을 것을 어찌하여 여호와가 우리를 그 땅으로 인도하여 칼에 망하게 하려 하는고? 우리 처자가 사로잡히리니 애굽으로 돌아가는 것이 낫지 아니하랴?

이스라엘 백성들은 모두 밤새도록 곡을 하면서 울었습니다. 들판에서 온 이스라엘 백성들이 우는 소리는 마치 들개들이 우는 소리 같았을 것입니다. 그들은 곡을 했다고 했는데 이것은 '모든 것이 끝장났다'는 뜻입니다. 지금까지 광야의 긴 여정 가운데 온갖 고생을 다 참으면서 여기까지 왔는데 와 보니까 아무 것도 없는 것입니다. 그들은 모두 자기들이 모세에게 속았다고 생각을 했습니다.

그러면 왜 이스라엘 백성들은 이렇게 쉽게 열 명의 정탐꾼들의 말을 믿고 스스로 망했다고 판단을 했을까요? 가장 중요한 것이 그들은 가나안 땅이 빈 땅으로 생각을 한 것입니다. 즉 가나안 땅은 사람도 없고 성도 없고 광야같이 임자가 없는 땅이어서 그냥 들어가기만 하면 저절로 얻을 수 있는 곳으로 생각했습니다. 이스라엘 백성들은 '공짜로' 가나안 땅을 얻으려고 생각했던 것입니다. 그런데 가나안 땅에 군대가 있고 성이 있고 거인족이 있으니까 결국 전쟁을 해야 하지 않습니까? 그들은 이런 전쟁이 너무나도 싫었던 것입니다. 이스라엘 백성들은 전쟁에 대하여 전혀 준비가 되어 있지 않았습니다. 그리고 또 하나의 이유는 결국 이스라엘 백성들은 애굽에 대한 미련을 버리지 못했습니다. 이스라엘 백성들은 자기들이 애굽에서 바로에게 복종만 하면 아무 어려움이 없이 지낼 수 있다는 것을 알았던 것입니다. 그들은 애굽에서 노예로는 잘 지낼 수 있었습니다. 그렇기 때문에 그들은 굳이 하나님만 믿어야 할 이유도 없고 하나님의 백성이 될 필요도 없고 거저 시키는 대로 하면서 살면 되는데 왜 출애굽을 해서 광야에서 고생케하고 또 가나안 땅에서 전쟁까지 해야 하는지 이해가 되지 않았던 것입니다.

결국 이스라엘 백성들은 믿음이 없었습니다. 즉 위대한 하나님과의 만남, 그리고 위대한 예배, 그리고 위대한 새로운 삶 이런 비전이 없으니까 결국 세상적인 기준에서 조금만 멀어져도 엄청나게 손해를 본 것 같아서 화가 나서 견딜 수가 없었던 것입니다. 그래서 그들이 내린 결론은 출애굽이나 시내 산이나 다 때려치우고 하나님을 모르던 처음으로 되돌아가자는 것이었습니다.

민수기 14장 4절
이에 서로 말하되 우리가 한 장관을 세우고 애굽으로 돌아가자 하매

결국 이스라엘 백성들의 고향은 애굽이었습니다. 옛날에 어렸을 때 물고기 잡고 수박 서리하던 때로 돌아가자는 것입니다. 그러나 하나님의 백성들의 고향은 하나님 나라입니다. 우리 고향은 우리 뒤에 있는 것이 아니라 우리 앞에 있습니다. 우리는 지금 고향을 향하여 나아가고 있는 것입니다. 우리는 점점 더 고향에 가까워지고 있습니다.

이스라엘 백성들이 원망하면서 모세와 아론을 부정했을 때 모세와 아론은 땅에 엎드렸습니다.

민수기 14장 5절
모세와 아론이 이스라엘 자손의 온 회중 앞에서 엎드린지라

우리가 흥분해서 엄청난 폭언을 쏟아내는 사람들을 맞상대해서는 안 됩니다. 우리는 그 분노와 그 폭언을 감당할 수가 없습니다. 그때는 그 자리에서 땅에 엎드려야 합니다. 이것은 그 엄청난 분노를 하나님께 맡겨드리는 것입니다. 이때 함께 정탐을 갔던 여호수아와 갈렙이 분명하게 신앙적인 주장을 했습니다.

민수기 14장 6-9절

그 땅을 탐지한 자 중 눈의 아들 여호수아와 여분네의 아들 갈렙이 그 옷을 찢고 이스라엘 자손의 온 회중에게 일러 가로되 우리가 두루 다니며 탐지한 땅은 심히 아름다운 땅이라. 여호와께서 우리를 기뻐하시면 우리를 그 땅으로 인도하여 들이시고 그 땅을 우리에게 주시리라. 이는 과연 젖과 꿀이 흐르는 땅이니라. 오직 여호와를 거역하지 말라. 또 그 땅 백성을 두려워하지 말라. 그들은 우리 밥이라. 그들의 보호자는 그들에게서 떠났고 여호와는 우리와 함께 하시느니라 그들을 두려워 말라 하나

여호수아와 갈렙은 믿음의 결론을 내렸습니다. 정말 가나안 땅은 좋은 땅이고 젖과 꿀이 흐르는 땅이라는 것입니다. 하나님은 이스라엘을 속이지 아니하셨습니다. 중요한 것은 하나님의 마음인데 하나님이 기뻐하시면 하나님은 얼마든지 그 땅을 이스라엘에게 주실 것입니다. 왜냐하면 전쟁은 하나님께 속했기 때문입니다. 여호수아와 갈렙은 전쟁은 인간들의 전쟁이 아니고 신들의 전쟁이라고 생각했습니다. 그들의 보호자는 없다고 했으며 우리의 보호자는 만군의 하나님 여호와 하나님이시라고 했습니다. 그리고 그들은 우리 밥이라고 했습니다. 밥상을 차려 놓으면 먹으면 되는 것이지 우리가 굳이 그들이 강하다든지 혹은 성으로 되어 있다든지 해서 겁을 집어 먹을 필요가 없다는 뜻입니다.

이러한 문제는 오늘 우리 믿는 자들도 동일하게 현실을 대하면서 가장 절실하게 느끼는 문제입니다. 이 세상 사람들은 강하고 직장은 높은 성으로 되어 있습니다. 거기에다가 네피림 족이나 아낙 자손들도 있는 것을 봅니다. 그러면 우리는 이 세상에서 죽어야 합니까? 결코 그

렇지 않습니다. 우리가 아무리 부족해도 하나님은 우리의 길을 준비해 놓으셨습니다. 이 세상은 우리의 밥인 것입니다. 우리는 반드시 이 세상에서 살 것이고 그것도 가장 아름답고 풍성하게 살 것입니다.

하나님은 이스라엘 백성들에게 대단히 실망하셨습니다.

민수기 14장 11절
여호와께서 모세에게 이르시되 이 백성이 어느 때까지 나를 멸시하겠느냐? 내가 그들 중에 모든 이적을 행한 것도 생각하지 아니하고 어느 때까지 나를 믿지 않겠느냐?

이스라엘 백성들이 이렇게 무가치한 자들이 된 이유가 어디에 있습니까? 그것은 그들이 지금 눈앞에 보이는 현실만 보았기 때문입니다. 하나님의 백성들은 어떤 일을 결정할 때 반드시 지금까지 내가 은혜 받은 것을 고려해야 합니다.

이스라엘 백성들은 위대한 출애굽을 빼 놓고 가나안의 적들만 생각하니까 하나님을 멸시하고 자기 자신들도 멸시하고 있는 것입니다.

하나님의 백성들이 자신을 비참하게 생각하는 것은 겸손이 아닙니다. 이것은 하나님을 멸시하는 것이며 지금까지 은혜 받은 것을 멸시하는 것입니다. 이러한 행동은 그들 자신이 아무 것도 아닌 것으로 만들어 버리는 것입니다.

이 때 하나님께서 무엇이라고 말씀하십니까? 모든 이스라엘 백성들 다 쓸어버리고 다시 시작하자고 하십니다. 물론 하나님은 결코 그렇게 하시는 분은 아니십니다. 그러나 하나님의 심정은 정말 이러했습니다. 이스라엘 백성들에게서 하나님은 전혀 가치를 찾을 수가 없었습니다. 그러기에 우리는 오늘 이 세상의 어떤 어려운 현실 문제에 직면하더라도 겁을 집어 먹거나 자기를 비하해서는 안 되겠습니다. 이 세상은 내 밥이라고 고백하고 믿음으로 자기 것을 챙길 수 있어야 하겠습니다. 역사의 주인이신 하나님은 살아계시기 때문입니다. 하나님께서 우리에게 힘과 능력을 주시고 성령을 충만히 부어주시면 우리는 모든 것을 할 수 있습니다.

12 _ 민 14:1-45

이스라엘의 반역

우리는 대개 처음 신앙을 가진 후에 엄청나게 은혜를 받았다가 이 세상 현실 문제에 실패함으로 해서 신앙에 큰 회의를 가지게 될 때가 많이 있습니다. 예를 들면 신앙에는 큰 은혜를 받았지만 세상에서 악한 세력에 의하여 큰 피해를 입는다든지 혹은 경제적으로 큰 어려움을 당한다든지 혹은 이 세상 현실 가운데서 도저히 믿음으로 살아갈 가능성이 보이지 않을 때 너무 절망을 한 나머지 하나님에 대한 신앙마저 포기를 해버리는 경우가 있는 것입니다. 그래서 청소년 때나 청년 때에는 그렇게 교회에 충성하던 사람들이 결혼하거나 취직을 하고 난 후에는 완전히 신앙을 버리는 경우도 많이 있습니다. 한때는 많은 청년들이 기독교 신앙을 버리고 고시나 다른 세상 길을 갈 때가 많이 있었습니다. 왜냐하면 이론적으로는 기독교가 사랑의 종교이고 구원의 종교지만 결국 이 세상에서 힘을 쓰는 것은 권력이고 돈이고 출세라고 생각하기 때문입니다.

이스라엘 백성들이 하나님에게 가장 크게 반역을 했을 때는 출애굽할 때가 아니었습니다. 오히려 이스라엘 백성들이 출애굽할 때에는 씩씩하게 잘 따라 나왔습니다. 이스라엘 백성들이 하나님의 말씀에 가장 크게 불순종하고 반역했을 때에는 하나님께서 가나안 땅을 줄 테니까 가나안 땅으로 들어가라는 말씀에 의심을 품었을 때였습니다.

참으로 놀라운 문제는 바로 여기에서 발생하게 됩니다. 이스라엘 백성들이 하나님의 말씀을 거역한 것은 처음 은혜를 받을 때가 아니었습니다. 오히려 이스라엘 백성들이 처음에는 순순하게 믿음을 가졌습니다. 시내 산에서도 하나님의 말씀에 잘 순종해서 살겠다고 약속을 했습니다. 그런데 이스라엘 백성들의 신앙이 뿌리째 흔들리게 되었던 것은 현실에 부딪치면서였습니다. 즉 그들은 가나안 땅에 아직 들어가지도 않았고 앞으로 들어가기 위해서 한번 알아보는 과정에서 미리 겁을 집어 먹고 '우리는 절대로 가나안 땅을 차지하지 못한다. 우리는 여기서 전쟁하다가 다 죽을 것이다' 라고 하면서 하나님의 말씀을 거부했던 것입니다.

우리가 신앙생활을 하면서 보면 어떤 사람들은 처음 신앙을 접했을 때 의심이 생겨서 신앙을 못 가지는 분들이 많이 있습니다. 즉 성경을 읽으면서 기적이 잘 믿어지지 않는다거나 혹은 하나님의 존재가 인정이 되지 않는다거나 해서 신앙이 잘 들어서지 않는 분들이 있습니다. 그러나 많은 경우에는 처음 신앙을 가질 때에는 순수하게 잘 믿다가 세상 현실에 부딪치면서, 그것도 제대로 부딪힌 것이 아니고 알아보는 과정에서, 자기 스스로 '아, 신앙만 가지고는 도저히 이 세상에서 성공할 수 없겠구나' 라고 단정해버리고 아예 신앙을 포기해버리는 사람이 있는 것입니다.

우리 같은 경우에는 신앙을 버리는 단계까지는 가지 않는다 하더라도 이 세상 현실 가운데서 하나님의 능력을 인정하지 못하고 침체되어서 무기력한 가운데 빠져버리는 경우가 많은 것입니다.

하나님께서는 이스라엘 백성들의 반역을 아주 심각한 문제로 생각하셨습니다. 즉 우리 같으면 얼마든지 일어날 수도 있는 일인 것 같은데 하나님은 그렇게 보시지 아니하셨습니다. 그래서 모세에게 말씀하시기를 전염병으로 이스라엘 백성들을 다 죽게 하고 다시 새로 이스라엘 백성들을 만들어서 다시 시작하자고 말씀하셨습니다.

결국 하나님께서는 이스라엘 백성들로 하여금 애굽으로 돌아가게도 하지 아니하시고 그냥 가나안 땅으로 들어가게도 아니하시고 그들이 정탐했던 하루를 일 년으로 계산해서 사십년을 광야에서 빙빙 돌게 하면서 훈련받게 하셨습니다.

여기서 우리는 정말 많은 것을 생각하게 됩니다. 정말 우리들의 신앙이라고 하는 것이 어떤 신앙이 되어야 하는가 하는 것입니다. 그리고 과연 우리가 애굽으로 돌아가려고 마음을 먹으면 돌아갈 수 있느냐 하는 것입니다. 그리고 이 사람들이 사십년 동안을 광야에서 맴돌았는데 우리가 이런 식으로 제자리 걸음을 하지 않고 앞으로 나가려면 어떻게 해야 하느냐 하는 것입니다.

이스라엘 백성들의 불신

이스라엘 백성들은 무사히 가나안 땅의 입구까지 오게 되었습니다. 이스라엘 백성들은 그 과정에서 엄청난 하나님의 능력과 기적을 체험했습니다. 즉 애굽땅에서 열 가지 재앙이 내리는 것을 보았고 홍해가 갈라지는 체험을 했습니다. 그리고 시내 산에서 온 산이 불붙는 가운데 하나님의 음성을 들었고 하늘에서 만나가 내리고 반석에서 샘이 솟고 고기가 먹고 싶다고 했을 때 메추라기가 일 미터 이상씩 쌓여서 한 달 내내 고기가 입에서 물릴 정도로 메추라기 고기를 먹기도 했습니다. 그러다가 드디어 가나안 땅 입구까지 와서 이제 가나안 땅에 들어가기만 하면 되는데 갑자기 이스라엘 백성들의 마음이 불신이 생겼습니다. 즉 '우리는 도저히 가나안 땅을 차지할 자신이 없다. 우리는 옛날처럼 애굽으로 돌아가서 종살이를 하겠다'는 생각을 하게 된 것입니다. 이것이 하나님에 대한 이스라엘 백성들의 엄청난 불신으로 나타났습니다.

여기서 이스라엘 백성들은 세 가지 방향으로 하나님에 대한 자신들의 불신을 나타내었습니다. 그 첫째는 온 회중이 소리를 높여서 곡을 한 것입니다.

> **민수기 14장 1절**
> 온 회중이 소리를 높여 부르짖으며 밤새도록 백성이 곡하였더라

여기서 '곡'을 하였다고 하는 것은 소리를 최대한으로 높여서 마음껏 자신들의 슬픔과 절망을 나타내었다는 뜻입니다.

옛날 우리나라 사람들은 식구 중에 누군가가 죽으면 '곡'을 했습니다. 그러나 아직 사람이 살아 있는 동안에는 절대로 곡을 하지 않습니다. '곡'이라고 하는 것은 사람이 죽어버려서 이제 더 이상 아무런 소망이 없을 때 자신들의 절망을 나타내는 것입니다.

병원의 응급실이나 중환자실에서 아무리 가족이 아파도 살아 있는 동안에는 소리를 내어서 울지 않습니다. 그러나 사람이 죽으면 '아버지!' 하면서 부르짖기 시작합니다. 왜냐하면 이제는 더 이상 소망이 없기 때문입니다.

이스라엘 백성들은 열두 사람의 정탐꾼으로부터 가나안 땅은 난공불락의 성으로 되어 있고 강한 군대가 있어서 도저히 차지할 수 없다는 말을 들었습니다. 이 말을 듣고 이스라엘 백성들의 표정이 시무룩해지거나 혹은 입술이 새파래지거나 혹은 안색이 창백해질 수도 있습니다. 우리는 그런 것을 가지고 반역이라고 말하지 않습니다. 우리가 인간인 이상 이 세상 현실이 너무 어렵고 힘들면 때때로 얼굴색이 어두워질 때도 있고 한숨을 쉴 때도 있고 눈물을 찔끔찔끔 흘릴 때도 있습니다. 이것은 모두 다 우리가 이 세상 현실을 살아가는 것이 결코 간단한 문제가 아니라는 것을 보여주는 것입니다.

그러나 목소리를 있는 대로 다 높여서 '곡'을 하는 것은 대단히 좋지 못합니다. 왜냐하면 이것은 하나님께서 돌아가셨을 때에나 하는 일이기 때문입니다. 우리는 시험 성적이 좋지 못할 때 얼굴이 시무룩해질 수 있습니다. 사업에서 좋지 않은 일이 생겼을 때 눈물을 찔끔찔끔 흘릴 수도 있습니다. 기대했던 거래가 깨어지거나 혼담이 깨어졌을 때에 한숨을 쉴 수도 있습니다. 그러나 땅바닥에 주저앉아서 소리소리 지르면서 '곡'을 하는 것은 하나님에 대한 불신인 것입니다.

단지 우리가 기대한대로 세상일이 잘 풀리지 않고 도저히 내 힘으로 안 될 것 같을 때 그러면 우리는 어떻게 해야 할까요? 물론 처음에는 울고 싶고, 가출이라도 하고 싶고, 도망이라도 치고 싶겠지만 자신의 그 감정을 추슬러서 하나님 앞에서 내 감정이 폭발해버리지 않도록 해야 합니다.

두 번째로 이스라엘 백성들은 하나님의 인도에 대하여 불신을 했습니다.

민수기 14장 2-3절
이스라엘 자손이 다 모세와 아론을 원망하며 온 회중이 그들에게 이르되 우리가 애굽 땅에서 죽었거나 이 광야에서 죽었더면 좋았을 것을 어찌하여 여호와가 우리를 그 땅으로 인도하여 칼에 망하게 하려 하는고? 우리 처자가 사로잡히리니 애굽으로 돌아가는 것이 낫지 아니하랴?

이스라엘 백성들이 가나안 입구까지 와서 오도 가도 못하는 처지에 처하게 된 것은 사실입니다. 이스라엘 백성들은 가나안 입구까지 왔지만 자기 힘으로 가나안 땅을 차지할 수 없다면 사실 이렇게 할 수도 없고 저렇게 할 수도 없는 형편이었습니다.

사실 우리도 그럴 때가 한 번씩 있습니다. 나름대로는 하나님의 뜻이라고 생각해서 왔는데 도저히 이 길로는 나갈 수가 없는 것입니다. 그렇다고 해서 뒤로 돌아가는 것은 더 불가능합니다. 그때 우리들에게 어떤 생각이 드는가 하면 우리가 여기서 꼼짝 못하고 죽는구나 하는 생각이 들 수도 있습니다. 이스라엘 백성들의 처지가 바로 그런 처지였습니다. 어떻게 해서 가나안 입구까지는 왔는데 도저히 가나안 땅은 차지하지 못할 것 같고 그렇다고 해서 다른 곳으로 갈 수도 없었습니다. 이때 이스라엘 백성들은 우리가 여기서 꼼짝 못하고 죽는구나 하는 생각이 든 것은 얼마든지 있을 수 있는 일이었습니다. 그러나 아무리 머릿속으로는 그런 생각이 떠오른다 하더라도 그것을 말로 표현을 해서는 안 되는 것입니다.

어떤 분은 참으로 너무너무 딱할 때가 있는데 자기 머리에 떠오르는 생각을 그대로 다 말을 해버리는 것입니다. 어떤 의미에서는 이 분이 참으로 순진한 분이시고 순수한 분이신 것은 틀림이 없습니다. 그러나 듣는 사람에게는 너무나도 충격적이 되고 도저히 이 사람의 말을 이해할 수가 없는 것입니다.

이스라엘 백성들이 생각한 것은 우리는 드디어 가나안 땅 입구까지 와서 죽는구나 하는 것이었습니다. 그러나 설사 그런 생각이 들더라도 그것을 말로 표현을 해버리면 안 되는 것입니다. 그것이 바로 자신의 신앙이 되어버리게 됩니다. 왜냐하면 하나님의 백성들은 언제 어디서나 무슨 말을 하든지 그것이 자신의 신앙 고백이 되기 때문입니다.

저희 교회 집사님 한 분은 입에 항상 붙어 다니는 말이 있는데 그것은 '감사합니다' 입니다. 그 분은 좋은 때든지 나쁜 때든지 항상 '감사'를 말합니다. 어떤 때는 이 분이 진짜 감사해서 '감사하다' 고 말하는지 의심이 될 정도로 감사를 말합니다. 그러나 그 분에게는 '감사' 가 신앙 고백인 것입니다.

이스라엘 백성들이 감사하지 못한 것은 지금까지 되어진 일과 눈앞의 현실을 연결시키는데 실패했기 때문입니다. 이스라엘 백성들은 지금까지 되어진 것은 되어진 것이고 가나안 땅에 들어가는 것은 별개의 것이라고 생각을 했던 것입니다. 그러나 이스라엘 백성들은 지금까지 엄청난 체험을 한 사람들이었습니다. 이스라엘 백성들의 최고의 무기는 신앙 체험이었던 것입니다. 가나안 사람들이 칼과 창을 만들고 성을 세우는 동안 이스라엘 백성들은 기적의 말씀을 체험했던 것입니다. 그렇다면 그들은 당연히 이 기적의 말씀이 이기는지 인간의 칼과 창과 성이 이기는지 생각을 해 보았어야만 했던 것입니다.

다윗이 골리앗과 싸울 때 한 말이 무엇입니까?

> **사무엘상 17장 45절**
> 너는 내게 칼과 단창으로 나아오지만 나는 만군의 여호와의 이름으로 네게 나아가노라

어떻게 다윗이 골리앗이라는 무서운 현실 앞에서 이런 믿음의 고백을 할 수 있었을까요? 그것은 지금까지 살아오면서 체험했던 것을 많이 생각을 해서 자신의 믿음으로 소화를 했기 때문입니다. 다윗은 곰을 이기고 사자를 이기면서 하나님의 도우심을 체험을 했습니다. 다윗은 이것을 한 번의 사건으로 끝낸 것이 아니라 잘 소화를 해서 자신의 믿음의 창고에 다 쌓아 놓았던 것입니다. 그래서 우리 믿는 자들은 하나님이 주신 은혜를 잘 되새김질을 해서 자신의 것으로 만들어 놓아야 합니다.

그렇지 않고 눈앞의 현실만 보면 우리는 현실이 어려울 때마다 '여기서 나는 죽는구나' 라는 생각을 하게 되는 것입니다.

이스라엘 백성들은 뭐라고 말을 했습니까? '우리 처자가 사로잡히리니 애굽으로 돌아가는 것이 낫지 아니하랴' 그들이 애굽으로 돌아가겠다는 것은 지금까지 있었던 은혜는 전부 없었던 것으로 하자는 것

입니다. 열 가지 재앙도 없었고 홍해도 갈라지지 않았고 시내 산에서 하나님의 음성도 없었으며 만나도 없었다고 치자는 것입니다. 그것은 불가능한 일입니다.

우리는 어려운 일을 당하면 과거에 하나님이 주신 은혜를 필사적으로 기억을 해 내어야 하고 붙잡아야 합니다. 그리고 우리는 지금의 현실과 그 은혜를 연결시켜서 생각을 해야 합니다.

즉 하나님께서 나를 여기까지 인도하신 것은 여기서 죽으라고 하신 것은 아닙니다. 길은 모르지만 적어도 여기서 죽지는 않습니다. 그러면 여기서 어떻게 해야 합니까? 모세와 아론같이 엎드려야 하는 것입니다.

'하나님, 우리에게는 더 이상 길이 없습니다. 하나님, 이제 우리는 어떻게 해야 합니까?' 이 보다 좋은 기도가 없습니다. 그러면 분명히 길이 없을 것 같은데 옆에 조그만 길이 있습니다. 문이 잠겼을 것 같은데 밀어보면 문이 열릴 때가 있습니다.

우리에게는 막다른 골목이 있을지라도 '전능하신 하나님에게는 불가능한 것이 없습니다'.

세 번째 이스라엘 백성들은 믿음의 지도자들을 불신했습니다.

민수기 14장 4절
이에 서로 말하되 우리가 한 장관을 세우고 애굽으로 돌아가자 하매

왜 이스라엘 백성들이 모세와 아론을 불신하고 다른 지도자를 세우자고 했을까요? 모세와 아론은 뻔하다는 것입니다. 모세와 아론은 거의 하나님의 말씀에 맹목적으로 순종하는 자들이니까 이 사람들이 하

는 것은 앞으로도 하나님의 말씀이라고 하면서 무조건 우리를 거기로 끌고 갈 것이니까 인간적인 생각을 가지고 자기들의 말을 들어주는 지도자를 세워서 애굽으로 가자는 것이었습니다.

이스라엘 백성들의 이런 생각의 배경에는 이원론적인 생각이 깊이 뿌리 박혀 있습니다. 즉 우리가 은혜는 하나님으로부터 받지만 역시 세상일은 세상의 경험과 인간의 능력으로 되어진다는 것입니다. 그들은 하나님께서 이 세상 일 가운데서 그들의 발걸음을 인도하시고 축복하신다는 것을 믿지 못하는 것입니다.

만약 우리가 하나님으로부터 은혜 받은 것과 세상에서 성공하는 것을 나누어서 생각한다면 과연 이 둘 중에 어느 것이 더 중요하고 급하다고 생각하겠습니까? 역시 세상에서 성공하고 출세하는 것이 급하고 그 후에 여유가 있을 때 은혜를 받아도 충분하다고 생각하는 것입니다.

그래서 많은 경우에는 이미 세상에서 성공하고 부자가 된 사람들이 은혜까지 받으려고 애를 쓰는 경우를 많이 보게 됩니다. 그런데 그 분들이 가장 싫어하는 성경은 '부자가 천국에 들어가기가 낙타가 바늘구멍에 들어가는 것 보다 더 어렵다' 는 말씀입니다. 이미 성공하고 난 후에 믿는 기독교는 자기 자랑의 종교가 될 가능성이 많습니다.

이때 여호수아와 갈렙은 자기 옷을 찢으면서 이스라엘 백성들을 말렸습니다. 여호수아와 갈렙은 '그들은 우리 밥' 이라고 하면서 '그들의 보호자는 떠났고 여호와는 우리와 함께 하신다' 고 했지만 이스라엘 백성들은 돌을 들어서 여호수아와 갈렙을 치려고 하였습니다.

하나님의 반응

우리가 많은 은혜를 받았고 좋은 신앙 체험을 많이 했다 하더라도 어려운 현실에 부딪혀서 울고불고 하는 일은 얼마든지 할 수 있습니다. 하나님께서는 우리가 그렇게 하는 것을 보고 믿음이 없다고 말씀하시지는 않으십니다. 그러나 이스라엘 백성들이 밤새 곡을 하고 다른 지도자를 세워서 애굽으로 돌아가자고 했을 때 하나님은 이것을 아주 심각한 반역으로 생각하셨습니다.

그래서 하나님은 모세에게 이렇게 말씀하셨습니다.

> **민수기 14장 11-12절**
>
> 여호와께서 모세에게 이르시되 이 백성이 어느 때까지 나를 멸시하겠느냐? 내가 그들 중에 모든 이적을 행한 것도 생각하지 아니하고 어느 때까지 나를 믿지 않겠느냐? 내가 전염병으로 그들을 쳐서 멸하고 너로 그들보다 크고 강한 나라를 이루게 하리라

하나님께서는 이스라엘 백성들이 반역을 일으켰을 때 그럴 수도 있는 일이라는 식으로 대수롭지 않게 넘어가시지 아니하셨습니다. 사실 오늘날 우리들에게도 얼마나 많은 하나님에 대한 불신과 반역이 일어나는지 모릅니다. 그럼에도 불구하고 하나님은 아무 말씀도 안하시고 우리가 정신을 차리고 돌아올 때까지 가만히 기다리십니다. 그러나 이스라엘 회중 전체가 하나님의 말씀을 거부하고 원래 상태로 돌아가려고 했을 때 하나님은 마음에 엄청난 충격을 받으셨습니다.

그래서 하나님은 모세에게 하나님의 심정을 토로하셨습니다. 하나

님의 심정은 어느 때까지 내 백성이 나를 멸시하려고 하느냐 하는 것이었습니다. 하나님은 이스라엘 백성들의 불신으로 엄청난 멸시를 당하셨습니다.

그리고 하나님께서는 이스라엘 백성들이 지금까지 있었던 기적과 은혜를 전혀 생각지 않는데 엄청난 충격을 받으셨습니다. 하나님께서는 은혜를 받은 백성들은 그 후로는 모든 것을 은혜 받은 눈을 가지고 보도록 바라셨습니다. 그러나 이스라엘 백성들이 은혜 받은 것은 은혜 받은 것이고 가나안은 가나안으로 전혀 별개의 것으로 생각했을 때 하나님은 엄청난 충격을 받으셨습니다.

하나님께서는 지금까지 이스라엘 백성들에 대하여 진지하셨습니다. 그들에게 일어났던 모든 일 하나 하나가 하나님께서 세심하게 계획하시고 인도하신 것이었습니다. 그러나 이스라엘 백성들은 그것들 중 하나도 진지하게 생각하고 있는 것이 없었습니다. 그들이 생각하는 것은 오로지 먹는 것이나 편하게 지내는 것이나 공짜로 무엇인가를 얻는 것이었습니다.

결국 하나님께서 내리신 결론은 전염병으로 이스라엘 백성들을 다 죽게 하고 모세를 통하여 다시 시작하자는 것이었습니다.

이것은 하나님께서 없는 전염병을 일으키시겠다는 것이 아닙니다. 이미 이스라엘 백성들이 하나님을 불신했을 때 전염병은 퍼지기 시작했습니다. 우리가 하나님의 은혜를 거부하면 그 거부한 순간부터 재앙은 일어나는 것입니다. 우리가 알아야 할 것은 불신앙은 바로 그 자체가 재앙이라는 것입니다.

하나님의 이 말씀을 듣고 모세는 '하나님, 맞습니다. 제 말고는 모두 제대로 된 신앙을 가진 자들이 없습니다. 여호와의 뜻대로 하옵소서' 라고 기도하지 않았습니다. 그렇게 기도한다면 모세는 영적 지도자로서 자격이 없습니다.

하나님께서 모세에게 이렇게 엄청난 말씀을 하시는 이유는 엄청난 기도를 하게 하시는 것입니다. 우리에게 있어서 놀라운 위기는 놀라운 믿음의 기회인 것입니다.

하나님께서 모든 이스라엘 백성들을 전염병으로 다 쓸어버리겠다고 하셨을 때 모세는 하나님께서 그렇게 할 수 없는 이유에 대하여 조목조목 들어서 설명을 했습니다. 이것이 모세가 이 세상에 남긴 기도 중에 가장 위대한 기도입니다.

우리는 남을 위해서 기도하는 것을 '중보기도' 라고 합니다. 한때는 예수님 외에는 중보기도를 할 수 없다고 해서 교회에서 중보기도를 하지 말라는 결의가 있은 적도 있었습니다. 그러나 그것은 대단히 잘못 생각을 한 것입니다. 우리가 남을 위해서 기도하는 것이 우리가 기도하는 것 중에서 가장 위대한 기도입니다.

모세는 하나님께 크게 두 가지 내용으로 기도를 드렸습니다.

그 첫째는 이미 하나님께서 이스라엘 백성들을 애굽에서 인도하여 내셨고 낮에는 구름 기둥으로 그리고 밤에는 불기둥으로 인도하신 사실을 모든 다른 백성들이 들어서 알고 있다는 것입니다. 그런데 어느 한 순간 하나님께서 이스라엘 백성들이 마음에 들지 않는다고 해서 다 죽이면 다른 모든 민족이 여호와는 결국 능력이 없어서 이스라엘 백성들을 멸망시켰다고 믿게 된다는 것입니다. 즉 하나님께서는 이스라엘 백성들만 보시지 마시고 다른 많은 민족을 보시고 참으셔야 한다는 것입니다.

이것은 모세가 하나님을 설득을 하는 것입니다. 하나님께서는 우리가 하나님을 설득하는 것을 굉장히 좋아하십니다. 그것은 이미 우리가 그만큼 신앙적으로 성숙한 것을 보여주기 때문입니다. 즉 노예의 상태에 있지 않고 자녀의 자리로 성숙한 것을 보여주는 것입니다.

예를 들면 옛날에 주인이 지시하면 노예는 좀 부당하고 이상하다 하더라도 그대로 할 수 밖에 없습니다. 그러나 자녀는 그렇게 하지 않습니다. 아버지의 지시가 좀 부당하고 이상하다고 생각되면 반드시 아버지에게 말씀을 하고 설득을 시키려고 합니다. 그것은 그만큼 자식이 아버지 일에 책임감을 느낀다는 것입니다.

때로는 하나님께서 우리에게 말도 되지도 않는 상황 가운데 던져 넣으시고 도저히 이해가 되지 않는 방향으로 우리를 몰아가실 때 이것은 우리에게 믿음으로 하나님을 설득시킬 기회를 주시는 것입니다.

'하나님, 저는 하나님이 말씀하시는 것이 전혀 이해가 되지 않습니다. 그것은 지금까지 성경에서 말씀하신 것과 같지가 않습니다. 제가 보기에는 이렇게 해주셔야 하나님의 뜻이 바로 나타날 것 같습니다' 라는 기도를 드리라는 것입니다.

시편에 있는 많은 기도나 시는 전부 다윗이나 성도들이 하나님의 말씀을 자기 나름대로 소화를 해서 하나님을 설득한 것이라고도 볼 수 있습니다. 그때 위대한 시가 나오고 찬송이 나오고 기도가 나오는 것입니다.

그리고 모세가 기도한 또 한 가지는 하나님의 인자를 보여 달라는 것입니다.

민수기 14장 18-19절
여호와는 노하기를 더디하고 인자가 많아 죄악과 과실을 사하나 형벌 받을 자는

결단코 사하지 아니하고 아비의 죄악을 자식에게 갚아 삼사대까지 이르게 하리
라 하셨나이다. 구하옵나니 주의 인자의 광대하심을 따라 이 백성의 죄악을 사하
시되 애굽에서부터 지금까지 이 백성을 사하신 것 같이 사하옵소서

하나님에게는 '인자' 라고 하는 아주 놀라운 성품이 있습니다. 이 하나님의 인자하심은 경험해보지 않은 사람은 절대로 알 수 없는 것입니다. 그래서 성경에서는 '하나님의 인자하심을 맛보아 알찌어다' 라고 말씀하고 있습니다.

하나님 앞에서 죄는 결코 감추어지지 않습니다. 사람들이 아무리 죄를 감추고 아무리 하나님의 눈을 속이려고 해도 하나님 앞에서 죄는 절대로 감추어지지 않습니다. 그러나 하나님의 인자하심은 너무 커서 측량하기 어렵습니다. 일단 자신의 죄를 자복하고 눈물로 돌아오는 자는 하나님이 얼마나 사랑하고 귀하게 대하시는지 한번 겪어보지 않은 사람은 절대로 이해를 하지 못하는 것입니다.

보통 사람들은 죄를 지은 사람을 경멸하고 따돌리고 비난을 합니다. 그러나 하나님은 어떻게 된 판이신지 죄를 짓고 회개하는 자를 죄를 짓지 않은 사람보다 더 사랑하시고 더 기뻐하십니다. 이것을 우리가 이해할 수 있겠습니까? 예수님의 비유에는 길을 잃은 한 마리의 양 이야기가 나옵니다. 양 한 마리가 도망을 쳤습니다. 아마 늘 말썽을 피우던 그 양일지도 모릅니다. 그러나 선한 목자는 다른 착한 양 아흔아홉 마리를 두고 이 잃은 양을 찾아 나섭니다. 그리고 찾았을 때 목에 감고 기뻐하면서 아예 친구들을 모아놓고 잔치를 했습니다. 예수님은 잃은 아들 비유를 말씀하셨습니다. 한 아들이 얼마나 못됐는지 아버지가 살아있는데도 자기 몫을 요구해서 다른 나라로 가서 진탕 술 마

시고 놀면서 돈을 다 써버렸습니다. 그러다가 완전히 쫄딱 망한 후에 거지가 되어서 아버지 집에 돌아왔습니다. 그러나 아버지는 맨 발로 뛰어 나가서 몫을 끌어안고 울면서 소를 잡아서 잔치를 했습니다. 한 번도 집을 나간 적이 없었던 큰 아들은 이해를 하지 못했습니다. 자기는 한 번도 아버지를 애먹이지도 않고 열심히 일을 했는데 아버지는 죄를 지은 아들이 돌아오니까 더 사랑했습니다.

하나님은 죄 짓고 회개하고 돌아오는 자를 더 사랑하시고 더 기뻐하시고 더 축복하십니다. 물질적으로 더 복을 주시고 지위도 더 높여 주십니다. 이것을 우리가 이해를 할 수 있겠습니까? 아마 이것을 알고는 일부러 죄짓자고 하는 자가 생길지도 모릅니다. 그러나 일부러 죄 짓는 것은 안 됩니다.

우리가 이 인자하심 때문에 과감하게 하나님께 돌아올 수 있고 그렇기 때문에 더 훌륭한 사람이 될 수 있는 것입니다.

사도 바울 같은 사람은 죄인 중의 괴수였는데 어떤 다른 제자보다도 훌륭한 사도가 되었습니다. 그러니까 우리는 어떤 죄를 지어도 하나님의 은혜의 보좌 앞에 담대하게 나아올 수 있는 것입니다.

하나님의 결정

하나님께서는 모세의 기도를 들으시고 이스라엘 백성들을 전멸하게 하시지는 않으셨습니다. 사실 이스라엘 백성들은 이번 사건을 통해서 자신들이 더 이상 존재할 가치가 없는 자로 만들어버렸습니다. 그러나 모세의 기도가 그들을 다시 살려내었습니다. 우리가 살 가치가 있느냐 없느냐 하는 것은 믿음에 달려 있는 것입니다. 아무리 세상적으로 똑똑하고 가진 것이 많다 하여도 믿음이 없는 자는 하나님 앞에서 아무 가치 없는 인생인 것입니다.

그래서 우리는 하나님 앞에서 '무조건 우리나라를 지켜주세요' 라고 기도할 것이 아니라 진정으로 가치 있는 사람이 되어야 합니다. 우리가 정금 같은 신앙을 가지고 있고 보배로운 믿음을 가지고 있으면 지켜달라고 하지 않아도 하나님은 지켜주십니다. 그러나 세상의 정욕을 사랑하고 전혀 정금 같은 믿음도 없다면 언제 망할지 모르는 위험한 상태에 있는 것입니다.

하나님께서는 크게 세 가지 방향에서 결정을 내리셨습니다.

그 첫째는 지금 이 이스라엘 백성들은 가나안 땅에 들어가지 못한다는 것입니다.

민수기 14장 20-23절
여호와께서 가라사대 내가 네 말대로 사하노라. 그러나 진실로 나의 사는 것과 여호와의 영광이 온 세계에 충만할 것으로 맹세하노니 나의 영광과 애굽과 광야에서 행한 나의 이적을 보고도 이같이 열 번이나 나를 시험하고 내 목소리를 청종치 아니한 그 사람들은 내가 그 조상들에게 맹세한 땅을 결단코 보지 못할 것이요. 또 나를 멸시하는 사람은 하나라도 그것을 보지 못하리라

하나님께서는 가나안 땅 입구까지 와서 하나님의 능력을 불신하고 애굽으로 돌아가려고 하였던 이스라엘 백성들은 한 사람도 가나안 땅에 들어가지 못할 것이라고 말씀하셨습니다. 왜냐하면 그들은 노예의 마음으로 차 있었기 때문에 능동적인 가나안의 전쟁을 치를 능력이 없

었기 때문입니다. 결국 그들이 할 수 있는 것은 광야를 맴돌다가 죽는 것밖에 없었습니다.

그러나 오직 갈렙은 예외라고 했습니다. 갈렙은 온전히 하나님을 좇았기 때문에 그가 들어갔던 땅을 주시겠다고 약속하셨습니다.

> **민수기 14장 24절**
> 오직 내 종 갈렙은 그 마음이 그들과 달라서 나를 온전히 좇았은즉 그의 갔던 땅으로 내가 그를 인도하여 들이리니 그 자손이 그 땅을 차지하리라

애굽에서 나올 때 이십 세 이상이었던 사람들, 이 사람들은 모세가 일차 인구 조사할 때 포함이 되었던 육십만 명의 사람들이었습니다. 이 육십만 명은 가나안에 들어가지 못했습니다. 이 육십만 명 중에서 가나안 땅에 들어갈 수 있었던 사람은 오직 여호수아와 갈렙 두 사람뿐이었습니다.

결국 이 비율은 육십만 명 대 두 명이었습니다. 우리가 알아야 할 것은 이 세상의 어느 경쟁도 육십만 명 대 두 명은 없습니다. 아무리 사법고시나 행정고시가 어렵고 좋은 직장의 취업 경쟁이 치열하다 하더라도 육십만 명 대 두 명은 없을 것입니다. 그만큼 믿음의 경쟁이 어려운 것입니다.

신앙이라고 하는 것은 죄에서 벗어나는 것만 있는 것이 아닙니다. 다시 이 세상에 뛰어 들어가서 오직 하나님의 말씀 하나 붙잡고 '사람이 떡으로만 살 것이 아니요 하나님의 말씀으로 사는 것'을 해내어야 합니다. 그것을 해내는 사람이 육십만 명 대 두 명이었던 것입니다. 나머지는 모두 애굽의 노예의 속성을 벗어버리지 못해서 그냥 대충대충

믿다가 매일 다람쥐 쳇바퀴 돌듯이 돌다가 죽은 것입니다.

그리고 두 번째로는 이스라엘 정탐꾼들이 가나안 땅을 정탐한 기간이 사십일이었는데 하루를 일 년으로 쳐서 사십년을 광야에서 돌 것이라고 하셨습니다.

민수기 14장 34절

너희가 그 땅을 탐지한 날수 사십일의 하루를 일 년으로 환산하여 그 사십년간 너희가 너희의 죄악을 질지니 너희가 나의 싫어 버림을 알리라 하셨다 하라

하나님은 얼마나 무서운 하나님이신가 하면 이스라엘 백성들이 가나안 입구에서 하나님을 불신한 이 불신을 씻는데 사십년이 소요될 것이라고 하셨습니다. 즉 그들이 정탐했던 하루가 일 년이 되었던 것입니다.

어떻게 해서 하나님의 환산법은 하루가 일 년으로 변할까요? 그것은 우리가 알 수 없습니다. 그러나 하나님이 은혜를 주시고 축복을 주셨는데도 불구하고 욕심에 빠져서 불순종할 때 다시 신앙의 불을 일으키려고 하면 그 몇 십 배 되는 기간이 필요한 것입니다.

사람들은 부흥이라는 것이 대수롭지 않다고 생각해서 자기 멋대로 행동하고 교회에 분쟁을 일으켜서 부흥을 꺼버릴 때가 있습니다. 이 때 한번 꺼져버린 부흥의 불씨를 일으키는데 적어도 사십년 이상의 기간이 걸릴 때가 많습니다. 그래서 교회는 부흥이 일어날 때 일치단결해서 더 기도하고 더 겸손하여 부흥의 불길이 활활 타오르도록 해야 합니다. 일체 다른 것을 생각해서는 안 되는 것입니다.

그러나 사람들은 그렇게 하지 않습니다. 부흥이 일어나면 일단 급

한 불은 껐다고 생각해서 딴 짓을 많이 합니다. 그러다가 부흥이 꺼져 버리는 것입니다. 그러면 마음이 얼마나 강퍅해지는지 좀처럼 하나님의 말씀 앞에 겸손하게 되지 않습니다. 결국 그런 사람들이 다 죽고 난 후에 부흥이 일어나게 되는 것입니다. 안타깝게도 원망하고 불평했던 사람들은 광야에서 계속 뺑뺑 돌다가 다 죽었습니다. 그러면 광야에서 죽은 사람들은 구원받지 못하고 모두 다 지옥에 들어갔을까요? 그런 뜻은 아닙니다. 그럼에도 불구하고 그들은 하나님의 풍성한 축복을 이 땅에서 누리지 못했던 것입니다.

그리고 여호수아와 같이 가나안 땅을 정탐했지만 악평의 말을 해서 이스라엘 백성들을 시험 들게 했던 지도자들은 금방 병으로 다 죽고 말았습니다.

이것을 보면 얼마나 불신앙이 무서운 죄인지 알아야 합니다.

세 번째로 이스라엘 백성들이 뒤늦게 순종하려고 했지만 실패했습니다.

이스라엘 백성들은 무려 사십년을 광야 생활을 해야 한다고 하니까 충격을 받았던 것 같습니다. 그래서 지금이라도 하나님의 말씀에 순종하겠다고 하면서 가나안 땅으로 진격하겠다고 했습니다.

그러나 하나님께서는 골짜기에 아말렉 족속과 가나안 족속이 있는데 가지 말라고 하셨습니다. 왜냐하면 이스라엘 백성들의 힘으로는 아말렉과 가나안 족속을 이길 수 없는 것이 정상이기 때문입니다. 이스라엘 백성들이 가나안 족속을 이길 수 있는 것은 하나님이 함께 하실 때에 가능한 것입니다. 그러나 그들이 때 늦게 순종하겠다고 가나안 땅을 공격했을 때 아말렉 족속과 가나안 족속들이 성난 사자같이 덤벼들어서 이스라엘 백성들은 완전히 파멸하고 말았습니다. 여기에 보면

'호르마' 까지 도망쳤다고 했는데 호르마는 '완전한 파멸' 입니다.

우리가 이것을 보면 하나님의 능력을 이 세상 현실에서도 인정하는 것이 얼마나 중요한 신앙의 자세인가 하는 것을 알게 됩니다. 아무리 열 가지 재앙을 체험하고 시내 산에서 하나님의 음성을 들어도 이 현실 가운데서 하나님의 능력을 인정하지 못하면 실패한 신앙이 되는 것입니다.

우리가 하나님의 말씀에 순종하지 않으면 결국 하루가 사십년이 된다는 것을 알아야 합니다. 아무리 빨리 성공하려고 서둘러도 결국은 사십년 동안 제자리 걸음을 하게 되는 것입니다. 이스라엘이 가장 빨리 가는 길은 하나님의 말씀과 함께 가는 것입니다. 더 빨라도 안 되고 더 늦어도 안 됩니다. 하나님이 말씀하신 그 정확한 속도를 따라가야 합니다. 그리고 하나님은 인자하신 하나님이십니다. 우리는 죄인이지만 죄짓지 않은 사람들보다 더 사랑하십니다. 이 사랑에 다시 한 번 힘을 얻고 더 하나님께 충성하는 성도들이 되시기를 바랍니다.

13 _ 민 16:1-50

산 자와 죽은 자의 사이

큰 사고를 당하게 되었을 때 산 사람과 죽은 사람의 차이가 그야말로 간발의 차이일 때가 많이 있습니다. 불과 몇 분 전까지만 해도 분명히 살아있었고 같이 웃고 떠들고 놀았는데 한 순간에 사고가 나면서 어떤 사람은 죽고 어떤 사람은 살아있는 것입니다. 그러나 산 자와 죽은 자의 차이는 엄청납니다. 죽은 자는 죽은 것으로 모든 것이 다 끝장이 나는 것이고 살아 있는 사람은 다시 새로운 생활을 시작해서 결혼도 할 수 있고 공부도 할 수 있고 무엇이든지 다 할 수 있는 것입니다. 이때 우리는 이런 생각을 하게 됩니다. 즉 사고가 나기 몇 분 전에만 미래를 알 수 있었더라면 혹은 사고가 나기 전에 여행을 취소하든지 아니면 차를 타지 않든지 했더라면 그 사람의 운명은 달라질 수 있었던 것입니다.

그런 의미에서 우리 인생에도 안내자가 필요합니다. 우리가 외국 여행을 할 때 어디에 좋은 곳이 있고 어디로 가면 되는지 잘 알고 있는

가이드가 있으면 여행을 잘 할 수 있는 것처럼 우리 인생에도 안내자가 필요한 것입니다.

한동안 우리나라 목회자들이 영적인 리더십에 대하여 공부를 많이 하는 것을 볼 수 있었습니다. 이 영적인 리더십이라는 것은 우리 교인 한 사람 한 사람이 모두 엄청난 잠재력을 가지고 있는데 어떻게 하면 이 잠재력을 잘 개발을 해서 교회도 부흥시키고 개인도 더 성숙한 신앙생활을 할 수 있는가 하는 것을 연구하는 것입니다. 그러나 진정한 리더십은 그런 것이 아닙니다. 사실 우리 한 사람 한 사람이 이 세상을 살아가는 것은 그야말로 사망의 음침한 골짜기를 지나가는 것과 같습니다. 우리 주위의 도처에 사탄이 파 놓은 함정이 있고 낭떠러지가 있는데 어떻게 하면 이런 시험에 빠지지 않고 무사하게 이 험한 세상을 살아갈 수 있는지 안내해주는 것이 영적인 리더십인 것입니다.

그래서 우리의 영적인 리더십을 정적으로 보느냐 동적으로 보느냐에 따라서 리더십의 정의 자체가 근본적으로 달라지게 됩니다. 즉 우리가 아무 일도 없는 정적인 상태에서 하루하루를 살아간다면 개인의 능력이나 재능을 최대한도로 개발하는 것이 옳을 것입니다. 그러나 우리가 매일매일 수많은 사탄의 공격과 시험을 당하면서 살아가야 한다면 개인의 능력이나 재능을 다 발휘한다는 것은 배부른 소리 밖에 되지 않는 것입니다. 그러기에 우리는 할 수 있는 대로 사탄의 올무에 들지 않고 사망의 구렁텅이에 떨어지지 않고 무사하게 이 광야 같은 세상에서 살아남는 것이 가장 중요할 것입니다.

오늘 본문 말씀은 그런 의미에서 이 두 가지 리더십이 강하게 충돌하는 것을 보여주고 있습니다. 즉 고라라고 하는 사람의 개발형의 리더십과 모세와 아론의 위기의 리더십이 충돌하는 것입니다. 오늘 분문은 이스라엘 백성들이 출애굽한 후에 가장 심한 내분을 겪은 것을 보여주고 있습니다.

모세와 아론을 반대했던 고라 자손들은 가족들과 함께 땅이 갈라져서 땅 속에 빠져서 죽었으며 모세를 반대하는 편에 섰던 족장들 이백오십명은 향로에서 불이 나와서 다 태워 죽였습니다. 그리고 이스라엘 백성들 안에 염병이 생겨서 만 사천 명 이상의 사람들이 죽게 됩니다. 그것도 아론이 향로에 불을 피워서 산 자와 죽은 자 사이에 섬으로 해서 가까스로 더 이상 사람들이 죽지 않게 되었습니다. 우리는 이것을 통해서 이 위기의 세상에서 인간적인 생각이 얼마나 무책임하며 위험한가를 다시 한 번 깨닫게 되는 것입니다. 우리에게는 하나님의 말씀의 인도가 절대적으로 중요한 것입니다.

고라의 불만

고라는 레위 자손이었는데 사람이 상당히 뛰어난 사람이었던 것 같습니다.

하나님께서는 레위 자손들 가운데서 하나님의 궤를 옮기는 일은 오직 고핫 자손들만 할 수 있게 하셨습니다. 그런데 고라가 바로 이 고핫 자손이었습니다. 그런데 고핫에게는 큰 불만이 두 가지가 있었습니다. 그 하나는 고라는 아무리 레위인이고 고핫 자손이라 해도 제사장이 될 수가 없었습니다. 그 이유는 제사장은 오직 아론과 아론의 아들들만 할 수 있었기 때문입니다. 그러니까 고라는 아무리 똑똑하고 재능이 있어도 그가 할 수 있는 것은 오직 성막을 옮길 때 성막을 헐거나 세우고 또 하나님의 궤를 옮기는 것뿐이었습니다. 제사를 집행할 수가 없었습니다. 고라는 자기도 제사를 드리고 싶었습니다. 그리고 고라가 원하는 또 한 가지는 이스라엘의 최고의 지도자가 되는 것이었습니다. 하지만 지금 이스라엘 백성의 최고 지도자는 모세였습니다. 그럼에도 고라는 자기도 이스라엘 백성이고 레위인인 이상 이스라엘의 최고 지도자가 되기를 원했습니다.

그래서 고라는 르우벤 지파의 불만분자들과 함께 모세를 대항했습니다.

민수기 16장 1-2절
레위의 증손 고핫의 손자 이스할의 아들 고라와 르우벤 자손 엘리압의 아들 다단과 아비람과 벨렛의 아들 온이 당을 짓고 이스라엘 자손 총회에 택함을 받은 자 곧 회중에 유명한 어떤 족장 이백 오십 인과 함께 일어나서 모세를 거스리니라

원래 하나님의 일을 하는 직분은 시기를 많이 당하게 되어 있습니다. 왜냐하면 자기와 똑같은 허물이 있는 인간인데도 하나님의 말씀을 독점하고 있고 또 놀라운 하나님의 능력이 나타나기 때문입니다. 그래서 다른 사람들이 가질 수 있는 가장 큰 불만은 왜 똑같은 인간인데 어떤 사람만 절대적인 카리스마를 가져야 하느냐 하는 것입니다.

우리가 세상 일을 하는데 있어서는 상하가 분명하게 나타나게 되어 있습니다. 위에 있는 사람은 그만한 경험도 있고 지식도 있고 권한도 있습니다. 그리고 세상 일이라는 것은 일단 돈을 주고받는 관계이기 때문에 자기가 싫으면 그만두면 되는 것입니다. 그러나 신앙적인 관계는 일단 사랑의 관계라고 하지만 그 안에는 무엇인가 눈에 보이지

않는 절대적인 차이가 있는 것입니다.

여기에 보면 고핫 자손의 고라와 르우벤 지파의 아들들이 작당을 했다고 말씀하고 있습니다. 사실 르우벤 족속들이 불만을 가지는 이유는 충분히 있었습니다. 르우벤은 이스라엘의 장자였는데 한번 큰 죄를 짓게 됩니다. 그것은 자기 아버지의 첩에 해당되는 빌하와 성 관계를 가진 것이었습니다. 그래서 그 후부터 르우벤 자손은 이스라엘 안의 지도력에서 늘 소외가 되었습니다. 하나님께서는 르우벤 사람들 안에는 모두 이런 '끼' 가 있다고 생각하셔서 절대로 나서지 못하게 하신 것입니다.

사람들 중에서 끼가 있거나 무엇인가 재능이 비상한 사람은 절대로 평범한 생활로 만족을 하지 못합니다. 무엇인가 남들이 하지 않는 짓을 해야 직성이 풀리고 무엇인가 남들 위에 꼭대기에 올라가야 만족이 되는 것입니다. 그러면 이 사람들이 남들 위에 올라가면 과연 만족을 하겠습니까? 절대로 만족을 하지 못합니다. 그래서 이런 사람들은 늘 무엇인가 새로운 것을 만들어 내어야 자기가 살아있는 것 같고 다른 사람들을 들들 볶아야 살아있는 맛이 나는 것입니다.

하지만 하나님께서는 우리에게 평범해야 한다고 말씀하십니다. 그리고 하나님께서는 우리에게 주신 은혜로 감사하고 만족해야 한다고 말씀하십니다. 그러나 세상은 결코 그렇지 않습니다. 세상 사람들은 욕망을 자신의 발전의 동기로 삼고 남의 것까지 빼앗아 자기 것으로 만들어야 발전이라고 생각하는 것입니다. 그 대신에 자기 분수에 만족하고 감사하는 것은 의욕이 없는 것으로 보일 때가 많습니다. 세상에는 '끼' 가 있는 사람이 인정을 받고 인기를 끌게 되어 있습니다. 하지만 겸손히 자신을 죽이는 사람은 남에게 무시를 당하게 되고 어떤 경우에는 세상에서 도태가 되어버릴 때가 많습니다.

고라와 르우벤 족장들과 이백오십명의 지도자들이 모세를 대적한데는 그럴듯한 이유가 있었습니다.

민수기 16장 3절

그들이 모여서 모세와 아론을 거스려 그들에게 이르되 너희가 분수에 지나도다. 회중이 다 각각 거룩하고 여호와께서도 그들 중에 계시거늘 너희가 어찌하여 여호와의 총회 위에 스스로 높이느뇨?

고라와 르우벤 자손과 이백오십명의 족장들이 주장한 것은 모세의 독재가 너무 하다는 것입니다. 그 이유는 사실 모든 이스라엘 백성들은 다 하나님께 구별된 거룩한 백성들이며 어떤 의미에서 다 똑같은 사람인데 그렇다면 이스라엘 백성들의 총회의 결정이 가장 중요한 것이지 왜 모세 너는 하나님의 말씀이라고 해서 이스라엘 총회까지도 좌지우지하느냐 하는 것이었습니다.

어떻게 생각해 보면 고라와 그의 동조자들의 말이 상당이 일리가 있는 것 같습니다. 이스라엘은 다 똑같은데 왜 모세만 특출해야 하고 아론만 특출해야 하는가?입니다. 아론은 모세의 형인데 결국 제사장은 아론의 자손만 할 수 있었습니다. 그러면 이것은 족벌 체제로 가는 것이 아닐까요? 그래서 고라와 이 일당은 당신들만 이스라엘의 최고 지도자와 제사장을 독점하지 말고 돌아가면서 동등하게 하자는 것이었습니다. 이것은 어떻게 보면 모든 이스라엘 백성들의 불만을 대변한 것이라고도 볼 수 있습니다.

그러나 고라가 주장한데는 심각한 위험의 요소가 들어 있었습니다.

가장 중요한 것은 고라는 하나님의 말씀의 인도를 믿지 않았습니다. 지금까지 이스라엘 백성들이 모세를 믿고 따라온 것은 모세 개인이 특출했기 때문이 아니었습니다. 다시 말합니다. 모세 개인의 지혜나 능력이 뛰어났기 때문이 결코 아니었습니다. 이스라엘 백성들이 모세를 따라온 것은 모세에게 그들을 살리는 하나님의 말씀이 있었기 때문입니다. 사실 이스라엘 백성들은 누구의 인도나 다 따를 수 있습니다. 그러나 이스라엘 백성들이 살기 위해서는 하나님의 말씀의 인도가 있어야 합니다. 그런데 그 말씀이 모세에게만 있었던 것입니다.

그러나 고라는 '우리는 하나님의 말씀 같은 것은 인정하지 못하겠다'는 것입니다. 즉 우리들이 생각하고 의논해서 가면 되는 것이지 하나님의 말씀은 필요 없다고 주장한 것입니다. 이것은 모든 이스라엘 백성들을 죽이는 것이었습니다. 그리고 두 번째는 고라는 죄의 심각성을 인정하지 않았습니다.

하나님께서 모세를 보내셔서 이스라엘 백성들을 애굽에서 나오게 하신 것은 죄에서부터 그들을 구원하기 위해서였습니다. 이스라엘 백성들이 이렇게 고생스러운 광야를 통과해야 하는 이유도 그들의 마음 속에 자리 잡은 세상을 씻기 위해서였습니다. 그러나 고라는 죄의 심각성을 인정하지 않았습니다. 즉 누구든지 제사 드리고 은혜를 받으면 되는 것이지 굳이 아론 자손이어야 할 이유가 없다는 것이었습니다.

하지만 고라의 이러한 생각은 인본주의적인 생각이었습니다. 즉 우리 인간들은 모두 평등해야 하고 할 수 있는 한 최대한도로 능력을 개발하도록 해야 하고 할 수 있으면 모두가 최고가 되어야 한다는 것입니다. 그러나 이것보다 더 중요한 것은 죄를 해결 받는 것이고 하나님의 진노에서 건짐을 받는 것이 더 중요한 것입니다. 이것은 정확하게 하나님의 말씀의 인도를 받아야 하는 것이며 그대로 순종해야 하는 것입니다.

만일 오늘 우리가 살아가는 길이 재앙도 전혀 없고 심판도 전혀 없고 모든 것이 지금과 똑같다면 인본주의적인 생각이 옳습니다. 우리는 할 수 있는 대로 모든 것을 평등하게 해야 하고 똑같은 기회를 주어야 하며 할 수 있는 대로 각자가 하고 싶은 것을 최대한으로 할 수 있게 해 주어야 합니다.

그러나 만일 우리 주위에 무서운 재앙이 기다리고 있고 마귀가 우는 사자처럼 돌아다니고 있으며 사망의 음침한 골짜기가 우리 주위에 늘려 있다면 우리는 여기에 빠지지 않고 죽지 않고 살아남는 것이 가장 중요할 것입니다.

그런데 고라는 무엇이라고 합니까? 모세는 늘 우리 주위에 위험이 있다고 겁을 주어서 결국 자기 말을 듣게 한다는 것입니다. 우리는 안전한데 모세는 늘 우리 주위에 사망의 절벽이 있고 마귀가 우는 사자처럼 돌아다니고 있다고 겁을 준다는 것입니다.

고라는 하나님의 말씀만 최고의 권위에 두는 것은 모세가 자기가 높아지려고 지어낸 것이며 이스라엘 사람들의 합의 기구인 이스라엘 총회의 결정이 더 중요하고 권위가 있다는 것이었습니다. 그러나 이스라엘 총회는 하나님의 말씀에 온전히 순종하기 위한 자발적인 기구이지 이것이 하나님을 대신할 수 있는 것은 아닌 것입니다.

모세의 설득

우리는 오늘날 사람들이 하는 이야기만 들으면 과연 누구의 말이 옳은지 알 수 없을 정도로 모두 다 교묘하게 나름대로의 논리를 가지고 떠들어댑니다. 모세는 고라가 르우벤 족장과 이백오십인의 지도자를 선동해서 '왜 너 혼자 모든 것을 결정하느냐?' 라고 공격을 했을 때 아무 할 말이 없었습니다. 왜냐하면 하나님의 말씀은 말씀을 사모하고 듣는 자에게 권위가 있고 능력이 있는 것이지 말씀의 가치를 모르는 자에게 아무런 소용이 없기 때문입니다. 그래서 모세는 아무 말도 하지 못하고 엎드렸습니다. 그랬을 때 바로 하나님의 말씀이 임했습니다.

> **민수기 16장 4-5절**
> 모세가 듣고 엎드렸다가 고라와 그 모든 무리에게 말하여 가로되 아침에 여호와께서 자기에게 속한 자가 누구인지, 거룩한 자가 누구인지 보이시고 그 자를 자기에게 가까이 나아오게 하시되 곧 그가 택하신 자를 자기에게 가까이 나아오게 하시리니

우리에게 사탄의 공격이 올 때에는 집중적으로 계속 연달아서 오게 됩니다. 이때 가장 좋은 방법은 모세가 한 것처럼 하나님 앞에 엎드려 고개를 숙이는 것입니다. 그렇지 않고 뻣뻣하게 서서 대항해서 싸우려고 하면 결국 넘어지게 됩니다. 아마 모세가 계속 엎드려 있기만 했다면 고라나 다른 사람들이 와서 모세를 해쳤을지도 모릅니다. 그러나 하나님의 말씀이 모세를 움직이게 했습니다. 즉 내일 아침에 하나

님께서 자기에게 속한 사람을 보이신다는 것입니다. 이것은 모세와 고라 당에서 내일 아침까지 생각할 시간을 벌어주시는 것입니다. 사람들은 일단 흥분이 되면 물불을 가리지 않으려고 합니다. 그러나 잠시라도 시간적인 여유가 있으면 생각을 다시 한 번 해 보게 되는 것입니다. 그런 의미에서 아무리 내 생각이 옳은 것이라 하더라도 다른 사람들과 한번 의논을 해 보는 것은 필요합니다. 왜냐하면 아직까지는 시간적인 여유가 있기 때문입니다.

그러면서 모세는 고라와 모든 대적하는 자들에게 자기 향로를 가지고 오게 했습니다. 그것은 우리의 모든 주장을 하나님 앞에서 판단을 받아보자는 것입니다. 결국 모세는 고라와 직접 대결하지 않고 하나님께 이것을 맡겼습니다. 향로에 불을 담고 그 위에 향을 두면 하나님께서 택하신 자는 거룩하게 된다는 것입니다.

그리고 모세는 고라를 설득하기 시작했습니다.

> **민수기 16장 8-9절**
> 모세가 또 고라에게 이르되 너희 레위 자손들아 들으라. 이스라엘의 하나님이 이스라엘 회중에서 너희를 구별하여 자기에게 가까이 하게 하사 여호와의 성막에서 봉사하게 하시며 회중 앞에 서서 그들을 대신하여 섬기게 하심이 너희에게 작은 일이겠느냐?

물론 고핫 자손들은 자신들이 제사장이 되지 못한 것 때문에 불만이 있을 수 있지만 모세는 하나님께서 고핫 자손들에게 성막에서 섬길 수 있는 기회를 주신 것이 결코 적은 일이 아니라고 말을 하고 있습니다. 그리고 제사장이라고 해서 반드시 더 좋은 것도 아니었습니다. 왜냐하면 제사장은 다른 사람들의 죄 문제 때문에 더 많은 피를 흘려야 하기 때문입니다. 제사장 일이 좋아 보일지 모르지만 제사장들이 하는 일은 늘 짐승을 죽여서 피를 흘리고 그 시체를 불에 태우는 중노동이었습니다. 그러면서도 그들은 다른 사람들의 죄 이야기를 다 들어야 했고 그것을 가지고 기도를 해야만 했습니다. 사실은 고핫 자손들이 하는 일이 훨씬 더 깨끗했고 훨씬 더 고상한 일이었습니다.

사실 제사장 일을 하는 사람들 가운데 적성이 맞지 않는 사람들은 굉장히 하기 어려운 일이었습니다. 피 냄새를 싫어하고 짐승 죽이는 것을 싫어하는 사람들은 이 일을 하라고 해도 하기가 어려웠습니다. 이것을 하나님께서 아론의 집에 떠맡기신 것이었습니다.

우리가 하나님을 더 가까이 하는 말씀의 직분이 더 영광스럽고 존귀하게 보이는 것은 사실입니다. 그러나 인간으로서 사실 거룩하신 하나님을 더 가까이한다는 것은 쉬운 일이 아닙니다. 얼마나 스트레스인지 모릅니다. 하나님께 가까이 가면 우리가 하는 것 중에서 죄가 아닌 것이 거의 없습니다. 모든 것이 다 죄인 것입니다. 그래서 엄청나게 스트레스를 받게 되고 엄청나게 회개를 하게 됩니다. 그러나 하나님께서 지명해서 부르셨기 때문에 도망을 갈 수가 없습니다. 오직 이러한 직분은 하나님의 기름 부으심이 있기 때문에 감당을 하는 것입니다.

그러기 때문에 하나님 앞에서 우리는 다른 사람의 직분에 대하여 시기해서는 안 됩니다.

모세는 르우벤 지파에 속하는 다단과 아비람을 불러서 설득을 시키려고 했습니다. 왜냐하면 아직 아침까지는 시간이 있기 때문입니다. 아직 시간이 있을 때 잘못을 시인하고 회개하면 얼마든지 살 수 있었습니다. 그러나 다단과 아비람은 모세가 부르는데도 오지 않았습니다.

> **민수기 16장 12절**
> 모세가 엘리압의 아들 다단과 아비람을 부르러 보내었더니 그들이 가로되 우리는 올라가지 않겠노라

다단과 아비람은 더 이상 모세의 권위를 인정하지 않았습니다. 모세가 오라고 하는데도 '네가 뭔데 우리를 오라 가라 하느냐?'고 하면서 가지 않고 오히려 엄청난 비난을 쏟아내었습니다.

> **민수기 16장 13-14절**
> 네가 우리를 젖과 꿀이 흐르는 땅에서 이끌어 내어 광야에서 죽이려 함이 어찌 작은 일이기에 오히려 스스로 우리 위에 왕이 되려 하느냐? 이뿐 아니라 네가 우리를 젖과 꿀이 흐르는 땅으로 인도하여 들이지도 아니하고 밭도 포도원도 우리에게 기업으로 주지 아니하니 네가 이 사람들의 눈을 빼려느냐? 우리는 올라가지 아니하겠노라

다단은 가나안 땅에 올라가지 못한 책임이 모세 때문이라고 주장을 했습니다. 그래서 네가 우리를 젖과 꿀이 흐르는 땅으로 인도하지 못했으니까 그 책임을 지고 지도자의 자리에서 물러나야 한다는 것입니다. 네가 우리를 애굽 땅에서 데려 온 후에 지금까지 밭도 주지 않았고 포도원도 주지 않았고 아무 것도 한 것이 없다고 욕을 퍼부었습니다.

그러면서도 모세가 왕이 되려고 한다고 비난을 했습니다. 오히려 네가 이 사람들의 눈을 빼려고 하느냐고 했습니다. 즉 네가 이스라엘 백성들을 소경으로 만들어서 모든 지역을 다 데리고 돌아다니려

한다고 했습니다.

　이것을 보면 가나안 땅으로 들어가지 못한 후유증이 얼마나 큰지 잘 알 수 있습니다. 우리는 하나님께서 기회를 주셨을 때 그 기회를 잡아야지 그것을 놓치면 엄청난 후유증을 겪게 됩니다. 즉 교회는 부흥할 기회가 주어졌을 때 아무 군소리 하지 말고 부흥을 해버려야지 그 기회를 놓치게 되면 부흥의 촛대가 다른 데로 넘어가버리게 되는 것입니다.

　모세가 고라를 설득하고 다단을 설득하려고 한 것은 모두 실패로 돌아가고 말았습니다. 왜냐하면 이미 이들에게는 오래 전부터 모세에 대하여 불만이 있었기 때문입니다. 그들은 하나님의 말씀의 인도를 믿을 수가 없었습니다.

　오늘도 우리는 하나님의 말씀이 우리의 삶을 인도한다는 것을 분명히 믿습니다. 그러니까 우리에게는 하나님의 말씀 앞에 나오는 것보다 더 중요한 것은 없는 것입니다. 우리의 정체성은 하나님의 말씀을 들을 때 살아나는 것입니다.

　하나님께서 말씀으로 온 천지를 창조하셨고 그 말씀으로 우리의 삶을 인도하시기 때문에 우리는 그분의 말씀만 믿고 따라가면 행복한 삶을 살 수 있습니다. 그러나 우리가 하나님의 말씀을 믿지 못하면 결국 세상 꽁무니를 따라갈 수밖에 없습니다. 그러면 우리가 세상에서 찌꺼기를 얻어먹을 수 있겠습니까? 절대로 얻어먹지 못합니다. 결국 광야 같은 세상에서 고생만 죽으라고 하게 되는 것입니다. 그러기에 처음 신앙을 믿음으로 가졌으면 우리의 삶도 하나님의 말씀을 믿는 믿음으로 살아가야 합니다.

하나님의 진노

모세는 좀처럼 화를 내지 않는 사람이었습니다. 그러나 모세는 고라와 다단을 설득하는데 실패했을 때 엄청나게 분노를 했습니다. 그리고 실제로 모세는 거의 분노에 가까운 기도를 드렸습니다.

> **민수기 16장 15절**
> 모세가 심히 노하여 여호와께 여짜오되 주는 그들의 예물을 돌아보지 마옵소서. 나는 그들의 한 나귀도 취하지 아니하였고 그들의 한 사람도 해하지 아니하였나이다 하고

아마 고라나 다단은 성경에 기록되지 아니한 많은 말로 모세를 공격했던 것 같습니다. 그 공격은 너무나도 악의에 찬 것이었고 너무나도 거짓말 투성이였기 때문에 모세도 감당할 수가 없었던 것 같습니다.

사람은 마음이 악한 쪽으로 한번 기울어지고 나면 어떻게 수습될 수가 없는 것 같습니다. 그래서 거의 마귀와 같을 정도로 악하게 말을 하고 악하게 대적을 하는 것을 보게 됩니다. 대개 일시적으로 이렇게 하는 것은 시간이 조금 지나면 흥분이 가라앉으면서 수습이 되는 경우도 있지만 이것이 오래 되고 머릿속에 깊이 뿌리를 내렸을 때에는 누가 뭐라고 말한다고 해서 듣지 않습니다. 그래서 '성령을 훼방하는 죄'가 무서운 이유는 자기가 옳다고 생각하기 때문입니다. 자기가 절대로 옳기 때문에 절대로 남의 말을 듣지 않고 끝까지 회개하지 않는 것입니다.

모세는 더 이상 고라나 다단은 돌이키기 힘들다고 판단을 했습니

다. 그래서 더 이상 이 사람들을 위해서는 기도하지 않기로 했습니다. 즉 발에서 먼지를 떨어버린 것입니다. 우리는 할 수 있는 대로 다른 사람이 나를 대적한다고 해서 발에서 먼지를 떨지 말아야 합니다. 왜냐하면 몰라서 그렇게 하는 경우가 많이 있기 때문입니다. 그러나 다 알면서 영적인 교만에 차서 끝까지 대적할 때에는 발에 먼지를 떨어버리게 됩니다. 왜냐하면 그렇게 해야 다른 사람들을 보호할 수가 있기 때문입니다.

모세는 고라와 다른 이백오십인의 지도자들에게 자기 향로를 가지고 나오라고 했습니다. 그리고 아론에게도 향로를 가지고 오라고 했습니다.

그때 향로를 가지고 나온 고라 일당이 모세를 다시 대적을 했습니다.

민수기 16장 19절

고라가 온 회중을 회막문에 모아 놓고 그 두 사람을 대적하려 하매 여호와의 영광이 온 회중에게 나타나시니라

아마도 고라는 사람들의 숫자에 자신감을 얻었던 것 같습니다. 모세 쪽은 단 두 사람뿐이었습니다. 그러나 고라 쪽에는 이백오십명의 사람들이 있었습니다. 그래서 다시금 모든 이스라엘 사람들이 보는 앞에서 모세를 향해 욕을 했던 것 같습니다. 그리고 많은 이스라엘 사람들이 고라의 말에 동조를 했던 것 같습니다. 그때 하나님은 이스라엘을 다시 다 멸하겠다고 하셨습니다.

민수기 16장 20-21절

여호와께서 모세와 아론에게 일러 가라사대 너희는 이 회중에게서 떠나라 내가

순식간에 그들을 멸하려 하노라

고라는 이스라엘 백성들 앞에는 위기도 없고 하나님의 심판도 없다고 주장했습니다. 그러니까 모두에게 다 평등하게 기회를 주고 모두 다 자기가 하고 싶은 대로 하자는 것이었습니다. 그러나 이스라엘 백성들 앞에 가장 큰 위기는 하나님의 진노였습니다. 이스라엘 백성들이 하나님의 말씀의 줄을 끊는 순간 바로 하나님의 진노가 임하려 했습니다. 하나님께서는 순식간에 이들을 멸하겠다고 하셨습니다. 우리는 이 세상에서 하나님의 말씀의 끈을 놓치는 순간 바로 재앙이 덮친다는 사실을 알아야 합니다. 이것은 공연히 드리는 말씀이 아닙니다. 하나님의 말씀이 있기 때문에 거의 대부분의 시험으로부터 자동적으로 보호가 되고 있는 것입니다. 고라는 자신들이 하나님의 말씀을 떠나는 것이 얼마나 위험한지 모르고 있었습니다. 하나님께서는 한 순간에 이들을 심판하겠다고 하셨습니다. 그러나 이 때에도 역시 하나님이 세운 종의 기도가 멸망을 막았습니다.

민수기 16장 22절
그 두 사람이 엎드려 가로되 하나님이여 모든 육체의 생명의 하나님이여 한 사람이 범죄하였거늘 온 회중에게 진노하시나이까?

결국 다른 사람을 멸망으로부터 지키는 것은 기도입니다. 기도가 있기 때문에 우리와 우리 주위의 많은 사람들이 평안하게 살 수 있는 것입니다.

이것을 안 이스라엘 백성들은 사무엘에게 우리를 위하여 기도하는 것을 중단하지 말아달라고 했습니다. 그러니까 사무엘이 기도하는 것을 쉬는 죄를 범치 않겠다고 했습니다. 기도를 중단하거나 쉬는 것은 죄입니다. 왜냐하면 말씀의 끈을 놓고 있는 사람들을 다 죽으라는 것과 같기 때문입니다.

그때 하나님께서는 모든 이스라엘 백성들에게 고라와 다단의 장막 옆을 다 떠나라고 말씀하셨습니다. 이스라엘 백성들은 왜 하나님께서 이 사람들 옆을 떠나라고 하는지 알지 못했습니다.

민수기 16장 26-27절
모세가 회중에게 일러 가로되 이 악인들의 장막에서 떠나고 그들의 물건은 아무 것도 만지지 말라. 그들의 모든 죄 중에서 너희도 멸망할까 두려워하노라 하매 무리가 고라와 다단과 아비람의 장막 사면을 떠나고 다단과 아비람은 그 처자와 유아들과 함께 나와서 자기 장막문에 선지라

모든 백성들은 떠나고 고라와 다단과 아비람은 처자와 어린 아이들까지 고집스럽게 자기 집 문 앞에 서 있었습니다. 이들은 끝까지 모세의 말에 복종하지 않고 대항해 보겠다는 것이었습니다.

그때 모세는 이렇게 말을 했습니다. 이 사람들의 죽음이 평범하지 않을 것이라고 했습니다. 만약 이들이 일반인들처럼 죽고 일반인들처럼 벌을 받는다면 모세 자신은 하나님이 보낸 사람이 아니라고 했습니다. 하나님께서는 새 일을 행하셔서 땅이 입을 열어 이들을 삼킴으로 이들이 하나님을 멸시한 결과가 무엇인지 보여주실 것이라고 했습니다.

이 말이 끝나자 마자 정말 무서운 일이 일어났습니다. 갑자기 땅이 갈라지면서 고라와 그 식구들과 그에게 속한 사람들이 전부 땅 속에 빠져버리고 그리고 다시 땅이 합쳐졌습니다. 한순간에 고라와 함께

했던 사람들이 눈앞에서 사라져버렸습니다. 그리고 향로에서 불이 나오면서 이백오십명이 한 순간에 전부 다 불에 타 죽어버렸습니다.

고라와 그의 일당들은 이 세상에 위험이 없다고 주장을 했습니다. 사람들이 자신들의 의견을 모으고 재능을 개발하면 가장 아름다운 삶을 살 수 있다고 선전을 했습니다. 그러나 실제로 이 세상은 언제나 지진이나 재앙이 준비되어 있는 아주 위험한 곳입니다. 그러기에 우리는 하나님의 말씀의 인도를 받아야 하고 죄 용서를 받아야 안전하게 살 수 있습니다.

고라나 다단의 말을 듣고 긴가 민가 하는 이스라엘 백성들은 땅이 갈라져 고라나 다단이 죽는 것을 보고 자기들도 땅 속에 들어갈까 해서 소리를 지르면서 도망을 쳤습니다.

사실 고라는 아주 똑똑한 사람이었던 것 같고 많은 이스라엘 백성들의 인정을 받는 사람이었던 것 같습니다. 그런 사람이 모세를 대적했다고 해서 땅이 갈라져 죽으니까 이스라엘 백성들의 원망이 모세에게 쏟아졌습니다.

> 민수기 16장 41-42절
> 이튿날 이스라엘 자손의 온 회중이 모세와 아론을 원망하여 가로되 너희가 여호와의 백성을 죽였도다 하고 회중이 모여 모세와 아론을 칠 때에 회막을 바라본즉 구름이 회막을 덮었고 여호와의 영광이 나타났더라

사람들은 아무리 고라와 다단이 잘못했다 하더라도 자기들이 잘못한 것은 생각하지 않습니다. 이것은 모세와 아론이 잘못해서 멀쩡한 이스라엘의 지도자들을 죽게 했다고 생각하는 것입니다. 결국 이튿날

이스라엘 백성들은 다시 모여서 누가 과연 고라와 다단과 이백오십명의 지도자를 죽게 했느냐하는 책임론을 가지고 모세를 공격했습니다. 그러니까 산을 하나 넘으니까 더 큰 산이 나온 것입니다. 고라와 다단이 살았을 때에도 말을 듣지 않았는데 이제는 사람이 이백 명이 넘는 사람이 죽어버렸으니까 더 심각한 문제가 생긴 것입니다. 사람들은 모세와 아론을 치기 시작했습니다. 이제는 말로 치는 것이 아니라 주먹으로 치기 시작한 것입니다.

그때 하나님께서 모세에게 말씀하시기를 내가 순식간에 이스라엘 백성들을 멸하겠다고 말씀하십니다. 그리고 이상한 일이 일어나기 시작했습니다. 갑자기 모세와 아론을 치던 사람들이 죽기 시작하면서 이스라엘 백성들이 급격하게 죽기 시작하는 것이었습니다. 이미 이스라엘 백성들 안에 페스트가 퍼지기 시작해서 급속하게 백성들이 죽어가기 시작했습니다. 이제 우물쭈물 하다가는 모든 이스라엘 백성들은 다 죽게 생겼습니다.

이때 하나님께서는 모세에게 말씀을 주셨습니다. 그것은 아론이 향로에 불을 담고 불을 피워서 빨리 이스라엘 백성들을 위해서 속죄하는 기도를 하라는 것이었습니다. 그러나 염병은 급속도로 사람들 사이에 퍼져서 사람들이 계속 죽어가고 있었습니다. 이 때 아론은 향로를 가지고 죽은 사람과 산 사람 사이에 섰습니다. 그러자 이 죽음의 기운이 아론을 넘어가지 못하고 멈추어서는 바람에 다른 사람들은 모두 다 살게 되었습니다. 그러나 그날에 염병으로 인해 죽은 자들이 일만 사천칠백 명이나 되었습니다.

그리고 모세는 이백오십명의 지도자가 죽은 향로를 버리지 못하게 하고 그것을 전부 합쳐서 번제단을 씌우는 번철로 만들었습니다. 즉 사람들은 악하지만 그들의 향로는 거룩했기 때문입니다. 여기 향로는 기도를 의미하는데 이 사람들 자신이 믿음이 없이 기도를 해서 그렇지 기도 자체는 거룩하기 때문에 버리지 못하게 한 것입니다. 오히려 번제단에 씌워서 볼 때마다 하나님을 두려워하게 했습니다.

우리는 할 수 있는 대로 이 세상에서 자신의 능력을 다 발휘하여 훌륭하고 똑똑한 사람이 되려고 합니다. 그러나 이것보다 더 중요한 것은 이 죄만은 세상에서 멸망당하지 않고 살아남는 것입니다. 그렇게 하려면 우리는 말씀의 인도를 받아야 합니다. 우리가 말씀을 놓치는 순간에는 모두 다 죽음입니다. 오직 하나님의 말씀과 믿음만이 우리를 안전하게 합니다.

14 _ 민 15:1-41, 17:1-13

열매 맺는 백성

　나무가 열매를 맺는데 두 가지 방식이 있다고 말하면 아마도 모두 놀랄 것입니다. 하나는 나무가 땅에 뿌리를 내리고 땅에서 수분을 흡수해서 열매를 맺는 방식입니다. 이것이 이 세상의 모든 나무가 사는 방식이고 열매를 맺는 방식입니다. 그래서 식물이 살고 죽는 문제에 있어서 가장 중요한 것은 그 식물이 심기어진 토양이고 그 중에서도 수분입니다. 그러나 또 하나의 방식은 하늘에 뿌리를 박고 하나님으로부터 양분을 공급받아서 열매를 맺는 방식입니다. 이것이 바로 하나님의 백성들이 열매 맺는 방식인데 하나님께서는 아론을 통해서 이것을 실제로 보여주셨습니다.

　이스라엘 백성들이 모세와 아론이 전하는 말씀의 능력을 믿지 못하고 고라당이 주장하는 인간적인 방법을 따라갔다가 많은 사람들이 죽었을 때 하나님께서는 이스라엘 열두 족장의 지팡이를 모아서 각자 자기 이름을 쓰고 하나님의 궤 앞에 두게 하셨습니다. 그리고 하룻밤이 지났을 때 다른 족장들의 지팡이는 모두 다 그대로 있었지만 아론의 지팡이만 싹이 나고 꽃이 피고 열매까지 맺혀 있었습니다. 하나님의 백성들은 이 세상에 뿌리를 박고 열매를 맺는 백성들이 아닙니다. 우리는 모두 하나님께 뿌리를 박고 신령한 열매를 맺는 자들인 것입니다.

얼마 전 우리나라 서해안에서 어떤 유조선이 바지선과 충돌하는 바람에 많은 기름이 흘러나와서 서해안 일대를 전부 기름으로 뒤덮이게 한 일이 있었습니다. 그런데 중요한 것은 그 이후의 일이었습니다. 우리나라 사람들이 너나 할 것 없이 서해안으로 몰려가서 바닷가에 밀려온 기름을 닦기 시작한 것입니다. 물론 그 중에는 대선에서 표를 한 표라도 더 얻으려는 사람도 없었던 것은 아니지만 거의 대부분의 사람들은 순수한 동기로 바람이 부는 바닷가에 나가서 쭈그리고 앉아서 기름을 닦았습니다. 그 중에 많은 사람들이 젊은이들이었고 또 많은 사람들이 기독교인들이었습니다. 그동안 우리나라 사람들 그 중에서도 특히 젊은이들이 나라를 사랑하지 못했습니다. 무엇 때문에 이 나라를 사랑해야 하는지 잘 몰랐고 할 수만 있으면 영어라도 하나 더 배우려고 외국으로 빠져 나가려고만 했습니다. 전쟁이 나면 도망간다는 사람이 더 많았을 정도였습니다. 그러나 서해안에 기름으로 오염이 되었을 때 너나 할 것 없이 젊은이들이 몰려가서 바위나 돌에 붙은 기름을 닦으면서 돌 하나를 사랑하고 우리나라 바다를 사랑하고 또 고기 잡는 어부들을 사랑하는 마음을 나타냈습니다. 이것은 지금까지 우리가 보아왔던 우리나라 사람들의 모습과는 너무나도 다른 새로운 모습이었고 하나님께서 이 민족의 가슴에 새로운 성령의 바람을 불게 하신다는 것을 느끼게 하는 일이었습니다.

바다에서 중요한 것은 바다가 깨끗한 것입니다. 만일 바다가 오염이 되어서 기름으로 뒤덮여 버린다면 거기에는 아무 것도 살 수가 없습니다. 고기도 잡을 수 없고 양식업도 되지 않고 관광산업도 되지 않고 오직 악취만 나는 거대한 죽음의 바다만 있을 뿐인 것입니다. 바다는 깨끗하기만 해도 어마어마한 자원이 그 안에 있습니다. 마찬가지로 이스라엘 백성들이 하나님 앞에 가장 중요한 것은 그들이 썩지 않는 것입니다. 만일 이스라엘 백성들의 마음이 세상의 돈이나 정욕으로 썩어버린다면 엄청난 보물이 없어져버리는 것입니다. 그 대신 악취 나는 거대한 오물 덩어리 밖에 되지 않습니다.

그러나 우리 인간들은 원래부터 마음 안에 죄의 기름이 뒤덮여서 오염이 되어 있습니다. 그래서 하나님께서는 이스라엘 백성들에게 이 오염된 기름을 닦아내는 법을 가르쳐 주셨습니다. 그것은 바로 하나님 앞에서 속죄 제사를 드림으로 오염된 기름을 닦아내고 깨끗한 백성이 되는 것입니다.

오늘 본문은 민수기 15장의 제사에 대한 말씀과 17장의 아론의 싹 난 지팡이에 대한 말씀입니다. 중간에 있는 16장의 고라당의 반역은 너무나도 엄청난 사건이기 때문에 따로 우리가 이미 살펴보았습니다. 물론 아론의 싹 난 지팡이는 고라당의 반역 사건과 연결되는 것이지만 15장과 연결시켜서 생각해 볼 수도 있습니다. 15장과 16장의 말씀에는 세 가지 에피소드가 있습니다.

첫째는 이스라엘 백성들이 가나안 땅에 들어가면 열심히 농사를 지어서 잘 살려고 하지 말고 죄의 기름을 닦아내는 일을 하라는 것입니다. 그것이 바로 기회 있을 때마다 하나님께 속죄 제사를 드리는 것이었습니다. 그리고 두 번째는 어떤 한 이스라엘 사람이 안식일에 나무를 하다가 들켰는데 모세는 이 사람을 어떻게 처치해야 할지 몰랐습니다. 그래서 그 사람을 가두어놓고 하나님께 물어 보았더니 백성들 앞에 끄집어내어서 돌로 쳐 죽이라는 판결이 나왔습니다. 안식일에 나무 한 것이 엄청나게 큰 죄였던 것입니다. 그리고 세 번째는 이스라엘 백성들이 모세와 아론의 리더십을 믿지 못해서 자꾸 불평하자 하나님께서는 족장들의 지팡이를 다 모아서 하나님 앞에 두게 했는데 하루 밤을 자고 보니까 하루 밤 사이에 싹이 나고 꽃이 피고 열매까지 맺혀져 있었습니다. 이스라엘 백성들은 모세가 이야기하는 제사 제도가 그냥 하는 것인 줄 알았더니 이것이 사람을 살리는 것이었고 생명의 역사가 있는 것이었던 것입니다. 오늘 우리가 예배드리고 은혜 받는 것도 그냥 우리끼리 모여서 은혜 받는 것이 아니고 우리가 하나님으로부터 생명을 받는 것이며 열매 맺고 있는 과정인 것입니다.

더러운 죄의 기름을 닦아내기

가나안 땅은 이스라엘 백성들이 목표로 삼고 있는 축복의 땅이었습니다. 그러나 하나님께서 생각하시는 것과 이스라엘 백성들이 생각하는 것 사이에는 많은 차이가 있었습니다. 즉 이스라엘 백성들이 생각하는 것은 어서 가나안 땅에 들어가서 땅을 차지해서 농사를 지어서 안정된 생활을 하고 행복하게 사는 것이었습니다. 그러나 하나님께서 생각하시는 것은 가나안 땅은 하나의 환경일 뿐이고 이스라엘 백성들은 하나님께 뿌리를 내려서 하나님이 주시는 능력으로 영적인 열매를 맺어야 하는 것입니다.

그래서 하나님께서 이스라엘 백성들에게 가장 중요하게 생각하시는 것은 단순히 이 세상에서 안정되고 복을 받고 잘 사는 것이 아니었습니다. 즉 하나님께서는 이스라엘 백성들이 자기 자신과 가나안 땅 안에 있는 오염된 죄의 기름을 닦아내는 것을 더 중요하게 생각하셨습니다. 그것이 바로 하나님께 속죄 제사를 드리는 것이었습니다.

민수기 15장 1-4절
여호와께서 모세에게 일러 가라사대 이스라엘 자손에게 고하여 그들에게 이르라. 너희가 내가 주어 거하게 할 땅에 들어가서 여호와께 화제나 번제나 서원을 갚는 제나 낙헌제나 정한 절기제에 소나 양으로 여호와께 향기롭게 드릴 때에는 그 예물을 드리는 자는 고운 가루 에바 십분지 일에 기름 한 힌의 사분지 일을 섞어 여호와께 소제로 드릴 것이며

하나님께서는 이스라엘 자손들이 가나안 땅에 들어갔을 때 다른 어떤 일보다도 하나님께 제사를 열심히 드릴 것을 명령하셨습니다.

이스라엘 백성들이 가나안 땅에 들어갔을 때 그들이 해야 할 일은 너무나도 많았습니다. 우선 이스라엘 백성들은 조상대대로 목축업자들이었기 때문에 농사를 짓는 법을 몰랐습니다. 그래서 그들에게 무엇보다 필요한 것은 농사를 배우는 것이었습니다. 그리고 이스라엘 백성들에게는 오랫동안 집이 없었습니다. 그래서 그들에게는 자기들이 살 수 있는 집을 짓는 것이 필요했습니다. 또 가나안 땅은 외부적들이 침략을 할 가능성이 많았기 때문에 이스라엘 백성들은 자기들이 사는 곳에 성을 쌓을 필요가 있었습니다. 그래야 그들은 어느 정도 안정된 삶을 살 수가 있었습니다.

그러나 하나님께서는 다른 어떤 일보다도 하나님께 제사를 드리는 일을 열심히 하라고 말씀하셨습니다. 여기서 우리는 왜 하나님은 갑자기 가나안 땅에 들어가지도 않는 이스라엘 백성들에게 속죄 제사를 드리라고 하시는가 의문이 들 것입니다. 그 이유는 우리 인간들의 마음에서 가장 심각한 것은 죄로 오염된 기름이 있기 때문입니다. 이 오염된 기름은 언제나 우리 마음속에도 덮여있고 가나안 땅에도 덮여 있습니다. 우리는 서해안에서 기름이 유출되자 신문에 철새 한 마리가 완전히 기름을 뒤집어쓰고 있는 사진이 실린 것을 보았습니다. 그런데 얼마 후 그 철새는 죽었습니다. 그래서 우리에게 가장 중요한 것은 우리 마음에 있는 죄의 기름을 닦아내는 것이고 이 세상에 있는 기름을 닦아내는 것입니다.

결국 하나님께서 이 말씀을 하시자 말자 고라 자신들이 반역을 일으켜서 자신들은 땅이 갈라져서 땅속에 떨어져서 죽고 이스라엘 백성들은 온역이 퍼져서 만 사천칠백 명이나 되는 사람들이 죽었던 것입니다.

그러면 우리 마음속에 있는 죄의 기름은 어떤 것입니까? 이것은 인간 자신의 부패한 본성을 말하는 것입니다. 우리 인간들이 백 퍼센트 순수할 수 있으려면 우리가 백 퍼센트 하나님의 은혜로 채움을 받아야 합니다. 즉 우리 자신의 생각이나 의지는 완전히 없어지고 완전히 하나님으로 가득 채워질 때 우리는 가장 순수할 수 있습니다.

그러나 우리 인간은 본질적으로 하나님의 간섭을 받으려고 하지 않습니다. 우리 인간들에게는 모두 '자유의 혼'이 있습니다. 이 자유의 혼이라고 하는 것은 어느 누구의 간섭도 받지 않고 자기 멋대로 하고 싶은 욕망인 것입니다. 그러나 우리는 제 정신으로 있을 때에는 그렇게 하지 못합니다. 그러나 미치거나 술 취했을 때에는 평소에 할 수 없었던 짓들을 마음껏 하는 것입니다. 이것이 백 퍼센트 기름으로 오염이 된 것입니다.

청소년기 때 청소년들이 가장 싫어하는 것은 부모나 누구에게 속박을 받는 것입니다. 사실 청소년들이 속박에서 벗어나서 할 수 있는 것은 아무 것도 없습니다. 그럼에도 불구하고 속박에서 벗어나서 담배도 피우고 술도 마시고 욕도 하고 패싸움도 하면 시원할 것 같습니다.

그러나 우리 인간들이 가장 순수한 축복의 열매를 맺으려면 우리의 이런 기질들을 하나님 앞에서 다 불태워버려야 하는데 사실 우리는 그렇게 하고 싶지가 않은 것입니다. 마침내 고라당의 반역이 이 시점에서 일어난 것입니다. 그는 왜 우리에게 죄의 기름을 치우라고 하느냐 하는 것입니다. 우리는 기름 같은 것은 신경 쓰지 않고 우리하고 싶은 대로 실컷 하면서 살겠다고 합니다. 그 결과는 재앙이었습니다.

결국 우리가 하나님께 복종하면서 진정으로 열매를 맺으려면 백 퍼센트 복종을 해야 하는데 그 중간에 무엇인가 중재하는 것이 있어야 합니다. 그것이 바로 속죄제사인 것입니다. 이 속죄제사는 우리의 죄에 대한 하나님의 분노를 해소하는 제사입니다.

신약 성경에 보면 하나님이 우리를 사랑하시는 과정을 보통 세 가지 단계로 표현을 합니다. 그 첫 번째가 속죄 제사이고 두 번째가 구속이고 세 번째가 양자로 삼는 것입니다.

구속이라는 것은 돈을 주고 노예를 사서 해방시키는 것입니다. 몸값을 주고 자유를 주는 것이기 때문에 다시는 인질이 될 필요가 없습니다. 그래서 구속이라는 것은 경제적인 해방을 의미합니다. 몸값을 줘버리면 더 이상 옛날 노예 상인과는 아무런 관계가 없는 것입니다. 이제는 오로지 새 주인과의 관계만 있게 됩니다. 거기에다가 양자로 삼는 것은 구원의 축복 중에서 최고의 절정입니다. 우리의 자격을 바꾸고 권리를 바꾸고 엄청난 재산을 상속하게 하는 것입니다. 사실 양자로 삼는 것은 사회적인 개념입니다. 죄의 속박에서 해방된 우리는 하나님을 '신이시여!' 라고 부르지 않고 '아바 아버지!' 라고 부르는 것입니다. 우리는 진짜 하나님의 아들이 되는 것입니다.

그러나 구약 시대에는 주로 강조되는 것이 속죄 제사였습니다. 이 속죄 제사라고 하는 것은 우리의 죄에 대하여 하나님께서 감정적으로 진노하시는 것을 누그러트리는 것입니다. 하나님은 우리의 교만과 우리의 거짓을 보면 역겹게 생각합니다. 사실 우리도 우리가 싫어하는 어떤 사람을 만나게 되면 다른 어떤 것보다 감정적으로 그 사람을 싫어하게 됩니다. 일단 감정적으로 그 사람을 싫어하게 되면 그 사람의 모든 것을 다 싫어할 수밖에 없습니다. 그 사람의 머리 스타일이나 그 사람의 말하는 투나 그 사람의 냄새나 모든 것이 다 싫어지게 됩니다. 이 속죄 제사라고 하는 것은 하나님 앞에서 우리의 냄새를 바꾸는 것입니다.

이스라엘 백성들이 하나님 앞에서 속죄 제사를 드리게 되면 일단 소나 양을 잡아서 번제단 위에 벌려 놓고 불로 태웁니다. 그러면 그 위에서 고기가 타는 냄새가 나게 됩니다. 물론 사람에 따라서는 고기 굽는 냄새를 싫어하는 사람들도 있지만 어떤 사람들은 고기 굽는 냄새만 나면 군침을 삼키는 사람들도 있습니다. 그런데 속죄 제사는 고기만 태우는 것이 아니라 그 위에 고운 가루와 기름을 넣어서 함께 태웁니다. 그러면 정말 향기로운 냄새가 나게 되는 것입니다. 물론 이런 냄새를 내는 과정은 결코 쉽지 않습니다. 이스라엘 백성들은 각자가 자기가 지은 죄를 인지를 해야 하고 그것을 제사장 앞에 가지고 나와서 자백을 해야 합니다. 무엇보다 죄 없는 짐승 하나가 나를 대신해서 죽어야 합니다. 또한 그 죽은 짐승을 태울 때면 역겨운 냄새가 나던 내 몸에서 하나님이 가장 좋아하시는 냄새가 나게 되는 것입니다.

일단 우리가 알아야 하는 것은 '냄새를 맡는다'는 것은 상당히 가까운 사람들 사이에서 일어나는 일이라는 것입니다.

부부 사이에서 남편이 낮에 일을 많이 하고 집에 돌아오면 온 몸에서 땀 냄새가 날 것입니다. 특히 하루 종일 시궁창에서 일을 하고 왔다면 더 온 몸에서 썩는 냄새 같은 것이 날 것입니다. 부인이 마음으로는 아무리 남편을 사랑하고 가까이 하고 싶어도 고약한 냄새 때문에 가까이 할 수가 없습니다. 그때 남편이 목욕을 하고 새 옷을 갈아입고 나오면 부인이 얼마든지 안아주기도 하고 키스도 할 것입니다. 남편도 마찬가지입니다. 남편이 부인을 아무리 사랑한다고 해도 몇 주일 동안 목욕도 하지 않고 머리도 감지 않아서 부인의 온 몸에서 냄새가 난다면 우선 그런 상태에서는 남편이 부인을 가까이 하고 싶지 않을 것입니다.

마찬가지로 하나님께서 아무리 우리를 사랑하시고 우리를 가까이 하고 싶어 하셔도 우리의 생각이나 본성이 고약한 냄새를 풍기고 있기 때문에 그 자체로는 도저히 가까이하실 수가 없습니다. 특히 우리가 세상에서 돈을 번다고 여러 가지로 좋지 않은 생각이나 말이나 행동을 하면서 기름투성이가 된 상태로는 하나님을 제대로 만날 수가 없습니다.

그때 우리가 하나님께 속죄 제사를 드리는 것은 우선 우리로서는 원천적으로 이 냄새나는 것을 어쩔 수 없다는 것을 하나님께 고백 드리는 것입니다. 즉 우리는 어쩔 수 없이 기름 냄새가 나고 우리는 어쩔 수 없이 오염되어 있고 우리는 어쩔 수 없이 하나님을 거역할 수밖에 없는 족속들인 것을 인정하는 것입니다. 그리고는 우리 자신을 하나님의 자비와 은총에 맡기는 것입니다. 하나님께서 왜 소나 양이나 염소를 잡으라고 하시는지는 모르겠지만 우리는 하나님의 자비하심과 은혜에 전적으로 순종하고 굴복하는 것입니다. 그때 우리는 하나님의 은혜에 잠기게 되면서 냄새가 바뀌게 됩니다. 곧 더럽고 탐욕스럽던 역겨운 냄새가 없어지면서 하나님이 사랑하는 냄새로 변하게 됩니다. 그 중에서도 가장 향기로운 냄새는 짐승을 태우면서 그 위에 포도주를 부어서 태우는 것입니다.

민수기 15장 5-7절
번제나 다른 제사로 드리는 제물이 어린 양이면 전제로 포도주 한 힌의 사분 일을 예비할 것이요 수양이면 소제로 고운 가루 한 에바 십분지 이에 기름 한 힌의 삼분지 일을 섞어 예비하고 전제로 포도주 한 힌의 삼분지 일을 드려 여호와 앞에 향기롭게 할 것이요

결국 우리는 하나님 앞에서 향기롭게 만드는 것은 예수 그리스도의 십자가를 믿는 믿음입니다. 우리가 예수님을 믿는 믿음으로 나아갈 때 하나님 앞에서 가장 향기로울 수 있습니다.

여러분은 이 세상에서 가장 아름다운 모습이 어떤 모습이라고 생각합니까? 그것은 바로 기도하는 모습입니다. 어린 아이나 소녀나 혹은 누구라도 하나님 앞에서 두 손을 모으고 기도하는 모습은 그렇게 아름다울 수가 없습니다.

섹스피어의 햄릿을 보면 햄릿이 자기 삼촌이 아버지를 독살했다는

것을 알고는 삼촌을 죽이려고 기회를 노리고 있는데 자기 삼촌이 혼자 기도하고 있는 것을 보게 되었습니다. 햄릿은 자기 삼촌을 죽이려고 하다가 기도할 때 죽이면 천국에 간다는 생각을 하고는 나중에 죽이기로 결심을 합니다. 즉 나중에 욕을 하거나 화를 내거나 더러운 짓을 할 때 죽여야 지옥에 간다고 생각해서 죽이지 않습니다. 물론 이런 생각은 잘못된 생각입니다. 누가 봐도 기도하는 모습은 거룩하게 보입니다. 그러나 단순히 기도한다고 해서 죄의 기름이 닦여지지 않습니다. 모든 죄의 기름은 예수님의 피로 닦아야 지워지게 되는 것입니다. 예수님의 보혈은 죄의 기름만 닦는 것이 아니라 향기까지 나게 합니다. 그리고 이 위에 최고의 향기 나는 포도주 제사는 우리가 성령으로 충만해서 눈물로 그리고 완전히 감사하는 마음으로 기도하는 것입니다. 그때 하나님은 우리에게 가장 가까이 하셔서 우리의 모든 죄를 사하시고 우리에게 말할 수 없는 은혜와 축복으로 채워주시는 것입니다.

민수기 15장에 보면 이스라엘 회중 전체가 하나님 앞에 죄를 지었을 때 어떻게 속죄 제사를 드려야 하는지도 나오고 한 개인이 죄를 지었을 때 어떻게 속죄 제사를 드려야 하는지도 나옵니다. 여기서 우리는 왜 하나님께서 속죄 제사를 구체적으로 지시하는지 모릅니다. 그러나 이것은 하나님 앞에 죄 용서받는 길은 내 마음에 있지 않고 하나님의 말씀에 있다는 것을 가르쳐 주는 것입니다. 우리가 하나님의 말씀이 다 이해가 되지 않는다 하더라도 그 말씀대로 하면 죄 용서가 임하고 하나님의 축복이 임하는 것입니다. 그래서 우리가 하나님께 가까이 가려고 하면 내 생각대로 해서는 안 됩니다. 정교하게 하나님의 뜻에 우리 자신을 맞추어야 하는 것입니다.

안식일에 나무를 한 사람

하나님께서 속죄 제사를 드리라고 하신 것은 가나안 땅에 들어가서 해야 할 것을 가르쳐 주신 것입니다. 왜냐하면 이스라엘 백성들은 가나안 땅에 대한 기대가 많았기 때문입니다. 그러나 하나님께서는 이스라엘 백성들이 가나안 땅에 들어가서 안정된 생활을 하고 성공하는 것보다 하나님 앞에서 성공하는 사람들이 되기를 바라셨던 것입니다. 그것은 이스라엘 백성들이 하나님의 말씀에 깊이 뿌리는 내리는 것이었습니다. 우리가 생각하기에 이스라엘 백성들이 광야에서 사십년 동안 돌아다닌 것은 방황한 것으로 생각하기 쉽습니다. 그러나 이스라엘 백성들은 광야에서 사십년 동안 하나님의 말씀에 깊이 뿌리 내리는 훈련을 받았기에 헛된 기간은 아닌 것이었습니다. 이스라엘 백성들에게는 광야에서의 신앙적인 농사가 가나안 땅의 육체적인 농사보다 더 중요한 것이었습니다.

그런데 이스라엘 백성들이 광야 생활하면서 어떤 사람이 안식일에 나무를 하는 사건이 발생했습니다.

> **민수기 15장 32-34절**
> 이스라엘 자손이 광야에 거할 때에 안식일에 어떤 사람이 나무하는 것을 발견한지라. 그 나무하는 자를 발견한 자들이 그를 모세와 아론과 온 회중의 앞으로 끌어 왔으나 어떻게 처치할는지 지시하심을 받지 못한 고로 가두었더니

우리는 흔히 생각하기를 광야에서 나무하는 것이 뭐가 대단한 일이라고 온 이스라엘 백성들이 이렇게 호들갑을 떠는가 생각하기 쉬울 것

입니다. 그러나 우리가 알아야 할 것은 광야라는 데는 나무가 많지 않았습니다. 어떤 곳에서는 며칠씩을 가더라도 나무 한 그루 없는 곳도 많았습니다. 그런데 이스라엘 백성들이 어떤 곳에 가니까 땔감을 할 나무가 있는 것입니다. 그러나 아무도 나무를 보면서도 나무를 하지 않았습니다. 왜냐하면 그 날은 안식일이었기 때문입니다. 그런데 한 사람이 과감하게 나가서 나무를 해서 자기 장막으로 가져왔습니다. 아주 용감한 사람이었고 행동이 잽싼 사람이었습니다.

이스라엘 백성들은 일단 이 사람이 안식일을 어겼기 때문에 붙잡았습니다. 그러나 이 사람을 어떻게 해야 할지 몰라서 그냥 가두어놓았습니다. 이것은 안식일에 나무 한 것이 어느 정도의 죄인지 분간이 가지 않았기 때문입니다.

그러나 하나님으로부터 너무나도 엄청난 판결이 떨어졌습니다. 그것은 그 사람을 모든 이스라엘 백성 앞으로 끌고와서 돌로 쳐 죽이라는 것이었습니다.

> **민수기 15장 35-36절**
> 여호와께서 모세에게 이르시되 그 사람을 반드시 죽일지니 온 회중이 진 밖에서 돌로 그를 칠찌니라. 온 회중이 곧 그를 진 밖으로 끌어내고 돌로 그를 쳐 죽여서 여호와께서 모세에게 명하신대로 하니라

여기서 우리는 이해가 되지 않는 것이 있습니다. 왜 안식일에 나무를 한 것이 죽을 죄가 되느냐 하는 것입니다. 그리고 왜 하나님께서는 어떤 사람의 실수에 대하여 이렇게 무섭게 처벌을 하셔야 하셨는가 하는 의문이 드는 것입니다.

물론 안식일에 나무를 했다고 해서 다 죽어야 하는 것은 아닐 것입니다. 그럼에도 불구하고 이 사람은 고의적으로 가장 먼저 안식일을 깨트리는 사람이었습니다. 이스라엘 백성들에게 안식일이라고 하는 것은 애굽에서 노예 생활하던 것이 끝났다는 것을 하나님께서 선포하시는 것이었습니다. 애굽의 노예에게는 안식일에 쉬는 것이 없었습니다. 노예는 일하는 동안 살 가치가 있었습니다. 그래서 노예는 쉴 새 없이 일을 해야만 했고 일체 생각이라는 것을 할 수가 없었습니다. 거저 움직이는 기계처럼 죽으라고 일을 시키면 아무 생각 없이 해야 살 수 있었습니다. 무엇보다 조금이라도 자신에 대하여 생각을 한다면 노예가 될 수가 없는 것입니다. 그래서 노예는 이미 노예의 자존감을 가지고 있어야 합니다.

그러나 하나님께서는 이스라엘 백성들을 열 가지 재앙과 홍해를 가르는 기적으로 애굽에서 이끌어내서서 자유를 주셨습니다. 그리고 무조건 안식을 하게 하셨습니다. 이것은 그들이 더 이상 노예가 아니고 하나님의 자유인이라는 것을 선포하는 것이었습니다.

그런데 이 사람은 눈앞에 있는 작은 이익 때문에 이스라엘 전체의 자유를 팔아먹으려고 하고 있었습니다. 이스라엘 백성들 전체가 땔감이 필요했습니다. 그러나 광야에는 그런 나무가 많지 않았습니다. 이스라엘 백성들은 눈앞에 땔감이 있지만 안식일이기 때문에 참고 있었습니다. 그러나 이 사람은 조금도 남의 눈을 의식하지 않고 자기가 먼저 달려가서 자기 땔감을 챙겼던 것입니다. 이것이 앞으로 이스라엘 백성들에게 아주 위험한 것이 될 수 있었습니다. 왜냐하면 하나님의 백성들은 하나님께서 나를 위해서 모든 것이 예비되어 있다는 것을 믿어야 하기 때문입니다. 우리가 부족하고 없는 가운데도 참고 기다릴 수 있는 것은 하나님께서 나를 위해서 예비하신 것이 있다는 것을 믿기 때문입니다.

그러나 오늘 세상은 다른 사람들보다 한 순간이라도 더 빠르게 낚아채려고 혈안이 되어 있습니다. 그러기에 모든 것을 양보하고 하나님의 은혜를 기다리는 사람은 바보가 되고 맙니다. 안식일이라서 못하고 하나님의 뜻이 아니기 때문에 못하고 아직 하나님의 때가 아니기 때문에 못하고 있는데 다른 사람들은 믿는다고 하면서도 재빠르게 기회를 포착해서 먼저 움켜쥐는 것입니다. 하지만 하나님은 이것이 결코 복이 아니라고 말씀하십니다.

우리가 볼 때 안식일에 쉬는 것이 어떤 때에는 엄청난 손해로 보일 때가 있습니다. 그러나 이것은 결코 손해가 아닙니다. 왜냐하면 안식일은 하나님의 농사를 짓는 시간이기 때문입니다. 우리는 세상 농사만 중요한 것이 아님을 분명히 알아야 합니다. 하나님 앞에서 하는 믿음의 농사가 더 중요한 것입니다. 어떤 사람은 세상 농사는 기가 막히게 잘 짓는데 믿음의 농사는 빵점인 사람이 있습니다. 바로 이 안식일에 나무 한 사람이 믿음의 농사에서는 빵점이었던 것입니다. 그래서 믿음의 빵점짜리를 온 이스라엘은 돌로 심판을 했습니다.

우리는 내가 집착하는 모든 일을 멈추고 하나님의 말씀 앞에서 내 자신을 깊이 생각하는 시간을 가져야 합니다. 내 속에 있는 모든 교만이나 불신앙의 쓴 뿌리들은 다 뽑아 버리고 하나님의 은혜로 깊이 갈아엎어서 농사를 지어야 합니다. 그때 우리는 가장 아름다운 우리 자신을 만들 수가 있습니다.

우리는 이 세상에 아무리 좋은 것이 많아도 손을 대어서는 안 됩니다. 우리는 하나님이 주시는 것만 가져야 하는 것입니다. 예를 들면 백화점에 아무리 좋은 물건이 많이 있어도 우리는 전부 다 가져서는 안됩니다. 내가 돈을 주고 산 것만 내 것인 것입니다. 마찬가지로 우리는 하나님 앞에서 가장 아름다운 내 자신을 먼저 만들어야 합니다. 그렇게 할 때 하나님은 더 좋은 것으로 우리에게 주실 것입니다.

15장 37절 이하에는 옷을 만들 때 옷의 단에 술을 달라고 말씀하셨습니다. 옷에 술을 다는 것은 속살이 보이지 않게 하는 것입니다. 우리가 생각하기에 좀 더 섹시하게 보이면 좋을 것 같은데 하나님께서는 그런 육체적인 외모를 드러내지 못하게 하셨습니다.

민수기 15장 39절
이 술은 너희로 보고 여호와의 모든 계명을 기억하여 준행하고 너희로 방종케 하는 자기의 마음과 눈의 욕심을 좇지 않게 하기 위함이라

아마도 이 당시 가나안 족속들의 복장은 속살을 다 보이게 하는 음탕한 복장이었던 것 같습니다. 특히 이것이 가장 심했던 족속이 모압 여자들이었습니다. 이스라엘 백성들은 나중에 모압 여자들의 몸매에 넘어가서 많은 사람들이 음탕하게 되어서 염병으로 죽었습니다.

그렇다고 해서 오늘날의 여성들이 너무 칙칙한 색깔의 옷만 입고 거의 이단들같이 생활하라는 뜻은 아닙니다. 여성들의 옷은 밝고 아름다운 것이 좋을 것입니다.

그러나 우리 크리스쳔 여성들은 그렇게 복장에 노예가 될 필요는 없을 것입니다. 단지 이것은 우리의 복장이 남을 유혹하지도 말고 자기도 유혹받지 않는 것이면 충분한 것입니다. 크리스쳔에게 중요한 것은 바로 여기에 있습니다. 신사는 자기도 유혹을 받아서는 안 되지

만 남에게 유혹을 느끼도록 해서도 안 되는 것입니다.

이것이 결국 다른 사람을 귀하게 생각하는 것입니다. 남을 유혹하는 것은 결코 다른 사람을 인격적으로 대하는 것이 아닌 것입니다.

그러면 우리는 과연 무슨 재미로 이 세상을 살게 되느냐 하는 질문이 생기게 됩니다. 우리는 정상적인 사랑으로 만족해야 하는 것입니다. 비정상적인 사랑이 아무리 매력적이고 짜릿한 맛을 준다 하더라도 그것은 미끼가 걸려 있는 낚시 바늘인 것입니다. 미끼를 먹으면 굉장히 맛이 있을 것 같지만 결국 미끼와 함께 바늘을 삼키게 되고 그 후에는 도저히 죄에서 빠져 나올 수가 없는 것입니다.

그래서 사도 바울은 죄는 아예 모양이라고 버리라고 했습니다. 즉 죄라고 생각되는 것은 어떤 것이든지 아예 가까이 하지 말라는 뜻인 것입니다.

아론의 싹 난 지팡이

오늘 말씀의 절정은 아론의 지팡이가 놀랍게도 열매가 맺힌 것입니다.

> **민수기 17장 1-4절**
> 여호와께서 모세에게 일러 가라사대 너는 이스라엘 자손에게 고하여 그들 중에서 각 종족을 따라 지팡이 하나씩 취하되 곧 그들의 종족대로 그 모든 족장에게서 지팡이 열 둘을 취하고 그 사람들의 이름을 각각 그 지팡이에 쓰되 레위의 지팡이에는 아론의 이름을 쓰라 이는 그들의 종족의 각 두령이 지팡이

하나씩 있어야 할 것임이니라. 그 지팡이를 회막 안에서 내가 너희와 만나는 곳인 증거궤 앞에 두라

하나님께서 모세에게 모든 이스라엘 족장의 지팡이를 거두어서 하나님 앞에 두라고 말씀하신 이유가 있습니다. 많은 이스라엘 백성들은 모세가 아론만 제사장으로 삼아서 하나님 앞에서 제사를 독점하게 하는 것을 인간적으로 납득할 수가 없다는 것이었습니다. 왜 굳이 아론이어야 하고 왜 이것을 모세가 독단적으로 결정을 해야 하는가 하는 것이었습니다. 그리고 여기서 한 걸음 더 나아가서 하나님께 굳이 이런 식으로 제사를 드려야 하는지도 이해하지 못하겠다는 것입니다. 이 당시 세계적으로 보면 많은 민족들이 자기 신에게 제사를 드리고 있었고 그 방법들 중에서는 배울만한 것이 많이 있다고 생각했습니다. 그런데 왜 이스라엘은 모세가 정한 방법만으로 제사를 드려야 하며 왜 아론이어야 하는가 하는 것이었습니다.

아마도 이스라엘 다른 지파들에게서 이런 문제를 두고서 수군거림이 그치지 않았던 것 같습니다. 그래서 하나님께서는 드디어 이스라엘 백성들에게 보여주시기를 원하셨습니다. 그것은 왜 성경에 정한 방식대로 제사를 드려야 하는가 라는 것이었습니다.

하나님께서는 공평하게 모든 족장들의 지팡이를 다 모아서 열두 개의 지팡이를 하나님의 궤 앞에 두었습니다. 그리고 자기 지팡이들은 자기가 다 알겠지만 그럼에도 불구하고 착오가 일어나지 않도록 지팡이마다 모두 족장의 이름을 적게 했습니다. 그리고 레위 지파에는 '아론'이라고 이름을 적게 하셨습니다.

그리고 하룻밤이 지났습니다. 그리고 모세가 하나님의 장막에 들어

가서 보니까 정말 놀라운 일이 일어나 있었습니다.

민수기 17장 8절
이튿날 모세가 증거의 장막에 들어가 본즉 레위 집을 위하여 낸 아론의 지팡이에 움이 돋고 순이 나고 꽃이 피어서 살구 열매가 열렸더라

원래 족장들의 지팡이는 권위를 나타내는 것이었습니다. 각 지파의 족장들은 자신들의 권위를 가지고 사람들을 지배하고 통솔했습니다. 그러나 그 지팡이는 죽은 지팡이였습니다. 즉 사람들의 길을 인도하고 버릇없이 설치는 자를 누를 수는 있을지 몰라도 죽은 사람을 살리는 지팡이는 되지 못했습니다. 그러나 아론의 지팡이는 살아있는 지팡이였습니다. 단 하루 밤 사이에 순이 나고 꽃이 피고 열매까지 맺은 살아있는 지팡이였습니다.

여기서 하나님께서 보여주시려고 한 것이 바로 이것이었습니다.

우리가 하나님의 말씀을 듣고 은혜 받고 눈물로 기도하는 것은 바로 살리는 지팡이인 것입니다. 우리는 가족을 살리고 민족을 살리는 하나님의 능력인 것입니다.

보통 지팡이들은 모두 다 죽은 나무입니다. 뿌리가 없기 때문에 지팡이는 싹이 날 수가 없습니다. 그러나 아론의 지팡이는 살아있는 지팡이였습니다. 왜냐하면 이 지팡이는 뿌리가 있기 때문입니다. 아론의 지팡이는 하나님의 말씀에 뿌리를 내린 살아있는 지팡이였습니다. 아론의 제사는 하나님의 생명에 뿌리를 내린 살아있는 제사였습니다. 오늘 우리들이 드리는 예배는 살이 있는 예배입니다. 그런데 놀라운 것은 단 하루 사이에 싹이 나고 꽃이 피고 열매까지 맺히는 것입니다.

이 세상에 있는 식물들은 아무리 유전자 조작을 한다 하더라도 하루 만에 싹이 나고 꽃이 피고 열매를 맺을 수는 없습니다. 그러나 영적인 세계는 그렇지 않습니다. 싹이 나고 몇 년 혹은 몇 십 년 지나서 열매 맺는 사람들도 있습니다. 그러나 부흥이 올 때에는 한꺼번에 수많은 사람들이 하루 사이에 싹이 나고 꽃이 피고 열매가 맺히게 되는 것입니다.

세례 요한은 자기에게 나아와서 세례 받는 유대인들에게 '회개에 합당한 열매를 맺으라' 고 말을 했습니다. 그 이유는 그 당시에 회개의 싹은 나오지만 열매를 맺지 못하는 사람들이 많았기 때문입니다. 죄 짓지 말아야지라고 결심은 하지만 돌아서면 또 죄를 짓게 되는 것입니다. 이것은 우리 인간들의 고질적인 병입니다. 우리에게는 회개에 합당한 열매가 잘 맺히지 않는 것이 문제입니다. 그래서 우리는 고민을 하고 또 비통해 할 때가 많습니다. 그리고 어떤 경우에는 자기 자신에 대해서 실망을 해버리기도 합니다.

그러나 바로 이 열매를 맺게 하기 위하여 예수님이 오셨습니다. 우리가 예수님의 피로 씻음 받고 성령님이 우리 마음에 오실 때 우리는 저절로 열매가 맺히게 되어 있습니다. 우리가 원하든지 원하지 않든지 하루 밤 사이에 우후죽순 같은 열매들이 맺히게 됩니다.

죄도 떨어져 나가고 성품도 변하고 감정과 기질과 좋아하는 음악이나 책이나 영화나 취미나 생각까지 다 변해버리는 것입니다. 이것이 바로 아론의 지팡이에서 열매가 맺히는 기적이 일어난 것입니다.

우리가 하나님 앞에서 눈물로 기도하고 말씀으로 은혜 받는 것은 바로 이 하늘의 열매를 맺기 위해서입니다. 이것이 가나안 땅의 돈 버는 농사보다 수십 배 수백 배 중요한 농사입니다. 우리는 모두 하늘의 농사꾼들입니다. 하늘의 농사를 잘 지을 때 이 땅에도 진정한 복이 쏟아지게 되어 있습니다. 그때 비로소 가나안 땅이 진정으로 젖과 꿀이 흐르는 축복의 땅이 될 수 있는 것입니다. 올해도 우리는 열심히 하늘의 농사를 지었습니다. 우리는 이 땅이 축복의 땅으로 변할 것을 믿어야 할 것입니다. 그러나 그것으로 기뻐하지 마시고 내가 하나님 앞에서 가장 아름답게 변한 것으로 인하여 기뻐하시기 바랍니다.

예수님의 제자들이 예수님의 명령대로 나가서 병자들을 고치고 귀신들을 쫓아내고 좋아하면서 돌아왔을 때 예수님께서는 말씀하시기를 너희들이 사람들의 병을 고치고 귀신을 쫓아낸 것으로 기뻐하지 말고 너희 이름이 하나님의 생명책에 기록된 것으로 기뻐하라고 말씀하셨습니다. 우리에게 가장 중요한 농사는 결국 자기 자신의 농사인 것입니다. 자갈밭과 같은 내 마음, 가시덤불과 같은 내 마음을 갈아엎을 때 얼마나 아픕니까? 하나님께서 나를 연단하셔서 광야에서 돌게 하시고 때로는 열등감과 우울증과 세상에서 인생 맨 밑바닥에서 패대기치실 때 얼마나 아파했습니까? 그러나 그것이 옥토로 변하는 것이었고 그것이 아론의 지팡이로 변하는 과정이었습니다.

오늘 우리들에게도 하나님의 기적이 임합니다. 세상을 두려워하지 마시고 오늘도 풍성한 하늘의 열매를 맺으시기 바랍니다.

15 _ 민 18:1-20:13

바위에서 생수가 나다

사람이 좋은 환경에서 성공을 하려면 어려운 환경에서 살아남는 훈련을 받아보는 것이 좋습니다. 예를 들면 언제나 좋은 환경에만 살던 사람이 갑자기 어려운 환경에 빠지게 되면 적응하는 것이 너무나도 어려울 것입니다. 그러나 어려운 환경에서 잘 적응해서 살던 사람이 좋은 환경에 있게 되면 훨씬 더 힘이 있고 능력 있는 삶을 살 수 있을 것입니다. 그래서 우리나라 남자들 중에서는 군대에서 어려운 훈련을 받고 군대 생활을 해 본 것이 나중에 사회생활을 하는데 큰 도움이 된다고 말을 하는 사람들이 많습니다.

하나님께서는 이스라엘 백성들이 가나안 땅에서 잘 살아남을 수 있도록 광야에서 훈련을 시키셨습니다. 사실 물도 없고 양식도 없는 광야에서 이스라엘 백성들이 살아남을 수 있었다면 이 세상 어느 곳에 가더라도 얼마든지 살아남을 수 있는 능력을 가지게 되는 것입니다.

그런데 이스라엘 백성들이 광야에서 살아남는데 가장 중요한 것이 무엇이었을까요? 그것은 바로 물이었습니다. 사람들이 광야에서 살아남는데 양식도 중요하지만 양식보다 훨씬 더 중요한 것이 물이었습니다. 왜냐하면 광야는 너무나도 더운 곳이었기 때문에 물을 적절하게 마시지 못하면 이스라엘 백성들은 바로 쓰러져 죽을 수밖에 없었습니다.

이스라엘 백성들이 광야에서 살아남기 위해서 가장 필요로 한 사람은 물이 있는 곳으로 인도해 줄 수 있는 사람이었습니다. 그리고 필요한 사람이 있다면 양식을 구해줄 수 있는 사람일 것입니다.

그러나 하나님께서는 그것이 아니라고 말씀하셨습니다. 하나님께서는 이스라엘 백성들에게 가장 필요한 것은 당장 마실 물이 아니라고 말씀하셨습니다. 즉 이스라엘 백성들에게 가장 중요한 것은 하나님 앞에서 드리는 바른 제사였습니다. 무엇보다 하나님은 바른 예배가 광야에서 물을 구하는 것보다 더 중요하다고 말씀하셨습니다. 사실 이스라엘 백성들이 죄를 짓게 되었거나 부정하게 되었을 때 깨끗함을 받는 것은 엄청난 은혜입니다. 그리고 세 번째 가서야 하나님께서는 광야의 반석을 쳐서 물이 나게 하셨습니다.

이것은 우리가 이 세상을 살아가는데 살아남는 아주 중요한 방법을 가르쳐 주는 것입니다. 오늘 대부분의 사람들은 우리가 이 세상을 살아가는데 가장 중요한 것은 뭐니뭐니 해도 가장 기본적인 생계 문제라고 생각합니다. 우리에게는 누구나 이 세상에서 먹을 것이 있어야 하고 살 수 있는 집이 있어야 합니다. 그것을 위해서 가장 중요한 것은 안정적인 직장입니다. 우리 사회에서는 안정적인 직장을 가진 사람과 그렇지 못한 사람의 생활수준의 차이는 엄청난 것입니다.

그래서 모두 한시라도 빨리 안정적인 직장을 붙잡으려고 몸부림을 치고 또 안정적인 직장이 있는 사람은 다른 집이나 차나 부대적인 것들을 갖추려고 애를 쓰는 것입니다. 그러나 이런 식으로 사는 것은 우리의 생존을 위해 필요하지만 영구적으로 안정적인 삶은 되지 못합니다. 그런 까닭에 하나님께서는 우리에게 가장 중요한 것으로 예배가 먼저 살아있어야 할 것을 요구하십니다.

민수기 18장부터 20장까지는 세 가지 내용이 나오고 있습니다. 그 첫 번째는 하나님께서 갑자기 아론에게 제사장이 제사를 위해서 해야 할 것을 말씀하시는 것입니다. 그리고 두 번째는 흠이 없는 붉은 암송아지 재로 거룩한 물을 만들어서 죄를 지은 이스라엘 백성들에게 뿌려서 깨끗케 하는 것입니다. 그리고 세 번째는 이스라엘 백성들이 물이 없어서 하나님 앞에서 원망하고 불평했을 때 하나님께서 모세를 통해서 반석을 명하여 생수가 쏟아져 나오게 하신 것입니다. 그러나 여기서 모세는 하나님의 영광을 온전히 나타내지 못하였다고 해서 가나안 땅에 들어가지 못한다는 판정을 받게 됩니다.

예배를 위한 헌신

하나님께서 아론에게 제사장의 역할과 사명에 대하여 다시 강조해서 말씀하신 것은 고라당의 사건이라는 엄청난 사건이 있은 직후의 일이었습니다. 고라 당의 사건이라고 하는 것은 레위 지파 중에서 고라가 모세와 아론에게 '왜 같은 레위인인데 아론과 그 자손만 제사장이 되어야 하느냐?'고 하면서 반기를 든 사건이었습니다.

우리가 어떻게 생각하면 고라의 주장이 일리가 있는 것 같습니다.

고라가 주장하는 것은 왜 다 똑같은 이스라엘 사람이고 레위인인데 아론과 그 아들들만 제사장이 될 수 있고 왜 우리는 안 되느냐는 것입니다. 무엇보다 고라는 제사를 드리지 말자는 것도 아니었습니다. 제사도 드리고 성막도 짓는데 왜 꼭 모세가 말한 대로 해야 하느냐 하는 것이었습니다. 이것을 다른 말로 표현하면 왜 꼭 우리가 믿는데 성경대로만 믿어야 하느냐 하는 것과 같습니다.

우리가 스스로 생각해서 좋은 것이 있으면 포함도 시키고 또 다양한 많은 의식이나 행사도 하고 또 다른 사람들도 제사장이 되도록 하여 제사에 참여의 폭을 넓히면 얼마나 좋은가 하는 것이었습니다.

결국 모세가 오직 하나님의 말씀대로만 해야 한다는 주장과 인간적인 생각도 포함시키자는 고라의 주장은 대립을 하게 되었는데 그 결과는 땅이 갈라져서 고라당이 모두 땅속에 파묻혀 죽는 엄청난 비극이 일어났습니다. 그리고 모세와 아론을 대적하는 이스라엘 백성들 안에 갑자기 염병이 퍼져서 사람들이 죽어 가는데 아론이 향로에 불을 피워서 산 자와 죽은 자 사이에 섰을 때 겨우 염병이 멈추게 되었습니다. 그러나 이 염병으로 죽은 자가 이미 일만 사천칠백 명이나 되었습니다. 그리고 그 다음 날 하나님께서 이스라엘 열두 족장의 지팡이를 모두 모아서 하나님의 궤 앞에 두게 하셨는데 오직 아론의 지팡이만 싹이 나고 꽃이 피고 열매까지 맺혀 있었습니다.

그리고 나서 하나님께서는 아론에게 제사장이 해야 할 사명과 직분에 대하여 다시 강조하셨습니다.

민수기 18장 1절

여호와께서 아론에게 이르시되 너와 네 아들들과 네 종족은 성소에 대한 죄를 함

께 담당할 것이요. 너와 네 아들들은 너희가 그 제사장 직분에 대한 죄를 함께 담당할 것이니라

이스라엘 백성들은 빈 들판에 있는 백성들입니다. 빈들에 있는 백성들이 살아남으려면 땅을 파서 먹을 것이나 돈이 될 만한 것을 찾아내든지 아니면 어디엔가 붙어서 살만한 곳을 찾아서 빨리 떠나야 할 것입니다. 그러나 이 세상 어느 곳에서도 이스라엘 백성들을 환영하는 곳은 없었습니다. 그러면 이스라엘 백성들이 살아남을 수 있는 길은 땅을 파서 무엇인가 찾아내든지 아니면 다른 부족들을 습격해서 도둑질해서 살든지 하는 수밖에 없을 것입니다. 누가복음에서 주인으로부터 해고 통지를 받은 불의한 청지기가 속으로 하는 말이 무엇입니까? "내가 무엇을 할꼬? 땅을 파자니 힘이 없고 빌어먹자니 부끄럽구나." (눅 16:3)라고 말을 하고 있습니다.

이 세상에서 먹고 살 것이 없으면 땅을 파든지 아니면 다른 사람에게 돈을 빌리든지 혹은 구걸하든지 해야 할 것입니다.

그런데 하나님께서는 하나님의 백성들이 살 수 있는 길을 분명히 가르쳐 주셨습니다. 그것은 바로 '하늘을 뚫으라' 는 것입니다.

사실 우리가 이 세상에서 무조건 땅만 판다고 해서 먹고 살 수 있는 것이 나오는 것은 아닙니다. 특히 이스라엘 백성들은 전혀 농사를 지을 수 없는 허허벌판 불모지 위에 있는데 거기서 땅을 판다도 해도 나올 수 있는 것은 아무 것도 없었습니다. 그럼에도 불구하고 하나님께서는 이스라엘 백성들에게 전혀 먹을 것도 없고 아무도 도와줄 사람이 없는 극한적인 상황에서 이스라엘 백성들이 살 수 있는 길을 가르쳐 주셨습니다. 그것은 하늘을 뚫어서 하나님의 복을 가져오라는 것입니

다. 이스라엘 백성들이 하나님의 복을 받는 비결이 무엇입니까? 오직 모세가 가르쳐준 대로 하나님께 예배드리고 제사를 드리는 것입니다.

우리가 하나님의 복을 받으려면 우리 마음대로 생각대로 하지 않고 정확하게 하나님의 말씀에 순종해야 합니다.

하나님께서 제사장을 중심으로 하나님의 말씀대로 제사를 드리라고 말씀하시는 것은 이미 전제된 이야기입니다. 그것은 우리 인간의 힘으로는 하나님의 복을 받을 수 없다는 것이 전제가 되어 있습니다. 우리 인간들은 전부 이 세상에 있는 복을 먼저 찾아내어서 살다가 죽는 것이 맞습니다. 그래서 광야 같은데서 살아서는 절대로 안 되고 어떻게 해서든지 사람들이 사는데 들어와서 거기서 돈을 벌고 적응해서 살아야 하는 것입니다.

그러나 이 세상에서 단 한 백성 오직 이스라엘 백성들만은 하나님의 복을 받는 비결이 있었습니다. 그것도 아무 것도 없는 허허벌판에서 하나님의 복을 받는 비결이 있었습니다. 그것은 오직 하나님의 말씀에 맞게 제사를 드리면 되는 것입니다.

하나님께서는 먼저 아론에게 '너와 네 아들들과 네 종족은 성소에 대한 죄를 담당하고 너와 네 아들들은 제사장 직분에 대한 죄를 함께 담당하라' 고 말씀하셨습니다. 이것은 하나님의 성소와 제사장직은 다른 사람들이 담당하거나 접근을 하면 죄가 된다는 것입니다. 그래서 남들이 할 수 없는 그 직분, 그리고 남들이 할 수 없는 그 성전 일을 너희들이 맡아서 하라는 것이었습니다. 이것은 무슨 뜻입니까?

이스라엘 백성들이 이 세상에서 사는 가장 중요한 비결은 하나님과 바른 관계에 있는 것이었습니다. 여기서 이스라엘이 하나님과 바른 관계에 있다는 것은 이스라엘 백성의 죄가 하나님 앞에서 다 씻겨지고 오직 하나님의 말씀만 붙잡고 바른 믿음에 서 있는 것입니다.

이렇게 되는데 있어서 일차적으로 중요한 것이 바른 제사였습니다. 그리고 아론과 아론의 자손들이 이 제사를 전담해야 한다는 것이 일차적인 하나님의 말씀이었습니다. 왜 하나님께서 오직 아론과 아론의 자손들에게만 제사장의 일을 하게 하셨는지 그 이유는 아무도 모릅니다. 그러나 이것은 하나님의 명령이기 때문에 아론의 제사장들은 이것을 다른 사람에게 양보를 해서도 안 되고 또 다른 사람들이 여기에 침범을 해서도 안 되는 것입니다.

하나님께서 아론의 제사장을 통하여 이스라엘 백성들에게 요구하시는 것은 너희들의 생각이 옳다고 해서 너희들의 방법으로 제사를 함부로 드리거나 예배드리지 말라는 것입니다. 제사나 예배는 하나님의 뜻에 우리를 복종시키는 시간인 것입니다.

이 일에 최선봉에서 책임을 맡은 사람들이 아론과 그 아들들이고 그리고 또 레위인들이었습니다.

사실 제사장이나 레위인들도 인간들이기 때문에 먹고 사는 문제가 걱정되지 않을 수가 없을 것입니다. 그러나 그들이 할 일은 그런 일들은 다 제쳐놓고 오직 바른 제사를 드리는 일에만 집중을 하는 것입니다. 그리고 그들이 먹고 사는 것은 오직 제사에서 나오는 고기나 식물들 밖에 없었습니다.

아마 제사장이나 레위인들도 떳떳하게 밖에 나가서 농사도 짓고 장사도 해서 돈을 벌고 싶었을 것입니다. 그러나 제사장이나 레위인은 일체 그런 것이 허용이 되지 않았습니다. 그들이 해야 할 것은 오직 하나님의 말씀에 입각한 바른 제사에 집중하는 것이었습니다.

지금 성막 밖에 있는 이스라엘 백성들은 먹는 문제나 마시는 물 문제가 해결되지 않는 상태에 있습니다. 제사장들이 진정으로 이스라엘 백성들을 사랑한다면 하나님께 제사 드리는 일보다는 그들이 먹고 살게 하는 일이 더 우선적일 것입니다. 그러나 하나님은 그렇게 말씀하시지 않으셨습니다. 이스라엘 백성들이 먹고 사는 것보다 더 중요한 것은 바른 말씀에 입각한 제사였습니다. 왜냐하면 이것이 바로 부흥의 불길이었기 때문입니다. 제사장과 레위인들은 이스라엘의 부흥의 사명을 가진 자들이었습니다. 이들은 자신들이 말씀에 바른 제사를 드리면 부흥이 일어난다는 것을 믿어야 하고 부흥이 일어나면 모든 이스라엘 백성들이 먹고 사는 문제도 다 해결된다는 것을 믿어야 하는 것입니다.

도대체 광야에 어디에 먹을 것이 있습니까? 아무도 모르는 광야에서 철저하게 하나님의 말씀을 지킨들 누가 알아주겠습니까? 그러나 이것이 이스라엘 백성들이 이 세상에서 살아남는 가장 중요한 비결이었습니다.

즉 이스라엘 백성들은 어느 곳에서든지 말씀에 입각한 바른 예배를 드리면 부흥이 일어나고 부흥이 일어나면 하나님의 엄청난 복을 받게 되는 것입니다. 나중에 이스라엘 백성들이 가나안 땅에 들어가고 난 후에는 '오직 말씀대로'라는 부분이 흔들려 버립니다. 왜냐하면 가나안 땅에는 이미 먹을 것이 풍족하게 많이 있었기 때문입니다. 그러나 그들이 '말씀대로' 살지 않고 온전한 삶의 제사를 드리지 않았을 때 그렇게 제사를 많이 드렸음에도 불구하고 부흥은 없어지고 이스라엘 백성들은 가나안 땅에서 압제를 당하거나 쫓겨나게 되었습니다.

진정한 하늘의 복을 우리에게 열어주신 분은 하늘에서 내려오시고 다시 올라가신 예수님이십니다. 그 전에는 어떤 의미에서 하늘의 복은 흉내내는 것에 불과했던 것입니다. 그러기에 사실 지금 우리야 말로 진정으로 하늘의 복을 가져야와 할 사람들입니다.

어떤 의미에서 우리는 차라리 광야 같은 곳에서 이것을 체험해보는 것이 좋습니다. 직장도 없고 돈도 없고 도와줄 사람도 전혀 없는 절망적인 상황에서 오직 하나님의 말씀 하나만 붙잡고 바른 예배를 드리는 것입니다. 그러면 부흥이 일어납니다. 그리고 우리가 죽을 것 같은데 놀랍게도 하루하루 먹을 수 있도록 하나님께서 축복해주십니다. 물론 세상적인 복은 많지 않지만 하나님의 말씀과 은혜를 말로 표현할 수 없을 정도로 풍성하게 부어주십니다. 그 결과 우리의 마음이 가나안 땅이 되는 은혜를 누리게 됩니다.

또한 하나님께서 오직 바른 제사에 헌신하도록 하기 위해서 여러 가지 제한을 주셨습니다.

그 첫째가 제사장에 대한 것인데 제사장의 식물은 모두 하나님께 바쳐진 제물 중에서 태우지 않는 것이었습니다.

민수기 18장 9-10절
지성물 중에 불사르지 않은 것은 네 것이라 그들이 내게 드리는 모든 예물의 모든 소제와 속죄제와 속건제물은 다 지극히 거룩한즉 너와 네 아들들에게 돌리리니 지극히 거룩하게 여김으로 먹으라 이는 네게 성물인즉 남자들이 다 먹을지니라

제사장에게는 하나님께 드린 예물 자체가 거룩했습니다. 그렇기 때문에 다른 식물은 일체 생각할 수가 없었습니다. 제사장이나 레위인들은 어떤 의미에서는 성막에 고립된 사람들이었습니다. 그들도 넓은 세상에 나가고 싶기도 하고 또 거룩하지 않은 음식도 먹고 싶었을 것

입니다. 그러나 제사장의 사명은 오직 하나님을 파고드는 것이었습니다. 왜냐하면 모든 복이 하나님께 다 있기 때문입니다.

우리들에게도 가장 중요한 것은 넓은 세상으로 나가기 이전에 하나님께 파고드는 것입니다. 오직 우리가 하나님께 파고들어야 우리는 이 세상에서 살아남을 수 있습니다.

그러나 제사장에게도 참으로 기쁜 것이 있었습니다. 그것은 모든 첫 열매를 먹을 수 있는 것이었습니다.

민수기 18장 12-13절
그들이 여호와께 드리는 첫 소산 곧 제일 좋은 기름과 제일 좋은 포도주와 곡식을 네게 주었은즉 그들이 여호와께 드리는 그 땅 처음 익은 모든 열매는 네 것이니 네 집에 정결한 자마다 먹을 것이라

농사를 짓는 사람들에게 가장 중요한 것은 첫 열매입니다. 왜냐하면 첫 열매가 맺혀야 다른 열매들도 맺힐 수 있기 때문입니다. 그러나 그 의미가 이스라엘 백성들과 이방인들은 완전히 다릅니다. 이방인들의 첫 열매는 그냥 농사를 지으니까 자연 법칙에 따라 열매가 맺힌 것입니다. 그러나 이스라엘 백성들의 첫 열매는 말씀에 따른 결과 축복의 열매가 맺힌 것입니다. 그래서 하나님께서 첫 열매를 축복하셨으면 그 후에 몇 십 번째 몇 백 번째 열매도 하나님의 말씀대로 맺히게 되는 것입니다.

그래서 이스라엘 백성들은 그 첫 열매가 너무 귀하기 때문에 마음대로 자기가 먹지 못하고 하나님께 바쳤습니다. 그것은 제사장의 식물이 되었습니다. 그 이유는 진정한 첫 열매는 이스라엘 백성들 자신

이기 때문입니다.

그래서 믿음의 열매가 맺히면 그 후에는 직장의 열매나 자식의 열매나 건강의 열매나 모든 열매가 다 맺히게 된다는 것을 제사장이 먼저 체험을 하는 것입니다.

저희 교회에서도 가장 중요하게 여기는 열매는 믿음의 열매입니다. 이것이 첫 열매입니다. 전에는 믿음이 별로 없었는데 하나님의 말씀을 듣고 은혜를 받음으로 믿음이 생긴 것입니다. 이것을 우리는 교회 안에서 목사가 가장 먼저 봅니다. 이것보다 더 좋은 열매는 없습니다. 그리고 나서 직장이나 건강이나 다른 열매들도 우후죽순같이 열리게 되는 것입니다.

거룩하게 하는 물

광야의 이스라엘 백성들에게 가장 중요한 물은 마시는 물일 것입니다. 그러나 하나님께서는 마시는 물보다 더 우선적으로 준비하게 하신 물이 있습니다. 그것은 바로 죄인들이 죄를 씻을 수 있는 물이었습니다.

> **민수기 19장 1-3절**
> 여호와께서 모세와 아론에게 일러 가라사대 여호와의 명하는 법의 율례를 이제 이르노니 이스라엘 자손에게 일러서 온전하여 흠이 없고 아직 멍에 메지 아니한 붉은 암송아지를 네게로 끌어오게 하고 너는 그것을 제사장 엘르아살에게 줄 것이요 그는 그것을 진 밖으로 끌어내어서 자기 목전에서 잡게 할 것이며

우리가 생각하기에도 광야에서 식수가 없는 이스라엘 백성들에게 다른 어떤 것보다 우선적으로 필요한 것이 있다면 오염되지 아니한 물을 준비하는 일일 것입니다. 그러나 하나님께서는 그것보다는 우리 영혼을 깨끗하게 하는 물을 더 먼저 준비하게 하셨습니다.

저희들이 어렸을 때에는 계란 한 개가 아주 중요한 양식이었습니다. 우리가 가장 행복했던 순간은 식사 때 어머니께서 우리 모두에게 날계란을 하나씩 나누어 주시는 것이었습니다. 그러면 계란을 깨어서 따뜻한 밥 안에 파묻어 놓고 익을 때까지 기다리는 재미가 얼마나 신이 났는지 모릅니다. 그러나 어머니는 멋쟁이여서 얼굴의 기미를 없애느라고 계란 노른자위로 얼굴에 팩을 하셨습니다. 그러면 아버지는 계란을 먹어야 양분이 되는데 그 아까운 것을 얼굴에 바른다고 야단을 치셨습니다. 그러나 어머니는 눈도 하나 깜짝하지 아니하시고 계란 팩을 하셨습니다. 어떻게 생각하면 아버지의 말씀도 일리가 있지만 아버지는 여성들의 피부는 먹는 것으로는 안 되고 발라야 된다는 것을 모르셨던 것입니다.

하나님께서는 마실 물도 없는 이스라엘 백성들에게 이상한 물을 준비하게 하셨습니다. 그것은 흠이 없고 아직 멍에를 메어 본 적이 없는 붉은 암송아지 한 마리를 제사장에게 가져와서 죽이는 것입니다. 그리고 이 붉은 암송아지는 모든 것을 다 태우게 되어 있었습니다. 가죽과 고기와 똥과 피까지 모두 다 태웠습니다. 그리고 암송아지를 태울 때 거기에 백향목과 우슬초와 홍색 실을 같이 넣어서 태웠습니다. 그리고 그 재를 물에 섞어서 이스라엘의 모든 부정을 깨끗케 하는 물로 사용하게 하셨습니다.

민수기 19장 9절

이에 정한 자가 암송아지의 재를 거두어 진 밖 정한 곳에 둘지니 이것은 이스라엘 자손 회중을 위하여 간직하였다가 부정을 깨끗케 하는 물을 만드는데 쓸 것이니 곧 속죄제니라

이스라엘 백성들 중에서 누구든지 큰 죄나 적은 죄나 죄를 지은 사람은 이스라엘 진밖에 나가 있어야 했습니다. 그랬다가 기간이 끝나서 하나님께 돌아오게 되면 이 물을 우슬초라는 풀로 찍어서 그 사람에게 뿌리면 그 사람의 마음에 깨끗함을 받을 수 있었습니다.

즉 하나님께서 아론과 그 자손들에게 성막과 제사를 지키라고 한 것은 이스라엘의 부흥의 불길을 꺼트리지 않게 한 것입니다. 이스라엘이 살아있는 것은 바로 이 부흥의 불 때문이었고 살아계신 하나님의 은혜 때문이었습니다. 이것이 없어지면 이스라엘은 살았다 하더라도 실제로는 죽은 것이었습니다. 그러나 이 부흥과 다르게 이스라엘 개개인은 언제나 죄를 지을 수 있었습니다. 그리고 의식적으로 부정한 상태에 있을 수 있었습니다. 이럴 때 사용하는 것이 바로 이 '부정을 깨끗케 하는 물'인 것입니다.

우리는 이 물이 무엇이 그렇게 대단한가 하는 생각이 들지 모르겠습니다. 그러나 다윗의 시편을 보면 이 물이 얼마나 중요한지 알 수 있습니다.

그런 의미에서 시편51편은 오늘 말씀의 완전한 해석이라고 생각할 수 있습니다.

시편 51편은 다윗이 자기 신하 우리아의 부인 밧새바를 범하고 난 후에 지은 시였습니다. 다윗은 남의 아내를 범한 후에 일 년 가까운 기

간을 회개하지 않고 죄를 감추어두고 있었습니다. 왜냐하면 자기가 지은 죄가 너무 엄청나서 도저히 회개할 엄두가 나지 않았기 때문입니다. 다윗은 자기가 지은 죄를 은폐하기 위하여 여자의 남편을 전쟁터에서 죽게 했습니다. 다른 사람들은 아무도 다윗의 죄를 몰랐습니다. 그러나 다윗의 영혼은 썩어 들어갔고 병들어갔습니다. 다윗에게 나타난 두드러진 현상은 성령의 감동이 사라진 것이었습니다. 아무리 애를 써도 성령의 감동이 회복되지 않았습니다.

나중에 나단 선지자가 찾아와서 다윗의 곪고 곪은 부분을 터트려 주었습니다. 그때 다윗은 자기 죄를 하나님 앞에서 자복하면서 얼마나 울었는지 침상이 다 썩을 정도였다고 말을 하고 있습니다.

그리고 나서 이 고백을 하고 있습니다.

시편 51편 7절
우슬초로 나를 정결케 하소서 내가 정하리이다. 나를 씻기소서 내가 눈보다 희리이다.

시편 51편 11절
나를 주 앞에서 쫓아내지 마시며 주의 성신을 내게서 거두지 마소서

다윗이 양심을 속이고 죄를 지었을 때 육체적으로는 즐거웠을 것입니다. 그러나 하나님께서는 다윗을 그 앞에서 쫓아내셨고 성령을 그에게서 거두셨던 것입니다. 하나님께서 우리 믿는 자들에게서 성령을 거두시면 우리 마음은 금방 지옥이 되어버립니다. 우리 안에 전혀 위로나 기쁨이나 희망이 없습니다. 사울왕 같은 경우에 하나님께서 그 마음에서 성령을 거두시니까 사울이 얼마나 답답했는지 광인처럼 되

어버렸습니다.

　우리가 크든지 작든지 죄를 지으면 우리 안에서 하나님의 성령이 소멸되어버립니다. 그리고 우리의 마음은 하나님 앞에서 쫓겨난 것 같고 우리의 코앞에는 지옥의 유황 냄새가 코를 찌르는 것 같습니다. 하나님은 나에게 진노하고 계시며 영원히 내 죄를 용서하시지 않으실 것 같습니다. 그러나 하나님의 '인자하심'을 붙잡고 기도하면 하나님께서 그 진노를 거두시며 우리에게 성령의 기쁨을 회복시키시고 구원의 즐거움을 회복시켜주십니다.

　이것이 바로 우슬초로 정결케 하는 물을 뿌리는 것입니다.

　예수님께서는 잡히시기 전날 밤에 제자들의 발을 씻기신 후에 베드로에게 말씀하실 때 '이미 목욕한 자는 발만 씻으면 온 몸이 깨끗하다'고 말씀하셨습니다. 이것은 다른 말로 표현하면 목욕한 자도 발은 더러워질 수 있다는 뜻입니다. 우리가 아무리 하나님을 믿는 거룩한 백성이 되었다 하더라도 우리는 생각이나 말이나 다른 사람들과의 접촉에 의하여 부정하게 될 수 있습니다. 그때 사용하는 것이 바로 이 회개의 물입니다. 우리에게는 이 정결케 하는 물이 우리의 눈 속에 들어있습니다. 즉 눈물로 회개하는 것이 우슬초로 깨끗함을 받는 것입니다. 우리가 죄에 빠지면 구원의 감격이 없어지고 성령의 기쁨이 사라져버립니다. 그때 우리가 입술로 죄를 자백하고 눈물로 기도할 때 하나님은 구원의 감격을 회복시키시고 성령의 감동을 회복시켜주십니다. 이것은 우리가 마시는 물보다 더 중요한 것입니다.

기적의 생수를 주시다

이제 드디어 이스라엘 백성들의 본질적인 문제로 돌아오게 되었습니다. 그것은 역시 마시는 물 문제였습니다.

> **민수기 20장 1-3절**
> 정월에 이스라엘 자손 곧 온 회중이 신 광야에 이르러서 백성이 가데스에 거하더니 미리암이 거기서 죽으매 거기 장사하니라. 회중이 물이 없으므로 모여서 모세와 아론을 공박하니라. 백성이 모세와 다투어 말하여 가로되 우리 형제들이 여호와 앞에서 죽을 때에 우리도 죽었더면 좋을뻔 하였도다

이스라엘 백성들은 38년을 광야에서 돌아다닌 후에 다시 가데스에 오게 되었습니다. 그리고 거기서 미리암이 죽었습니다. 이스라엘 백성들은 38년 내내 광야를 돌아다녔지만 그들에게 가장 기본적인 문제는 아직도 전혀 해결되지 않고 있었습니다. 그리고 출애굽 세대를 대표하는 거의 마지막 인물에 해당되는 미리암이 거기서 죽었습니다.

이스라엘 백성들은 원하든지 원하지 않든지 하나님의 말씀에 따라 광야를 따라다녔고 그 결과 그들은 38년 전에 왔던 곳에 다시 오게 되었고 그들의 문제는 하나도 해결되지 않은 상태에 있었습니다. 여기서 이스라엘 백성들의 불만은 폭발하고 말았습니다.

그리고 다시 모세를 원망하고 불신하는 비난을 퍼부었습니다.

> **민수기 20장 4-5절**
> 너희가 어찌하여 여호와의 총회를 이 광야로 인도하여 올려서 우리와 우리 짐승으로 다 여기서 죽게 하느냐? 너희가 어찌하여 우리를 애굽에서 나오게 하여 이

악한 곳으로 인도하였느냐? 이곳에는 파종할 곳이 없고 무화과도 없고 포도도 없고 석류도 없고 마실 물도 없도다

이스라엘 백성들은 아무리 광야에서 고생을 해도 자기들이 가장 중요하게 생각하는 문제들이 전혀 해결되지 않은 것에 절망을 했습니다.
그러나 그들은 그 동안 하나님께서 그들의 마음속에 얼마나 많은 축복을 주셨고 얼마나 많은 은혜를 부어주셨는지 생각지 않았습니다. 그들은 오직 생각하는 것은 눈에 보이는 물질적인 복밖에 없었습니다.
우리는 하나님의 신령한 복을 볼 수 있는 눈이 있어야 합니다. 그래야 실컷 고생하고 난 후에도 아무 것도 얻은 것이 없다는 불평이 나오지 않게 되는 것입니다. 좌우간 이스라엘 백성들은 또 다시 심각한 물 부족으로 고통을 받게 되었습니다. 그러나 사람이라는 것은 부족한 것이 하나 있으면 그것으로 그치지 않습니다. 지금까지 누적되어 있던 불만이 전부 다 터져서 폭발을 해버립니다. 이것이 아직 마음이 할례 받지 못한 증거입니다. 우리는 어떤 불만이 있을 때 그것이 다른 것에 확대되지 않도록 주의를 해야 합니다.
집안에 불이 났을 때 가장 주의해야 하는 것이 있다면 무엇입니까? 그 불이 다른데 옮겨 붙지 않도록 하는 것이 아닙니까? 우리가 그렇게 하기만 하면 쉽게 불을 끌 수 있습니다.
우선 이스라엘 백성들이 가데스에 와서 보니 물이 없는 것입니다. 이것은 얼마든지 어려움일 수 있습니다. 그래서 모세에게 와서 '지금 우리에게 물이 떨어졌습니다.' 라고 말했다면 여기까지는 전혀 죄가 아닙니다. 물이 없어서 없다고 하는데 죄가 될 수 없습니다. 그런데 그들은 분노를 하면서 옛날 것까지 합쳐서 폭발을 시켜버렸습니다. 즉

왜 우리를 애굽에서 잘 사는데 불러내었으며 왜 지금까지 실컷 고생시킨 후에 죽이려고 하느냐 하는 것입니다. 그리고 지금까지 우리에게 되어진 일이 뭐가 있느냐 는 식으로 공격을 했습니다.

우리는 도저히 더 이상 견딜 수 없는 한계점까지 왔을 때 이때는 틀림없이 하나님께서 큰 기적을 행하실 때라는 사실을 알아야 합니다.

하나님은 우리를 지금까지 인도하신 후에 갑자기 내팽개치시는 분이 아니십니다. 하나님께서 지금까지 우리에게 은혜로 인도하셨다면 고생 뒤에 반드시 축복이 기다리고 있는 것입니다. 그런데 이스라엘 백성들은 그 잠깐을 기다리지 못했습니다. 그 이유는 불안의 강박증 때문이었습니다.

사도 바울은 이스라엘 백성들이 광야를 지날 때 하나님의 반석이 그들을 따라다녔다고 말씀하고 있습니다. 그 반석은 바로 기적의 반석인 것입니다. 이스라엘 백성들이 어려움 가운데 만나는 반석은 모두 기적의 반석이 될 수 있는 것입니다. 그런데도 불구하고 이스라엘 백성들은 하나님의 기적을 믿지 못했습니다. 하나님의 신실하심을 믿지 못했습니다. 하나님이 자기들과 같은 줄 알고 있었습니다. 하나님은 우리들을 인도하시다가 갑자기 귀찮다고 내팽개치시는 분이 결코 아니십니다. 그런데 왜 이스라엘 백성들은 하나님을 끝까지 믿지 못했을까요? 그것은 자기 자신들만 보았기 때문입니다. 우리가 자기 자신만 보면 우리는 사랑받을 자격이 없습니다. 더욱이 하나님께서 끝까지 우리를 책임지셔야 할 이유가 없습니다. 그러나 하나님의 인자하심을 보면 하나님은 그럼에도 불구하고 우리를 끝까지 사랑하시며 끝까지 책임을 지신다는 것을 알게 됩니다. 왜냐하면 은혜로 변화된 우리는 하나님 앞에서 천사들보다 더 아름다운 자들이기 때문입니다.

하나님께서는 우리에게 은혜만 주시고 마실 물은 안주시는 분이 아
니십니다. 하나님께서는 너무나도 놀라운 방법으로 이스라엘 백성들
에게 물을 주셨습니다.

> **민수기 20장 7-8절**
> 여호와께서 모세에게 일러 가라사대 지팡이를 가지고 네 형 아론과 함께 회중을
> 모으고 그들의 목전에서 너희는 반석에게 명하여 물을 내라 하라. 네가 그 반석
> 으로 물을 내게 하여 회중과 그들의 짐승에게 마시울찌니라

하나님께서는 아무 것도 가진 것이 없이 지팡이 하나만 가지고 있
는 모세에게 그 지팡이를 쥐고 온 이스라엘을 모은 후에 반석에게 '물
을 내라' 고 명령을 하라고 하셨습니다.

그런데 여기서 모세가 아주 중요한 실수를 하게 됩니다. 그것은 하
나님께서는 오직 모세에게 반석을 향해 명령을 하라고 하셨습니다.
단지 모세는 하나님의 말씀을 믿고 반석에게 명령하기만 하면 되는 것
입니다. 그러나 모세는 이스라엘 백성들의 불신앙에 굉장히 화가 났
던 것 같습니다. 그래서 모세는 반석을 때렸습니다. 그것도 두 번씩이
나 때렸습니다. 그러면서 이스라엘 백성들에게 화를 내었습니다.

> **민수기 20장 10절**
> 모세와 아론이 총회를 그 반석 앞에 모으고 모세가 그들에게 이르되 패역한 너희
> 여 들으라. 우리가 너희를 위하여 이 반석에서 물을 내랴 하고

이스라엘 백성들도 참을 수가 없었지만 모세도 참을 수 없었던 것
같습니다. 하나님께서 이스라엘 백성들에게 보여주시려고 했던 것은

아무리 절망적인 상황이라 하더라도 하나님의 말씀은 기적적인 능력이 있다는 것을 보여주고자 하셨습니다. 오직 하나님의 말씀만 전하면 바위에서도 기적의 생수가 솟는 것입니다. 그리고 또 하나는 하나님은 사랑이셨습니다. 이스라엘 백성들이 아무리 하나님을 원망하고 하나님을 대적해도 하나님은 사랑으로 그들에게 생수를 주셔서 마시게 하시는 것입니다. 오늘도 우리가 아무리 하나님 앞에서 투정을 부리고 짜증을 쏟아내어도 하나님은 사랑으로 우리를 감싸주시고 성령으로 우리를 치료하시고 살리시는 것입니다.

그러나 모세가 그 한 순간을 참지 못하는 바람에 결국 나타난 것은 모세의 혈기였고 이스라엘 백성들은 물만 마시고 말았습니다.

그래서 하나님은 모세를 책망하셨습니다.

> **민수기 20장 12절**
> 여호와께서 모세와 아론에게 이르시되 너희가 나를 믿지 아니하고 이스라엘 자손의 목전에 나의 거룩함을 나타내지 아니한고로 너희는 이 총회를 내가 그들에게 준 땅으로 인도하여 들이지 못하리라 하시니라

결국 이것이 모세의 한계였습니다. 모세는 이스라엘 백성들에 대하여 참고 참다가 끝에는 참지 못하고 폭발시켰는데 결국 그것 때문에 가나안 땅에 들어가지 못했습니다. 예수님은 이것까지 참으시고 결국 우리에게 성령의 생수를 부어주셨습니다.

우리가 이 세상에서 살아남는 길은 마시는 물이나 집부터 구하는 것이 아닙니다. 우리에게 더 우선적으로 중요한 것은 부흥의 불을 일으키는 것입니다. 그리고 우슬초로 정결케 하는 물을 우리 양심에 뿌

려서 우리의 양심이 깨끗함을 받는 것입니다. 우리가 한계에 도달했을 때 이미 하나님의 기적의 때는 다 준비되어 있었습니다. 올해는 절대로 분노를 폭발시키지 마시고 끝까지 인내하는 한해가 되시기 바랍니다. 모세의 심정이 예수님의 심정으로 변하고 입으로 마시는 생수가 성령의 생수로 변하기를 바랍니다.

16 _ 민 20:14-21:35
이스라엘의 장애물

나라끼리 전쟁을 할 때 반드시 정복을 하고 빼앗아야 하는 성이 있습니다. 대개 그런 성은 그곳을 차지하지 않으면 도저히 다음 성으로 갈 수 없는 길목을 지키는 곳이거나 아니면 그곳을 우회해서 갔을 때 후방이 차단이 되든가 아니면 배후에서 공격을 당할 가능성이 있는 곳입니다. 이런 곳은 어떤 비싼 대가를 지불하더라도 공격을 해서 차지해야만 다음 성을 향하여 나갈 수가 있습니다.

로마 제국에서 이런 판단을 하는데 아주 탁월했던 사람이 줄리어스 시저였습니다. 줄리어스 시저의 실력이 나타나기 시작한 것은 집정관이 되어서 갈리아를 정복하면서부터였습니다. 줄리어스 시저는 전략적인 곳을 기가 막히게 알았고 그곳을 항상 상대방보다 먼저 정복을 함으로 불리한 가운데서도 언제나 상대방을 이겼습니다. 그리고 줄리어스 시저는 갈리아는 로마에 편입을 시키면서도 게르만은 집어넣지 않았습니다. 그 이유는 갈리아 사람들은 문명화를 시키면 로마화가 될 수 있지만 게르만족들은 결코 문명화가 되지 않는다고 생각했기 때문입니다. 그래서 줄리어스 시저 때의 로마의 전략은 프랑스와 스페인과 북 아프리카를 내해로 하는 로마의 영토를 확정하면서 게르만의 침략은 저지하는 것이었습니다. 이것이 결국 앞으로 오백년간 로마의 영토로 자리를 굳히게 됩니다. 그리고 이 경계선이 게르만족에 의해서 무너지면서 로마는 멸망하게 되는 것입니다.

어거스틴의 고백록을 보면 어거스틴이 정말 많이 방황하는 것을 보게 됩니다. 어렸을 때 그가 울면서 악을 쓴 것도 회개하고 청소년기에 친구들과 남의 과일을 장난으로 도둑질한 것도 회개하고 연극과 같은 거짓된 감정에 빠져들었던 것도 고백을 합니다. 나중에 결혼하지 않은 상태에서 한 여인과 동거를 해서 아들을 낳기까지 했고 그 좋은 말재주로 많은 사람들의 신앙을 흔들기도 했습니다. 그는 자신의 지적인 호기심에 따라 점성술의 미신에 빠지기도 하고 나중에 마니교에 심취하기도 했습니다.

그때 어머니 모니카는 당시의 유명한 감독 암브로스를 찾아가서 자기 아들을 타일러서 제발 좀 바로 잡아 달라고 합니다. 그때 암브로스는 지금은 당신 아들이 너무나도 교만에 빠져 있어서 누가 무슨 소리를 해도 듣지 않을 것이라고 했습니다. 그러면서 그 유명한 말을 합니다. '눈물의 아들은 결코 망하지 않습니다' (It is impossible that the son of this tear shall be perish) 결국 밀란의 어느 정원에서 고민하던 중에 어린 아이들이 놀면서 '집어들고 읽으라, 집어들고 읽으라.' (Tolle lege tolle lege)라는 말을 듣고 옆에 떨어져 있던 로마서 13장 구절을 읽고 예수님 앞에 무릎을 꿇게 됩니다. 그리고 중세 이전에 가장 위대했던 한 신학자가 탄생하게 되는 것입니다.

어거스틴은 자기가 하나님께 돌아오기 전에는 결코 마음에 평안이 없었노라고 고백을 하고 있습니다. 그가 하나님께 돌아왔을 때 바른 길을 갈 수 있었고 그가 예수님의 이름 앞에 무릎 꿇었을 때 위대한 삶이 시작될 수 있었습니다.

어떤 분은 어려서부터 어른이 될 때까지 항상 일등만 하고 일류 대학만 나온 분이 있을 것입니다. 이것은 어떤 의미에서 인생을 살아오면서 언제나 직선 코스로만 달려온 것입니다. 그러나 그렇게 직선으로 최단코스로만 달려온 것이 가장 성공적인 인생을 살았다고 볼 수 없을 때도 많이 있습니다. 왜냐하면 인생 후반기에 큰 실패를 함으로써 그 동안 성공했던 것이 아무 소용이 없는 경우도 많이 있기 때문입니다. 그러나 어떤 사람은 어렸을 때 실패도 많이 하고 방황하기도 했는데 가장 중요한 관문들은 반드시 통과를 함으로 나중에 성공적인 인생을 사는 분들도 있는 것입니다.

이스라엘 백성들이 광야에서 38년을 헤매고 다시 가데스에 오게 되었습니다. 그러나 이제는 이스라엘 백성들이 훈련이 잘 되어서 얼마든지 가나안 땅으로 진격해서 가나안 땅을 차지할 수 있는 준비가 되어 있었습니다. 그런데 이스라엘 백성들이 가나안 땅을 차지하는데 여러 가지 장애가 많이 있었습니다. 그 중에 하나가 에돔의 방해였습니다. 이스라엘 백성들은 자기와 친척 나라인 에돔 왕에게 길로만 가고 절대로 에돔 족속에게 손해를 끼치지 아니하며 물을 마셔도 돈을 다 주겠다고 했지만 거절당하고 말았습니다. 그럼에도 하나님은 이스라엘 백성들에게 에돔과는 싸우지 못하게 하셨습니다. 그 대신에 엄청나게 먼 길을 돌아서 가게 하셨습니다. 특히 요단 동편의 헤스본과 바산에게도 이스라엘 백성들이 에돔에게 했던 똑같은 제안을 했다가 거절을 당했습니다. 그러자 하나님은 그곳은 반드시 공격을 해서 정복을 하게 하셨습니다.

이스라엘 백성들이 생각하기에는 에돔이나 헤스본이나 바산이나 모두 다 똑같은 장애물들이었습니다. 그러나 하나님께서 어떤 장애물은 피해가게 하셨고 어떤 장애물은 싸워서 정복하게 하셨습니다. 우리들에게는 이것이 잘 분별이 되지 않습니다. 우리는 어떤 사람과는 싸우지 말고 피해야 할 사람인지, 어떤 사람과는 결판을 내어서 굴복을 시켜야 할 사람인지 잘 모릅니다. 우리의 성질 같아서는 모든 사람과 붙어서 다 이기고 싶지만 모든 사람과 싸운다고 하는 것은 엄청난 에너지의 낭비일 뿐 아니라 너무나도 많은 적을 만들게 됩니다. 우리는 하나님께서 주시는 지혜로 이것을 잘 분별을 해야 됩니다.

본문 민수기 20장14절부터 21장까지를 살펴보면 몇 가지 에피소드가 나옵니다.

그 중에 첫 번째 에피소드가 이스라엘 백성들이 에돔 땅을 통과하려고 에돔왕에게 제안을 했다가 깨끗하게 거절당하고 싸우지도 못하고 엄청나게 먼 길을 고생 고생하면서 돌아서 가야 했던 것입니다. 이 과정에서 대제사장 아론이 죽게 됩니다. 두 번째가 이스라엘 백성들이 호르마라는 곳에서 가나안 사람들의 공격을 받고 싸워서 호르마를 정복하는 것입니다. 그러나 이 승리 후에 또 큰 시험이 일어납니다. 돌아가는 길이 너무 힘들어서 하나님을 원망하고 불평했다가 불 뱀의 습격을 받아서 고생을 한 내용들이 나옵니다. 그리고 세 번째가 드디어 이스라엘 백성들이 이제는 가나안 남쪽이 아니라 동쪽에 있게 되는데 거기서 요단 동편의 비탈진 땅을 보게 되고 거기서 땅을 파서 물을 얻게 되는 것이었습니다. 그리고 이스라엘 백성들이 아모리왕 시혼과 바산왕 옥과 전쟁을 해서 요단 동편 땅을 처음으로 차지하게 되는 내용이 나옵니다.

우리는 어떤 때에는 싸우지 말아야 할 자기편과 싸워서 서로 상처를 입은 경우도 있는가 하면, 때로는 반드시 싸워야 할 싸움을 싸우지 않고 미적거리는 바람에 중요한 축복을 놓치는 경우도 있습니다. 우리는 굳이 싸울 필요가 없는 것은 자존심이 좀 상하더라도 돌아가고, 반드시 싸워야 하는 것은 젖 먹던 힘까지 다 쏟아서 싸워서 이겨야 하는 것입니다.

에돔왕의 거절

20장14절에 '모세가 가데스에서 에돔 왕에게 사자를 보내며 이르되' 라고 말씀을 하고 있습니다. 38년 전에 이스라엘 백성들이 가나안 땅에 들어가려고 했을 때에는 가나안 땅 남쪽에서 북쪽으로 들어가려고 하다가 이스라엘 백성들이 겁을 집어 먹고 물러서는 바람에 실패를 했습니다. 그런데 이제 38년이 지난 후에는 하나님께서 이스라엘 백성들에게 남쪽에서 북쪽으로 올라가라고 하시지 아니하시고 동쪽 편에 있는 에돔 왕에게 통과하게 해 달라고 부탁을 하게 되었습니다. 그 이유는 이스라엘 백성들이 이해할 수가 없었습니다. 왜 하나님께서는 가나안 땅이 북쪽에 있는데 소용도 없는 동쪽에 있는 에돔땅을 통해서 가려고 할까요? 그것은 하나님의 전략이 변했기 때문입니다. 하나님께서는 이번에는 이스라엘 백성들을 요단강 동쪽으로 데리고 가서서 가나안 땅 중부 지방부터 먼저 차지하게 하시려는 것입니다. 이것을 보면 우리는 아무런 전략이나 계획이 없다 하더라도 하나님께서는 우리를 위해서 최선의 계획을 가지고 계신다는 사실을 알 수 있습니다. 우리는 이것을 믿어야 합니다.

그래서 때로는 우리의 인생 그림이 모자이크와 같다고 말할 수 있습니다. 우리가 모자이크를 만들려면 많은 조각을 붙여야 합니다. 그런데 부분만 가지고 보면 우리는 왜 이것을 붙여야 하고 왜 이 색을 붙여야 하는지 이해가 되지 않지만 열심히 하루하루를 살다보면 나중에 아주 멋진 모자이크 그림이 완성이 되는 것입니다. 하나님은 우리 인생의 밑그림을 그리시는 분이십니다.

모세는 에돔왕에게 대표를 보내어서 통과하게 해 달라고 부탁을 했습니다.

민수기 20장 17절
청컨대 우리로 당신의 땅을 통과하게 하소서. 우리가 밭으로나 포도원으로나 통과하지 아니하고 우물물도 공히 마시지 아니하고 우리가 왕의 대로로만 통과하고 당신의 지경에서 나가기까지 좌편으로나 우편으로나 치우치지 아니하리이다

이스라엘 백성들이 에돔 왕에게 요구한 것은 오직 에돔 땅을 통과만 하는 것이었습니다. 그들은 에돔 땅에서 밭이나 포도원이나 일체 손을 대지 아니하고 우물물도 공짜로 마시지 않겠다고 했습니다. 그러나 에돔왕은 아주 심한 말로 이스라엘 백성들의 요구를 거절하면서 군대를 끌고 나와서 이스라엘 백성들이 통과하지 못하게 막았습니다.

여기에 보면 '왕의 대로로만 통과하리이다' 라고 해서 '왕의 대로' 라는 것이 나옵니다. 이 '왕의 대로' 라고 하는 것은 요단 동편에서 상

인들이나 군대가 통과하는 아주 넓은 길을 말합니다. 이스라엘 백성들이 이 '왕의 대로'를 타야지만 빠른 시간 안에 요단 동편으로 갈 수가 있습니다. 그러나 에돔은 아주 과격하게 이스라엘 백성들의 요구를 거절했고 결국 이스라엘 백성들은 에돔이 협조하지 않는 바람에 몇십 배나 먼 거리를 돌아서 훨씬 더 먼 요단 동편으로 가야만 했습니다.

여기서 이스라엘이 요단 동쪽으로 가는데는 에돔왕의 협력이 필연적이었습니다. 그러나 에돔왕은 이스라엘 백성들을 늘 탐탁지 않게 생각하고 있었기 때문에 도와줄 생각이 전혀 없었습니다.

그러나 이스라엘은 왜 하나님께서는 이스라엘 백성들을 동쪽으로 데리고 가시는지 그리고 동쪽으로 가려고 하면 에돔이 지키는 왕의 대로로 가야 하는데 왜 싸우지 못하게 하시는지 그리고 왜 이스라엘 백성들은 에돔의 비협조적인 태도로 이렇게 먼 길을 돌아서 가야 하는지 이해가 되지 않았습니다.

하지만 우리가 가장 먼저 알아야 할 것은 에돔은 이스라엘의 정복의 대상이 아니고 하나님께서 이스라엘을 겸손하게 하기 위한 가시로 주신 민족이라는 사실입니다. 에돔 족속들은 이 후에도 두고두고 이스라엘 자손들에게 가시 노릇을 해 왔습니다. 그런데 하나님이 주신 가시에는 특징이 있습니다. 우리가 교만하게 행동하면 이 가시가 기가 막히게 알아차리고 우리를 아프게 하기 시작하는 것입니다. 그리고 이 때 이 가시는 아무리 뽑으려고 해도 잘 뽑혀지지가 않습니다. 어떤 때에는 가시를 뽑으려고 하다가 자기가 죽는 수도 있습니다. 그런데 이상하게도 내가 교만한 것을 이해하고 가시를 사랑하게 될 때에는 가시도 좀 누그러지면서 훨씬 우리를 덜 괴롭게 하는 것입니다.

이스라엘 백성들은 요단 동편 쪽으로 가기 위해서 첫 번째 나라에

통과하겠다고 했다가 깨끗하게 거절당하고 말았습니다. 하나님의 백성들에게 가장 익숙하지 않는 것이 다른 사람에게 거절을 당하는 것입니다. 왜냐하면 하나님의 백성들은 너무나도 자존심이 강하기 때문에 다른 사람에게 거절을 당하고는 분이 나서 견디지 못하기 때문입니다. 그러나 우리는 이 세상에서 얼마든지 거절당하는 법을 배워야 합니다. 왜냐하면 우리는 하나님의 종이지 결코 전지전능하신 하나님이 아니기 때문입니다.

그래서 우리는 다른 사람들에게 거절당했을 때 너무 기분 나빠할 것이 아니라 '아, 나는 어디까지 하나님의 종에 불과하다'는 것을 기억하셔야 합니다. 목회자들에게 있어서도 남들에게 거절당했을 때, 혹은 교회에서 무슨 제안을 했다가 교인들이나 장로님들에게 거절을 당했을 때 굉장히 화를 내거나 흥분하기 쉬운데 사실 목회자도 잠시 자신이 하나님의 종에 불과하다는 것을 잊고 있을 때가 많은 것입니다. 이때 금방 하나님께 고개를 숙이고 '하나님, 제가 주님의 종이라는 것을 깨닫게 해주셔서 감사합니다'라고 감사 기도를 하면 문제가 쉽게 해결됩니다. 이렇게 하는 것이 옳을 것입니다.

참으로 하나님께서는 이스라엘 백성들에게 그 풍성한 가나안 땅을 주시기 전에 거절당하는 것부터 겸손히 배우게 하셨습니다.

우리는 어떤 때 자기가 주인이 되어서 모든 것을 다 결정하고 그 후에 하나님을 부려 먹으려고 할 때가 많습니다. 그러나 이것은 대단히 잘못된 것입니다.

그리고 사실 에돔은 바위 골짜기 안에 있는 도시들이고 나라들인데 이스라엘 백성들이 굳이 싸워서 차지할 필요가 없는 곳이었습니다. 만약 이스라엘 백성들이 에돔과 싸운다면 이것은 거절당한 자존심의 싸움이지 절대로 어떤 실리가 있는 싸움은 되지 못하는 것입니다. 그래서 하나님께서는 이스라엘 백성들에게 아주 먼 곳으로 돌아서 가게 하셨습니다.

이 과정에서 대제사장 아론이 죽게 됩니다.

> **민수기 20장 23-24절**
> 여호와께서 에돔 땅 변경 호르산에서 모세와 아론에게 말씀하시니라 가라사대 아론은 그 열조에게로 돌아가고 내가 이스라엘 자손에게 준 땅에는 들어가지 못하리니 이는 너희가 므리바 물에서 내 말을 거역한 연고니라

하나님께서는 아론이 결코 가나안 땅에 들어가지 못할 것이라고 말씀하셨습니다. 그 이유는 모세와 아론이 므리바 반석에서 너무나도 이스라엘 백성들이 모세와 아론을 대적하니까 너무 화가 나서 반석을 지팡이로 쳤기 때문입니다. 하나님께서 모세와 아론에게 지시하신 것은 지팡이를 들고 반석을 향해 명령만 하라고 말씀하셨습니다. 즉 아무리 이스라엘 백성들이 떠들고 소리를 질러도 모세와 아론은 하나님의 말씀을 가지고 반석에게 명령만 내리면 되는 것입니다. 그러나 모세와 아론은 굉장히 화가 나 있었기 때문에 하나님의 말씀에 불순종하여 지팡이로 반석을 때렸습니다. 그리고 하나님께서 시키시지 않은 말까지 했습니다. '내가 너희를 위하여 이 반석에서 물을 내랴' 고 한 것입니다. 즉 '너희 같은 사람들은 이 기적의 반석에서 물을 마실 자격도 없다' 는 뜻이었습니다.

다른 사람을 판단하는 것은 하나님께서 하실 일이지 모세와 아론이 할 일이 아니었습니다. 특히 목마른 무리들에게 물을 주는 이 귀중한

순간에 그들에게 정죄하는 말을 해서는 안 되는 것입니다. 우리가 생각하기에는 그 지팡이로 사람을 치지 않고 반석만 친 것만 해도 대단한 인내심이 아닌가 생각할지 몰라도 결코 바위 하나라도 내 마음대로 쳐서는 안 되는 것입니다.

물론 하나님께서 긍휼을 베푸셔서 그 반석에서는 물이 쏟아져 나왔습니다. 그러나 모세와 아론은 하나님의 말씀에 완전히 순종하지 못하고 대략 구십 퍼센트 정도 순종했습니다. 그러나 모세와 아론이 백 퍼센트 하나님의 말씀에 순종하지 못했기 때문에 반석을 쳐서 물이 터져 나오게 하신 하나님의 영광은 완전히 가려지고 말았습니다.

저는 예전에 예수님을 인격적으로 영접하지 못한 상태에서 오래 신앙생활을 했었습니다. 그때 저는 죄를 짓지 않으려고 너무나도 많은 노력을 하고 애를 썼습니다. 기도도 뜨겁게 하고 금식도 하고 모든 일을 완전히 하려고 별의 별 짓을 다했습니다. 그럼에도 불구하고 한번 죄가 터지면 그 동안 참았던 신앙이 다 날라가버리고 마는 것입니다.

무엇보다 우리가 죄를 이기려면 우리 속에 근본적으로 죄를 이기는 성령의 능력이 있어야 합니다. 그래야 우리는 넘어지고 또 넘어져도 일어날 수가 있습니다. 어떤 분은 정말 죄짓지 않으려고 열심이 노력하는 분들이 있습니다. 그 분 중에는 죄짓지 않으려고 모든 예배를 단 한 번도 빠지지 않고 다 참석하기도 합니다. 또 엄청나게 기도하고 금식도 많이 합니다. 그런데 단 한 번의 유혹으로 그동안 신앙생활했던 것 다 팔아 먹어버리는 경우도 있습니다. 어떤 분은 직장에서 단 한 잔의 술로 그동안 신앙생활했던 것이 무너지기도 하고 어떤 분은 단 한 건의 부정으로 그동안 쌓았던 모든 신뢰를 잃기도 합니다. 물론 이런 신앙도 참으로 귀한 신앙이긴 하지만 지금 자기 힘으로 하나님을 믿으려고 하는 것입니다.

　이것은 마치 여기저기 새고 있는 고무호스를 여기를 막고 저기를 막다가 나중에는 다 터지고 마는 것과 비슷합니다. 결국 우리는 예수님의 십자가 앞에 두 손 두 발을 다 들게 됩니다. 내 힘과 내 의지로 믿으려는 것까지 다 포기하고 백퍼센트 하나님의 은혜에 내 자신을 맡기게 됩니다. 술 한 잔 마셨으면 회개하고 다시 성령의 능력을 회복하면 되는 것입니다. 그렇게 해서는 안 되지만 직장에서 부정을 저지르게 되었다면 눈물로 회개하고 청산할 것은 청산하고 다시 시작하면 되는 것입니다.

　사실 므리바의 반석에서 하나님께서 보여주시려고 했던 것이 이것입니다. 우리는 아무리 하나님 앞에서 죄짓고 불순종해도 하나님께서는 반석이신 예수님을 때리심으로 우리에게 성령의 역사를 부어주시는 것입니다.

　특히 우리 신앙에 가장 무서운 암초가 있다면 그것은 내 자신의 행위로 구원을 받으려고 하는 것입니다. 우리가 내 자신의 기도나 자선과 같은 행위로 구원을 받으려고 하면 천국문은 바늘구멍이 되어서 절대로 아무나 들어갈 수가 없습니다. 그러나 우리가 부족한 것을 인정하고 예수님의 보혈을 의지할 때 천국문은 다시 활짝 열려지게 되는 것입니다.

　우리에게는 이미 반석이신 예수님이 옆에 계십니다. 그러기에 우리는 자신에게 너무 화를 내지 말아야 합니다. 결국 자기 자신에게 너무 화를 내니까 우울증이 오는 것입니다. 오직 하나님의 말씀만 믿고 죄를 지었으면 회개하고 다시 일어서면 됩니다. 그러면 성령께서 우리에게 새 힘을 주실 것입니다.

호르마의 자신감

민수기 21장 1-3절

남방에 거하는 가나안 사람 곧 아랏의 왕이 이스라엘이 아다림 길로 온다 함을 듣고 이스라엘을 쳐서 그 중 몇 사람을 사로잡은지라. 이스라엘이 여호와께 서원하여 가로되 주께서 만일 이 백성을 내 손에 붙이시면 내가 그들의 성읍을 다 멸하리이다. 여호와께서 이스라엘의 소리를 들으시고 가나안 사람을 붙이시매 그들과 그 성읍을 다 멸하니라. 그러므로 그곳 이름을 호르마라 하였더라

이스라엘 백성들이 38년 전에 가데스까지 왔을 때 그들은 가나안을 눈앞에 두고 갑자기 마음이 약해져버렸습니다. 그래서 나쁘게 선동하는 사람들의 말을 듣고 우리는 가나안 땅에 들어가지 않겠다고 하면서 모세를 대적했습니다. 그때 하나님께서는 이스라엘 백성들을 다시 광야로 들어오게 하라고 하시면서 40일이 40년이 될 것이라고 말씀하셨습니다. 그러자 이스라엘 백성들은 다시 용기를 내어서 가나안 족속을 치러 올라갔다가 대패하고 도망쳐서 쫓겨 온 곳이 호르마였습니다. 그래서 이스라엘 백성들에게는 호르마라고 하면 옛날의 모든 불신앙이 전부 다 뭉쳐져 있는 응어리가 있는 곳이었습니다.

우리에게는 이상한 습성이 하나 있습니다. 그것은 옛날에 신앙적으로 크게 실패한 것은 절대로 잊혀지지 않으면서 두고두고 마음속에 부끄러움으로 남아있는 것입니다. 그런데 이것이 하나님 앞에서 우리를 겸손하게 하는 것이 아니라 우리의 은혜를 갉아 먹고 우리의 용기를 빼앗아 가고 침체시키는 부정적인 자아상을 만들어버리는 것입니다.

그래서 돌아가신 영국의 마틴 로이드 존즈 목사님의 '영적 침체' 라

는 책을 보면 '한 죄' 라는 장이 있습니다. 그것은 우리 모든 믿는 자들이 과거에 지었던 어떤 죄 때문에 수시로 사탄의 공격을 받아서 무서운 침체에 빠지게 된다는 것입니다. 사실 우리의 양심은 예전에 신앙이 없었을 때보다도 나중에 신앙이 자랐을 때 더 예민해지게 됩니다. 그래서 옛날에 잘 믿지 않기도 하고 또 신앙이 어렸을 때 철이 없어서 했던 모든 말이나 행동이 나중에 너무 부끄러워서 고개를 들지 못하기도 하고 기도하는데 있어서도 방해가 되기도 하고 어떤 때에는 하나님의 일을 할 자신감을 잃기도 하는 것입니다.

어떤 때에는 마귀가 속삭이는 소리가 들리기도 합니다. "예전에 네가 이런 부끄러운 죄를 짓기도 하고 또 거짓말한 것을 내가 다 아는데 내가 무슨 낯짝으로 하나님의 일을 한다고 하느냐?" 라는 내면의 소리가 들리는 것입니다.

이때 우리는 성경 말씀으로 그것을 물리칠 수 있어야 합니다.

로마서 8장 1절
그러므로 이제 그리스도 예수 안에 있는 자에게는 결코 정죄함이 없나니

우리는 예수 그리스도 안에서 완전한 새로운 피조물입니다. 이것을 주장할 수가 있어야 합니다.

이스라엘 자손들에게는 호르마라는 이름이 극복이 될 필요가 있었습니다.

38년 전에 그들은 너무 신앙이 없었고 너무나도 어리석었습니다. 하나님의 능력은 모르고 자신들의 혈기만 가지고 날뛰었습니다. 그래서 이스라엘 백성들은 사실 호르마를 피해가려고 했습니다. 그런데

호르마 사람들이 이스라엘 백성들이 피해가는 것을 내버려두지 않았습니다. 그들이 먼저 이스라엘을 공격해서 몇 사람을 사로잡아 가버렸습니다.

지금 이스라엘 백성들은 할 수 있으면 옛날 상처를 건드리지 않고 몰래 호르마를 지나가려고 하는데 호르마 사람들이 먼저 튀어나와서 그들을 공격했던 것입니다. 그때 이스라엘 백성들은 '우리가 호르마를 무조건 피한다고 해서 되는 것이 아니라 이번 기회에 우리가 반드시 이겨서 극복을 해야 하겠구나' 라는 결심을 하게 되었습니다. 그래서 이번에는 이스라엘 백성들이 하나님 앞에서 하나의 서원을 하게 됩니다. 그것은 호르마를 이기게 하시면 대충대충 끝내지 않고 완전히 멸망시키겠다는 약속이었습니다. 그래서 실제로 이스라엘 백성들은 호르마를 쳐서 이기고 완전히 멸망을 시켜버렸습니다.

이 '호르마' 라는 이름이 '전멸' 이라는 뜻인데 지금까지는 이스라엘 백성들의 전멸을 의미했습니다. 그러나 이제부터는 가나안 족속들의 전멸을 의미하게 되었습니다. 우리는 때때로 옛날에 구박을 받던 사람이나 좋지 않은 추억을 가지고 있던 사람들을 자꾸 피하려고 하다가 막상 기도하고 만나 보았을 때 그 사람들이 완전히 '호르마' 가 되어서 꼼짝 못하는 것을 보게 될 것입니다. 이것이 바로 하나님이 주시는 완전한 승리인 것입니다.

그러나 이스라엘 백성들은 이 놀라운 승리 뒤에 다시 무서운 침체에 빠져들게 되었습니다. 그것은 에돔을 통과하지 못하고 그 험한 광야 길을 엄청나게 우회해서 걸어가야 하는데서 생기는 불평과 불만이었습니다.

민수기 21장 4-5절

백성이 호르산에서 진행하여 홍해 길로 좇아 에돔 땅을 둘러 행하려 하였다가 길로 인하여 백성의 마음이 상하니라. 백성이 하나님과 모세를 향하여 원망하되 어찌하여 우리를 애굽에서 인도하여 올려서 이 광야에서 죽게 하는고? 이곳에는 식물도 없고 물도 없도다. 우리 마음이 이 박한 식물을 싫어하노라 하매

만일 이스라엘 백성들이 에돔을 통과하여 왕의 도로를 갔더라면 아주 넓은 대로로 편하게 갈 수 있었을 것입니다. 그러나 에돔이 길을 막는 바람에 어쩔수 없이 돌아가야 했습니다. 그런데 돌아가는 이 길은 사실 길이 아니고 험하디 험한 골짜기였습니다. 길도 제대로 없는 곳을 양손을 다 써서 기다시피해서 산을 올라가고 또 골짜기를 내려가야 했을 때 이것은 그야말로 사서 고생을 하는 것 같았습니다.

이스라엘 백성들은 너무나도 먼 길을 돌아가야 하는데다가 음식마저 좋지 못하니까 원망과 불평이 터져버렸습니다. 이스라엘 백성들이 하나님과 모세를 원망하고 욕을 했을 때 가장 먼저 듣고 달려온 것이 있었습니다. 그것은 불 뱀이었습니다.

여기서 '불뱀'이라는 것은 독사가 생긴 것이 빨갛게 생겨서 불 뱀이라고 하기도 하고 이 뱀에 물렸을 때 불에 타는 것같이 온 몸에서 열이 나기 때문에 불뱀이라고 하기도 한다고 합니다. 아마 이 뱀은 아주 빨랐고 날아다니는 것 같이 보였던 것 같습니다. 하나님을 원망하고 불평하는 이스라엘 백성들에게 찾아오는 것은 온 몸이 타들어가는 독사떼의 공격이었습니다.

아마 굉장히 많은 사람들이 이 독사에게 물렸던 것 같고 물려서 얼마 되지 않아서 다 죽었던 것 같습니다. 이때 이스라엘 백성들은 빨리

정신을 차렸습니다. 즉 이 불뱀의 공격이 자신들의 원망과 관계가 있다는 생각을 하게 된 것입니다. 이것만 해도 이스라엘 백성들이 사십 년 광야 생활을 한 보람이 나타나는 것입니다. 옛날에는 아무리 불뱀에서 물려도 이것이 왜 나타났는지 왜 자기들이 물렸는지 아무 생각이 없었습니다. 그러나 이제 말씀을 듣고 훈련을 받고 나니까 불뱀이 나타나자 말자 즉각적으로 자기들이 하나님과 모세를 불평하고 대적한 것이 죄라는 것을 깨닫게 된 것입니다.

그래서 이스라엘 백성들은 바로 자존심을 버리고 모세에게 몰려와서 우리가 원망함으로 죄를 지었다고 자백을 했습니다. 그러면서 모세에게 자기들을 위해서 기도를 해 달라고 부탁을 했습니다.

하나님께서는 모세의 기도를 들으시고 놋으로 된 불뱀을 만들어서 장대에 달게 하시고 뱀에 물린 자마다 그 장대에 달린 뱀을 보게 하셨습니다.

지금 불뱀에 물려서 죽어가는 자들은 몸에 독사의 독이 있어서 그런 것입니다. 그런데 하나님께서는 독사의 독을 빼낼 생각은 하지 않으시고 장대에 매단 뱀을 보게 하셨습니다. 이것은 너무나도 비상식적이고 비과학적인 것이었습니다. 그러나 누구든지 그 장대에 달린 놋뱀을 본 자는 다 나음을 받았습니다.

여기서 하나님께서는 독사를 통해서 독사의 독보다 더 무서운 독은 하나님을 원망하고 불신하는 독이라는 것을 가르쳐 주신 것입니다. 장대에 달린 뱀은 나중에 십자가 위에서 죽으신 예수님을 상징합니다.

요한복음 3장 14-15절

> 모세가 광야에서 뱀을 든것 같이 인자도 들려야 하리니 이는 저를 믿는 자마다 영생을 얻게 하려 하심이니라

예수님의 십자가는 우리 안에 있는 모든 죄의 독을 빨아내는 능력을 가지고 있습니다. 그러나 단지 독사의 독만 빨아내는 것이 아니라 하나님의 생명 즉 영생을 주는 능력이 있습니다. 우리가 이 치료를 받기 위해서 필요한 것은 오직 '바라보는 것' 입니다. 여기서 '바라본다'는 것은 그냥 멍청하게 정신없이 쳐다보는 것을 말하지 않습니다. 하나님께서 반드시 나를 치료하신다는 믿음을 가지고 보는 것입니다.

우리가 어떤 사람을 볼 때 멍청하게 정신을 놓고 볼 때가 있을 것입니다. 그러나 어떤 믿음을 가지고 볼 때 우리의 눈빛이 다르고 우리의 기대가 달라지게 될 것입니다. 우리는 믿음을 가지고 예수님의 십자가를 바라보아야 합니다. 그러면 예수님의 십자가가 우리의 모든 죄의 독을 전부 다 빨아 가시는 것을 체험하게 될 것입니다.

> 민수기 21장 8-9절
> 여호와께서 모세에게 이르시되 불뱀을 만들어 장대 위에 달아 물린 자마다 그것을 보면 살리라. 모세가 놋뱀을 만들어 장대 위에 다니 뱀에게 물린 자마다 놋뱀을 쳐다본즉 살더라

우리의 신앙의 모든 부분이 다 과학적으로 설명이 되는 것은 아닙니다. 신앙의 모든 껍질을 벗기고 맨 안에 들어가면 그 안에 들어있는 것은 과학이나 경험이 아니라 하나님께 대한 믿음입니다. 놀라운 것은 하나님을 믿은 사람은 다 살았고 믿지 못하고 자기 생각을 믿은 사람들은 다 죽었습니다.

헤스본과 바산과의 전쟁

이스라엘 백성들은 에돔의 반대로 빠른 길을 가지 못하고 아래쪽으로 뺑 둘러서 아주 먼 곳을 우회해서 모압 바깥에 있는 광야까지 오게 되었습니다.

민수기 21장 10-11절
이스라엘 자손이 진행하여 오봇에 진 쳤고 오봇에서 진행하여 모압 앞 해 돋는 편 광야 이예아바림에 진 쳤고

이스라엘 백성들은 왜 하나님께서 그들을 남쪽에서 바로 가나안 땅으로 들어가게 하시지 않고 동쪽으로 우회하게 하시는지 이해가 되지 않았습니다. 그리고 가장 빠른 길인 왕의 도로로 가지 못하고 길이 험한 모압 외각 지역으로 가게 하셨는지 이해가 되지 않았습니다.

그런데 이 모든 것도 하나님의 계획의 일부분이었습니다. 하나님께서 이스라엘 백성들을 동쪽으로 가게 하신 것은 옛날같이 남쪽에서 위로 올라가면 시간이 너무 걸리기 때문에 중간에 요단강을 건너게 하셔서 아주 빠른 속도로 가나안 땅을 정복하게 하기 위해서였습니다. 그래서 요단강을 동쪽에서 건넌 것이 우리나라 한국 전쟁에서 인천 상륙작전과 같은 것이었습니다.

그래서 실제로 여호수아는 가나안 땅 허리를 자르고 들어왔기 때문에 굉장히 빠른 시간 안에 가나안 땅 전부를 정복할 수 있었습니다. 그리고 모압 외각 지역으로 우회했기 때문에 그 안에 있는 시혼과 바산을 차지할 수 있었습니다. 때때로 우리는 아주 먼 길을 돌아서 온 것

같은데 나중에 보면 그것이 빠른 길이었고 쓸데없이 고생을 많이 한 것 같은데 나중에 보면 그 안에 들어 있는 엄청난 복을 다 차지하게 되는 것을 보게 됩니다.

이스라엘 백성들은 먼 곳을 우회했기 때문에 헤스본과 바산의 기름진 땅을 보게 되었습니다.

민수기 21장 13절
거기서 진행하여 아모리인의 지경에서 흘러 나와서 광야에 이른 아르논 건너편에 진 쳤으니 아르논은 모압과 아모리 사이에서 모압의 경계가 된 것이라

이스라엘 백성들은 지금까지 전혀 쓸모없는 불모의 땅만 보고 오다가 드디어 양들을 먹을 수 있는 엄청난 기름진 들판을 보게 되었던 것입니다. 이것은 이스라엘 백성들이 돌아서 왔기 때문에 차지할 수 있었습니다.

민수기 21장 14-15절
이러므로 여호와의 전쟁기에 일렀으되 수바의 와헵과 아르논 골짜기와 모든 골짜기의 비탈은 아르 고을을 향하여 기울어지고 모압의 경계에 닿았도다 하였더라

여기에 나오는 '여호와의 전쟁기'는 민수기의 기초가 되는 전쟁 일지였던 것 같습니다. 거기에서도 이스라엘 백성들은 애굽을 떠난 후 가장 이상적인 목초지를 발견하게 되었다고 기록이 되어 있었습니다. 그 땅은 모두 완만하게 기울어진 아주 넓은 땅이었습니다.

그리고 하나님께서는 거기서 이스라엘 백성들에게 엄청나게 풍부한 물이 솟아나게 하셨습니다.

> **민수기 21장 17-18절**
> 그 때에 이스라엘이 노래하여 가로되 우물물아 솟아나라. 너희는 그것을 노래하라. 이 우물은 족장들이 팠고 백성의 귀인들이 홀과 지팡이로 판 것이로다

얼마나 물이 많이 솟아나는지 족장들이 홀과 지팡이로 지적하는 곳마다 우물물이 나왔습니다. 지금까지 이스라엘 백성들이 광야의 반석에서 나온 생수는 버리고 다른 곳으로 가야 하지만 이제부터는 영구적으로 이스라엘의 소유가 되는 우물들이었습니다. 얼마나 우물이 많은지 족장들이 지팡이를 꽂기만 해도 물은 나왔습니다.

그러나 이스라엘 백성들은 아직 가나안 땅은 고사하고 요단강 근처까지 가지 못했습니다. 그 이유는 이스라엘 백성과 가나안 사이에 헤스본 왕 시혼이 버티고 있었고 바산왕 옥이 버티고 있었기 때문입니다.

그런데 헤스본 왕 시혼은 성격이 불같은 사람이었고 얼마나 성격이 지독한지 모압도 감당을 못하고 있었습니다.

> **민수기 21장 28절**
> 헤스본에서 불이 나오며 시혼의 성에서 화염이 나와서 모압의 아르를 삼키며 아르논 높은 곳의 주인을 멸하였도다

이스라엘 백성들은 에돔왕에게 했던 것 같이 우리를 통과시켜달라고 부탁을 했습니다. 우리는 길로만 가겠고 밭이나 포도원도 건드리지 않겠고 우물물도 공짜로 마시지 않겠다고 약속을 했습니다. 그러나 헤스본 왕 시혼은 먼저 전쟁을 하러 나왔습니다. 이때 하나님께서는 이스라엘 백성들에게 헤스본과 전쟁을 하게 하셨습니다. 즉 헤스

본은 피해갈 대상이 아니라 정복해야 할 대상이었던 것입니다. 이스라엘 백성들이 처음에 호르마에서 했던 것처럼 믿음으로 전쟁을 했을 때 예전에는 불이라고 말을 했던 헤스본이 이스라엘 앞에 완전히 패배를 당했습니다. 그래서 이스라엘 백성들이 헤스본을 완전히 멸망시키고 그곳을 최초로 이스라엘 땅으로 삼았습니다. 헤스본을 손에 넣으니까 왕의 도로는 저절로 이스라엘의 것이 되어버렸습니다.

그리고 바산 왕 옥은 거인이었습니다. 그의 침대는 몇 사람이 자도 될 정도로 거대한 철침대로 되어 있었습니다. 그러나 하나님은 바산 왕도 피해야 할 대상이 아니고 싸워서 이길 대상이라고 말씀하셨습니다. 그래서 이스라엘 백성들은 바산 왕 옥과도 싸워서 이겨서 요단 동편을 완전히 이스라엘 땅으로 소유하게 됩니다.

오늘 우리가 생각해야 할 것은 이 세상에서 우리를 대적하고 미워한다고 해서 무조건 싸워서 이겨야 하는 것이 아니라는 것입니다. 그 중에는 하나님께서 우리에게 주신 가시도 있기 때문입니다. 그래서 우리는 무조건 아무나 싸우려고 해서는 안 됩니다. 하나님이 싸우라고 하는 것만 싸워야 합니다. 그것은 대개 사람이 아닙니다. 사람은 우리의 적이 아닐 때가 많습니다. 우리는 악한 사상과 싸워야 하고 사탄의 고지를 정복해야 합니다.

때로 우리에게는 빙 돌아가는 것도 엄청난 복이 될 때가 있습니다. 누구든지 빨리 간다고 해서 다 성공한 것도 아니고 철저히 한다고 해서 이기는 것도 아닙니다. 하나님께서 우리를 인도해 주셔야 하고 하나님께서 우리 인생의 밑그림을 그려주셔야 하는 것입니다.

17 _ 민 22:1-41

나귀의 책망

우리는 가끔 사람이 동물보다 못한 것을 볼 때가 있습니다. 몇 년 전 인도네시아에서 쓰나미가 밀어 닥쳤을 때 온 도시가 다 파괴되고 사람들은 수십만 명씩 해일에 휩쓸려 죽었지만 그 중에서 야생 새나 야생 동물들은 한마리도 죽지 않았습니다. 그 이유는 야생 새나 동물들은 제육감이라는 것이 있어서 지진이나 화산이 터지기 전에 미리 알고 도피를 한다는 것입니다. 우리가 생각하기에 인간은 모든 과학적인 데이터와 정보들을 가지고 있기 때문에 어떤 동물들보다 기상 이변이나 지진 같은 재난을 먼저 알 것 같은데 사실은 새나 쥐 같은 동물들보다 더 모르는 것입니다. 그래서 이제 우리 인간들은 지진이나 화산 폭발 같은 중요한 재난에 대해서 쥐나 새들에게 물어보게 생긴 것입니다. 그러나 다른 의미에서 우리 인간들이 정말 동물보다 못할 때가 있습니다. 적어도 짐승들은 사람들만큼은 배신을 잘 하지 않습니다. 어느 신문 기사를 보니까 외국 어느 곳에서는 주인이 술이 취해서 들판에서 잠이 들었는데 그곳에 갑자기 불이 나게 되었습니다. 그러니까 그 주인의 개가 도망을 가지 않고 자기 몸에 물을 묻혀 와서 주인 주위에 물을 뿌려서 주인이 불에 타죽지 않도록 지켜주었다는 것입니다. 또 새 중에서 암컷이 알을 까게 되면 새끼와 암놈을 보호하기 위해서 수놈이 멀리 가지 않고 오직 둥지 주위를 돌면서 암컷에게 먹이를 물어다 주고 둥지만 지키는 수컷들이 있습니다. 거기에 비해서 남자들 중에서는 아내나 아이의 최소한도의 생활도 돌아보지 않고 무위도식하거나 혹은 책임을 지지 않고 달아나버리는 비정한 사람도 있는 것입니다.

오늘 성경 말씀은 우리에게 아주 심각한 한 가지 문제를 깊이 생각하게 하고 있습니다. 그것은 과연 우리가 이 세상을 살면서 세상의 다른 부귀나 영화를 탐내지 않고 오직 하나님의 말씀과 하나님의 은혜로 만족할 수 있느냐 하는 것입니다. 우리는 모두 하나님의 백성으로서 하나님의 귀한 말씀과 축복을 맡은 자들입니다. 그런데 우리가 이 세상을 살아가면서 하나님의 말씀과 은혜도 좋지만 현실적으로 보면 우리는 궁극적으로 하나님의 말씀과 은혜만으로는 만족할 수가 없는 것입니다. 즉 우리가 이 세상에서 성공적인 삶을 살기 위해서는 돈도 많이 벌어야 하고 사람들로부터 명성도 얻어야 하는 것입니다. 왜냐하면 이 세상 사람들이 우리를 평가할 때 하나님의 말씀으로 은혜 받는 것이나 성령의 충만 같은 것으로 평가하는 것이 아니라 눈에 보이는 세상의 성공 조건을 가지고 판단을 하기 때문입니다. 그래서 어떤 때에는 우리가 하나님의 말씀보다는 돈이 더 좋고 또 하나님의 은혜보다는 좋은 집이나 성공적인 직장에서 생활하는 것을 더 원할 때가 있습니다. 그런데 우리가 막상 이렇게 하여 하나님의 말씀이나 축복을 버리고 세상의 것을 추구하여 달려 나가면 우리는 사실 짐승보다 못한 자들이 되고 마는 것입니다.

　오늘 말씀은 구약 성경에서 가장 신비로운 인물 중의 하나인 발람이라는 선지자에 대한 말씀입니다. 발람이라는 선지자는 이스라엘 백성이 아닌 이방인으로서 하나님의 말씀이 임하는 존귀한 자였습니다. 그에게 임하는 하나님의 말씀은 가짜가 아니고 진짜였습니다. 그리고 그가 기도하거나 예언할 때 그것이 그대로 이루어지는 능력이 있었습니다. 그러나 발람이 하나님의 말씀만으로 만족하지 못하고 돈을 더 많이 받기 위해서 욕심으로 모압 왕의 초청을 받아서 갔을 때 중간에 나귀에게 책망을 받는 일을 당했던 것입니다. 사실 선지자라는 사람은 이 세상의 모든 사람들을 책망할 수 있는 권한이 있는 사람입니다. 심지어는 왕이라 하더라도 하나님이 책망하시면 그대로 책망할 수 있는 위치에 있는 사람이었습니다. 그러나 그가 돈에 현혹이 되어서 따라갔을 때 중간에 나귀의 책망을 듣는 선지자가 되고 만 것입니다.

　이것은 하나님의 말씀을 가진 자가 이 세상의 복을 어떻게 생각해야 하는지를 잘 보여주는 것입니다. 즉 우리가 하나님의 말씀과 축복을 가졌을 때 우리는 이 세상에서 최고로 존귀한 자인 것입니다. 그러나 우리가 이것으로 만족하지 못하고 돈에 팔리고 감투에 팔린 자가 되면 개나 돼지보다 못한 자가 되고 마는 것입니다.

모압 왕의 영적 대결

　이스라엘 백성들이 사십년 동안을 광야에서 헤매다가 하나님의 때가 되었을 때 단숨에 요단 동편에 있던 두 아모리 왕, 헤스본 왕 시혼과 바산 왕 옥을 쳐부수고 그 땅을 정복해버렸습니다. 이것을 가장 가까이에서 지켜본 모압 왕 발락은 경악을 금치 못했습니다. 그 이유는 헤스본 왕 시혼과 바산 왕 옥은 모압 자손들이 그렇게 물리치고 싶어도 물리치지 못했던 강적 중의 강적이었기 때문입니다. 그런데 이스라엘 백성들은 너무 간단하게 이 강한 두 나라 왕을 해치워버렸습니다. 이것을 본 모압 왕 발락은 너무나 놀랐습니다.

> 민수기 22장 1-3절
> 이스라엘 자손이 또 진행하여 모압 평지에 진 쳤으니 요단 건너편 곧 여리고 맞은편이더라. 십볼의 아들 발락이 이스라엘이 아모리인에게 행한 모든 일을 보았으므로 모압이 심히 두려워하였으니 이스라엘 백성의 많음을 인함이라 모압이 이스라엘 자손의 연고로 번민하여

우리는 여기서 사십년 동안 광야에서 연단된 하나님의 백성들에 대한 객관적인 평가를 처음 접하게 됩니다. 그 동안 이스라엘 백성들은 전 세계 사람들에게 도저히 이해할 수 없는 민족이었습니다. 이스라엘 백성들이 애굽을 탈출한 것은 이미 주위에 있는 모든 민족들이 다 아는 바였습니다. 그런데 이들이 도대체 광야에 무엇하러 들어갔는지 그리고 광야에서 그 동안 죽었는지 살았는지 도무지 알 수가 없었습니다. 즉 이스라엘 백성들은 주위에 있는 민족들에게 도저히 상식적으로 이해가 되지 않는 사람들이었습니다. 그들이 애굽에서 나왔다면 무엇인가 그동안 눈에 보이는 행적이 있어야 하고 결과가 있어야 했는데 아무 것도 없었습니다. 도무지 사십년이라는 세월 동안에 이들이 무엇

을 하고 있는지 아는 자가 아무도 없었습니다. 그런데 사십년이 지난 후에 어느 날 갑자기 나타나더니 도저히 다른 나라들은 그 동안 수십 년간 물리치려고 해도 물리 칠 수 없었던 아모리 두 왕을 한 순간에 끝장을 내어버렸습니다. 이스라엘 백성들은 헤스본 왕과 바산 왕을 그냥 몰아낸 것이 아니라 씨도 남기지 않고 모두 다 없애버렸습니다.

이것이 모압 왕이 본 이스라엘의 모습이었습니다. 이것이 이스라엘 백성들의 파워인 것입니다. 이스라엘 백성들은 애굽을 탈출한 것으로 충분치 않았습니다. 그들이 시내 산에서 불 가운데서 하나님의 율법을 받은 것으로 충분치 않았습니다. 그들은 이 세상 사람들이 도저히 알 수 없는 하나님의 훈련을 받아야 했습니다. 그리고 그 훈련이 마치자 말자 단 한 순간에 다른 사람들은 한 평생 할 수 없는 가장 어려운 일을 눈 깜짝 하는 사이에 해치워버렸던 것입니다. 이것은 이스라엘 백성들의 능력이 아니었습니다. 이것은 이스라엘 백성들이 하나님의 손에 잡혔을 때 나타난 능력이었습니다.

그래서 어떤 의미에서 우리는 예수 믿고 난 후에 긴 세월에 걸쳐서 하나님의 손에 붙잡히는 훈련을 받습니다. 즉 나의 생각과 나의 계산을 다 포기하고 하나님의 말씀에 백 퍼센트 잡혀야 하는 것입니다. 우리가 하나님의 손에 붙잡히는 순간 아무 것도 못할 것 같았는데 이상하게 아무도 못하던 엄청난 일을 한 순간에 해치워버리는 것입니다.

이것을 보고 모압 왕은 심히 두려워했다고 했습니다. 그 이유는 자기들은 한 평생 노력해도 물리칠 수 없었던 강한 두 왕을 물리친 이스라엘이 지금 요단 동편에 진을 치고 있는 것입니다. 모압 왕은 설마 이스라엘 백성들이 가나안을 공격할 줄은 생각지도 못했습니다. 왜냐하면 지금까지 어느 나라나 어느 민족도 감히 가나안 땅을 공격해서 이긴 족속은 없었기 때문입니다. 그렇다면 이스라엘은 분명히 자기들을 공격할 것 같은데 도저히 이스라엘을 이길 자신이 없었던 것입니다.

모압 왕이 이렇게 두려워하는 것은 하나님의 말씀을 몰랐기 때문입니다. 하나님의 뜻은 모압을 건드리지 않는 것이었습니다. 왜냐하면 하나님의 뜻은 이스라엘이 가나안을 정복하는 것이었기 때문입니다. 모압은 하나님의 뜻을 모르니까 필요 없이 두려워하고 필요 없이 많은 엉뚱한 짓을 하게 되었습니다.

모압왕이 보기에는 이스라엘이 헤스본과 바산을 정복한 것이 엄청난 것 같았지만 실제로 이것은 가나안 정복을 위한 워밍업에 불과했던 것입니다.

그만큼 하나님의 백성들의 비전은 크고 그 범위는 넓은 것입니다. 우리는 더이상 아주 좁은 우물 안에서 갇혀 서로 자기가 높고 크다고 다툴 생각은 하지 말아야 합니다. 왜냐하면 그것은 하나님께서 우리에게 주실 영역에 비하면 그야말로 아무 것도 아니기 때문입니다.

모압왕은 모압 장로들에게 이스라엘에 대하여 이렇게 말을 했습니다.

> **민수기 22장 4절**
> 미디안 장로들에게 이르되 이제 이 무리가 소가 밭의 풀을 뜯어먹음 같이 우리 사면에 있는 것을 다 뜯어먹으리로다 하니

이스라엘 백성들이 요단 동편에 있는 모습이 소가 밭에서 풀을 뜯어 먹는 것 같다고 했습니다. 소가 밭으로 들어가면 어떻게 됩니까? 그 안에 있는 맛있는 채소를 전부 다 실컷 뜯어 먹어버릴 것입니다. 이

것을 다른 말로 표현하면 물고기가 물을 만난 것과 같고 비로소 임자를 만난 세상과 같은 것입니다. 이스라엘은 지금까지 광야에만 있으면서 자신들의 능력을 써 볼 기회를 얻지 못했습니다. 그러다가 드디어 요단 동편에 오니까 이들은 무엇인가 자기들이 할 수 있는 것이 생겨서 좋아서 미치려고 하는 것입니다.

이것이 모압 사람들이 사십년 만에 본 이스라엘의 모습이었습니다. 그동안 이스라엘 백성들은 계속 광야에서 돌기만 했습니다. 이렇게 한 것은 하나님의 말씀에 자신들을 맞추기 위함이었습니다. 하지만 일단 이스라엘 백성들이 하나님의 손에 붙잡히게 되니까 순식간에 마치 물을 만난 물고기같이 기적과 능력을 행하기 시작하는데 도저히 어느 누구도 감당치 못할 사람들이 되고 만 것입니다.

우리 마음속에 있는 두려움은 바로 이것입니다. 우리가 하나님의 말씀으로 계속 훈련만 받고 있다가 결국 우리의 인생이 끝나면 어떻게 하나하는 것입니다. 그러면 우리가 과연 하나님의 말씀으로 훈련만 받아가지고 이 세상에서 쓸모 있는 사람이 될 수 있을까요? 이것에 대해 하나님께서는 순식간에 능력의 종으로 나타나게 될 것이라고 말씀하셨습니다. 어느 누구도 예상하지 못한 순간에 강력한 능력의 종으로 나타나게 되는 것입니다.

여기서 모압은 이스라엘을 시기했습니다. 이것은 어떻게 보면 당연한 것이라고 볼 수 있습니다. 지금까지 전혀 나타나지 않았던 어떤 강력한 한 경쟁 상대가 나타났을 때 누구든지 시기하는 것은 당연한 것입니다. 그러나 이때 모압 왕 발락은 가장 좋지 못한 방법으로 이스라엘을 대항하려고 했습니다. 그것은 바로 이스라엘 백성들을 저주하는 것이었습니다.

민수기 22장 6절

우리보다 강하니 청컨대 와서 나를 위하여 이 백성을 저주하라. 내가 혹 쳐서 이기어 이 땅에서 몰아내리라. 그대가 복을 비는 자는 복을 받고 저주하는 자는 저주를 받을 줄을 내가 앎이니라

    모압 왕 발락이 사용하려고 한 것은 영적인 대결이었습니다. 여기서 영적인 대결이라고 하는 것은 이스라엘 백성들을 저주해서 영적으로 힘을 잃게 만드는 것이었습니다.

    우리는 보통 '저주' 라는 것을 믿지 않습니다. '남이야 나를 저주하든지 말든지 내가 믿지 않으면 그만 아니냐?' 는 식으로 생각하기 쉽습니다. 그러나 '저주' 라는 것은 그렇게 간단한 문제가 아닙니다. 왜냐하면 옛날에는 사람들이 이런 저주의 힘에 매이는 경우가 많았기 때문입니다. 누군가가 자기를 저주했다고 하면 실제로 그런 힘이 있는 것처럼 저주가 풀릴 때까지 꼼짝을 못하는 것입니다.

    최근에 인터넷이 많이 보급이 되면서 '저주' 가 새로운 모습으로 위력을 나타내는 것을 보게 됩니다. 즉 저주가 어떤 특정인에 대한 '악성 루머' 로 등장하는 것입니다. 요즘 사람들은 중요한 정보를 인터넷을 통해서 받게 됩니다. 그런데 여기에 어떤 정치인이나 종교인이나 연예인에 대하여 좋지 않은 자료들을 폭로성으로 해서 유포시켜버리는 것입니다. 대개 정치인이나 종교인이나 연예인들이 이런 악성 루머의 공격을 받게 되었을 때 어떤 사람은 거의 재기하기가 불가능할 정도로 사회적으로나 정신적으로 큰 상처를 입게 됩니다. 물론 그런 공격 중에는 어느 정도 근거가 있는 것도 있지만 전혀 근거가 없는 악의적인 것도 많이 있는 것입니다. 일단 일반 사람들은 재미로 그 글을

보고 사진을 보지만 당하는 본인들에게는 거의 인격적으로나 정신적으로 치명적인 타격을 입게 됩니다. 어떤 분은 이런 공격을 견디다 못해서 정신병에 걸리기도 하고 심지어 어떤 사람은 자살을 하는 경우까지 있는 것입니다. 이런 것을 보면 얼마나 이러한 악성 루머가 악마적인 공격인지 알 수 있는 것입니다.

삼손이 등장했을 때 블레셋 사람들은 삼손의 힘의 비밀을 도무지 알지 못했습니다. 그래서 여러 차례 실패를 거듭하다가 드디어 들릴라라는 여자에게 거금의 돈을 주기로 약속하고 드디어 삼손의 비밀을 알아내는데 성공을 했습니다. 그것은 삼손의 머리털을 자르는 것이었습니다.

그러나 모압 왕 발락은 이스라엘의 능력의 원인을 금방 알아차렸습니다. 그것은 바로 하나님의 축복이었습니다. 하나님의 축복이 이스라엘을 이렇게 강하게 만든 것입니다. 그래서 모압 왕 발락은 이스라엘의 축복을 저주로 바꿀 수만 있다면 이스라엘을 이기는 것은 식은 죽 먹기라는 것을 알았습니다.

그래서 이스라엘과 힘으로 대결하지 않고 영적인 대결을 하기로 결심을 했습니다. 그것은 능력 있는 하나님의 종을 불러서 이스라엘에 대하여 무지막지한 저주를 퍼붓는 것이었습니다. 그러면 결국 이스라엘은 힘을 잃고 오지도 못하고 가지도 못할 때 다시 광야로 쫓아버리고 이스라엘 백성들이 차지하고 있는 땅을 도로 빼앗는 전략인 것입니다.

하나님의 백성에게 물리적인 공격보다 더 위험한 것은 영적인 대결입니다.

하나님의 백성들에게 무지막지한 저주를 퍼붓고 하나님의 백성들의 약점을 찾아내어서 공개를 하고 소문을 퍼트리기 시작하는 것입니다. 그러면 이상하게도 하나님의 백성들은 힘을 잃고 기도를 안 하게 되는데 그러면 꼼짝 못하고 붙잡히게 되는 것입니다. 그래서 이때는 더 강한 기도가 있어야 합니다. 불같은 기도로 우리를 붙잡으려고 하는 사탄의 모든 사슬을 다 끊어버려야 하는 것입니다. 그래서 우리는 기도하는데 잠시라도 틈을 주어서는 안 됩니다. 그러면 어느새 사탄의 네거티브 공격이 파고 들어오게 됩니다.

지금 이스라엘 백성들은 아모리 두 왕을 이기고 밭에 들어온 송아지 떼들처럼 기분 좋게 돌아다니고 있는데 그들이 모르는 가운데 사탄의 저주는 준비되고 있는 것입니다.

한때는 이런 영적인 대결을 이기기 위해서 집회 같은 것을 할 때 '스물 네 시간 릴레이 기도' 같은 것을 많이 했습니다. 그러나 저는 그런 릴레이도 좋지만 함께 모여서 말씀을 듣고 합심해서 기도하는 것이 더 강력한 힘이라고 생각합니다. 아무튼 우리 성도들은 사탄의 이 네거티브 전략에 걸려서는 안 됩니다.

발람의 매수

모압 왕 발락은 이스라엘을 저주하기 위해서 그 당시 가장 강력한 능력을 나타내던 하나님의 선지자 발람을 매수하기로 했습니다.

민수기 22장 5절
그가 사자를 브올의 아들 발람의 본향 강변 브돌에 보내어 발람을 부르게 하여

가로되 보라 한 민족이 애굽에서 나왔는데 그들이 지면에 덮여서 우리 맞은편에 거하였고

여기서 발람의 고향을 '강변 브돌' 이라고 했는데 이 강변은 유브라데 강변을 의미합니다. 따라서 발람은 메소포타미아 사람인데 그의 능력이 얼마나 유명했는지 온 팔레스타인과 모압까지 퍼졌고 드디어 모압 왕이 엄청난 사례를 약속하면서 초청하는 정도였던 것입니다.

우리가 여기서 알아야 할 것은 하나님에 대한 지식과 하나님의 계시가 아브라함의 자손들에게 집중적으로 쏟아진 것은 사실이지만 다른 민족에게 완전히 폐쇄적인 것은 아니었다는 것입니다. 즉 이스라엘 사람이 아닌 사람들 중에서도 하나님을 믿는 사람도 있었고 성경적인 지식을 가진 사람도 있었습니다. 심지어는 아주 드물게 발람같이 하나님의 말씀을 받는 예언자도 있었던 것입니다.

예를 들면 우리가 욥기에서 보게 되는 욥이라든지 욥의 세 친구는 이스라엘 사람들이 아니었습니다. 그럼에도 불구하고 하나님에 대한 믿음과 지식을 가졌던 것을 볼 수 있습니다. 마찬가지로 발람이라는 사람도 이스라엘 사람이 아니지만 하나님의 말씀이 임하는 예언의 능력이 있었고 또 그의 기도가 이루어질 정도로 강력한 기도 응답의 역사가 있었던 것입니다.

여기에 보면 발락이 발람에 대하여 6절 하반 절에 '그대가 복을 비는 자는 복을 받고 저주하는 자는 저주를 받을 줄을 내가 앎이니라' 고 했습니다.

이것은 하나님께서 아브라함에게 주신 복인데 발람에게도 말씀의 능력과 함께 기도 응답의 체험과 능력이 있었던 것입니다. 나중에 발

람에 예언한 것을 보면 결코 엉터리 예언이 아닌 것을 알 수 있습니다. 그야말로 하나님의 성령이 그에게 감동하셔서 귀한 하나님의 말씀을 증거하는 능력이 그에게 있었던 것입니다.

모압 왕 발락이 얼마나 간이 큰 사람인가 하면 바로 이런 하나님의 종을 매수해서 이스라엘 백성들을 저주하려고 했던 것입니다. 즉 하나님의 말씀으로 하나님의 백성을 대적하고 기도로 하나님의 백성들을 저주해서 하나님의 능력을 빼앗으려고 한 것입니다.

그러나 발람이 하나님의 위대한 선지자임에는 틀림이 없지만 그에게 치명적인 약점이 하나 있었습니다. 그것은 바로 그가 돈에 의하여 매수될 수 있었다는 사실입니다. 발람이 진정으로 하나님의 종이라면 발람이 사신들을 보내었을 때 왜 이 사신들이 왔는지 알았어야 했습니다. 만약 모압 왕이 하나님의 말씀을 듣기 위해서 사신들을 보내어서 초청했다면 이것은 신약 성경에 나오는 것처럼 고넬료가 하나님의 말씀을 듣기 위해서 베드로를 청한 것이나 마찬가지입니다. 진정으로 하나님의 말씀을 듣고 은혜 받기 위해서 사람을 보내었다면 당연히 가야 할 것입니다. 그러나 모압 왕이 원하는 것은 하나님의 백성들을 저주하기 위한 것입니다. 즉 말씀의 능력과 기도의 능력을 자기 욕심을 위해서 남을 치기 위해서 빌리려고 하는 것입니다. 이것은 너무나도 악한 일이고 저주받아야 마땅한 일입니다. 그래서 신약 성경에 보면 베드로가 사마리아에 갔을 때 시몬이라는 사람이 돈을 주고 성령을 사려고 했을 때 베드로는 '네가 이 돈과 함께 망하리라' 고 하면서 저주를 했습니다.

하나님의 은사는 사람을 살리며 축복하기 위해서 사용을 해야지 자기 욕심을 챙기고 남을 저주하기 위해서 쓰는 것은 이것은 사탄의 가장 악한 계교인 것입니다.

발람은 스스로 자신에 대하여 생각을 했어야 합니다. 발람은 아브라함의 자손이 아닌 이방인으로서 하나님의 말씀을 듣고 기도 응답을 체험하는 귀한 능력을 가진 자였습니다. 그렇다면 발람은 이것 하나로 만족을 했어야 합니다. 왜냐하면 이방인에게 성령이 임하고 하나님의 말씀이 임하는 축복은 이 세상의 모든 돈이나 명예와 비교할 수 없는 가장 귀한 축복이기 때문입니다.

그런데 발람의 문제는 자기가 얼마나 존귀한 자인지 생각을 하지 못한 것입니다. 그리고 하나님의 말씀과 성령의 능력이 얼마나 엄청난 축복인지 생각을 하지 않은 것입니다. 그냥 눈에 보이는 돈이나 명예라고 하니까 또 이것도 잡고 싶어서 발람은 돈에 매수되고 말았습니다.

발람은 처음 모압 왕 발락이 보낸 사신을 만나서 여기에 있으라고 하면서 하나님께 물었습니다.

> 민수기 22장 7-8절
>
> 모압 장로들과 미디안 장로들이 손에 복술의 예물을 가지고 떠나 발람에게 이르러 발락의 말로 그에게 고하매 발람이 그들에게 이르되 이 밤에 여기서 유숙하라. 여호와께서 내게 이르시는대로 너희에게 대답하리라. 모압 귀족들이 발람에게서 유하니라

여기까지는 지극히 정상적이었습니다. 발람은 누가 돈을 싸들고 와서 오라고 한다고 해서 당장 가지 않고 조용히 하나님께 물어보았습니다.

그랬더니 밤에 하나님이 먼저 물어보셨습니다. 하나님은 발람에게 '이 사람들이 누구냐?' 고 물어보셨습니다. 그래서 발람은 사실대로 하나님께 말씀드렸습니다. '모압 왕 발락이 보낸 자인데 애굽에서 나온 한 민족이 있는데 그들을 저주하라. 그러면 내가 물리칠 수 있을 것이라' 고 합니다.

그랬더니 하나님께서 발람에게 분명히 말씀하셨습니다.

> 민수기 22장 12절
> 하나님이 발람에게 이르시되 너는 그들과 함께 가지도 말고 그 백성을 저주하지도 말라. 그들은 복을 받은 자니라

하나님의 뜻은 이 한 절로 충분합니다. 여기서 다른 어떤 말씀도 더 붙이거나 뺄 필요가 없는 완전한 말씀입니다. 즉 하나님께서는 발락의 악한 계획을 아시고 발람에게 일체 거기에 사용되지 못하게 막으셨습니다. 그러면서 하나님은 이스라엘 백성에 대하여 이렇게 말씀하셨습니다. '그들은 복 받은 자니라' 이것이 이스라엘을 보는 하나님의 시각이었습니다. 이스라엘 백성들은 애굽을 떠난 지 사십년이 지나도록 정착하지 못하고 떠돌아다니고 있는 사람들이었습니다. 그러나 하나님은 그들에 대하여 '그들은 복 받은 자들이라' 고 말씀하셨습니다. 하나님은 이스라엘 백성들을 진정으로 복 받은 자로 생각하고 계셨습니다. 이들에 대하여 함부로 판단하고 정죄하고 악성 루머를 퍼트리는 것은 하나님을 대적하는 것이 되는 것입니다.

우리는 때때로 우리 자신이나 다른 성도들에 대하여 함부로 내 마음대로 판단하고 정죄하기 쉽습니다. 특히 믿는 사람이 믿는 사람을

정죄하고 목회자가 다른 목회자를 판단하고 정죄하기 쉽습니다. 그러나 우리는 다른 크리스천이나 목회자를 판단하고 정죄하는데 대단히 신중해야 합니다. 왜냐하면 하나님께서 '그는 복 받은 자니라' 고 말씀하시면 하나님을 대적하고 판단한 것이 되기 때문입니다. 예수님은 남을 판단하는 자에게 대하여 네가 남을 판단하는 것으로 네가 판단을 받을 것이라고 말씀하셨습니다.

우리가 다른 사람에 대하여 알고 있는 것은 그의 많은 부분 중 극히 일부에 불과합니다. 즉 빙산일각에 불과한 것입니다. 특히 연단 받고 있는 성도들에게서 나타난 모습은 그의 아름다운 모습의 백분의 일도 안 될 것입니다. 그동안 너무 연단을 받아서 웃음을 잃어버리기도 했고 우울증이나 비만에 걸렸을 수도 있습니다. 돈이 없어서 파마도 몇 년씩이나 하지 못하고 옷도 십년 이십년 전의 유행을 지난 것이어서 우스울 수도 있습니다. 그러나 우리는 다른 성도들을 판단할 때 그들이 하나님 앞에서 기도하면서 흘린 눈물로 판단해야 하며 말씀을 들으면서 기뻐한 그 눈빛으로 판단해야 하는 것입니다. 하나님은 볼품 없는 우리 성도들을 향하여 '그는 복 받은 자니라' 고 말씀하시는 것입니다.

일단 발람은 모압왕이 보낸 사신들을 돌려보내었습니다. 그러나 사탄은 결코 한 번의 유혹으로 포기하는 자가 아닙니다. 사탄은 우리의 결점에 대하여 너무나도 잘 알고 있습니다.

사탄은 이미 발람이 돈에 약한 선지자라는 것을 충분히 파악하고 있었습니다. 그래서 발람이 첫 번째의 유혹은 거절할 수 있었는지 모르지만 두 번째 유혹부터는 어려워지기 시작했습니다. 왜냐하면 사탄의 강도가 훨씬 더 세어졌기 때문입니다.

민수기 22장 15-17절

발락이 다시 그들보다 더 높은 귀족들을 더 많이 보내매 그들이 발람에게로 나아가서 그에게 이르되 십볼의 아들 발락의 말씀에 청컨대 아무 것에도 거리끼지 말고 내게로 오라. 내가 그대를 높여 크게 존귀케 하고 그대가 내게 말하는 것은 무엇이든지 시행하리니 청컨대 와서 나를 위하여 이 백성을 저주하라 하시더이다

발람은 발락의 한 번의 요청은 당당하게 거절을 했습니다. 이때까지만 해도 발람은 제 정신이었고 발락의 요청을 거절하고 난 후 승리한 기쁨에 도취되어 있었을 것입니다. 그러나 사탄은 발람을 너무 잘 알고 있었습니다. 그는 돈에 약한 자였고 돈으로 자꾸 찍으면 넘어질 수밖에 없는 돈 욕심이 있는 사람이었습니다. 그래서 훨씬 강도를 높여서 더 높은 사신을 더 많이 보내고 더 예물도 많이 보내고 자기가 시키는 대로 하기만 하면 지위나 명예나 돈을 한없이 주겠다고 약속을 했습니다.

우리에게 똑같은 시험이 자꾸 닥치는 이유가 어디에 있을까요? 돈에 넘어진 자는 자꾸 돈으로 시험에 들고 이성 문제로 넘어진 자는 또 이성 문제로 넘어지고 사람들과의 관계에서 실패한 자는 또 다른 사람과의 관계로 넘어지는 이유가 어디에 있을까요? 그것이 바로 그의 아킬레스 근이기 때문입니다. 사탄은 우리의 약점을 정확히 알고 있습니다. 그러기에 계속해서 그 약한 부분을 물고 늘어지는 것입니다.

이때 벌써 발람의 말이 이상하게 꼬이기 시작합니다.

민수기 22장 18절

발람이 발락의 신하들에게 대답하여 가로되 발락이 그 집에 은, 금을 가득히 채

워서 내게 줄지라도 내가 능히 여호와 내 하나님의 말씀을 어기어 덜하거나 더하지 못하겠노라

발람은 발락이 자기 집에 은금을 가득 채워주어도 못갈 것처럼 말을 합니다. 그러나 이것을 뒤집어서 말을 하면 집에 은금을 채워주었으면 좋겠다는 뜻인 것입니다. 그리고 가지 않겠다고 말하지는 않고 '더하거나 덜하지 않겠다' 고 말을 합니다. 이것은 갈 수 있다는 뜻이었습니다. 이것은 이미 간다고 약속한 것과 같은 말이었습니다.

발람은 이방인으로 성령이 임하고 하나님의 말씀이 임하고 기도 응답이 있는 아주 귀한 사람이었습니다. 그의 예언은 엉터리 예언이 아니었고 그의 기도는 진짜 응답이 있었습니다. 그러나 그는 그것만으로 만족을 하지 못했습니다. 그는 자기 스스로 돈에 팔렸습니다. 그 이유는 그만큼 하나님 앞에서 자기 자신의 존귀함에 대하여 생각을 하지 못했던 것입니다. 그의 자아상은 돈에 팔릴 정도로 보잘것없는 자아상을 가지고 있었던 것입니다.

우리는 모두 이방인으로서 하나님의 말씀이 임하고 하나님의 축복을 받은 자들입니다. 물론 우리는 이 세상에서 돈을 더 많이 받고 더 좋은 집에 살면 너무나도 좋을 것입니다. 그러나 우리에게 생기는 또 다른 하나의 질문은 우리가 과연 그 정도 밖에 되지 않느냐 하는 것입니다. 물론 이 세상에서 돈을 더 많이 받아서 싫어할 사람은 아무도 없을 것입니다. 그러나 우리는 돈보다 하나님 앞에서 그분의 말씀과 은혜와 축복으로 만족할 수 있어야 합니다.

우리는 때로 너무 모든 것을 잘 하려고 하다가 사탄의 시험에 빠지기 쉽습니다. 우리는 하나만 잘 해도 충분한 것입니다.

그날 밤에 하나님께서는 발람에게 '이 사람들과 함께 가라'고 하셨습니다.

이것은 하나님께서 진정으로 발람을 가라고 하신 것이 아닙니다. 이미 발람의 마음은 모압에 가 있기 때문에 하나님이 붙잡아봐야 소용이 없었습니다. 이미 발람의 마음은 모압에 가지 않으면 견딜 수 없을 정도가 되어 있었던 것입니다. 그래서 하나님은 기뻐하시지 않지만 마지못해서 허락을 하셨습니다. 우리의 기도 응답이 이렇게 되면 안 됩니다. 하나님께서는 이스라엘 백성들이 고기를 먹게 해 달라고 했을 때에도 억지로 메추라기를 주셔서 먹게 하셨습니다. 우리가 하나님께 떼를 써서 마지못해서 하나님이 응답하시는 것은 응답하시지 않는 것보다 훨씬 못한 것입니다. 가끔 집에서 아이들이 너무 떼를 쓰면 엄마가 마지못해서 하라고 하실 때가 있습니다. 이것은 결코 기쁜 뜻이 아닌 것입니다. 이것은 엄마가 아이에게 '그래 일단 네 고집대로 해 봐라. 그리고 그것이 얼마나 틀렸는지 스스로 깨닫고 다시는 이렇게 하지 말라'는 뜻인 것입니다. 그래서 우리는 기도할 때에도 예수님처럼 '나의 뜻대로 마시고 아버지의 뜻대로 되기를 원하나이다'라고 기도를 해야 합니다. 또한 사드락, 메삭, 아벳느고처럼 '그리 아니하실지라도 우리는 절하지 않겠나이다'라고 해야 합니다. 우리는 인간이기 때문에 우리에게 필요한 모든 것을 다 기도할 수 있습니다. 우리는 유학도 가고 싶고 저 잘 생긴 사람과 결혼하고 싶다고 기도할 수 있습니다. 그러나 끝에 가서는 나의 원대로 마옵시고 아버지의 원대로 되기를 원하나이다라고 해야 하는 것입니다.

나귀의 책망

사람은 무슨 나쁜 짓을 할 때 그냥 하는 것보다는 반드시 자기 합리화를 시킨 후에 할 때가 많습니다. 그러면 발람은 자기가 모압에게 매수되어 가는 것을 어떤 식으로 합리화를 시켰을까요?

우선 첫째로 발람은 자기가 가서 이스라엘을 저주한다 하더라도 하나님이 축복한 백성에게는 저주가 임하지 않는다고 생각을 한 것입니다. 왜냐하면 저주는 저주받을 만 한 자에게 임하는 것이지 복 받은 자에게 저주가 임할 수 없기 때문입니다. 그러니까 발람은 자기가 가서 저주하는 것은 아무 효력이 없으니까 결국 자기는 돈만 받으면 되는 것이고 발락은 이용만 당한다는 것이었습니다. 그러나 하나님의 백성들에게도 저주는 고통스러운 것입니다.

그리고 이미 발람 자신이 돈에 매수되어 이런 악한 일에 사용되었을 때 그에게 성령의 감동이 떠난다는 것을 생각했어야 합니다. 이것은 그에게 억만금으로도 회복할 수 없는 손실인 것입니다. 발람이 지금까지 유명할 수 있었던 것은 하나님의 신의 감동이 있었기 때문이었습니다. 그런데 그 신의 감동이 떠나면 발람은 아무리 돈이 많아도 아무 소용없는 쓰레기에 불과하고 맛을 잃은 소금이 되고 마는 것입니다. 아마도 발람은 언젠가는 이 감동이 떠날지도 모르는데 기회가 왔을 때 한번 왕창 돈 벌어 놓고 이제는 예언하지 말고 모압에 귀화해서 편하게 살자고 생각을 한 것 같습니다.

이것이 바로 자기 영혼을 팔아먹는 것입니다. 사람이 자신의 존귀함을 끝까지 잡아야지 돈을 잡아서는 안 됩니다. 나중에는 하나님과 사람 모두에게 버림을 당하게 되는 것입니다.

일단 발람은 '가라'는 하나님의 허락을 받았기 때문에 기분이 좋게 길을 떠났습니다. 아마도 발람은 자기가 단 한번 이스라엘을 저주하고 그것으로 받을 사례를 계산하느라고 정신이 없었을 것입니다. 그러나 하나님이 발람에게 '가라'고 하신 자체가 지금 발람이 어떤 상태에 있는지 보여주시려고 하는 것이었습니다.

민수기 22장 21-22절
발람이 아침에 일어나서 자기 나귀에 안장을 지우고 모압 귀족들과 함께 행하니 그가 행함을 인하여 하나님이 진노하심으로 여호와의 사자가 그를 막으려고 길에 서니라

하나님은 발람에게 가라고 해 놓으시고 하나님의 천사를 보내어 발람을 죽이려고 길목을 지키게 하셨습니다. 그러나 발람의 눈에는 여호와의 사자가 보이지 않았습니다.

민수기 22장 23절
나귀가 여호와의 사자가 칼을 빼어 손에 들고 길에 선 것을 보고 길에서 떠나 밭으로 들어간지라 발람이 나귀를 길로 돌이키려고 채찍질하니

발람이 보지 못한 하나님의 천사를 나귀는 보았습니다. 비극은 여기에서부터 생기는 것입니다. 하나님의 선지자는 다른 사람들이 보지 못하는 것을 보고 예언을 해야 합니다. 그러나 돈에 눈이 먼 선지자는 나귀가 보는 것을 보지 못했습니다. 즉 이것이 자신의 죽음의 길인지도 모르고 기분 좋게 길을 떠났던 것입니다.

나귀는 선지자에게 매를 맞으면서 세 번씩이나 죽음의 천사를 피했

습니다. 즉 처음에 길을 가다가 천사가 칼을 빼들고 길을 막고 서 있는 것을 보고 길을 피하여 밭으로 들어갔습니다. 그래서 발람은 나귀가 밭으로 들어가니까 포도원 길로 가게 하려고 채찍으로 때렸습니다. 그러나 포도원 길에도 이미 하나님의 천사가 길을 막고 서 있었기 때문에 나귀는 앞으로 갈 수가 없어서 옆으로 피하다가 발람의 발을 벽에 비비는 바람에 발이 까지게 되었습니다. 그래도 발람은 깨닫지 못하고 나귀는 앞으로 가게 하려고 채찍질 하니까 이번에는 나귀가 땅에 주저 앉아버렸습니다. 그래서 이번에는 발람이 화가 나서 지팡이로 나귀를 때렸습니다. 아마 그는 발로 까지기도 해서 죽으라고 나귀를 때렸던 것 같습니다. 나귀도 자존심이 있는데 채찍질당하는 것은 그대로 참을 수 있지만 지팡이로 때리는 것은 나귀에게도 보통 기분 나쁜 일이 아니었던 것 같습니다.

드디어 하나님께서 나귀의 입을 열어서 말을 하게 하셨습니다.

나귀의 첫마디는 '내가 무엇을 잘못했다고 세 번씩이나 때리느냐?' 하는 것이었습니다. 나귀가 말을 하면 선지자가 충격을 받아야 할 텐데 너무 화가 나서 그것도 모르고 나귀와 말을 했습니다. 네가 '내 말을 안 들었기 때문이야. 칼이 있었으면 너를 죽였을 텐데'

나귀가 또 말을 합니다. '나는 네가 일생 타고 다닌 나귀가 아니냐? 내가 전에 이런 적이 있었느냐?' '없었지'

지금 정신이 없는 선지자는 나귀가 말하는 것이 비정상이라는 것도 모르고 씩씩 거리면서 나귀와 싸우고 있었습니다. 이것이 바로 나귀와 똑같은 것입니다. 그러나 사실 발람은 나귀보다 못했습니다.

하나님께서 발람의 눈을 여시니까 그때서야 발람은 하나님의 사자가 칼을 빼들고 자기를 죽이려고 서 있는 것을 보게 되었습니다.

하나님께서는 발람에게 왜 세 번씩이나 나귀를 때렸느냐고 하시면서 네가 하는 짓이 너무 악해서 막으려고 내가 왔다고 하셨습니다. 그리고 나귀가 세 번 피하지 않았더라면 너는 벌써 내 손에 죽었을 것이라고 말씀하셨습니다.

돈에 팔린 선지자는 나귀보다 못했습니다. 그는 사실 나귀와 말하고 싸울 정도 밖에 되지 않는 수준이었고 나귀보다도 훨씬 더 수준이 떨어지는 자였습니다. 그럼에도 불구하고 자신은 선지자라고 폼을 잡고 있었던 것입니다. 하나님의 종이나 하나님의 백성들이 돈에 팔리고 명예에 팔리고 정욕에 팔리면 나귀보다 못하게 됩니다. 사실 나귀는 가장 고집스럽고 미련한 짐승으로 알려져 있습니다. 그러나 하나님의 말씀을 팔아버린 선지자는 나귀보다 못한 것입니다.

보통 지도자는 다른 사람들 앞에서 끌어주어야 할 사람입니다. 그러나 돈에 눈이 멀고 욕심에 눈이 먼 사람은 아무리 일반인들이 이야기를 해도 듣지 않습니다. 그 이유는 그가 나귀보다 못한 사람이기 때문입니다. 부모가 자기 집의 자녀보다 못하면 안 되지요. 그러나 아무리 자녀들이 간청하고 타일러도 깨닫지 못하는 가장은 자녀는 물론이고 집에서 키우는 개보다 못한 사람입니다. 어느 날 집에서 키우는 개가 그를 책망하면 어떻게 하겠습니까?

'내가 많은 인간들을 겪어 봤다마는 너 같은 것은 처음이다. 개인 나도 두 손 두 발 다 들었다' 고 하면 어떻게 하겠습니까?

시편 기자는 '존귀에 처하나 깨닫지 못하는 인간은 멸망할 짐승과 같다' 고 말씀하셨습니다.

그때서야 비로소 발람은 하나님에 대하여 엄청나게 겁을 집어 먹고 '하나님이 기뻐하지 아니하시면 돌아가겠습니다' 라고 말을 했습니다.

아마 하나님께서 중간에 나타나셔서 발람을 정신 차리게 하지 않았더라면 발람은 틀림없이 돈을 받고 이스라엘을 저주했을 것입니다. 발람은 세 번씩이나 자기가 죽을 뻔 했다는 것을 알고서 비로소 하나님을 두려워하기 시작했습니다.

사실 우리는 발람의 이야기를 들으면서 많은 부끄러움을 느끼게 됩니다. 그 이유는 우리는 이미 우리의 양심이 '노'라고 했음에도 불구하고 호기심이나 죄의 유혹에 넘어가서 한번은 '아니라'고 한 후에 사탄이 두 번 세 번 공격하면 슬그머니 넘어갔을 때가 많이 있었기 때문입니다. 그때 주위에 나귀가 없었고 나를 아는 사람이 없었기에 망정이지 우리는 자신의 양심을 부끄럽게 할 때가 많이 있었습니다. 그때 우리는 대단히 부끄럽게도 짐승보다 못한 상태에 있었고 자칫 잘못했으면 여호와의 사자의 칼날에 목이 날아갈 수도 있었을 것입니다. 우리가 죄를 짓는 길을 간다면 그 길은 반드시 막혀야 합니다. 우리는 죄를 지으러 가는 길이 열리더라도 하나님의 기쁘신 뜻이 아닌 것을 알아야 합니다.

하나님께서는 돌 감람나무와 같은 우리들을 참 감람나무에 접을 붙이셔서 참감람나무보다 더 많은 열매를 맺는 자들이 되게 하셨습니다. 우리에게 하늘 문을 열어주시고 하늘의 복을 부어주시며 우리의 예배를 하나님의 지성소로 삼아주셨습니다. 그러나 우리는 이것으로 만족하지 못하고 세상의 부귀와 명예와 쾌락의 욕심에 빠져 이 엄청난 축복을 저버릴 때가 많이 있었습니다. 이 시간 우리는 하나님 앞에서 우리의 존귀함을 다시 회복해야 할 것입니다. 이제는 누가 뭐라고 해도 하나님의 거룩한 제사장과 선지자의 사명을 버리지 않겠다고 약속하시기 바랍니다. 그리고 하나님이 주신 말씀과 축복으로 사탄에게 이용당하지 않겠다고 굳게 결심하시기 바랍니다.

18 _ 민 23:1-30

발람의 저주

요즘 나라의 수상이나 대통령이 나라를 통치하는데 가장 중요한 것은 국민들의 지지입니다. 얼마 전에 우리나라 대통령 선거가 있었는데 당선자가 다른 후보에 비하여 압도적으로 많은 지지로 당선이 되었습니다. 옛날 같으면 수많은 정치단체나 시민단체나 언론에서 새로운 당선자의 이념이나 정책에 대하여 많이 비난도 하고 반대도 할 것 같은데 워낙 국민의 지지가 높으니까 감히 그렇게 하지 못하고 조용히 하는 것을 지켜보고만 있는 입장입니다. 이만큼 정치하는 사람들에게는 국민들의 지지가 눈에 보이지 않는 가장 큰 세력이고 힘인 것입니다.

반대로 대통령에 대한 국민들의 지지가 떨어지기 시작하면 그때부터는 수많은 단체나 지식인이나 언론인들이 일어나서 공격하고 비난하고 반대하기 시작하는데 그때에는 아무리 좋은 정책을 세우고 아무리 좋은 계획을 세워도 실패할 수밖에 없습니다.

우리가 이 세상에서 믿음으로 승리하는데 있어서 가장 중요한 것은 하나님의 지지와 축복입니다. 하나님께서 우리들에게 전폭적인 지지와 축복을 하는데 감히 우리를 반대하거나 이길 수 있는 세력은 없습니다. 심지어 가장 반대하고 저주하는 자까지도 결국 하나님의 백성의 승리를 인정하게 되는 것입니다.

그래서 우리가 알아야 할 것은 언제나 중요한 것은 눈에 보이지 않는 영역에서 이루어진다는 사실입니다. 군인들이 전쟁에서 이기는 것은 물론 군인 한 사람 한 사람의 전투력이 중요할 것입니다. 그러나 그것은 어디까지나 나타난 결과에 불과하고 실제로는 작전과 전쟁 준비에서 전쟁은 판가름이 다 나는 것입니다. 작전이 치밀하고 전쟁 준비가 완전하면 이미 전쟁이 일어나는 순간 승패는 갈라져버리게 됩니다. 미국과 이라크가 전쟁할 때를 생각해보면 미군은 전쟁을 시작하기 몇 달 전부터 병력이나 장비들을 가까운 곳으로 이동시켜 놓고 치밀한 작전을 짜놓습니다. 그리고 전쟁이 터지자 말자 월등하게 높은 미사일 공격이나 항공기 공격으로 전쟁의 주도권을 장악해버리는 것입니다. 이것은 국제적인 경기에 있어서도 마찬가지입니다.

물론 경기에서 이기는 것은 경기에서 선수들이 경기를 잘 해야 하지만 뛰어난 감독이나 코치는 이미 오래 전에 상대방의 전력을 다 파악해서 철저하게 작전을 짜놓고 선수들을 훈련시켜놓습니다. 그 상태에서 경기를 시작하니까 시작하자 말자 바로 유리한 고지를 정복해서 단숨에 경기를 유리하게 펼치기 시작하는 것입니다.

이것은 우리의 믿음에서도 그대로 적용이 되는 것입니다. 우리가 이 세상에서 실제 생활에서 승리하거나 복을 받는 것은 믿음으로 승리한 결과인 것입니다. 즉 우리가 이 세상에서 실전에 부딪치기 전에 하나님의 말씀과 기도로 의심이나 사탄의 공격을 이기고 '네 믿음대로 될지어다' 라는 하나님의 응답을 받으면 우리는 이미 이 세상에서 주도권을 가지고 이기게 되는 것입니다.

이스라엘 백성들이 가나안 땅에 들어가기 전에 이스라엘 백성들을 방해한 최대의 적은 모압 왕 발락이었습니다. 모압 왕 발락은 힘이나 숫자로는 이스라엘을 이기기 불가능하다고 판단해서 영적인 대결을 하려고 했습니다. 이것은 사실 이스라엘 백성들이 실제로 가나안 땅에 들어가서 가나안 족속들과 싸우는 것보다 더 힘든 싸움이었습니다. 왜냐하면 발락의 저주가 이스라엘에게 먹혀 들어가게 되면 이스라엘은 내내 힘을 쓸 수 없게 됩니다. 그리고 자기들 안에 불만과 불평이 터져 나오게 되고 내부적으로 분열을 겪게 되면 이스라엘은 가나안 땅에 들어가더라도 아무 것도 할 수 없게 됩니다. 특히 발람같이 대단히 힘이 있는 선지자가 모압 편에 있다는 자체가 이스라엘 백성들로서는 대단히 불리한 상황이었습니다. 선지자의 말씀은 하나님의 축복이요 하나님의 지지였던 것입니다. 그런데 하나님께서는 강권적으로 역사하셔서 돈을 받고 저주하려고 하는 발람의 입을 바꾸어서 축복의 입이 되게 하셨습니다. 여기서 이미 이스라엘은 이 세상을 이기고 승리한 것이었습니다.

발람의 저주의 성격

민수기 23장 1-2절

발람이 발락에게 이르되 나를 위하여 여기 일곱 단을 쌓고 거기 수송아지 일곱과

> 수양 일곱을 준비하소서 하매 발락이 발람의 말대로 준비한 후에 발락과 발람이 매단에 수송아지 하나와 수양 하나를 드리니라

모압 왕 발락이 발람을 초청한 것은 이스라엘 백성들을 저주해 달라는 것이었습니다. 그런데 발람이 준비하고 있는 것을 보니까 이것은 보통 저주가 아니었습니다. 우리가 보통 저주라고 하는 것은 자기가 저주하는 사람들을 상대로 해서 악담을 하거나 약점을 찾아서 욕을 퍼붓는 것입니다. 그러면 상대방은 기가 꺾이게 되어서 더 이상 힘을 쓰지 못하게 됩니다. 그런데 발람이 하고 있는 것을 보면 이스라엘을 상대로 하는 것이 아니라 하나님을 상대로 이스라엘을 자주하려고 하는 것을 보게 됩니다. 즉 발람은 하나님을 상대로 해서 단 일곱 개를 쌓고 그 단 마다 수송아지 한 마리씩과 숫염소 한 마리씩을 제물로 바치고 있습니다. 이것은 보통 사람들이 생각하는 저주보다 훨씬 고차원적인 저주인 것입니다. 즉 발람은 하나님을 상대로 해서 왜 이스라엘 백성들이 복을 받을 수 없는가 그리고 이스라엘 백성들의 좋지 못한 점이 무엇인가 하는 것을 고해바침으로 이스라엘 백성들의 복을 원천적으로 봉쇄하려고 하는 것입니다. 다시 말해서 발람은 자신의 그 막강한 영감을 통해서 이스라엘 백성들의 지위 자체를 하나님 앞에서 박탈하려는 시도를 하고 있는 것입니다. 이것은 다른 성경에서는 '참소한다'라고 말을 하기도 합니다. 사람이 미워서 사람을 욕하고 비난하는 것이 아니라 아예 하나님을 상대로 기도를 해서 그 사람에게 임할 복을 원천적으로 박탈을 해버리는 것입니다.

이것이 구약 시대에는 가능했습니다. 그 대표적인 인물이 욥이었습니다.

욥기를 보면 하나님 앞에서 회의가 열렸는데 거기에 사탄이 있어서 욥에 대하여 그가 복을 받을 수 없는 이유를 열거하면서 참소를 했습니다. 그런데 어이없게도 하나님께서 사탄의 요구를 들어주셔서 욥은 차례로 복을 박탈당하고 무지무지한 시련과 고통을 당하게 됩니다.

욥은 그 당시에 의로운 사람이었고 하나님을 아주 잘 섬기는 사람이었습니다. 그럼에도 불구하고 사탄은 일부러 욥을 긁어서 비참한 지경에 빠트렸습니다. 그런데 하물며 광야의 이스라엘 백성들에게는 얼마나 흠이 많고 비난받을 부분이 많겠습니까? 아마 이스라엘 백성들이 지금까지 광야에서 한 것을 들추어낸다면 하나님 앞에서 제대로 복을 받을 수 있는 사람이 한 사람도 없을 것입니다. 심지어 모세나 아론마저도 므리바 반석에서 화를 내면서 반석을 쳤다고 해서 하나님께서 가나안 땅에 들어갈 수 없다고 하셨습니다.

지금 발람이 하려고 하는 것은 일곱 개의 단을 만들어 놓고 일곱 마리의 수송아지와 숫염소를 제물로 바친 후에 이스라엘 백성들의 모든 불신앙과 모든 불순종을 다 찾아내어서 하나님 앞에 참소를 함으로 이스라엘 백성들의 자격을 박탈하려고 하는 것입니다. 이것은 정말 어마어마한 묘략이었습니다. 지금 발람이 하려고 하는 것은 이스라엘 백성들을 하나님 앞에서 탄핵하려고 하는 것입니다. 만약 이 참소가 받아들여지기만 하면 이스라엘은 완전히 자격 정지가 되어버립니다. 제사도 정지되고 말씀도 정지되고 기도도 정지되고 가나안 정복도 정지되고 이것도 저것도 할 수 없는 상태에 빠지고 마는 것입니다.

우리가 감사한 것은 신약 시대에는 사탄의 이런 참소 자격이 박탈당했습니다. 예수님께서는 사탄이 하늘에서 내어 쫓겨나는 것을 보았다고 말씀하셨습니다.

오늘 우리 믿는 사람에 대한 사탄의 참소는 주로 세 가지 방향에서 오는 것을 알아야 합니다. 그 하나는 여전히 적대적인 사람을 통해서 우리를 욕하고 공격하는 것입니다. 우리가 하나님을 믿으면서 우리에게는 존귀함이 있습니다. 믿지 않는 자들 중에서 교만한 자들은 그것이 미워서 예수 믿는 사람들을 저주하고 욕을 합니다. 그러나 대개 이런 적대적인 사람들의 공격 적중률이 떨어집니다. 그 이유는 하나님의 백성들의 문제를 정확하게 잘 모르기 때문입니다. 거저 소리는 요란하게 내는데 잘 모르면서 욕을 하고 공격을 합니다. 마치 사자가 울부짖지만 발에는 쇠사슬이 감겨 있어서 덤벼들지는 못하는 것과 같습니다. 그러나 또 다른 하나는 아주 가까운 사람을 통해서 빈정거리거나 분풀이하는 식으로 말을 해서 상처를 입히는 것입니다. 사실 말하는 사람 자신은 이것이 상대방에게 그렇게 상처가 되는 줄은 잘 모릅니다. 단지 가깝고 친하기 때문에 감정의 여과 없이 화를 내거나 빈정거리는데 사실 이것이 훨씬 마음을 아프게 할 때가 많습니다. 그 이유는 서로 가까운 사람 사이이기 때문에 적중률이 높은 것입니다.

다윗이 하나님의 궤를 옮기면서 너무 감동이 되어서 왕의 신분이면서 춤을 추었습니다. 이것을 그의 부인 미갈이 창문에서 보고 '왕이 하녀들 앞에서 체통이 없었다' 고 빈정거렸습니다. 사실 다윗은 한번 궤를 옮기면서 실패한 적이 있었기 때문에 이번에는 실패하지 않으려고 애를 많이 썼고 또 하나님께서 엄청난 감동을 주셔서 춤을 추지 않을 수 없었습니다. 그리고 식이 다 끝나고 백성들을 축복하고 보낸 후에 집에서 아내의 위로를 받으면서 쉬어야 하는데 미갈이 참소를 했던 것입니다. 여기서 다윗은 엄청나게 격분을 해서 미갈을 저주해버렸습니다. 사실 이것도 다 사탄이 충동질을 하는 것인데 우리는 오히려 가장 가까운 사람의 말실수나 빈정거림이나 분풀이를 더 참지 못하고 서로 저주를 주고받기 쉽습니다.

그리고 세 번째가 사탄이 우리의 양심을 공격해서 과거의 죄를 들추어내는 것입니다. 이 양심이라고 하는 것은 우리 생각과는 참으로 다르게 작동을 합니다. 예수 믿지 않는 사람들에게는 양심이 거의 마비된 상태에 있습니다. 요즘 흔히 이야기 하는 '간 경화'가 아니라 '양심 경화증'인 것입니다. 그래서 예수 믿지 않는 사람들은 웬만한 일로는 양심의 가책을 느끼지 않습니다. 믿지 않는 사람이 양심의 가책을 느낄 정도라면 사람을 죽였거나 아니면 정말 못된 짓을 한 것입니다. 그러나 우리가 예수를 믿고 나면 양심이 살아나게 됩니다. 그런데 이때는 양심이 또 너무 예민하게 되어서 시도 때도 없이 죄의식을 느낄 때가 많이 있습니다. 그래서 이미 하나님께서 내 죄를 용서하셨고 성경 말씀도 그렇게 증거하고 있는데도 불구하고 우리의 양심은 부끄러움을 느끼고 죄의식을 느끼고 어떤 때에는 나는 도저히 하나님의 은혜를 받을 수 없는 자라고 느끼게 되는 것입니다. 이때 사탄은 이런 감정을 더 충동질해서 구원의 기쁨도 다 빼앗아가고 어떤 때에는 지옥의 입구까지 우리를 끌고 가는데 어떤 사람은 지옥의 유황불 냄새를 맡기까지 했다고 할 정도로 정신적인 고통을 겪게 되는 것입니다.

사실 우리 예수 믿는 사람들의 양심은 너무 예민하기 때문에 이 양심을 설득하기 위해서 은혜로운 말씀이 많이 필요하고 비둘기 같은 성령의 은혜가 많이 필요하고 다량의 눈물과 위로가 필요한 것입니다.

발람은 그것을 위해서 산사태가 난 곳에 일곱 개의 제단을 만들었습니다.

이것은 산사태가 나면 산 속에 있는 것이 다 노출되듯이 이번에 이스라엘 백성들의 죄를 다 노출시키겠다는 뜻이 있는 것입니다. 그리고 일곱 개의 제단을 쌓은 것은 영적으로 빈틈없이 이스라엘 백성들의 문제를 취급하겠다는 뜻인 것입니다. 사실 생각만 해도 끔찍한 일이 아닐 수 없습니다.

이런 준비를 다 해놓고 발람은 하나님께 이렇게 말씀을 드렸습니다.

민수기 23장 4절
하나님이 발람에게 임하시는지라 발람이 고하되 내가 일곱 단을 베풀고 매단에 수송아지 하나와 수양 하나를 드렸나이다

이 말은 발람이 이제부터 완전한 준비를 갖추고 이스라엘 백성들의 문제를 하나씩 따져 나가겠다는 것입니다.

참으로 우리에게 감사한 것은 어느 누구도 우리의 문제를 가지고 하나님 앞에서 우리의 자격을 시비걸 수 없다는 사실입니다.

로마서 8장 33절
누가 능히 하나님의 택하신 자들을 송사하리요? 의롭다 하신 이는 하나님이시니

누가 감히 하나님의 택하신 자들을 하나님 앞에서 송사할 수 있겠습니까? 이것은 불가능한 일입니다. 왜냐하면 우리를 의롭다 하신 이는 하나님이시기 때문입니다.

하나님의 원천적인 봉쇄

발람은 이스라엘 백성들의 죄를 하나님 앞에서 참소하려고 모든 준비를 다 해놓았지만 하나님께서는 발람이 한 마디도 하지 못하게 원천적으로 발람의 입을 봉쇄시키셨습니다.

> 민수기 23장 5절
> 여호와께서 발람의 입에 말씀을 주어 가라사대 발락에게 돌아가서 이렇게 말할찌니라

하나님께서는 발람이 이스라엘을 대적하는 말을 단 한 마디라도 하는 것을 허락지 아니하셨습니다. 지금 발람의 입장에서는 모압 왕에게 돈을 받기로 약속되어 있기 때문에 어떻게 해서든지 이스라엘 백성들을 저주할 생각이었습니다. 그러나 발람은 오는 길에서 하나님의 천사가 칼을 빼어 들고 자기를 죽이려고 서 있는 장면을 보았고 자기가 탔던 나귀의 책망을 받았습니다. 그래서 잔뜩 겁에 질려 있는데다가 하나님의 말씀이 강하게 임하니까 딴 소리를 할 틈이 없었습니다.

성경에 보니까 하나님께서 발람의 입에 말씀을 주셨다고 말씀하고 있습니다. 이것은 하나님께서 발람의 입을 틀어막으신 것입니다. 지금 돈 받고 저주하려고 하는 입을 막으시고 그 대신에 강권적으로 다른 말씀을 가득 집어 넣으셔서 도저히 이스라엘을 대적하는 말을 하지 못하게 하신 것입니다.

우리가 어떤 때에 보면 남에 대하여 좋지 않은 말을 하고 싶었는데 한 마디도 못할 때가 있습니다. 그것은 하나님께서 우리의 입을 막으

신 것입니다.

너무나도 많은 사람들이 공식적인 석상에서 거의 여과되지 않은 자신의 생각을 되는대로 지껄이는 것을 많이 볼 수 있습니다. 여과되지 않은 생각은 절대로 다른 사람들 앞에서 해서는 안 되는 자기 생각의 시궁창인 것입니다.

우리 인간의 몸에서 더러운 것이 배설이 되듯이 우리의 생각에서도 더러운 것들이 많이 배설됩니다. 대개 사람들이 농담을 하거나 여과 없이 자기 생각을 말하는 것은 더러운 자기 생각을 배설을 하는 것입니다. 말하는 사람은 그것이 솔직하다고 생각하고 그런 식으로 말을 함으로 스트레스가 풀릴지 모르지만 그것은 솔직한 것이 아니고 자기 생각의 오물들을 뱉어놓는 것입니다. 그런 것을 다 들어야 하는 사람들의 입장이 얼마나 비참하고 불쾌한지 말로 표현할 수가 없는 것입니다. 하나님께서는 발람이 기도를 빙자해서 자기 탐욕과 더러운 욕망의 오물들을 이스라엘을 향하여 발사하는 것을 원천적으로 막으셨습니다.

그대신에 발람의 의도와는 다르게 이스라엘을 축복하는 말을 하게 하셨습니다. 이것이 바로 하나님의 강권적인 역사인 것입니다.

먼저 하나님께서는 발락과 발람의 음모를 폭로시키셨습니다.

민수기 23장 7절

발람이 노래를 지어 가로되 발락이 나를 아람에서, 모압 왕이 동편 산에서 데려다가 이르기를 와서 나를 위하여 야곱을 저주하라, 와서 이스라엘을 꾸짖으라 하도다 가장 중요한 것은 뒷구멍에서 누가 무엇을 어떻게 짜고 했느냐 하는 것입니다. 사람들은 어느 날 갑자기 그 유명한 선지자 발람이 나타나서 다짜고짜 이스라엘을 욕하고 비난할 때 도대체 이스라엘 사람들이 얼마나 못된 짓을 많이 했으면 이런 욕을 먹어야 하나라고 생각했을 것입니다. 그런데 중요한 것은 발람이 자기 입으로 발락이 자기를 불러서 이스라엘을 욕하는 것이며 사실은 이 일을 자기와 발락이 짜고 하는 것이라는 것을 폭로를 해버린 것입니다. 이것은 일종의 '양심선언' 인 셈입니다. 사실 발람이 절대로 이런 말을 하려고 한 것이 아닙니다. 아마 발람은 끝까지 자기가 돈을 받기로 약속하고 이런 짓을 한다는 것을 인정하지 않으려고 했을 것입니다. 그런데 하나님께서 강권적으로 발람에게 이것부터 말하도록 하신 것입니다.

'너, 무엇 때문에 여기에 와서 이런 짓을 하는지 말하지 않을 거야. 너 또 입 다물고 시치미를 떼면 이번에는 나귀가 가만히 있지 않을 거야' 라는 식으로 발람을 입을 억지로 벌려서 진실을 토하게 했던 것입니다.

사람들은 이 말을 듣고서 '아, 무슨 대단한 발표를 하는 줄 알았더니 돈을 받고 이런 짓을 하는구나' 라는 것을 알게 된 것입니다. 진실이 드러나고 나면 더 이상 저주는 저주가 될 수가 없습니다.

하나님께서는 사랑하는 백성들을 저주하고 공격하려고 하면 언제 누구누구가 만나서 서로 짜고 이런 말을 하는지 다 발표를 하게 하십니다. 어느 음식점에서 누구누구가 만나서 무슨 말이 오고 갔다는 것까지 다 발표가 되어버리는 것입니다.

그리고 이제 본론이 나옵니다.

민수기 23장 8절
하나님이 저주치 않으신 자를 내 어찌 저주하며 여호와께서 꾸짖지 않으신 자를 내 어찌 꾸짖을꼬

중요한 것은 바로 이것입니다. 이스라엘 백성들이 세상적으로는 보잘것없는 자들이었습니다. 그들은 자기 집도 없는 자들이고 땅도 없는 자들이며 세상적인 지식도 없는 자들이었습니다. 그런데 놀라운 것은 이들은 어린양의 피로 죄 씻음을 받아서 이 세상에서 유일하게 죄가 없는 사람들이 되었습니다. 하나님께서 이스라엘 백성들에 대하여 선포하신 것이 무엇입니까?

'이스라엘 백성들은 죄 없다' 는 것입니다. 하나님께서 이스라엘 백성들을 저주하지 아니하시고 복 받은 백성들이라 말씀하셨습니다. 그런데 어떻게 감히 발람이나 발락 같은 것들이 이 복 받은 백성들을 저주하며 멸시할 수 있겠습니까? 그것은 불가능한 일입니다.

우리 하나님의 백성들이 연단을 받을 때에는 정말 복이 지지리도 없는 사람들 같습니다. 주위에 있는 사람들이 모두 업신여기고 비웃습니다. 그러나 이 하나님의 백성들이 연단을 다 받고 정금같이 나타났을 때 결국 주위에 있는 친척들이나 형제들까지 '너희들은 정말 복 받은 자들이라' 는 것을 인정하게 됩니다.

발람이 하는 말을 들어보세요. 하나님이 저주하지 않은 자를 어떻게 내가 저주하며 하나님이 꾸짖지 아니한 자를 내가 어떻게 꾸짖겠느냐는 것입니다.

이 말을 하는 발람 자신은 짐승인 나귀의 책망을 받았던 자였습니다. 그는 자기가 잘난 줄 알았고 대단한 줄 알았지만 실제로는 짐승보

다도 못한 자였던 것입니다. 물론 이스라엘 백성들이 세련되지 못한 것은 인정해야 할 것입니다. 또한 이스라엘 백성들이 세상적인 교양이 부족한 것은 인정해야 할 것입니다. 그러나 하나님은 세련되지 못하고 교양이 없다고 해서 책망하시지 않으십니다. 오히려 하나님은 중심을 보시는 분이십니다. 사람들은 교양이나 문화나 세련된 모습을 가지고 자기 속에 있는 그 어마어마한 탐욕과 죄악을 덮고 넘어가려고 하고 있는 것입니다.

발람은 이스라엘 백성들에 대하여 무엇이라고 말하고 있습니까?

민수기 23장 9-10절

내가 바위 위에서 그들을 보며 작은 산에서 그들을 바라보니 이 백성은 홀로 처할 것이라. 그를 열방 중의 하나로 여기지 않으리로다. 야곱의 티끌을 뉘 능히 계산하며 이스라엘 사분지 일을 뉘 능히 계수할꼬? 나는 의인의 죽음 같이 죽기를 원하며 나의 종말이 그와 같기를 바라도다 하매

발람은 이스라엘 백성들이 홀로 처할 자들이라고 했습니다. 이것은 도저히 다른 민족과 어울릴 수가 없다는 뜻입니다. 그 이유가 어디에 있습니까? 하나님의 백성이기 때문입니다. 그들에게는 하나님의 말씀이 있고 하나님의 축복이 있기 때문입니다. 그래서 하나님의 백성들이 가장 먼저 깨달아야 할 것은 '우리는 이 세상에서 다른 사람들과 다를 수밖에 없다' 는 것을 인정하는 것입니다. 사실 이스라엘이 멸망한 것은 이것을 인정하기 싫었기 때문입니다. 우리가 다른 사람과 다르면 엄청난 스트레스를 받습니다. 남들보다 손가락이 하나 더 있다든지 혹은 키가 너무 크거나 적다든지 심지어 서양에서도 '빨간 머리'

는 엄청나게 놀림을 당합니다. 우리가 다른 사람과 다를 때 우리의 일 거수일투족은 다른 사람의 주목을 받게 되고 우리는 숨을 수가 없는 것입니다. 그래서 유명 인사들의 자녀들이 빗나가는 경우가 많은 이유는 남들과 달라야 한다는 스트레스와 심리적인 압박을 견디지 못해서 폭발해버렸기 때문입니다. 그래서 오히려 아예 '개판을 쳐서' 그런 부담감에서 해방되려고 하는 것입니다.

사실 우리는 모두 아주 특별한 사람들입니다. 일단 우리는 예수 믿고 난 후에 남들같이 평범하게 살 수가 없습니다. 예수 믿지 않는 사람들은 대개 미래를 예측할 수 있는데 예수 믿는 사람들은 도대체 미래를 예측하는 것이 불가능합니다. 이것이 우리를 엄청나게 스트레스 받게 합니다. 거기에다가 우리가 하는 모든 생각이나 행동들은 하나님 앞에서 전부 다 노출이 됩니다. 사실 우리는 누구로부터 숨어서 자기만의 공간을 가질 때 우리는 편안할 수 있습니다. 그래서 어떤 때에는 화장실이 가장 편한 공간일 수 있습니다. 왜냐하면 적어도 화장실 안에까지 와서 잔소리하는 사람은 없기 때문입니다.

우리의 모든 생각과 죄는 하나님 앞에서 전부 다 노출이 됩니다. 그래서 우리는 엄청난 부담을 안고 살아가지 않을 수 없습니다. 그러나 이것이 하나님의 백성이 당연히 치루어야 할 대가인 것입니다. 우리가 다른 사람들과 똑같이 부담 없이 남들과 똑같이 넓은 길을 가면서 하나님의 백성이 될 수는 없습니다. 그러나 우리가 그렇게 할 때 어마어마한 복을 받습니다. 그것은 우리의 티끌을 아무도 헤아릴 수 없으며 우리의 복의 사분의 일도 계산할 수 없는 것입니다. 심지어 하나님의 복의 덩어리는 고사하고 티끌조차도 계산이 안 되는 것입니다. 사람들은 우리가 받은 복을 계산해서 이야기를 합니다. 그러나 그 복은 우리가 받은 복의 사분의 일도 되지 않는 것입니다. 사실은 십분의 일이나 백분의 일도 되지 않습니다. 왜냐하면 우리는 일단 영적인 복과 정신적인 복을 먼저 받았기 때문입니다. 그리고 이것이 눈에 보이는 복으로 나타났을 때에는 이미 눈에 보이는 복의 수백 배 수천 배를 받은 것이 뒤에 나타나는 것입니다.

그러면서 발람은 이스라엘 백성들에 대한 말할 수 없는 부러움을 표현하고 있습니다. 그것은 자기도 '의인 같은 죽음을 죽고 싶다' 는 것입니다.

이것은 다른 말로 표현하면 자기도 이스라엘 속에 들어가고 싶다는 말입니다. 그러나 발람의 잘못은 자기 몸은 이스라엘의 원수의 자리에 있으면서 복은 이스라엘의 복을 받으려고 하는 것입니다. 우리에게 중요한 것은 복을 받으려면 복이 임하는 곳에 있어야 합니다. 마음과 몸과 의지가 하나가 되어서 복의 자리에 있어야지 저주의 자리에 있으면서 복을 받겠다는 것은 욕심에 불과한 것입니다. 성령의 능력을 체험하려면 성령이 부어지는 그 예배에, 그리고 그 현장에 있어야 하는 것입니다.

발람이 진정으로 의인으로 살고 싶으면 발락과 그 자리에서 작별하고 이스라엘을 찾아와야 했던 것입니다. 오늘 얼마나 많은 사람들이 하나님의 복을 원하면서 저주의 자리에 서 있는지 모릅니다. 오늘 얼마나 많은 사람들이 성령의 능력을 받기를 원하면서 주의 백성들을 대적하는 자리에 있는지 모릅니다. 그것은 머리와 가슴이 따로 놀고 있는 것입니다. 아무 대가도 지불하지 않고 복만 받으려고 하는 것입니다. 발람은 의인으로 죽지 못했습니다. 악인으로 죽었습니다. 그 이유는 입으로만 하나님을 섬겼기 때문입니다.

발락은 이스라엘을 저주하라고 발람을 데리고 왔는데 데리고 온 사실도 폭로하고 어마어마한 복을 이야기하니까 화를 내었습니다.

민수기 23장 11-12절
발락이 발람에게 이르되 그대가 어찌 내게 이같이 행하느냐? 나의 원수를 저주하라고 그대를 데려왔거늘 그대가 온전히 축복하였도다. 대답하여 가로되 여호와께서 내 입에 주신 말씀을 내가 어찌 말하지 아니할 수 있으리이까?

정말 발락과 발람의 대화는 박자가 맞지 않습니다. 발락은 왜 내가 이스라엘을 저주하라고 당신을 데리고 왔는데 왜 저주하지 않고 축복하느냐고 따지니까 발람은 내가 정말 돈 받고 저주하려고 목구멍까지 올라왔는데 하나님이 막으시니까 자기도 미치겠다는 것입니다.

이스라엘의 비밀

민수기 23장 13절
발락이 가로되 나와 함께 그들을 달리 볼 곳으로 가자. 거기서는 그들을 다 보지 못하고 그 끝만 보리니 거기서 나를 위하여 그들을 저주하라 하고

발락은 발람의 예언이 하나님의 강권적인 능력으로 이루어진 것을 믿지 않았습니다. 즉 발람은 이스라엘을 저주하고 돈을 받고 싶은 마음이 간절한데 하나님의 강권적인 능력이 이것을 막은 것입니다. 그러나 발락은 얼마든지 떼를 쓰거나 강권하면 이스라엘의 복을 바꿀 수 있다고 생각했습니다. 왜냐하면 겉모습만 보면 이스라엘은 도저히 복

을 받을 수 없었기 때문입니다. 그래서 발람을 두 번째 데리고 간 곳은 이스라엘이 다 보이지 않고 일부만 보이는 장소였습니다. 즉 발락은 처음부터 발람에게 이스라엘 백성들 다 보여준 것이 실수였다고 생각한 것입니다. 왜냐하면 이스라엘 백성들을 전체적으로 보면 굉장히 많았기 때문입니다.

우리가 어떤 사람이나 사물을 관찰할 때 전체적으로 보는 것과 부분적으로 보는 것은 많은 차이가 있습니다. 어떤 것은 전체적으로는 조화가 있고 멋이 있는데 가까이에서 보거나 부분적으로 보면 볼품이 없는 것도 있습니다. 또 어떤 것은 부분적으로 보면 멋이 있는데 전체적으로 보면 균형이 없고 엉망인 것도 있습니다. 하나님의 백성들은 대개 부분적으로 보다는 전체적으로 보아야 멋이 있는 사람들입니다.

우리가 이 세상을 살아가는 것을 보면 부분적으로는 비뚤비뚤하고 엉망인 것 같은데 나중에 전체적으로 합쳐놓고 보면 위대한 예술품이 될 때가 많이 있습니다. 그래서 우리가 살아가는 것은 모자이크 작품을 만드는 것과 같습니다. 하루하루 살아가는 것만 가지고는 도대체 무슨 의미인지 알 수 없는데 나중에 다 완성시켜놓은 후에 보면 위대한 예술품이 되어 있는 것입니다. 그래서 이번에 발락이 제안한 것은 이스라엘을 전체적으로 보지 말고 부분적으로 보고 판단하자는 것입니다. 즉 머리나 다리를 떼어버리고 한 부분만 보고 판단하면 욕을 얻어먹지 않을 사람이 없을 것입니다.

옛날에 어떤 사람에 대하여 비난할 때 보면 그의 논문이나 책에서 서론이나 본론을 다 빼버리고 오직 문제가 되는 일부분의 문장만 떼어가지고 트집을 잡아서 물고 늘어지는 것을 보았습니다. 그것이 바로 이 발락의 전술인 것입니다.

이때 하나님께서 다시 발람에게 말씀을 주셨습니다. 이번에도 하나님께서는 발람에게 일체 자기 소리를 할 틈을 주시지 않으셨습니다. 오히려 첫 번째보다 더 강한 말씀을 주셨습니다.

그것이 무엇입니까? 하나님은 절대로 식언치 아니하신다는 것입니다.

> **민수기 23장 18-19절**
> 발람이 노래를 지어 가로되 발락이여 일어나 들을찌어다 십볼의 아들이여 나를 자세히 들으라. 하나님은 인생이 아니시니 식언치 않으시고 인자가 아니시니 후회가 없으시도다. 어찌 그 말씀하신 바를 행치 않으시며 하신 말씀을 실행치 않으시랴

하나님은 자기 자신을 나타내셨습니다. 하나님은 어떤 분이십니까? 하나님은 절대적인 분이십니다. 하나님은 절대로 자신이 하신 말씀을 바꾸시거나 취소하시지 않으십니다. 하나님은 식언치 않으십니다.

'식언'이 무엇입니까? 말을 했는데 그 말을 지키지 못하는 것입니다. 왜 인간들은 자기가 한 말을 지키지 못합니까? 의욕이 앞섰거나 혹은 마음이 변했기 때문입니다. 그러나 하나님의 가장 중요한 특징은 하나님은 말씀 자체가 능력이고 기적이고 축복인 것입니다. 그래서 하나님의 말씀은 반드시 그대로 이루어지게 되어 있습니다. 이스라엘은 바로 그 하나님의 말씀을 가진 백성인 것입니다.

발락은 세상 권세를 가지고 있습니다. 그래서 그는 인간적인 생각과 야망에 가득 차 있습니다. 그러나 그것은 모두 아침 안개와 같은 것이고 풀의 꽃과 같은 것입니다. 이 세상에서 가장 위대한 것은 하나님

이고 하나님의 말씀입니다. 이 세상에 영원한 실체는 바로 하나님과 하나님의 말씀입니다. 그리고 나머지는 모두 이 실체의 그림자에 불과한 것입니다. 결국 모든 인간들은 그림자를 실체로 오해하고 그림자를 잡고 살아가고 있는 것입니다.

이스라엘이 위대한 이유는 하나님의 말씀을 가지고 있기 때문이었습니다. 그리고 하나님은 절대로 식언치도 않으시고 후회하지도 않으십니다. 아무리 인간이 악하고 비열하다 하더라도 한번 하나님이 말씀하셨으면 반드시 고쳐서 바른 사람이 되게 하시는 것입니다.

발락은 떼를 쓰면 하나님의 축복을 저주로 바꿀 수 있을 것으로 생각하지만 하나님의 복은 떼를 쓴다고 해서 얻을 수 있는 것이 아닙니다. 하나님의 복은 말씀을 믿음으로 받는 것입니다.

민수기 23장 20-21절
내가 축복의 명을 받았으니 그가 하신 축복을 내가 돌이킬수 없도다. 여호와는 야곱의 허물을 보지 아니하시며 이스라엘의 패역을 보지 아니하시는도다. 여호와 그의 하나님이 그와 함께 계시니 왕을 부르는 소리가 그 중에 있도다

발람은 두 번째 예언에서 분명히 깨달은 것이 있습니다. 그 하나는 이스라엘에 대한 하나님의 복은 결코 취소될 수 없다는 것입니다. 하나님은 어떤 일이 있어도 이스라엘을 사랑하실 것입니다. 그리고 또 하나는 이스라엘이라고 해서 죄가 없는 것은 아니라는 것입니다. 이스라엘도 허물이 있고 이스라엘도 패역한 백성들인데 하나님은 그것을 보지 않으시는 것입니다. 그것은 이스라엘 안에 이 허물과 패역을 고치는 능력이 있기 때문입니다.

그 비밀을 발람은 알게 되었습니다.

민수기 23장 21절 하반절
여호와 그의 하나님이 그와 함께 계시니 왕을 부르는 소리가 그 중에 있도다

이스라엘 안에 그들의 '여호와 하나님'이 계셨습니다. 이스라엘을 너무 사랑하시고 그들을 위해서 죽기까지 사랑하시는 여호와가 있었던 것입니다. 그리고 이스라엘 안에는 그 왕을 부르는 소리가 있었습니다. 즉 죄를 지었을 때 주님을 찾는 기도 소리가 가득 있었던 것입니다. 이것이 이스라엘이 저주받을 수 없는 이유였습니다.

이 소리는 바로 우리가 하나님을 찾는 소리입니다. 우리가 부르짖으며 기도하는 소리입니다. 우리가 하나님 앞에서 죄를 자백하는 소리입니다.

민수기 23장 22절
하나님이 그들을 애굽에서 인도하여 내셨으니 그 힘이 들소와 같도다

이스라엘 백성들은 광야에서 들소로 변해있었습니다. 이 세상 어느 누구도 상대할 수 없는 강한 백성이 되어 있었던 것입니다. 특히 들소의 힘은 뿔에 있습니다. 하나님의 백성들의 능력은 뿔에 있습니다. 구원의 뿔이요 능력의 뿔인 것입니다.

그러면서 아주 중요한 사실을 발람은 고백을 합니다.

민수기 23장 23절
야곱을 해할 사술이 없고 이스라엘을 해할 복술이 없도다 이 때에 야곱과 이스

> 라엘에 대하여 논할진대 하나님의 행하신 일이 어찌 그리 크뇨 하리로다

발람은 이 세상의 어떤 저주나 주문이나 복술로 이스라엘을 해할 수 있는 것은 없다고 결론을 내렸습니다. 즉 인간의 거짓이나 속임수나 분노나 말 공격으로 이스라엘은 망할 수 없습니다. 그러면 이스라엘을 망하게 하는 유일한 방법이 무엇이겠습니까? 그것은 이스라엘이 스스로 죄를 짓게 하는 것입니다. 그래서 결국 발람은 이스라엘 백성들이 모압 여자를 보고 스스로 우상을 숭배하고 성적인 죄를 짓게 함으로 엄청난 재앙을 당하게 합니다.

이것을 보고 우리가 알아야 할 것이 무엇입니까? 우리가 바른 믿음만 가지고 있으면 절대로 우리는 망하지 않는다는 것입니다. 우리는 들소와 같기 때문에 우리를 죄짓는 곳에 끌고 갈 수 없습니다. 단지 우리 스스로가 믿음이 없어서 이리 저리 방황하다가 결국 사탄의 손에 걸려드는 것입니다.

그러기에 우리가 바른 신앙을 붙잡았을 때 가장 조심해야 하는 것이 있다면 그것은 신앙만으로 만족하지 못하고 더 욕심을 부리는 것입니다. 욕심을 부리면 결국 죄를 짓게 되는데 죄를 지으면 망하는 것입니다.

여기에 보면 발람의 답이 다 나오고 있습니다.

민수기 23장 24절
이 백성이 암사자 같이 일어나고 수사자 같이 일어나서 움킨 것을 먹으며 죽인 피를 마시기 전에는 눕지 아니하리로다 하매

우리의 전략은 들판에 있을 때에는 들소같이 엎드려서 풀이나 뜯어

먹고 있다가 하나님이 기회를 주시면 사자같이 덤벼드는 것입니다. 남자는 수사자같이 여자는 암사자같이 덤벼드는 것입니다.

처음에 발람은 이스라엘을 들소 떼인 줄 알았습니다. 그러나 자세히 보니까 이들은 사자 떼였던 것입니다.

결국 발락은 화가 나서 발람에게 축복도 저주도 하지 말라고 합니다.

민수기 23장 25절
발락이 발람에게 이르되 그들을 저주하지도 말고 축복하지도 말라

결국 악한 자를 우리에게서 떼어놓는 방법은 스스로 포기하게 하는 것 밖에 없습니다. 악한 자들이 얼마나 미련한가 하면 조금이라도 가능성이 있을 것 같으면 끝까지 물고 늘어집니다. 결국 아무리 해도 안 된다 것을 깨닫기 전까지 악한 자들은 우리를 포기하지 않을 것입니다.

발락이 발람에게 축복도 하지 말고 저주도 하지 말라고 한 것을 보면 일단 포기하는 것처럼 보이지만 또 세 번째 장소로 데리고 가서 또 저주하게 시켰습니다. 우리는 사탄이 우리를 포기하기까지 기도를 쉬어서는 안 됩니다.

하나님은 인간이 아니시기 때문에 식언치 않으시고 인자가 아니시니 후회하심이 없습니다. 우리가 하나님의 말씀을 붙잡고 기도하면 반드시 부흥이 오고 축복이 옵니다. 오늘 여러분 모두에게 사탄의 저주는 물러가고 하나님의 큰 부흥이 임하기를 축원합니다. 우리는 하나님의 말씀 듣는 것을 최고의 축복으로 여겨야 합니다. 이 말씀으로 모든 사탄의 세력을 다 이시기를 바랍니다.

19 _ 민 24:1-25
위대한 이스라엘

요즘은 거울이 너무 잘 만들어져서 온 집이나 상점이나 건물이 거울로 되어 있지만 옛날에 거울이 없었을 때에는 한 평생 살면서 자기 얼굴 한번 보지 못하고 살다가 죽는 사람들이 많았습니다. 그런 까닭에 옛날에 살던 사람들은 다른 사람이 자기에게 하는 말이나 태도를 통해서 자신의 모습을 알게 됩니다. 다른 사람이 나를 아름답다고 하면 아름다운 줄 아는 것이고 못생겼다고 하면 못생긴 줄 아는 수밖에 없었습니다. 그렇지 않으면 자기가 입은 옷이나 장신구를 가지고 자신의 신분이나 정체성을 가질 수밖에 없는 것입니다. 그래서 옛날에는 옷이 신분이었고 신분이 바로 그 사람의 정체성이었던 것입니다.

이 세상에서 가장 불쌍한 사람은 다른 사람으로부터 사랑받지 못하는 사람일 것입니다.

어린이 동화 백설 공주를 보면 왕비가 죽고 왕과 결혼한 새 왕비가

매일 자기 거울에게 묻습니다. '거울아, 거울아, 이 세상에서 누가 제일 예쁘니?'

그런데 거울은 눈치 없이 자꾸 '백설 공주입니다' 라고 대답을 합니다. 그러니까 왕비는 어린 백설 공주를 죽이려고 합니다. 결국 이것을 통해 알수 있는 것은 아무리 지위가 왕비이고 인물이 아름답다 하더라도 사람이 자기 자신에 대하여 건강한 자아상을 가지지 못할 때에는 열등감을 가지게 되고 결국 남도 파멸시키고 자신도 파멸시키는 방향으로 갈 수밖에 없다는 것입니다.

사람들은 자신에 대하여 세 가지 방향에서 정체성을 가질 수 있습니다.

하나는 자기 자신에 대하여 많은 생각을 하는 것입니다. 도대체 나는 누구이며 나는 무엇 때문에 존재하며 나는 어떤 장점을 가지고 있는가 하는 것을 많이 생각하는 것입니다. 사람들은 누구나 다 자신에 대하여 깊이 생각하는 시간이 필요합니다. 그러나 사람은 이상하게도 자기 혼자 스스로에 대하여 아무리 생각을 해도 자아상을 그릴 수가 없습니다. 그 이유는 사람은 반드시 다른 사람과 어울려서 다른 사람이 자신을 대하는 태도를 통해서 자아상을 가지게 되어 있기 때문입니다. 그래서 혼자서 자기 자신에 대하여 많은 생각을 하는 사람은 자칫 잘못하면 자기도취에 빠지기도 쉽고 혹은 잘못하면 우울증에 걸리기도 합니다.

거기에 비해서 사람들은 다른 사람들의 객관적인 평가를 통해서 자신의 모습을 확인하려고 합니다. 그래서 학교의 성적이나 직장에서의 성공이나 혹은 다른 사람의 칭찬 같은 것을 통해서 인정받고 싶어 합니다. 그러나 세상의 평가는 부분적인 평가는 될 수 있을지 몰라도 전체적인 평가는 될 수가 없습니다. 예를 들면 학교 성적은 그 사람의 공부하는 실력만 평가하는 것이지 인격 전체의 평가는 되지 못하는 것입니다. 그리고 다른 사람의 칭찬도 그 사람의 그 날 기분에 따라 너무나도 많이 좌우되기 때문에 믿을 수가 없습니다.

결국 우리가 완전한 자신을 되찾을 수 있는 것은 하나님의 말씀으로 은혜를 받는 것입니다. 우리가 하나님의 말씀으로 은혜를 받는다는 것은 하나님의 말씀이 내 모습을 비추어주는 것입니다. 그러나 하나님의 은혜는 내가 과거에 실패하고 죄짓던 비참한 모습을 비추어주는 것이 아니라 하나님 앞에서 만들어지고 있는 내 자신의 아름다운 모습을 보여줍니다. 그런 까닭에 우리는 하나님 앞에서 가장 아름다운 내 자신의 모습을 되찾을 수 있습니다. 그런데 놀라운 것은 하나님 앞에서 되찾은 나의 이 모습이 어느 순간에 다른 성도들 앞에서 아름답게 비춰기 시작하고 나중에는 그 동안 나를 미워하고 어떻게 해서든지 나를 깎아내리려고 하던 원수의 입에서도 나를 칭찬하는 말을 듣게 될 때가 있습니다. 이때가 바로 진정한 내 자신의 모습을 되찾은 것입니다.

이스라엘 백성들은 애굽을 떠난 후에도 오랫동안 자신의 모습을 되찾지 못했습니다. 왜냐하면 광야에서 자기들끼리만 돌아다니고 있었기 때문에 객관적으로 자신들이 도대체 어떤 모습을 하고 있는지 비추어볼 대상이 없었기 때문입니다. 이스라엘 백성들이 요단 동쪽에 있는 헤스본 왕 시혼과 바산 왕 옥을 물리쳤지만 이것은 어쩌다가 한번 이긴 것이기 때문에 객관적인 평가가 될 수 없었습니다. 그런데 이스라엘 백성들에 대한 평가는 이스라엘을 저주하려고 했던 발람의 입에서 나오게 되었습니다. 발람은 어떻게 해서든지 이스라엘을 깎아내리고 저주하려고 했던 사람이었습니다. 사실 이스라엘의 입장에서 보면 그는 가장 무시무시한 원수였습니다. 그런데 결국 발람이 자기 입으로 '이스라엘은 아름다운 사람들이다' 라는 결론을 내렸습니다. 원수의 입에서 '이스라엘은 아름답다' 라는 평가가 내려졌다고 하는 것은 이것은 누가 보아도 이스라엘은 아름답다는 뜻입니다.

오늘 우리가 이 세상을 살아가면서 가장 힘든 것은 도대체 내가 누구인지 아직 모르겠다는 것입니다. 우리는 다른 사람에게 사랑도 받고 인정도 받고 싶어서 살도 빼고 코도 높이고 좋은 학교도 다니려고 하지만 우리는 점점 더 다른 사람으로부터 소외되고 있습니다. 우리는 하나님의 말씀에 은혜를 받기만 하면 내 자신의 모습도 되찾게 되고 나중에는 원수로부터도 인정을 받게 된다는 것을 알아야 합니다.

발람의 변화된 태도

발람은 원래 이스라엘 백성들에게 축복을 하기 위해서 온 사람이 아니었습니다. 그는 돈에 매수되어서 이스라엘 백성을 저주하기 위해서 온 사람이었고 어떻게 보면 저주하는 일에 전문가와 같은 사람이었습니다. 즉 어느 누구든지 발람이라는 사람의 입에 걸려들기만 하면 살아남기 어려운 아주 비판력이 강한 사람이었습니다. 그런데 발람이 몇 번 이스라엘에 대하여 저주를 시도하다가 결국 자신의 태도를 바꾸게 됩니다.

민수기 24장 1절

발람이 자기가 이스라엘을 축복하는 것을 여호와께서 선히 여기심을 보고 전과 같이 사술을 쓰지 아니하고 그 낯을 광야로 향하여

지금까지 발람이 이스라엘을 축복했지만 그것은 본인이 원해서 한 것이 아니었습니다. 발람은 어떻게 해서든지 이스라엘을 저주하고 그들을 흠집내어서 곤경에 빠트리고 모압 왕으로부터 돈을 받을 생각이었습니다.

발람은 그것을 위해서 지금까지 '사술'을 썼다고 했습니다. 여기서 '사술을 썼다'는 것은 이방 종교인들이 어떤 영감을 얻기 위해서 사용하는 입신 같은 방법을 말하는 것입니다. 즉 이상하게 자신을 흥분을 시켜서 쓰러지든지 해서 영감을 얻는 방법을 말하는 것입니다.

이것을 요즘식으로 알아듣기 쉽게 표현을 하자면 발람이 하나님의 영감을 얻으려고 한 것은 나쁜 의도였던 것입니다. 즉 이스라엘 백성들에 대한 나쁜 의도를 가지고 정보도 수집을 하고 자료도 조사하고 결점을 찾아내려고 애를 많이 썼던 것입니다. 그럼에도 불구하고 발람은 이스라엘 백성들의 결점을 찾아내지 못했습니다. 그 이유는 하나님께서 이스라엘 백성들의 모든 결점을 은혜로 덮으셔서 가리우셨기 때문입니다.

이 세상에 아마 결점이 없는 사람은 없을 것입니다. 아무리 깨끗하다는 사람들도 누군가가 해치려고 하는 의도를 가지고 작심하고 덤벼든다면 아마 큰 타격을 받지 않는 사람은 없을 것입니다. 왜냐하면 얼마든지 거짓 증거를 만들어낼 수도 있기 때문입니다. 그런데 이상하게도 하나님의 백성들은 아무리 결점을 파헤치고 잘못한 것을 들추어

내려고 해도 그런 것은 나오지 않고 자꾸 좋은 점만을 발견하게 되는 것입니다. 그래서 나중에 뭐라고 말을 하게 됩니까? '내가 이런 식으로 나가다가는 이 사람들을 좋아하게 되겠다' 라는 말을 하게 되는 것입니다. 결국은 좋아하는 쪽으로 마음이 변하게 되는 것입니다.

대개 세상 사람들이 우리 믿는 자들을 싫어하는 것은 이기적이고 오만하다고 생각하기 때문입니다. 그러나 실제로 한번 부딪혀보면 오히려 예수 믿는 사람들이 순진하기도 하고 마음도 여리고 겸손하고 솔직한 것을 보게 될 때가 있습니다. 그래서 처음에는 미워서 해칠 생각으로 조사를 하다가 나중에는 마음이 변해서 오히려 두둔하게 되고 축복하게 되는 것입니다.

벤허라는 유명한 작품을 쓴 윌레스라는 사람은 기독교가 틀렸다는 것을 증명하기 위해서 조사를 하기 시작했습니다. 그러나 그가 파고들면 파고들수록 기독교는 매력적이었습니다. 결국 그는 그리스도 앞에 완전히 거꾸러지게 되고 나중에는 정말 가장 위대한 기독교 작품인 '벤허' 라는 소설을 남기게 된 것입니다.

사도 바울 같은 사람도 이런 부류에 들 수 있을 것입니다. 사도 바울은 기독교가 틀린 종교라고 생각해서 박해를 했습니다. 그리고 더 많은 기독교인들을 체포하기 위해서 다메섹으로 가다가 길에서 거꾸러져서 그리스도인이 되었습니다. 그리고 나중에는 수많은 어려움과 고통을 겪으면서도 끝까지 주님의 복음을 전하는 자가 된 것입니다.

발람은 아주 독한 의도로 어떻게 해서든지 이스라엘 백성들의 코를 납작하고 만들고 그들의 모든 비리를 다 캐내어서 온 세상에 망신을 시키고 도로 광야로 돌려보낼 작정으로 덤벼들었던 것입니다. 그러나 막상 이스라엘 백성들 안에 들어가 보니까 더 파헤칠 것도 없고 오히려 너무 순수하고 깨끗한 인상을 받게 되었던 것입니다. 발람의 마음을 이렇게 바꾸신 분은 하나님이셨습니다. 하나님께서는 우리 주위에서 우리를 미워하고 시기하고 오해하려고 하는 자들의 마음속에 찾아오셔서 그렇게 하지 못하도록 그들의 마음을 자꾸 설득시켜주십니다.

사람들이 우리를 경계하는 이유는 예수 믿는 우리들의 정체를 도무지 알 수 없기 때문입니다. 우리가 어떤 사람이며 무엇을 하는 사람인지 알 수가 없는 것입니다. 그때 우리가 다시 한 번 겸손하게 우리 자신을 낮출 때 이 사람들은 적어도 '우리가 나쁜 사람은 아니구나' 하는 것을 자기들의 입으로 증거하게 되는 것입니다.

발람의 세 번째 예언은 발람이 사술을 쓰지 않고 정상적인 상태에서 하나님의 말씀을 받은 첫 번째 예언입니다. 즉 지금까지는 발람의 마음 안에서 저주하려고 하는 사탄의 생각과 이스라엘을 축복하게 하려는 하나님의 생각이 엄청나게 싸우고 있었던 것입니다. 그러다가 결국 입에서 나오는 말은 이스라엘을 축복하는 말이었습니다. 발람이 두 번씩이나 이스라엘을 축복했지만 이것은 그의 진심이 아니었습니다. 하나님께서 강권적으로 그의 입을 틀어 막으셔서 저주를 하지 못하게 하시고 내키지는 않지만 억지로라도 이스라엘을 축복하게 했던 것입니다.

그러기에 우리는 직장 동료나 친척들 사이에서 나를 그렇게 미워하던 분이 나를 공개적으로 칭찬을 할 때 그것이 그 분의 진심이 아닐 수도 있다는 것을 알아야 합니다. 즉 욕을 퍼부으려고 했는데 하나님께서 강권적으로 그 입을 막으셔서 칭찬하게 하신 것입니다. 이것은 다니엘이 사자 굴에 들어갔을 때 하나님께서 사자들의 입을 막아서 다니엘을 물지 못하게 하신 것처럼 오늘도 하나님께서는 우리 주위의 공격적인 사람들의 입을 막으시는 것입니다. 이것이 하나님께서 우리를 사랑하신다는 증거입니다. 우리가 하나님 앞에서 은혜를 받으면 우리를 대하는 다른 사람들의 태도가 부드러워진다는 것을 알게 될 것입니다. 그것은 하나님께서 다른 사람의 마음속에 오셔서 우리의 대한 나쁜 마음이 없어지게 하고 좋은 마음을 가지도록 하셨기 때문입니다.

이스라엘의 아름다움

발람이 이스라엘을 미워하는 마음이 전혀 없이 가장 순수한 마음으로 이스라엘을 바라보았을 때 그가 발견한 것은 이스라엘의 아름다움이었습니다.

> 민수기 24장 2절
> 눈을 들어 이스라엘이 그 지파대로 거하는 것을 보는 동시에 하나님의 신이 그 위에 임하신지라

지금까지 어떤 의미에서 발람은 순수한 상태에서 예언한 것이 아니었습니다. 발람의 마음속에는 치열한 갈등이 있었습니다. 즉 이스라엘을 저주하고 돈을 받아야 하겠다는 욕망과 이스라엘을 저주해서는 안 되고 축복해야 한다는 성령의 의지가 치열하게 싸웠던 것입니다.

결국 발람의 입에서는 이스라엘을 축복하는 말이 나왔습니다. 그러나 그것이 자신의 기쁨이 되었던 것은 아닙니다. 그러나 발람이 몇 번 경험해 보고 나니까 하나님이 얼마나 이스라엘을 사랑하시는지 알게

되었습니다. 그리고 자기 자신의 마음도 이스라엘을 좋아하는 쪽으로 변하게 되었습니다. 그런 마음을 가지고 이스라엘을 보니까 이제는 발람은 이스라엘을 좋아하게 되었습니다. 그래서 발람은 이제 진심으로 이스라엘을 축복하는 노래를 부르게 되는 것입니다. 이것이 바로 원수까지 이스라엘을 인정하게 된 것입니다.

민수기 24장 3-5절
그가 노래를 지어 가로되 브올의 아들 발람이 말하며 눈을 감았던 자가 말하며 하나님의 말씀을 듣는 자, 전능자의 이상을 보는 자, 엎드려서 눈을 뜬 자가 말하기를 야곱이여 네 장막이, 이스라엘이여 네 거처가 어찌 그리 아름다운고

여기에 보면 발람은 자신을 가리켜 '눈을 감았던 자'라고 말하기도 하고 '엎드려 눈을 뜬 자'라고 말을 하기도 합니다. 대개 학자들은 이것을 발람이 영감을 받기 전에 황홀경의 상태에서 쓰러져서 정신을 잃었다가 환상을 보는 것으로 생각을 합니다. 아마 그럴 수 있을 것입니다.

그러나 발람은 자기가 아무리 하나님의 영감을 받았고 예언을 하며 미래를 말하는 자라 하더라도 이스라엘의 아름다움을 발견할 때까지는 그는 사실 눈을 감은 상태였습니다. 그는 제대로 이 세상에서 아름다운 것을 보지 못하고 있었습니다. 사실 그의 눈은 감겨져 있었던 것입니다.

그래서 우리는 어떤 의미에서 두 번에 걸쳐서 눈이 떠진다고 말할 수 있습니다. 하나는 하나님의 말씀에 대하여 눈을 뜨는 것입니다. 우리가 살아계신 하나님을 모를 때에는 그야말로 캄캄한 소경이었습니다. 우리는 미신과 관습의 노예가 되어서 하나님을 대적하는 짓만 하

면서 살아왔습니다. 그러나 하나님의 말씀을 듣고 우리는 눈을 뜬 것입니다. 우리는 하나님이 계신 것도 알게 되었고 하나님이 나를 사랑하신다는 것도 믿게 되었습니다. 그 동안 잃어버렸던 소중한 내 자신을 도로 찾게 되었습니다. 그러나 우리는 아직 가장 아름다운 것은 보지 못하고 있는 것입니다.

사실 발람은 하나님의 말씀을 받고는 자기가 최고인 것처럼 우쭐거리면서 하나님의 말씀을 가지고 외쳤습니다. 그러나 발람이 모압 왕 발락의 초청을 받고 오면서 그는 완전히 인생 밑바닥까지 내려가게 되었습니다. 발람은 오늘 길에서 자기를 죽이려는 천사를 만나게 되었고 그것도 몰라서 나귀의 책망까지 받았습니다. 이스라엘을 저주하려고 하다가 하나님의 강권적인 힘에 의하여 완전히 인생 밑바닥까지 갔다가 거기서 눈을 뜨면서 이스라엘의 아름다움을 발견하게 된 것입니다.

한 때 이사야도 하나님의 말씀을 가지고 외친다고 예루살렘에서 우쭐거리고 있었습니다. 그는 예루살렘 사람들을 소돔과 고모라의 백성과 같다고 책망을 하기도 했습니다. 그러다가 그가 성전에서 하나님의 영광과 옷자락이 온 성전을 가득 채우는 것을 보고는 완전히 바닥에 엎드려지게 되었습니다. 이사야는 '화로다 나여 입술이 부정한 자로다' 라고 고백을 했습니다. 그때 하나님께서는 이 백성들에게로 가라고 명령하셨습니다. 이사야는 거기서 하나님의 백성의 위대함과 중요한 것을 발견하게 되었던 것입니다.

어떤 사람들은 이 세상의 어떤 곳의 경치의 아름다움을 보고 입이 마르도록 칭찬합니다. 그러나 우리가 말할 수 있는 것은 그가 아직 눈을 뜨지 못하고 있다는 것입니다. 어떤 사람은 자기가 방문했던 교회 건물의 웅장함과 장식의 아름다움에 대하여 입이 마르도록 칭찬을 합니다. 우리는 아직 그가 전혀 눈을 뜨지 못하고 있다는 것을 말할 수밖에 없습니다.

진정으로 하나님의 은혜에 눈을 뜬 자는 무엇을 보게 됩니까? 고난 당하는 성도의 아름다움을 보게 됩니다. 말씀으로 은혜 받은 성도들의 아름다운 모습을 보게 됩니다.

지금 이스라엘 백성들은 무려 사십년 동안 광야를 돌아다니면서 사십년 전의 옷을 그대로 입고 있었습니다. 이스라엘 백성들 중에는 새 옷을 입은 사람은 아무도 없었습니다. 그들의 얼굴은 모두 태양에 거슬려서 시커멓게 되어 있었습니다. 그들은 물이 없어서 자주 목욕도 하지 못했습니다. 그들에게는 아름다운 것이 하나도 없었습니다. 그런데 발람이 하나님의 강권적인 힘에 의해서 바닥까지 한번 내려갔다가 오니까 눈이 뜨이게 되었는데 그때 이스라엘의 아름다움이 가장 먼저 눈에 들어오게 되었습니다.

왜 이스라엘이 아름답습니까? 그들의 모든 죄가 하나님의 은혜로 다 씻겨져 있었기에 그렇게 아름다울 수 밖에 없는 것입니다. 왜 이스라엘이 아름답습니까? 그들이 하나님의 말씀을 들으면서 은혜 받는 모습으로 변했기 때문입니다. 왜 이스라엘이 아름답습니까? 하나님의 은혜로 과거의 모든 상처는 다 치료되고 이제 하나님의 보석으로 조금씩 다듬어지고 있기 때문입니다.

오늘날 사람들은 교회안에 잘 사는 사람들이 많은 것을 보고 이야기 하거나 교회에 지식인이 많은 것을 보고 아름답다 라고 이야기를 합니다. 우리가 분명히 말할 수 있는 것은 그들이 진정으로 이 세상에 아름다운 것을 보지 못하고 있다는 사실입니다.

이 세상에서 가장 아름다운 것은 성도 한 사람 한 사람이 고난 가운데서 말씀으로 은혜를 받고 조금씩 조금씩 변화되면서 자신의 소중함을 찾아가고 있는 모습이라고 할 수 있습니다. 아가서에서는 이런 모습을 목욕탕에서 곧 나온 새끼양과 같다고 했습니다. 진흙탕에서 뒹굴던 새끼양을 잡아서 목욕탕에서 깨끗이 씻고 막 나왔을 때 그 털이며 그 윤기며 모든 것이 정말 흰 눈과 같이 아름다울 것입니다. 이것이 바로 이스라엘의 아름다움입니다.

발람은 이스라엘의 아름다움을 세 가지로 표현을 하고 있습니다.

첫째는 그들의 장막이었습니다.

민수기 24장 5-6절
야곱이여 네 장막이, 이스라엘이여 네 거처가 어찌 그리 아름다운고 그 벌어짐이 골짜기 같고 강가의 동산 같으며 여호와의 심으신 침향목들 같고 물가의 백향목들 같도다

발람이 산위에서 이스라엘 백성들이 텐트를 치고 있는 모습을 보니까 이미 텐트를 친 것만 보고서도 그 안에 있는 사람들의 얼굴이나 그들의 생활을 알 수가 있었습니다. 이스라엘 백성들이 광야에서 진을 친 것은 일종의 지상의 작은 천국이었던 것입니다. 아마도 이것을 실감하시려면 성도들이 일상생활을 잠시 떠나서 별장이나 캠프 같은데서 며칠을 살아보시면 알 것입니다.

예수 믿지 않는 사람들은 대개 어디를 가서 놀든지 상관없이 고스톱이나 술 마시는 것밖에 없습니다. 남자들은 연방 담배를 피워대고 여자들은 먹는 것을 마련하느라고 정신이 없습니다. 그러나 성도들은 모여서 예배드리고 기도하고 또 서로 은혜 받은 이야기를 하는데 끝이

없습니다. 우리 믿는 사람들은 너무너무 할 이야기들이 많습니다. 사도행전에서 오순절에 성령이 임하셨을 때 믿는 사람들은 흩어지지 않고 계속 모여서 말씀을 듣고 기도하고 찬송하는 일을 계속했습니다. 아마 예수 믿지 않는 사람들에게 그렇게 하라고 하면 죽으려고 할 것입니다. 그러나 우리에게 제일 재미있는 것은 말씀 듣는 것이며 기도하는 것이며 성령 안에서 기뻐하는 것입니다.

그러나 우리는 지금 굳이 어디에 가지 않아도 예배 시간마다 천국을 체험하고 있습니다. 이것이 굉장히 중요한 것입니다. 예수님께서는 십자가를 지시기 전에 높은 산에 올라가셔서 변화되시는 체험을 하셨습니다. 예수님에게 그런 체험이 필요했던 이유가 무엇일까요? 그것은 예수님도 사람을 보거나 세상을 보면 너무나도 실망이 되어서 십자가를 지시고 싶지 않을 수 있기 때문입니다. 그러나 높은 산에서 변화되시면서 천국의 기쁨으로 충만하여지니까 그런 것들이 전혀 문제가 되지 않았습니다.

오늘 우리는 예배드리면서 천국을 체험하는 것이 아주 중요합니다. 그 이유는 그래야 우리가 이 세상에서 사람들에게 받은 상처나 좋지 않은 감정들이 다 씻겨지면서 하나님의 은혜로 충만해질 수 있기 때문입니다.

그러나 발람은 진정한 보물은 아직 보지 못했습니다. 그 이유는 아직 그가 이스라엘 진 안에 들어와보지 못했기 때문입니다. 그가 이스라엘 진 안에 들어와 보았더라면 이스라엘 진이 보물 창고라는 것을 알았을 것입니다. 이스라엘 백성 한 사람 한 사람이 보석인 것입니다. 여러분들은 보물섬 소설을 보고 해적이 감춘 보물 찾으러 세상을 향해 가지 마시기 바랍니다. 오늘 여기가 바로 그 보물섬입니다.

소설 몽테크리스토 백작을 보면 주인공이 나폴레옹의 편지를 잘못 전달하는 바람에 바다섬에 있는 감옥에 종신토록 갇히게 됩니다. 그런데 옆방에 있는 신부님이 땅 바닥을 뚫고 와서 이 젊은이에게 자신의 모든 지식과 칼싸움하는 법을 가르쳐 주고 죽습니다. 죽으면서 나폴레옹이 찾으려고 했던 보물이 감춰진 곳을 알려줍니다. 그래서 그 보물을 찾음으로 해서 몬테크리스토 백작이 탄생하게 되는 것입니다. 그러나 우리는 그 보물을 찾으러 갈 필요가 없습니다. 우리 한 사람 한 사람이 바로 그 보물인 것입니다.

두 번째로 발람은 이스라엘 백성들의 충만함에 놀랬습니다.

민수기 24장 7절
그 통에서는 물이 넘치겠고 그 종자는 많은 물가에 있으리로다. 그 왕이 아각보다 높으니 그 나라가 진흥하리로다

이스라엘의 통은 넘치고 있었습니다. 도대체 이스라엘의 통이 무슨 통일까요? 발람은 비록 자신은 세상의 돈에 욕심이 많았지만 복은 눈에 보이지 않는 복이 있다는 것을 알았습니다. 그 복은 바로 하나님의 신령한 복인 것입니다. 이스라엘에는 복이 넘치고 있었습니다. 하나님의 모든 은혜와 축복은 이스라엘 위에 부어지고 있었습니다. 이 복이 세상으로 흘러가야 세상도 살 수 있는 것입니다.

하나님의 말씀과 성령의 복이 떡이라면 우리가 세상에서 돈 벌고 유명해지는 것은 부스러기 복이라는 것을 알아야 합니다. 세상 사람들은 부스러기를 서로 차지하기 위하여 싸우고 있지만 우리에게는 부스러기가 아닌 오리지널 복이 있는 것입니다.

한 소년이 예수님께 보리떡 다섯 개와 물고기 두 마리를 바쳤을 때 오천 명이 먹고 부스러기가 열 두 광주리 남았습니다. 열두 광주리 남은 것은 부스러기이고 오천 명이 먹었던 것이 떡인 것입니다. 우리에게는 하나님의 능력자체가 떡입니다.

여기에 보면 그 종자가 많은 물가에 있다고 했습니다. 종자는 별 것이 아니지만 그것이 땅에 심기어서 수분과 온도만 맞으면 우후죽순같이 싹이 나오게 됩니다. 이것이 바로 부흥인 것입니다. 수분과 온도만 맞으면 터져 나오는 것입니다. 우리 한 사람 한 사람은 모두 부흥을 일으킬 수 있는 잠재력을 가지고 있습니다. 아무리 절망적인 상황이라 하더라도 단 한 사람의 진정한 크리스천만 있으면 다시 소생할 희망이 있습니다.

세 번째로 발람은 이스라엘의 힘에 감탄을 했습니다.

민수기 24장 8-9절

하나님이 그를 애굽에서 인도하여 내셨으니 그 힘이 들소와 같도다. 그 적국을 삼키고 그들의 뼈를 꺾으며 화살로 쏘아 꿰뚫으리로다. 꿇어앉고 누움이 수사자와 같고 암사자와도 같으니 일으킬 자 누구이랴? 너를 축복하는 자마다 복을 받을 것이요, 너를 저주하는 자마다 저주를 받을찌로다

발람은 이스라엘의 모습을 두 가지로 비유하고 있습니다. 하나는 들소의 모습이고 다른 하나는 사자의 모습입니다. 들소의 모습은 이스라엘이 하나님의 때를 기다리면서 연단 받는 모습입니다. 들소는 힘은 세지만 좌로나 우로나 방향 전환이 잘 되지 않습니다. 오직 한 쪽으로 달릴 뿐입니다. 우리가 하나님 앞에서 연단을 받을 때는 좌로나

우로나 방향 전환이 잘 되지 않습니다. 우리는 점점 세상과 멀어지고 있지만 하나님의 말씀의 방향으로 갈 수 밖에 없습니다. 그래서 이 세상에서는 실패한 자로 보이고 현실에 적응하지 못할 때가 많습니다. 그러나 하나님의 연단이 끝나면 사자로 변하게 됩니다. 사자는 그야말로 자유자재로 몸을 움직일 수 있습니다. 얼마든지 먹이를 따라서 방향 전환이 될 뿐 아니라 공중에서도 자유자재로 몸을 움직일 수 있습니다. 이스라엘 백성들이 광야에 있을 때에는 자유자재로 돌아다닐 수가 없었습니다. 오직 구름 기둥과 불기둥의 안내를 받아서 일직선으로 갈 뿐이었습니다. 그러나 이제 하나님의 훈련이 끝나서 가나안을 정복할 때에는 사자로 변하게 되는 것입니다.

그래서 우리 성도들에게는 이 두 가지 모습이 있습니다. 하나는 미련하게 연단 받는 들소의 모습입니다. 우리는 하나님이 가라고 하는 방향으로 갈 수 밖에 없습니다. 다른 사람들은 우리가 들판에서 도대체 무엇을 하는지 이해를 하지 못합니다. 우리는 정말 세상과 전혀 다른 방향으로 갈 수 밖에 없었습니다. 그러다가 하나님께서 부흥을 주시고 축복을 주시고 할 일을 주셨을 때에는 우리는 더 이상 들소가 아닙니다. 들소의 옷은 벗어버리고 이제 가장 날쌘 사자가 되어서 먹이를 향하여 달려가는 것입니다.

여기서 중요한 것은 이스라엘에게는 축복권이 있는 것입니다. 즉 이스라엘을 축복하는 자는 복을 받고 이스라엘을 저주하는 자는 저주를 받는다는 것을 뒤집어서 이야기를 하면 이스라엘이 축복하면 복이 임하고 저주하면 저주가 임한다는 뜻입니다.

오늘 우리가 바로 이 이스라엘의 복을 가진 자들입니다. 우리에게는 하나님의 축복권이 있습니다. 그래서 주님의 백성들을 많이 축복하시기 바랍니다.

힘들게 믿음 생활하고 있는 성도들을 기도로 많이 축복해주시기 바랍니다. 그 대신에 죄는 저주하시기 바랍니다. 음탕한 것은 저주하시고 미신이나 우상 숭배는 저주하시기 바랍니다. 그런 것들이 힘을 내지 못하도록 기도해야 합니다. 그러면 놀랍게도 우리의 기도대로 모든 것이 이루어지게 될 것입니다.

발람의 미래의 예언

발람은 이스라엘 백성들을 진심으로 축복을 했기 때문에 모압 왕 발락으로부터 엄청난 비난과 원망을 듣게 되었습니다. 모압 왕은 너무 화가 나서 손뼉을 치면서 발람을 비난했습니다. 즉 이스라엘을 저주하라고 당신을 모셔왔는데 이렇게 세 번씩이나 축복을 하면 어떻게 되느냐고 하면서 소리를 질렀습니다. 내가 당신을 엄청나게 존귀하게 하려고 했는데 당신이 그것을 다 망쳤다고 비난을 했습니다. 이것이 모압 왕의 속성입니다. 모압 왕은 자기 이익을 위해서는 온갖 감언이설을 다해서 발람을 모셔왔습니다. 그러나 그가 자기 말을 듣지 않자 그때는 본색을 드러내면서 발람을 욕하고 원망을 했습니다. 세상 사람들이 하는 방식이 다 이런 줄 알아야 합니다. 열 번 잘해주다가도 한 번 자기가 원하는 대로 해 주지 않으면 그때는 욕을 하면서 등을 돌립니다.

발람의 예언은 이것으로 끝나지 않았습니다. 발람의 예언의 클라이맥스는 그가 먼 훗날에 되어질 것에 대하여 예언을 한 것입니다.

민수기 24장 17절

내가 그를 보아도 이 때의 일이 아니며 내가 그를 바라보아도 가까운 일이 아니로다. 한 별이 야곱에게서 나오며 한 홀이 이스라엘에게서 일어나서 모압을 이 편에서 저 편까지 쳐서 파하고 또 소동하는 자식들을 다 멸하리로다

발람의 예언의 극치는 그가 '한 별이 나타날 것'을 예언한 것입니다. 이것이 바로 그 유명한 다윗의 별이고 지금도 이스라엘의 국기에 나오고 이차대전 때 나치 독일이 유대인들에게 강제로 달게 했던 바로 그 별인 것입니다.

이것은 나중에 다윗이 나타날 것을 예언한 것입니다. 나중에 다윗은 모압을 정복하고 남자들을 다 눕혀서 키가 한 자되는 자들은 살려두고 두 자되는 자들은 다 죽이게 합니다. 이것을 보면 모압 사람들의 키가 얼마나 컸고 자신들의 큰 키를 가지고 얼마나 이스라엘을 무시했는지 알 수 있습니다.

모압 자손들이 이스라엘에 대하여 지은 죄는 아주 먼 훗날 다윗에 의해서 심판을 받게 됩니다. 그래서 발람은 '이때의 일이 아니며 가까운 일이 아니로다' 라고 예언을 하고 있습니다. 그런데 왜 하나님께서는 지금 모압 사람들이 이스라엘을 저주하려고 한 것을 이렇게 먼 훗날에 심판하시는 것일까요? 우리가 그것은 다 알 수 없지만 하나님은 엄청나게 오래 참으시는 분이신 것은 틀림이 없습니다. 이스라엘 백성들이 광야에서 아말렉의 공격을 받았는데 이것은 나중에 사울 왕에 의해서 심판을 받게 됩니다. 하나님께서는 악한 자라고 해서 당장 심판하시는 것은 아닙니다. 하나님은 악한 자들도 충분히 아끼시면서 기회를 주시는 것입니다.

그런데 이 한 별의 진짜 의미는 나중에 태어나실 예수님을 예언한 것입니다. 발람의 이 예언이 있었기 때문에 결국 동방의 박사들이 예수님이 탄생하셨을 때 나타났던 별을 보고 아기 예수께 찾아와서 경배하게 되는 것입니다. 결국 하나님께서는 모든 이방인들에게 복음이 증거되기를 원하셨습니다.

발람이 예언한 이 별은 육신으로 오신 그리스도를 상징합니다. 예수님이 탄생하셨을 때 실제로 하늘에서는 별이 나타났습니다. 그러나 예수님은 언제나 별로 계신 것이 아닙니다. 예수님이 십자가에 죽으시고 부활하심으로 그는 의의 태양이 되셨습니다. 지금도 이스라엘 나라 사람들은 다윗의 별을 기다리고 있지만 지금은 이미 환한 대낮이 된 것입니다. 이제는 진리의 빛이 온 세상을 대낮과 같이 환하게 밝히고 있습니다. 우리는 이 빛 가운데 계속 걸어가야 되겠습니다. 우리에게 다시는 밤이 와서는 안 됩니다.

그리고 에돔은 이스라엘 백성들을 시기해서 이스라엘이 통과하는 것을 끝까지 반대했던 나라입니다. 그러나 결국 에돔은 이스라엘에게 복종하게 될 것입니다.

민수기 24장 18절

그 원수 에돔은 그들의 산업이 되며 그 원수 세일도 그들의 산업이 되고 그 동시에 이스라엘은 용감히 행동하리로다

사실 에돔은 이스라엘에 가장 가까운 친척이면서 끝까지 그들을 괴롭히는 가시노릇을 했습니다. 이스라엘이 가시를 이기는 방법은 가시를 사랑하는 것입니다. 우리에게도 모두 가시 같은 이웃이 있습니다.

가시를 죽이면 우리가 죽게 될 것입니다. 우리는 가시를 인정하고 받아들여야 합니다. 그리고 가시와 함께 공존하도록 해야 합니다. 그러면 결국 가시도 변하게 되고 나중에는 가시가 동역자가 될 때가 있습니다.

어느 집에서 며느리가 시어머니 때문에 힘이 많이 들었습니다. 그런데 며느리가 마음을 바꾸었습니다. 내가 시어머니를 이기려고 할 것이 아니라 함께 공존하자고 마음을 먹은 것입니다. 그랬더니 시어머니도 부드러워지면서 나중에는 서로 기도해주는 사이가 되었습니다.

사람 관계는 상대적이기 때문에 내가 미워하면 상대방도 미워하게 되어 있습니다. 그런데 내 마음에서 먼저 풀어버리면 가시도 약해지게 되는 것입니다.

그러나 아말렉은 그야말로 이 세상의 정욕으로 똘똘 뭉쳐진 자들입니다.

민수기 24장 20절
또 아말렉은 열국 중 으뜸이나 종말은 멸망에 이르리로다 하고

아말렉은 전혀 길들여지지 않은 그야말로 제 멋대로의 사람들이었습니다.

우리 예수 믿는 사람들이 가장 상대하기 어려운 사람은 바로 대화가 통하지 않는 사람들입니다. 술 취해서 땡깡을 부린다든지 혈기만 가지고 소리소리 지르면서 난리를 치는 사람들은 감당할 수가 없습니다. 그러나 아말렉은 당장은 혈기로 이기지만 결국은 망하게 됩니다. 그 이유는 이런 사람들이 이상하게 진짜 힘 있는 사람을 만나면 맥을

추지 못하기 때문입니다.

하나님의 백성들이 당장은 무례하고 난폭한 자를 이길 수 없지만 언젠가는 하나님께서 그런 자들까지도 다 이기게 하십니다. 왜냐하면 믿는 자들에게는 세상적인 힘까지 주시기 때문입니다. 그런 까닭에 이런 사람들은 간단하게 처리가 되어버립니다.

오늘 우리가 하루하루 살아가면서 가장 필요한 것은 아름답고 당당한 내 자신의 모습을 찾는 것입니다. 우리가 하나님 앞에서 은혜 받고 눈물 흘리면서 기도하는 모습은 나의 진정한 모습입니다. 이것은 얼마 가지 않아서 세상에서도 실력으로 나타나게 될 것이며 나중에는 원수들의 입을 통해서도 칭찬과 인정을 받게 될 것입니다.

20 _ 민 25:1-18

브올의 사건

어거스틴의 고백록을 보면 그가 젊은 시절을 보내면서 얼마나 방황했고 얼마나 타락한 생활을 했는지 잘 알 수 있습니다. 보통 사람들의 자서전을 보면 아무래도 자신의 좋았던 기억들 중심으로 기록하고 있는 것을 보게 되는데 어거스틴은 자신의 추한 부분들을 솔직하게 고백을 하고 있습니다. 그런데 그 모든 방황이나 갈등이 이미 신앙의 눈으로 승화가 되어서 조금도 추하다는 느낌이 들지 않도록 표현이 되고 있는 것을 볼 수 있습니다. 어거스틴은 자기 어머니 모니카도 죄인이었다고 고백을 하고 있습니다. 어머니 모니카가 어렸을 때 아버지가 모니카에게 벽장에 있는 술을 가져오는 심부름을 시켰는데 심부름을 하면서 한잔씩 맛을 보다가 나중에는 술을 좋아하게 되었던 것 같습니다. 그런데 어느 날 하녀와 모니카가 싸우게 되었는데 하녀가 모니카보고 '너는 술 주정뱅이야' 라고 소리를 쳤습니다. 그러자 거기서 모니카는 크게 깨닫고 그 후에는 술을 입에 대지 않게 되었다고 말을 하고 있습니다. 만약 우리가 지금까지 한 평생 살아오면서 지은 죄들을 고백록으로 남길 수 있느냐고 물어본다면 아마 모두 자신이 없다고 말할 것입니다.

그만큼 우리 모두에게는 추하고 어두웠던 아름답지 않은 순간들이 있는 것입니다. 하나님은 우리를 그 끔찍한 죄의 구렁텅이에서 건져 주셨습니다.

민수기 25장은 이스라엘 백성들의 가장 추하고 비참한 도덕적인 실패를 기록하고 있는 고백록입니다.

한때 우리나라 드라마에서 너무나도 많이 '불륜'을 소재로 다룬 것이 많았습니다. 그래서 새로운 드라마가 나오면 시청자들이 '또 불륜 이야?' 라고 말할 정도였습니다. 이렇게 불륜을 소재로 한 드라마가 많은 이유는 실제로 많은 불륜이 저질러지고 있기 때문입니다. 사람들이 불륜을 하다가 들키면 잊을 수 없는 치욕을 당하게 됩니다. 그럼에도 불구하고 많은 사람들은 아직도 불륜 드라마를 재미있어 하고 들키지만 않고 기회만 주어지면 불륜에 빠질 준비를 하고 있는 것입니다. 그러나 불륜은 대형 사고와 같습니다. 이것은 많은 사람들을 다치게 만들며 자기 자신도 죽게 할 수 있는 사고인 것입니다.

대개 교통사고를 당하신 분들의 공통된 이야기가 그야말로 아차 하는 순간에 사고를 당했다는 것입니다. 그런데 외국 영화를 보면 대개 외국 사람들이 교통사고를 당하기 전에 운전을 하면서 엉뚱한 짓을 하는 것을 보게 됩니다. 대개 앞을 잘 보지 않고 서류를 뒤적거린다든지 아니면 박스 안에서 물건을 찾는다든지 혹은 옆 사람과 이야기를 한다든지 하다가 사고가 터지는 것입니다. 물론 사고 중에서는 차만 다치는 경미한 사고도 있지만 대형 사고는 그야말로 돌이킬 수 없는 인명이 죽고 다치는 비극으로 나타나게 됩니다.

이스라엘 백성들이 사십년 동안 광야에서 하나님의 백성으로 연단을 받고 거의 사십년 훈련이 끝날 즈음에 대형 사고를 경험했습니다. 어떤 의미에서는 이스라엘 백성들이 사고를 당했다기보다는 사고를 쳤다고 말하는 것이 더 옳을지도 모르겠습니다. 좌우간 이스라엘 백성들은 무려 사십년 동안 하나님의 말씀으로 훈련을 잘 받고 이제 훈련을 끝내는 순간에 사고를 경험한 것입니다.

우리는 하나님의 은혜로 사는 사람들입니다. 우리가 하나님의 은혜 안에 있는 이상 사탄의 어떤 공격도 우리를 넘어지게 할 수 없습니다. 그러나 우리가 너무 자주 깨닫는 것은 은혜 받는 것도 쉽지 않지만 이 은혜를 지키는 것이 더 어렵다는 것입니다.

이스라엘 백성들이 광야 여행을 마쳐갈 때에 이스라엘을 노리는 사탄의 무리들이 있었습니다. 바로 발락과 발람의 무리들이었습니다. 이들은 마치 양떼들이 지나가는 길목을 노리고 있다가 덤벼들려고 하는 이리떼들과 같았습니다. 그러나 워낙 하나님의 강력한 힘이 이스라엘을 지키고 있었기 때문에 발람의 저주는 이스라엘 백성들에게 통하지 않았습니다. 결국 발람은 세 번이나 이스라엘 백성들을 저주하려고 하다가 오히려 축복만 실컷 하고 말았습니다. 그러나 이것으로 이스라엘의 영적인 전쟁이 끝난 것이 아니었습니다.

이스라엘 백성들은 드디어 광야 여행의 종착지인 싯딤에 도착하게 되었습니다. 이 싯딤에서부터 이스라엘 백성들은 드디어 가나안 땅을 공격하게 되는 것입니다. 그런데 여기서 이스라엘 백성들이 약간 긴장을 풀었던 것 같습니다. 그때 무서운 사탄의 공격이 들어왔습니다. 그것은 바로 모압 여자들을 통한 성적인 유혹이었던 것입니다.

이때 엄청나게 많은 이스라엘 백성들이 모압 여자들에게로 달려가서 음식을 먹고 우상에게 절하고 모압 여인들과 성적인 죄까지 저질렀습니다. 하나님께서 이것을 보고 진노하셔서 염병으로 치셨는데도 이스라엘 백성들은 모압 여자에게로 달려갔습니다.

도대체 이해가 되지 않는 것은 무려 사십년 동안이나 광야에서 하나님의 백성으로 거룩하게 훈련을 받았던 이스라엘 백성들이 광야 훈련이 다 끝나가는 시점에 어떻게 이렇게 간단하게 무너질 수 있었느냐 하는 것입니다. 사실 이스라엘 백성들이 싯딤에서 이렇게 실패했던 것은 이스라엘의 치부중의 치부였고 그 후에도 '브올의 사건'이라고 하면 이스라엘 백성들이 이를 갈면서 부들부들 떨 정도로 치욕적인 사건이었습니다.

우리가 구약 성경을 보면 가장 은혜 충만했고 가장 능력 있었던 하나님의 종들 중에서도 어이없이 성적인 유혹에 넘어간 자들을 여러 명을 보게 됩니다. 그 중에서 대표적인 케이스가 삼손이고 다윗이었습니다. 삼손과 다윗은 하나님이 쓰신 종들 중에서 가장 능력 있는 종들이었고 성령의 능력이 충만한 사람들이었습니다. 그러나 삼손은 들릴라라는 여자의 유혹에 빠져서 눈알이 뽑히고 머리털이 밀리고 노예로 붙잡혀 갔습니다. 그리고 다윗은 자기 신하 우리야의 아내 밧세바에게 끌려서 죄를 짓고 나중에는 그 남편까지 전쟁터에서 죽게 했다가 나중에 회개할 때에 침상이 썩을 정도로 눈물을 흘리면서 회개를 했습니다. 거기에 비해서 요셉은 애굽에서 종살이 할 때 자기를 유혹하던 주인 보디발의 아내의 유혹을 거절했다가 결국 감옥에까지 들어가게 되지만 하나님께서 요셉을 높이 드셔서 애굽의 총리가 되었습니다.

이것을 보면 성적인 유혹이라는 것은 인간에게 어떻게 보면 도저히 피할 수 없는 필요악인 것 같지만 그 결과는 치명적인 것입니다. 이것은 대형사고 중의 대형사고인 것입니다.

오늘 우리가 살고 있는 시대는 이런 성적인 유혹에 있어서 거의 무방비 상태에 있다고 볼 수 있습니다. 사람들이 마음만 먹으면 무슨 짓이든지 할 수 있는 시대에 우리가 살아가고 있습니다. 우리 주위에는 이런 모압 여인들이나 모압 남자들은 너무나도 많이 있는 것입니다. 우리는 이 땅에 일어나는 대형 사고가 교통사고만이 아니라는 것을 알아야 합니다. 이런 영적인 교통사고를 피해야 안전하게 가나안 땅에 들어갈 수가 있는 것입니다. 그렇지 못하면 만신창이가 될 수밖에 없습니다.

이스라엘 백성들의 실패

> 민수기 25장 1절
>
> 이스라엘이 싯딤에 머물러 있더니 그 백성이 모압 여자들과 음행하기를 시작하니라

여기서 '싯딤' 이라는 것은 요단강에서 11킬로 정도 떨어진 곳인데 이곳은 사실 이스라엘 백성들의 광야 여행의 종착지였습니다. 이스라엘 백성들은 지난 사십년 동안 더위와 목마름과 극단적으로 어려운 생활환경을 다 이기고 마지막 종착지까지 무사히 도착하게 되었습니다. 만일 이스라엘 백성들을 군인으로 치면 사십 킬로 행군이라든지 백 킬로 행군이라든지 하는 가장 힘든 훈련을 다 마치고 이제 거의 부대에

다 온 시점인 것입니다. 아마 이스라엘 백성들이 지난 사십년 동안 걸었던 거리를 다 합친다면 몇 만 키로가 될 것입니다. 그 긴 거리를 이스라엘 백성들은 사십년에 걸쳐서 주파하고 이제 최종 목적지에 거의 다 도착하게 되었습니다. 이때 이스라엘 백성들을 노리고 있는 것은 아주 무서운 유혹이었습니다.

여기에 보면 이스라엘 백성들이 모압 여인과 음행하기 시작했다고 말씀하고 있습니다. 아마 그 동안 은혜를 많이 받은 이스라엘 백성들이 처음부터 모압 여인과 음행한 것은 아니었을 것입니다. 아마 처음에는 그들이 이스라엘 사람들을 찾아와서 관심을 보이고 그들을 칭찬하거나 추켜세우는 일을 했을 것입니다. 그러나 이것이 어느 순간에 성적인 음행으로 가게 되었고 그 후에는 아예 모압 사람들의 제사에 초청되어 가서 이방신에게 절을 하고 그 음식을 먹고 아예 모압 신에게 복종하는 자들이 되고 만 것입니다.

사람들이 죄에 빠질 때 처음부터 죄짓자고 하면서 시작하는 사람들은 없을 것입니다. 영어를 가르쳐 준다고 하거나 혹은 재미있는 것을 구경시켜 준다고 하면서 조금씩 죄에 빠져 들게 하는 것입니다. 그러다가 어느 순간 죄에 중독이 되어버리면 그때부터는 도저히 빠져나올 수 없게 되어버리는 것입니다.

민수기 25장 2-3 상반절
그 여자들이 그 신들에게 제사할 때에 백성을 청하매 백성이 먹고 그들의 신들에게 절하므로 이스라엘이 바알브올에게 부속된지라

여기에 보면 이스라엘 백성들이 한번 모압 여자들의 사랑에 빠지고

난 후에는 얼마나 무기력하게 우상숭배로 끌려갔는지 보게 됩니다.

여기에 보면 '바알 브올에게 부속이 되었다' 라고 말씀하고 있습니다. '부속이 되었다' 는 것은 완전히 매여서 꼼짝 못하고 시키는 대로 하게 되었다는 뜻입니다.

예를 들면 어떤 사람이 깡패나 사기꾼에게 약점을 잡히게되면 그때부터는 마치 소가 코에 고삐를 꿰인 것처럼 꼼짝 못하고 시키는 대로 다 해주게 되는 것입니다. 이스라엘 백성들의 상당수가 싯딤에서 바알 종교의 고삐에 꿰어서 꼼짝 못하고 시키는 대로 다 하게 되는 지경까지 가게 되었습니다.

여기서 우리는 몇 가지 점을 주목을 하게 됩니다.

그 첫째는 그 시점이 이스라엘 백성들의 광야 훈련이 거의 다 끝나가는 시점이었다는 사실입니다. 아마 이스라엘 백성들이 애굽에서 나오자 말자 모압 여자들이 유혹을 했다면 이스라엘 백성들이 정신이 없어서 유혹에 넘어가지도 않았을 것입니다. 그러나 이스라엘 백성들은 광야 훈련을 거의 다 마쳤습니다. 이제 그들 앞에는 오직 가나안의 영광만 남아 있습니다. 바로 그 시점에 이스라엘 백성들이 방심을 하면서 결국 모압 여인들의 유혹에 넘어가게 된 것입니다.

두 번째는 이스라엘 백성들이 타락하는 과정이 점진적이었지만 굉장히 그 속도가 빨랐다는 것입니다. 처음에 이스라엘 백성들은 몇 명이 모압 여인들을 사귀는 정도로 시작을 했을 것입니다. 그러나 이런 사귐은 금방 불륜으로 발전하게 되었고 그 후에는 이방종교의 약점에 잡혀서 꼼짝도 하지 못하는 처지가 되고 말았습니다. 결국 이스라엘 백성들이 어느 시점에 낚시 바늘에 걸려들었던 것입니다. 한번 낚시 바늘에 걸려 든 후에는 아무리 몸부림을 쳐도 그 바늘에서 빠져 나올 수가 없었습니다. 결국은 배에 끌려 올려져서 무참하게 '사시미' 감이 되고 마는 것입니다.

여기서 우리가 생각해야 할 것은 어떻게 해서 이스라엘 백성들이 이런 말도 되지도 않은 죄에 걸려들어서 망하게 되었을까요?

그 첫째로 이스라엘 백성들의 교만이었습니다. 사람이 가난하고 낮은 위치에 있을 때에는 죄를 짓고 싶어도 지을 수가 없습니다. 왜냐하면 지금 하나님의 도우심으로 하루하루를 살아가고 있는데 죄까지 지어서 하나님으로부터 버림을 당하면 결국 죽을 수밖에 없는 것입니다. 지금까지 이스라엘 백성들은 만나 하나로 사십년을 버티어 왔습니다. 그런데 이스라엘 백성들이 죄까지 지어서 만나까지 오지 않으면 이스라엘 백성들은 꼼짝 못하고 굶어죽을 수밖에 없습니다.

그리고 두 번째로 이제 이스라엘 백성들도 무엇인가 내어놓을 만한 것이 있게 되었습니다. 지금까지 이스라엘 백성들은 만나로 하루하루를 사는 '하루살이 인생' 이었습니다. 이 세상에 어느 누구도 하루살이 인생을 유혹하는 사람은 없을 것입니다. 무엇인가 유혹을 할 때에는 돈이 있다든지 지위가 있는 사람이지 만나만 먹는 이스라엘 백성들을 유혹할 사람은 없었습니다.

그런데 이스라엘 백성들이 싯딤으로 오면서 이스라엘 백성들의 위치는 완전히 달라지게 되었습니다. 이스라엘 백성들은 이미 요단 동편의 헤스본과 바산을 정복을 했습니다. 그리고 앞으로 가나안이라고 하는 어마어마한 땅을 차지할 계획입니다. 거기서 이스라엘 백성들이 자만심을 가지게 되었던 것입니다.

결국 이스라엘 백성들이 유혹에 넘어가게 된 시점은 출애굽하고 난 직후가 아니었습니다. 그때는 정신이 없어서 유혹에 넘어갈 정신적인 여유도 없었습니다. 그리고 열심히 광야 생활할 때도 아니었습니다. 광야에서는 이스라엘을 유혹한 사람도 없었고 사람들은 이스라엘이라는 사람이 있는 줄조차도 몰랐습니다. 이스라엘 백성들이 에돔을 통과하려고 하다가 깨끗이 거절당했을 때도 유혹에 넘어가지 않았을 것입니다. 왜냐하면 그때까지만 해도 이스라엘 백성들은 너무 기가 죽어 있었고 내어놓을 것이 없었기 때문입니다.

그런데 이스라엘 백성들이 요단 동편의 땅을 정복하면서부터 갑자기 위상이 달라지게 되었습니다. 이스라엘 백성들은 이제 막 뜨기 시작하는 사람들이었습니다. 이제 막 매스컴을 타기 시작했고 세상 사람들의 주목을 받기 시작하면서 방심하게 되었던 것입니다.

거기에다가 이스라엘 백성들은 무려 사십년 동안 하나님의 연단을 받으면서 살아왔습니다. 이스라엘 백성들은 무려 사십년 동안 은혜의 훈련을 받았습니다. 물론 우리가 하나님의 은혜를 받는 것은 참 좋은 것이지만 반면에 우리는 굉장히 긴장을 해야 합니다. 우리가 긴장하지 않고 하나님의 은혜를 받을 수가 없습니다. 그러나 이렇게 긴장하는 동안 우리 속에 있는 욕망은 눌려 있게 됩니다. 그리고 우리는 이런 긴장 속에서 정서는 어린 아이처럼 단순해지게 됩니다. 우리가 어린 아이 같기 때문에 은혜도 쉽게 받는 것입니다. 그러나 여기에는 유혹도 그만큼 쉽게 들어올 수 있다는 것을 알아야 합니다.

이스라엘 백성들은 무려 사십년 동안 정서적으로 눌려져 있었고 오로지 하나님의 은혜로만 충만했습니다. 그러다가 갑자기 싯딤에 와서 생전 보지 못했던 아름다운 여인들이 매력적인 옷을 입고 나타나서 유혹을 하니까 정신을 차릴 수가 없었던 것입니다.

세상 사람들은 늘 죄를 지으면서 살기 때문에 오히려 죄의 욕망이

크리스천들에 비하여 덜 눌려 있는 편이라고 볼 수 있습니다. 늘 죄를 짓기 때문에 죄에 대한 욕망이나 호기심이 덜할 수 있습니다. 그런데 하나님의 백성들은 죄가 나쁜 줄 알기 때문에 언제나 죄의 욕망을 누르게 됩니다. 특히 하나님의 은혜가 강하게 역사할 때에는 더 이런 육체적인 욕망은 눌려지게 됩니다. 그러다가 긴장이 풀어지게 되었을 때 이 억눌렸던 죄의 욕망이 죄에 대한 호기심으로 불똥이 튀게 되는 것입니다. 사실 큰 화재는 스멀스멀 타오르는 불 보다는 불똥이 튀는 것이 더 무섭습니다.

왜 그 훌륭한 하나님의 종들이 어이없는 유혹에 걸려서 온갖 창피를 다 당하고 실패하게 됩니까? 바로 영적으로 깨어있지 못하고 방심하기 때문입니다.

즉 우리는 언제나 은혜 받으면서 죄의 유혹을 누르고 있다가 좋지 못한 환경과 접촉을 하게 되면서 그 동안 눌려졌던 욕망이 불똥을 튀면서 불이 붙는 것입니다. 그 불이 얼마나 강한가 하면 이성의 힘으로 끌 수가 없습니다.

한번 미끼에 걸려들고 난 후에는 아무리 몸부림을 쳐도 도저히 그 유혹에 빠져나올 수가 없는 것입니다. 결국 나중에는 약점까지 잡혀서 죄가 시키는 대로 마귀가 시키는 대로 꼼짝 못하고 따라하게 되는데 이것이 싯딤에서 이스라엘 백성들이 빠져 있었던 상태였습니다.

그러기에 하나님의 백성들에게 가장 무서운 것은 아직 지어보지 못한 죄에 대한 호기심입니다. 이것은 성령이 충만하고 은혜가 충만할 때에는 완전히 은혜에 눌려서 전혀 힘을 쓰지 못하다가 긴장이 풀어지면서 좋지 않은 환경과 접촉하게 되면 불똥이 튀게 되는 것입니다. 결국 이것 때문에 삼손이 눈알이 뽑히게 되었고 다윗이 죄를 짓게 되는 것입니다.

그래서 우리는 이스라엘 백성들이 싯딤에서 무서운 함정에 빠졌던 것이 그냥 지나가는 하나의 해프닝이 아니라 하나님의 백성 모두의 가장 치명적인 가시이고 치명적인 아킬레스 근이라는 것을 알아야 합니다. 우리는 모두 이 세상에서 믿음으로 승리하기 위해서는 반드시 이 싯딤의 함정을 피해갈 수 있어야 하는 것입니다.

의도적인 유혹

여기서 중요한 것은 이스라엘 백성들이 싯딤의 함정에 빠진 것은 그냥 이스라엘 백성들이 싯딤으로 가다가 우연히 발생한 사건이 아니라 사탄의 치명적인 계획 하에 일어난 일이라는 것입니다.

> 민수기 25장 18절
> 이는 그들이 궤계로 너희를 박해하되 브올의 일과 미디안 족장의 딸 곧 브올의 일로 염병이 일어난 날에 죽임을 당한 그들의 자매 고스비의 사건으로 너희를 유혹하였음이니라

여기서 '브올의 일' 이라는 말이 두 번씩이나 나옵니다. 여기서 브올은 발람을 말합니다. 브올은 발람의 아버지의 이름인 것입니다.

> 요한계시록 2장 14절
> 그러나 네게 두어 가지 책망할 것이 있나니 거기 네게 발람의 교훈을 지키는 자들이 있도다. 발람이 발락을 가르쳐 이스라엘 앞에 올무를 놓아 우상의 제물을

먹게 하였고 또 행음하게 하였느니라

결국 싯딤의 유혹은 거짓 선지자 발람과 모압 왕의 치밀한 계획 하에 이루어진 미인계였던 것입니다. 이스라엘 백성들은 모압 여인들이 자기들에게 친절하게 잘 해주니까 그들이 좋아서 그러는 줄 알았습니다. 그럼에도 불구하고 이스라엘 백성들은 다 자기 부인이 있는 사람들이고 하나님께서 이방인들과 결혼하지 말라고 했으면 주의를 했어야 하는데 이것을 주의를 하지 않았던 것입니다.

원래 발람과 발락은 이스라엘 백성들을 저주하려고 했습니다. 즉 이스라엘 백성들의 약점을 캐내어서 하나님의 이름으로 무지무지한 저주를 퍼부으려고 했는데 워낙 하나님의 은혜가 강하게 임하는 바람에 도저히 이스라엘 백성들을 저주할 수가 없었습니다. 오히려 발람이 공개적으로 이스라엘 백성들을 축복하고 칭찬하는 바람에 이스라엘 백성들의 주가는 더 높아지게 되었습니다. 여기서 발람과 발락은 물러서지 않았습니다.

결국 외부에서 이스라엘을 공격하는 것은 워낙 하나님의 은혜의 벽이 두꺼워서 성공할 수가 없었습니다. 그래서 그들이 전략을 바꾼 것이 이스라엘의 교만을 충동질한 것입니다. 즉 이스라엘 백성들은 요단 동쪽에 있는 무시무시한 아모리 두 왕을 완전히 멸망시킨 영웅들이라는 것입니다. 발람과 발락이 이스라엘 백성들의 교만을 충동질했을 때 오히려 이스라엘 백성들은 쉽게 죄에 빠질 수 있었습니다.

우리가 하나님의 일을 열심히 할 때 한편으로는 굉장히 기쁘지만 다른 한편으로는 '내가 이만큼 하나님을 위해서 수고하고 애썼으니까 나도 세상 쾌락을 좀 즐겨도 된다'는 생각이 들게 되는 것입니다. 이것은 너무나도 위험한 생각입니다. 그래서 예수님께서는 우리가 아무리 하나님의 일을 잘했다 하더라도 '이 무익한 종'이라고 고백을 해야 한다고 했습니다.

여기서 우리가 주의를 해야 할 것은 사탄이 우리를 연구하고 있고 약점을 캐내기 위해서 많은 노력을 하고 있다는 사실입니다.

블레셋 사람들은 삼손의 약점을 캐내기 위해서 많은 연구를 했습니다. 그래도 결국 삼손의 약점을 캐낼 수 없게 되었을 때 들릴라라는 여자를 매수해서 삼손의 약점을 알아내게 했습니다. 사탄은 삼손이 외로워 한다는 것 알고 있었습니다. 그리고 삼손이 여자의 요구를 거절하지 못한다는 것을 알았습니다. 사탄은 삼손 주위에 그를 지킬 수 있는 동역자가 없다는 것을 알았습니다. 결국 블레셋 사람들은 삼손의 힘이 그의 머리털에서 나온다는 것을 알아내고는 삼손의 머리털을 다 밀어버렸던 것입니다.

그러기에 우리는 세상적으로 성공하고 돈을 많이 버는 것을 굉장히 조심해야 합니다. 우리가 유명하게 되고 돈이 많아지게 되고 높은 자리를 가지게 되면 교만이 파고 들 가능성이 많습니다. 그런데다가 자리는 높기 때문에 자신의 개인적인 문제를 함께 나눌 수 있는 사람은 별로 없게 됩니다. 적어도 사람이 그만큼 유명하게 되려면 능력은 넘쳐나는 사람이어야 합니다. 그런데 문제는 그 능력을 주체할 수가 없게 된다는 것입니다.

사람들이 성적인 유혹에 잘 넘어가는 이유는 가장 짧은 시간에 황홀감을 느낄 수 있을 뿐 아니라 거짓된 사랑이 완전한 만족을 주는 것 같기 때문입니다. 진정한 사랑은 '하지 말라'고 잔소리 할 때가 많습니다. 이것도 하지 말고 저것도 하지 말라고 합니다. 그러나 거짓된 사랑은 모든 것을 다 채워주는 것 같으니까 거기서 미끼에 걸려들게 되는 것입니다.

싯딤의 함정은 우연한 것이 아니었습니다. 모압 왕 발락과 거짓 선지자 발람이 이스라엘 백성을 넘어뜨릴 목적을 가지고 의도적으로 여인들을 시킨 것이었습니다. 이러한 미인계의 유혹에 이스라엘 백성들은 너무 순진하게 걸려서 넘어지게 되었습니다.

우리가 이런 싯딤의 함정을 피하는 가장 좋은 방법은 역시 건전한 자아상을 가지는 것입니다. 무엇 때문에 사람들이 거짓된 사랑에 속아서 낚시 바늘에 걸리게 됩니까? 그 이유는 역시 자아상이 건강하지 못해서 그런 것입니다. 우리가 요셉을 보면 요셉은 애굽에 노예로 있으면서 여자 주인의 유혹에 넘어가지 않았습니다. 그 이유는 요셉은 하나님의 말씀으로 건강한 자아상을 가지고 있었기 때문입니다. 하나님의 말씀에 붙잡힌 요셉은 '결국 하나님은 나를 존귀하게 쓰실 것이다' 라는 믿음으로 자신을 지켰던 것입니다. 대개 유혹에 넘어가는 사람들을 보면 자존감이 건강하지 못하다는 것입니다. 자기 자신에 대하여 자신감이 없을 때 너무나도 거짓된 사랑에 잘 속아 넘어가게 됩니다. 그러나 하나님의 말씀으로 자신을 잘 다듬은 사람은 그런 인간의 달콤한 사랑이 거북할 뿐 아니라 마음속에 성령께서 계속 '이것은 죄' 라는 싸인을 주시기 때문에 죄악의 길로 갈 수가 없는 것입니다.

결국 우리가 다른 봉사나 체험에 앞서서 하나님의 말씀을 최우선적으로 생각하는 이유가 어디에 있습니까? 우리 자신을 믿을 수 없기 때문입니다. 우리는 언제 대형 사고를 칠지 알 수 없는 불안정한 자들입니다. 제가 예수님 앞에 두 손 두 발을 다 들 수밖에 없었던 것은 이미 청년기에 남들은 어떻게 생각할지 모르지만 나는 내 힘으로는 사고치지 않고 끝까지 갈 자신이 없다는 결론을 내렸기 때문입니다.

물론 우리는 지금도 위태위태할 때가 많습니다. 그런데 하나님의 말씀을 확고히 붙들기만 하면 하나님의 말씀이 이미 피하게 하시고 막아주십니다. 발람의 저주를 막아주셨듯이 모압 여인들의 함정도 피할 수 있게 하십니다.

이스라엘 백성들이 모압 여인들의 친절이 함정인 줄 알았더라면 절대로 가까이 하지 않았을 것입니다. 함정인 줄 몰랐기 때문에 가까이 했다가 걸려들었던 것입니다.

그래서 우리 믿는 자들은 좋지 않은 환경이 노출되는 것을 조심하셔야 합니다. 아무리 우리가 거듭난 자들이고 하나님의 은혜에 충만하다 하더라도 한 순간에 사탄이 틈을 탈 수가 있습니다. 그러니까 친한 친구들과 만나거나 배낭여행을 떠나거나 혹은 출장을 가거나 할 때 언제든지 미리 좋지 않은 환경에 노출되지 않도록 방어를 해야 합니다. 그래서 크리스천들은 혼자 다니는 것보다는 둘이 다니는 것이 안전합니다.

하나님의 진노

하나님께서는 이스라엘 백성들의 탈선에 진노하셨습니다.

민수기 25장 3절
이스라엘이 바알브올에게 부속된지라 여호와께서 이스라엘에게 진노하시니라 사실 우리가 아무리 하나님의 백성이라 하더라도 인간인 것은 부인할 수 없습니다. 그래서 우리는 유혹을 느끼기도 하고 어떤 때에는 죄스러운 호기심 때문에 스스로 죄를 찾아가기도 합니다.

예수님께서는 죄는 마음에서 시작된다고 말씀하셨습니다. 그래서 '여인을 보고 음욕을 품는 자마다 이미 간음하였느니라' 고 말씀하셨습니다.

그러나 예수님께서는 음욕을 품은 것이 실제로 간음한 것과 똑같다는 뜻으로 말씀하신 것은 아닙니다. 죄는 마음에서부터 시작되는 것입니다.

마음에 품은 죄가 행동으로 옮겨지려면 몇 단계를 거쳐야 합니다. 일단 그것을 보기 위해서 발로 찾아가야 하고 또 손으로 만져야 하고 돈을 꺼내어서 주어야 합니다. 그 과정에서 죄는 여러 차례 차단이 될 기회가 있습니다.

예를 들면 죄를 지으러 가다가도 귀찮아서 포기할 수 있습니다. 혹은 남의 이목이 무서워서 죄를 포기할 수도 있습니다. 혹은 돈을 내어야 하는데 돈을 내고 죄짓는 것이 아까워서 포기할 수 있습니다. 사실 우리 믿는 사람들이 죄를 포기하는 중요한 이유가 있다면 돈 내는 것이 아까워서 포기할 때가 많이 있습니다. 이것이 모두 죄를 포기할 수 있는 기회인 것입니다.

무엇보다 중요한 것은 죄는 우리의 마음을 불편하게 합니다. 양심의 찔림이 있고 고통이 있습니다. 이때 빨리 결단을 내리면 죄를 피할 수가 있습니다.

그래서 예수님께서는 과감할 결단을 요구하셨습니다. 오른 손이 범죄케 하거든 오른 손을 잘라버리라고 하셨습니다. 오른 눈이 범죄케 하거든 뽑아 버리라고 하셨습니다. 우리가 조금만 주의를 하면 죄를 포기할 수 있는데도 불구하고 끝까지 갈데까지 갈 때 하나님은 진노하십니다.

대개 하나님이 우리에 대하여 진노하실 때 침묵하십니다. 하나님이 침묵하시는 시간이 중요합니다. 다윗이 밧새바와 범죄했을 때 하나님은 일 년을 침묵하셨습니다. 하나님께서 침묵하시는 기간 동안에 양심이 찔려서 하나님 앞에 나와서 눈물 콧물 흘리면서 회개하면 하나님께서 더 불쌍히 여겨 주십니다. 더 사랑해주시고 그 동안 지은 죄도 다 용서해주십니다.

그런데 하나님께서 싯딤의 이스라엘 백성들에 대하여 진노하신 이유는 이것이 집단적인 죄였기 때문입니다. 즉 어느 한 개인이 믿음이 부족하거나 죄의 충동을 이기지 못해서 그야말로 어쩔 수 없어서 죄에 빠진 것이 아니었습니다. 이스라엘 백성들이 집단적으로 모압 여인들의 함정에 빠져 있었습니다. 이스라엘 백성들은 집단적으로 하나님을 떠나고 있었습니다.

뿐만 아니라 이 싯딤의 함정은 의도적인 것이었습니다. 모압 왕 발락과 거짓 선지자 발람이 이스라엘 전체를 멸망시킬 의도로 치밀하게 계획한 것이었습니다. 특히 이스라엘 백성들은 같은 이스라엘 백성들이 염병으로 죽어가고 있는데도 불구하고 모압 여자들에게서 벗어나지 못하고 있었습니다.

죄가 얼마나 무서운가 하면 일단 한번 빠져 들면 더 이상 이성적인 설득으로는 돌이켜지지가 않게 됩니다. 아무리 생각으로는 이렇게 하면 안 되는 줄 알지만 이미 마음이 사로잡혀 있기 때문에 돌이켜지지가 않는 것입니다.

이때 하나님께서는 모세에게 극단적인 방법을 지시하셨습니다.

> **민수기 25장 4절**
> 여호와께서 모세에게 이르시되 백성의 두령들을 잡아 태양을 향하여 여호와 앞에 목매어 달라. 그리하면 여호와의 진노가 이스라엘에게서 떠나리라

하나님께서는 이 죄에서는 이스라엘의 두령들이 관련되어 있고 두령들이 충동질한 것이기 때문에 여기에 관련된 두령들을 잡아서 태양을 향하여 목을 매달라고 하셨습니다.

하나님께서 이스라엘을 염병으로 치신 것은 이 죄가 영적인 염병이었기 때문입니다. 염병은 페스트인데 한 순간에 모든 사람들을 다 죽이는 가공스러운 전염성을 가지고 있었습니다. 모압 여자들의 죄는 영적인 염병이었고 이스라엘을 다 죽일 수 있는 치명적인 죄였습니다. 이것을 그치게 하려면 두령들의 회개가 있어야 하는 것입니다. 그러나 그냥 미안하다는 정도의 사과로는 안 되고 두령들을 죽여서 태양을 향하여 매달아야 하는 것입니다.

즉 이 끔찍한 죄의 결과는 노출을 시켜야 하는 것입니다. 성적인 죄는 워낙 은밀하기 때문에 그냥 두어서는 절대로 뿌리가 뽑히지 않습니다. 이것은 완전히 노출을 시키고 심판을 해야 하는 것입니다.

그런데 이스라엘 백성들은 아마 이 명령을 시행하지 못한 것 같습니다. 왜냐하면 두령들을 목매어 단다는 것이 쉬운 일이 아니기 때문입니다.

> **민수기 25장 6절**
> 이스라엘 자손의 온 회중이 회막 문에서 울 때에 이스라엘 자손 한 사람이 모세

와 온 회중의 목전에 미디안의 한 여인을 데리고 그 형제에게로 온지라

   온 이스라엘 백성들이 하나님의 회막 앞에서 울었습니다. 아마 자신들이 이렇게 어이없이 실패한 것에 대한 회개의 눈물과 또 염병으로 죽은 사람에 대한 애통의 눈물과 하나님의 진노가 그치지 않고 계속 퍼지는 것에 대한 두려움의 눈물이었던 것 같습니다.

   모세가 이스라엘 두령들 중에서 모압 여자와 성 관계에 빠지고 모압 신에게 절한 사람을 찾아낸다는 것이 쉬운 일은 아니었을 것입니다. 그러나 그러는 중에도 죄는 계속 저질러지고 있었습니다.

   즉 연이어 사람들이 죽어가고 또 죄를 지은 두령들을 찾아내라고 지시하는데도 버젓이 이스라엘 백성들이 보는 앞에서 미디안 여자를 하나 데리고 자기 천막에 데리고 와서 성 관계를 가지는 사람이 있었습니다.

   이것을 보면 이미 이스라엘 백성들 중에는 이성이 마비되고 수치심마저 없어진 사람들이 많이 있었다는 것을 알게 됩니다. 죄는 사람들의 이성을 마비시키고 수치심을 없애고 나중에는 아주 뻔뻔스럽게 만들어 버립니다.

   아마 이 사람은 자기가 얼마나 대단한지 모르겠지만 이렇게 해도 아무도 자기를 건드릴 자가 없을 것이라고 생각한 것 같습니다. 여기서 우리가 알 수 있는 것은 모세가 두령을 잡아서 매달라고 했지만 사람들이 제대로 그렇게 할 수 없었던 것 같습니다.

   아예 이 두령은 사람들이 보는 앞에서 미디안 여자를 데리고 왔습니다. 이것을 보고 아론의 손자 비느하스가 참을 수가 없었습니다. 비느하스는 그 남녀를 따라서 장막에 들어가서 두 사람을 창으로 찔러서

남자와 여자의 배를 창으로 관통을 시켜버렸습니다. 그런데 놀라운 것은 그때 이스라엘에 퍼지던 염병이 그쳤습니다. 그리고 염병으로 죽은 이스라엘 백성들의 숫자는 이만 사천 명이었습니다.

이때 하나님께서는 비느하스의 열심을 칭찬하셨습니다.

> **민수기 25장 10-12절**
> 여호와께서 모세에게 일러 가라사대 제사장 아론의 손자 엘르아살의 아들 비느하스가 나의 질투심으로 질투하여 이스라엘 자손 중에서 나의 노를 돌이켜서 나의 질투심으로 그들을 진멸하지 않게 하였도다. 그러므로 말하라. 내가 그에게 나의 평화의 언약을 주리니

여기서 이스라엘을 향한 하나님의 본심이 나옵니다. 이스라엘에 대한 하나님의 본심은 저속한 질투심이 아니었습니다. 하나님께서 이스라엘 백성들에게 진노하시는 것은 무조건 하나님의 말씀대로 하지 않으니까 화를 내시는 것이 아닙니다. 하나님은 이스라엘 백성들에 대하여 아주 높으신 기대와 뜻을 가지고 계십니다. 하나님은 이스라엘을 향한 자신의 이상이 깨어지는 것을 원치 않으실 뿐만 아니라 이스라엘 백성들이 자기 멋대로 수준을 떨어트려서 비참해지는 것을 결코 원치 않으시는 것입니다. 하나님께서는 이스라엘 백성들이 지저분한 사랑이나 저속한 죄로 자신들의 수준을 떨어트릴 때 질투하십니다. 거룩한 분노로 질투하시는 것입니다. 하나님은 우리가 추악해지는 것을 절대로 참지 못하십니다. 그런데 하나님의 이 마음을 가장 정확하게 안 사람이 비느하스였습니다. 그러면 비느하스도 인간인데 정욕이 없겠습니까? 비느하스라고 해서 모압 여인들이 아름답지 않은 것은

아니었습니다. 그러나 비스하스의 믿음은 '그럼에도 불구하고' 였습니다. '우리는 죄인이며 죄를 사랑할 수밖에 없다. 그럼에도 불구하고 우리는 죄를 버려야 하고 죄를 이겨야 한다' 는 것이었습니다. 비느하스의 열정은 우리도 다 죄인이지만 그럼에도 불구하고 우리를 향한 하나님의 사랑이 더 강하다는 것입니다. 우리는 완전할 수는 없지만 하나님의 사랑에 설득당해야 하고 하나님의 사랑에 녹아져야 한다는 것입니다.

그래서 비느하스는 이스라엘 한 두령의 죄를 그냥 두지 않고 따라 들어가서 창으로 두 사람을 동시에 찔러 죽였을 때 하나님의 진노는 그쳤습니다.

하나님은 비느하스의 열정이 이겼다고 말씀하셨습니다.

결국 우리는 두 개의 불 중에 하나를 선택해야 합니다. 하나는 하나님을 향한 열정이고 다른 하나는 죄를 향한 열정입니다. 죄의 불이 이기면 망하는 것이고 하나님의 불이 이기만 사는 것입니다. 여기서 비느하스는 하나님의 불로 이겼습니다. 우리는 결국 열정이 있어야 합니다. 미지근한 신앙으로는 죄를 이길 수 없고 마귀를 이길 수 없습니다.

우리는 완전히 의인이기 때문에 죄를 짓지 않는 것이 아닙니다. 우리를 향한 하나님의 사랑이 우리를 이겼기 때문에 죄를 이기는 것입니다. 우리를 향한 하나님의 거룩한 질투심이 우리 안에 있는 죄의 호기심을 이긴 것입니다. 우리는 우리 안에 죄의 욕망이 있지만 그럼에도 불구하고 다른 사람들에게 담대하게 말을 해야 합니다. '죄를 버리라' 고 그리고 '죄에서 나오라' 고 해야 합니다.

비느하스가 그렇게 했을 때 하나님의 진노는 그쳤습니다. 그리고 염병도 그쳤습니다. 그리고 하나님께서는 비느하스와 평화의 언약을 맺으셨습니다. 여기 이 평화의 언약은 하나님과의 평화의 언약입니다. 즉 하나님이 어떤 진노가운데 계신다 하더라도 비느하스가 기도하면 다 들어주시는 것입니다. 이스라엘이 전쟁 중에 있든지 기근 중에 있든지 전염병 중에 있든지 비느하스가 기도하면 기도하는 즉시 죄를 사하시며 진노를 푸시며 은혜를 회복시켜 주시겠다고 약속하신 것입니다.

오늘 우리들도 우리의 연약함을 직시해야 하겠습니다. 우리 옆에서 우리를 노리고 있는 발람과 발락의 무리들을 보아야 하겠습니다. 우리는 말씀으로 우리 자신의 아름다운 자아상을 확립해야 합니다. 진정으로 하나님 앞에 아름다운 사람이 되어야 하겠습니다. 그리고 무엇보다 우리 자신을 믿으면 발람에게 걸려들게 됩니다. 자신을 믿지 말고 하나님만을 믿으시기 바랍니다.

21 _ 민 26:1-27:23

이스라엘의 세대교체

올림픽 경기는 화려한 개막식을 올리며 시작이 됩니다. 개막식 때에는 전 세계 선수들이 자기 나라 국기를 앞세우고 입장을 하게 됩니다. 사람들은 그 입장식에 들어가는 표를 얻는 것만 해도 얼마나 어려운지 모릅니다. 그리고 경기를 다 치른 후에 마지막 경기로 마라톤을 하게 됩니다. 그리고 폐막식을 하게 되는데 이때는 이미 승패는 다 갈라지고 난 후입니다. 대부분의 선수들은 자기 나라로 돌아가고 이제는 관중들이나 다음에 올림픽을 할 나라 대표들이 나와서 올림픽기를 받아가게 됩니다.

이스라엘 백성들이 광야에서 믿음의 훈련을 받은 것은 영적인 올림픽 경기였습니다. 이스라엘 백성들은 광야에서 입장을 하면서 개막식을 했는데 그 개막식이 바로 인구조사였습니다. 그리고 이스라엘 백성들이 광야 훈련을 다 마친 후에 폐막식을 했는데 그 폐막식도 인구조사였습니다.

우리가 오늘 본문 민수기 26장에서 보게 되는 것은 이스라엘 백성들이 광야에서 사십년간 훈련을 받은 후에 두 번째로 인구조사를 하는 내용입니다.

모세가 하나님의 명령에 따라서 사십 년 만에 두 번째로 인구 조사를 하고 놀라게 되는 장면입니다. 첫째는 이스라엘 백성들이 광야에서 그 혹독한 환경 가운데 사십년을 돌아다녔지만 인구는 별로 줄어들지 않았다는 것입니다. 이스라엘 백성들은 모두 광야의 불시험을 통과했습니다. 이스라엘 백성들이 먹을 것도 없고 마실 것도 없는 광야에서 사십년 동안 육십만 명이 넘는 사람들이 살아남았다는 것은 그들의 믿음의 승리였고 이제는 이 세상 어디에 가도 얼마든지 살아남을 수 있다는 것을 보여주는 것입니다. 그리고 두 번째는 이 사십년 동안 이스라엘 백성들은 완전히 세대교체가 된 것입니다. 이스라엘 백성들이 첫 번째 인구 조사를 할 때 포함되었던 사람들 중에서 두 번째 인구 조사 때 살아남은 사람은 단 두 사람 밖에 없었습니다. 한 사람은 눈의 아들 여호수아였고 또 다른 한 사람은 여분네의 아들 갈렙이었습니다. 그리고 나머지 그 많은 사람들은 모두 다 광야에서 죽었고 이스라엘은 완전히 세대교체가 되어서 새 이스라엘이 되어 있었던 것입니다. 그리고 가나안 정복의 깃발은 여호수아를 지도자로 한 새 이스라엘 손에 넘어가게 됩니다.

우리는 우리 한 사람이 모든 것을 다 할 수는 없다는 것을 알아야 합니다. 심지어 그 놀라운 능력을 가졌던 모세조차도 가나안 땅에는 발을 들여놓지 못했습니다. 이스라엘 백성들 중에서 출애굽 세대는 출애굽하고 훈련 받는 과정 까지만 담당을 했습니다. 그들은 결코 가나안 땅에 들어가지 못했습니다. 그리고 그 후에 태어난 세대는 출애굽의 기적을 보지 못했습니다. 그들은 아버지들 세대가 경험했던 것 중에서 하나도 본 것이 없었습니다. 그러나 믿음으로 연단이 되어서 요단강을 걸어서 건넜고 가나안 땅을 정복했습니다. 오늘 우리가 알아야 할 것은 우리는 과연 어느 세대에 해당되고 우리는 지금 어느 위치에 있느냐 하는 것입니다. 우리가 우리 위치도 제대로 알지 못하면서 우물쭈물 하다가는 아무 것도 하지 못하고 우리 인생을 마치게 될 것입니다.

아마 직장 생활 하시는 분들은 직장 안에서 나이든 세대와 젊은 세대 사이의 경쟁이 치열하다는 것을 아실 것입니다. 분명히 내가 먼저 회사에 들어왔고 내가 경력도 많은데 어물어물하는 사이에 나보다 훨씬 뒤에 들어온 친구에게 승진이나 보직에서 밀려버리는 경우가 있을 것입니다. 그러나 우리가 세상일에 있어서는 혹 다른 사람들에게 밀릴 수 있을지 모르겠지만 신앙에 있어서는 결코 밀려서는 안 되는 것입니다. 무엇보다 신앙에 있어서 시대를 앞질러 가는 사람이 세상에 있어서도 앞서가는 사람이 될 수 있습니다. 우리는 하나님 앞에서 가장 믿음에 앞장서는 자가 되어야 하며 가장 하나님을 사랑하며 가장 뜨거운 신앙을 가진 자들이 되어야 할 것입니다.

두 번째 인구 조사

전 세계의 나라들마다 올림픽 경기는 서로 자기 나라에서 유치하려고 경쟁을 하지만 광야 생활 같은 고생은 아무도 하려고 하지 않을 것입니다.

그러나 하나님의 백성들은 자신이 원하든지 원하지 않든지 간에 반드시 이 광야 생활을 하게 되어 있습니다. 그래서 우리는 우리 자신이 믿음으로 연단을 받는 이 기간을 영적인 올림픽으로 생각을 하셔서 어떻게 하든지 영광스럽게 이 훈련을 마치도록 해야 하는 것입니다.

하나님께서는 이스라엘 백성들이 염병으로 많이 죽고 난 후에 모세와 제사장 엘르아살에게 이스라엘 백성들 전체의 총수를 계산하라고 하셨습니다.

> **민수기 26장 1-2절**
> 염병 후에 여호와께서 모세와 제사장 아론의 아들 엘르아살에게 일러 가라사대 이스라엘 자손의 온 회중의 총수를 그 조상의 집을 따라 조사하되 이스라엘 중에 무릇 이십 세 이상으로 능히 싸움에 나갈만한 자를 계수하라 하시니

이스라엘 백성들이 모압 여인들의 유혹에 넘어가서 범죄하고 염병으로 죽은 숫자가 이만사천명이었습니다. 이 이만사천명이라는 숫자는 엄청나게 많은 숫자입니다. 아마 이 이만사천명의 시체를 눕혀 놓기만 한다고 해도 아마 들판을 다 채우고도 모자를 것입니다. 이때 사람들 중에는 죽은 사람들의 숫자만 보고 아까운 이스라엘 백성들이 여기서 다 죽었구나 라고 생각할 수도 있을 것입니다.

이만사천명이라는 숫자는 정말 어마어마하게 많은 숫자입니다. 그래서 이스라엘 백성들 중에서는 거의 반 정도가 죽은 것이 아닐까, 아니야 반 이상 더 죽었을거야 하는 식으로 불안과 두려움의 루머들이 퍼져나갈 수도 있었을 것입니다.

그러나 유감스럽게도 바알브올의 시험이 이스라엘 백성들이 광야

에서 치루어야 했던 마지막 시험이었습니다. 그동안 이스라엘 백성들은 광야에서 정말 많은 시련을 이기어 내었습니다. 배고픔도 있었고 목마름도 있었고 더위도 있었습니다. 끝없는 방황과 절망도 있었습니다. 독사의 공격도 있었고 왔던 길을 수도 없이 돌고 도는 방황도 있었습니다. 무엇보다 이스라엘 백성들의 마지막 고비가 바로 모압 여인들의 아름다움과 우상 숭배의 유혹을 이기는 것이었습니다. 아마 처음에는 이스라엘 백성들이 모두 다 모압 여인들 옆을 지나가면서 '우리는 모두 다 눈을 꼭 감고 모압 여인들이 뭐라고 소리를 질러도 쳐다보지도 않고 지나간다' 고 결심을 했을 것입니다. 그러나 지나가다가 조금씩 실눈을 뜨게 되고 나중에는 고개를 돌리게 되고 그 다음에는 자기도 모르게 달려가서 모압 여자들을 품에 안고 나중에는 우상에게 절도 하게 되었던 것입니다.

오디세이는 트로이 전쟁을 끝난 후에 집으로 돌아가다가 폭풍을 만나서 표류를 하는 바람에 많은 모험을 하게 됩니다. 그 중에 하나가 '세이렌' 의 섬을 통과하게 되는 것입니다. 거기에는 나쁜 여자 요정들이 아름다운 소리를 내면서 지나가는 뱃사람들을 부르는데 그 소리를 한번 들으면 가지 않을 수가 없는 것입니다. 그래서 모든 뱃사람들이 그 소리에 미쳐서 거기로 가다가 암초에 부딪쳐서 다 죽는 것입니다. 오디세이는 그 세이렌들의 소리를 듣고 싶어서 부하들에게 자기를 배의 돛에다 묶으라고 말을 합니다. 그리고 부하들은 모두 귀에 밀랍을 넣어서 소리를 듣지 못하게 하고 자기가 아무리 풀어 달라고 해도 풀지 말라고 단단하게 지시를 합니다. 드디어 그 세이렌의 섬을 지나가면서 오디세이는 요정들의 소리를 듣고 미쳐서 자기를 풀어달라고 고래고래 소리를 지릅니다. 그러나 부하들은 이미 귀를 막았기 때문에 오히려 더 단단한 밧줄로 오디세이를 묶었습니다. 그래서 오디세이 일행은 무사히 세이렌의 요정들이 있는 바위를 통과하게 됩니다.

요즘 우리 사회는 사회 전체가 불륜의 늪에 빠진 것 같습니다. 이것은 바로 사회 전체가 미친 것입니다. 그런데 이것만 미친 것이 아닙니다. 특히 요즘은 젊은 청소년들이 아니라 젊은 성인들이 성인 오락에 미쳐서 빠져나오지 못하고 있는 사람들이 많습니다. 이것은 정말 상식적으로 생각을 해 보면 말도 되지도 않는 것인데 실제로 많은 젊은 성인들이 전자오락에 빠져서 정신을 차리지 못하고 있는 것입니다. 아직 인생 달려갈 길이 창창한데 이미 모압 여자와 같은 덫에 걸려버린 것입니다. 아마 지금도 비느하스 같은 사람이 있으면 창을 들고 따라 들어가서 컴퓨터와 기계들을 모두 박살을 내어놓을 것입니다.

모세는 미디안 광야에서 사십년 동안 그의 백성 이스라엘과 함께 연단을 받았습니다. 이 기간이 무엇을 의미하는 것입니다. 아름답고 순수한 자기 자신을 되찾는 기간인 것입니다. 이만큼 우리에게 있어서 자기 자신을 찾는다는 것은 어렵고도 긴긴 시간이 걸리는 것입니다.

우리는 하나님 앞에서 가장 순수하고 아름다운 자신을 발견해야 합니다. 여기서 일단 '순수하다'는 것은 돈으로 더럽혀져 있지 말아야 합니다. 그리고 거짓말하지 말아야 합니다. 그리고 자신의 모습에 자신이 있어야 합니다. 나는 바른 것을 믿고 있으며 하나님은 나를 사랑하신다는 사실에 자신이 있어야 합니다.

이스라엘 백성들이 요단 동편의 땅을 차지하고 모압 여인들의 거짓된 사랑도 이겨내었을 때에 사십년의 긴긴 훈련이 끝나게 되었습니다.

이때 하나님께서는 모세와 엘르아살에게 이스라엘 백성들 중에서 사십년 훈련을 끝내고 살아있는 자가 얼마나 되는지 철저하게 조사를 하게 하셨습니다.

그래서 모세와 엘르아살은 이스라엘 백성들을 지파별로 그리고 가족별로 다 조사를 했습니다. 그 전체 총수가 육십만 일천 칠백 삼십 명이었습니다.

민수기 26장 51절
이스라엘 자손의 계수함을 입은 자가 육십만 일천 칠백 삼십 명이었더라

이것이 이스라엘 백성들의 광야 생활의 결산이었습니다.

이스라엘 백성들이 처음 광야 생활을 시작할 때의 숫자는 민수기 1:46에 나옵니다. "계수함을 입은 자의 총계가 육십만 삼천 오백 오십 명이었더라"

놀라운 것은 이스라엘 백성들이 사십년 동안 집도 없이 논이나 밭이나 양식도 없이, 어디 다른 나라 원조 하나 없이 육십만 명이 모두 다 살아남았다는 사실입니다. 이스라엘 백성들의 인구는 크게 늘어난 것도 없었지만 그렇다고 해서 이스라엘 백성들이 형편없이 줄어들지도 않았습니다. 단지 사십년 동안 이 육십만 명이 믿음 하나로 살아남는데 성공을 한 것입니다.

이것은 인류 역사상 다시 반복될 수 없는 대기록입니다. 우리는 가끔 한 두 사람이 전쟁 때 정글 속으로 전쟁을 피하여 들어갔는데 나중까지 살아남은 이야기를 들을 때가 있습니다. 그러나 육십만 명이 양식도 전혀 없고 사람이 살 수 없는 극한적인 환경에서 아이들을 낳고

또 키우면서 육십만 명이 살아남았다는 것은 기적 중의 기적인 것입니다.

이 사람들은 도대체 무슨 힘으로 살아남은 것입니까? 오직 하나님의 말씀의 능력이었습니다. 하나님께서는 말씀하시기를 '사람이 떡으로만 살 것이 아니요 하나님의 입에서 나오는 말씀으로 살 것이니라'고 하셨습니다. 이들은 모두 하나님의 말씀으로 전혀 살 수 없는 환경에서 자기들도 살았고 자녀들을 낳아서 키웠던 것입니다.

그래서 광야 이스라엘 백성들은 두 가지에 있어서 성공했습니다. 하나는 이 세상에 아무 것도 없어도 하나님의 말씀만 믿으면 살 수 있다는 것입니다. 일 년 이년이 아니라 삼십년 사십년을 살 수 있고 자신들만이 아니라 자녀들까지 키우면서 살 수 있다는 것입니다. 이것은 잘 살았느냐 못 살았느냐 하는 것이 문제가 아니라 살아남은 것 자체가 기적이고 승리인 것입니다.

그리고 또 하나는 이들이 인간으로서 하나님을 모시고 사는데 성공했다는 것입니다. 하나님은 '소멸하는 불'이시며 어떤 인간도 접근할 수 없는 분이십니다. 아마 우리 인간들이 아무 대책 없이 원자로에 가까이 갔다가는 모두 녹아버릴 것입니다. 그런데 이스라엘 백성들은 하나님을 모시고 그 불을 축복으로 바꾸는데 성공을 했습니다. 그래서 사십년 동안 하나님께서는 이스라엘 백성들에게 은혜가 되어주셨습니다. 그들이 가는 길에 구름 기둥이 되어주시고 밤에는 불기둥이 되어주셨습니다. 이스라엘 백성들의 광야 사십년은 하나님과의 가장 달콤한 밀월여행이었습니다.

광야 사십년을 통과한 이스라엘 백성들은 이 세상 어디에 가도 성공할 수 있습니다. 왜냐하면 광야에서 살아남았던 사람들이 무엇을 두려워 할 필요가 있겠습니까? 그러기에 우리 성도들 모두는 광야 생활을 통과하셔야 합니다. 광야에서 이겨야 가나안 땅에서도 이길 수가 있는 것입니다.

이스라엘의 세대교체

모세가 사십 년 만에 인구조사를 하면서 또 한 가지 놀라운 사실은 이 사십년 동안 이스라엘 백성들은 철저하게 세대교체가 되었다는 사실입니다.

> 민수기 26장 64-65절
> 모세와 제사장 아론이 시내 광야에서 계수한 이스라엘 자손은 한 사람도 들지 못하였으니 이는 여호와께서 그들에게 대하여 말씀하시기를 그들이 반드시 광야에서 죽으리라 하셨음이라 이러므로 여분네의 아들 갈렙과 눈의 아들 여호수아 외에는 한 사람도 남지 아니하였더라

이스라엘 백성들을 겉으로 보기에는 거의 같은 숫자가 유지되고 있는 것 같은데 안을 들여다보니까 내용적으로는 엄청나게 변해 있었습니다. 그것은 처음 출애굽했던 자들은 모두 다 광야에서 죽어버리고 그 많은 육십만 명 중에서 단 두 사람 여호수아와 갈렙만이 새로운 숫자에 포함이 되어 있었던 것입니다. 이것은 하나님의 말씀이 얼마나 무섭게 이루어지는가 하는 것을 보여주는 것입니다. 하나님께서는 이스라엘 백성들에게 이미 사십년 전에 가나안 땅에 들어갈 수 있는 기

회를 일차로 주셨습니다. 그런데 그때 거의 대부분의 이스라엘 백성들이 믿음에 굳게 서지 못하고 인간적인 생각에 빠져서 하나님을 원망하다가 모두 가나안 땅에 들어갈 자격을 박탈당하고 만 것입니다. 그러나 오직 그때 하나님의 말씀을 믿고 '우리는 가나안 사람들을 이길 수 있다. 그들은 우리의 밥이라'고 주장했던 여호수아와 갈렙은 하나님께서 가나안 땅에 들어갈 것이라고 하셨습니다. 결국 하나님의 그 말씀 그대로 되어서 다른 육십만 명의 이스라엘 백성들은 다 죽고 단 두 사람만 살아남게 되었습니다.

우리가 이것을 보면 짧은 기간에는 인간의 생각이나 인간의 의지나 머리가 이기는 것 같지만 좀 더 세월이 지나고 보면 모든 것이 하나님의 말씀대로 된다는 것을 알 수 있습니다.

결국 '네 믿음대로 될찌어다'라는 말씀이 성립이 되는 것입니다. '안 된다'는 믿음을 가진 자는 안 되게 되어 있습니다. 그러나 '주 안에서 된다'는 믿음을 가진 자는 결국 그 믿음대로 되게 되는 것입니다.

여기서 우리가 주의해야 할 것은 이 '믿음'이 자기 신념이 아니라는 것입니다. 우리가 신념이라고 하는 것은 자기가 할 수 있다고 믿는 것입니다. 자기가 할 수 있다고 믿는 것은 믿음이 아니고 신념입니다. 주로 신념이 통하는 것은 짧은 기간입니다. 믿음은 '하나님이 하실 수 있는 것을 믿는 것'입니다. 그리고 '내 생각대로'가 아니라 '성경대로 이루어질 것'을 믿는 것입니다.

우리는 여기서 출애굽 세대와 그 후 세대가 얼마나 영광과 능력에 있어서 차이가 나는지 생각해 볼 필요가 있습니다.

출애굽 세대는 어디 출신들입니까? 모두 애굽 출신들이었습니다. 애굽 출신이라는 것은 요즘으로 치면 '미국 출신'이라는 말과 같은 뜻입니다. 그들은 세계 최고의 나라에서 살았던 사람들이었습니다. 그들은 모두 하나님의 백성으로서 할례를 받았던 자들입니다. 그들은 출애굽하면서 모두 모세의 능력과 기적을 보았던 사람들이었습니다. 그들은 나일강이 피로 변하는 것도 보았고 개구리 재앙이나 메뚜기 재앙이나 우박의 재앙도 보았습니다. 그들은 애굽의 모든 장자들이 죽는 재앙도 보았고 나중에는 홍해가 갈라지는 것도 보았고 그 갈라진 사이로 직접 건넜던 사람들이었습니다. 그러니까 이 출애굽 세대는 이스라엘 역사에서 최고로 기적을 많이 체험했던 자들이었고 프라이드가 세었던 사람들이었습니다. 그러나 문제는 그들의 마음속에 하나님에 대한 믿음이 없었습니다. 그들은 결코 마음속으로 애굽을 포기하지 못했습니다.

거기에 비해서 광야에서 태어난 세대는 윗세대의 영광과 능력을 하나도 가지지 못했습니다. 그들은 아무도 애굽에서 살아본 기억이 없었습니다. 그들은 할례를 받지도 못했습니다. 그들은 아버지 세대 혹은 삼촌 세대가 출애굽하면서 체험했던 기적에 대해서 이야기만 들었지 하나도 보지 못했습니다.

그래서 출애굽 세대는 광야 길에서 난 자기 밑의 세대를 볼 때마다 '너희들은 같은 이스라엘의 자격이 없다' 고 무시를 했습니다.

너희들은 도저히 우리와 같은 이스라엘이라고 말할 수가 없다고 말했습니다. 너희들은 도저히 본 것도 없고 겪은 것도 없고 본 것이라고는 오직 광야의 방울뱀과 전갈밖에 없는데 너희 같은 것들을 데리고 무엇을 할 수 있는지 모르겠다는 식으로 말을 하곤 했습니다. 그러나 하나님은 출애굽 세대를 다 포기하시고 전혀 본 것도 없고 아는 것도 없지만 무조건 하나님의 말씀 밖에 모르는 이 세대를 사용하셔서 가나안 땅을 정복하게 하신 것입니다.

그러기에 우리는 우리가 다른 사람들에게 자랑하는 것과 하나님이 귀하게 생각하는 것은 다르다는 것을 알 필요가 있습니다. 하나님께서는 우리가 얼마나 체험을 많이 했고 얼마나 세상 경험이 많으며 외국 생활도 얼마나 많이 해 봤느냐 하는 것을 중요하게 생각하시지 않습니다. 이 모든 것이 하나도 없어도 하나님의 말씀을 말씀으로 믿고 따르는 자들을 택하신 것입니다.

그런 까닭에 여러분들 중에서 세상 공부도 많이 하지 못하고 외국에서 산 경험도 없고 아는 것은 오직 하나님의 말씀밖에 없다고 해서 기죽을 필요가 전혀 없습니다. 하나님은 이런 사람들을 만나시기 위해서 이스라엘 백성들을 광야로 몰아 넣으셨던 것입니다.

여러 지파들의 변화된 사정

이스라엘의 여러 지파들이 인구를 조사하다 보니까 여러 가지 에피소드들이 나타나게 되었습니다. 그 중에 하나가 르우벤 지파의 인구조사였습니다. 르우벤 지파의 인구는 조금 줄었습니다. 처음 인구조사 때 4만6천5백이었는데 두 번째로 할 때에는 4만3천7백3십이었습니다. 2천7백 명가량이 줄었습니다.

그런데 르우벤 지파에서 있었던 큰 사건은 다단과 아비람이라는 사람이 모세를 대적하다가 죽은 사건이었습니다. 그리고 이때 고라는 땅이 갈라져서 땅 속에 삼키워져서 죽었습니다. 하지만 고라의 아들들은 죽지 않았습니다. 고라의 아들들은 나중에 자손들까지 남아서 하나님께 충성하게 됩니다. 이것을 보면 부모의 나쁜 것은 굳이 따라 할 필요가 없는 것입니다.

우리는 대개 자기도 모르게 부모의 기질이나 생각을 그대로 물려받을 때가 많습니다. 그러면 부모의 죄까지도 물려받게 됩니다. 우리가 이것을 철저하게 끊으려면 그리스도 안에서 완전히 다시 태어나야 합니다. 아버지가 술을 마시고 엄마을 때리고 술주정을 했다고 해서 자기까지 그렇게 할 필요가 없는 것입니다. 그러나 철저하게 변하지 않으면 자기도 모르게 늙어가면서 아버지의 행실을 따라하게 되어 있습니다. 그래서 한번은 그리스도 안에서 철저하게 부모와의 잘못된 죄의 습관의 고리가 끊어져야 합니다.

두 번째는 시므온 지파인데 시므온 지파는 이유를 알 수 없이 줄어들게 됩니다. 약 3만 7천 명 정도가 줄어들어서 이스라엘 중에서 가장 작은 지파가 되어버립니다. 그것은 야곱이 예언한대로 된 것입니다. 시므온과 레위는 자기 여동생이 강간을 당했다고 해서 그 분풀이로 세겜 사람들을 모두 다 몰살시켜 버렸습니다. 그것도 할례를 하면 결혼시켜주고 무역도 하겠다고 속이고 다 죽여 버렸습니다. 그래서 나중에 야곱이 죽기 전에 두 아들을 축복하면서 하나는 작아질 것이요 다른 하나는 흩어질 것이라고 했습니다. 그 예언 그대로 레위는 이스라엘 안에 흩어져서 말씀을 가르치고 기도하면서 살아남게 됩니다. 이것이 레위가 사는 길인 것입니다. 그리고 시므온은 작아지면서 살게 됩니다. 또한 르우벤은 고개를 숙여야 살게 되는 것입니다.

우리는 무조건 크다고 해서 다 좋은 것이 아닙니다. 어떤 때에는 '작은 것이 아름다울 때'도 있습니다. 하나님이 나를 작게 하시고 나를 평범하게 하실 때 이것이 나를 살게 하시는 길이라고 생각하고 감사하시기 바랍니다.

그래서 시므온 지파는 나중에 유다 지파와 협력을 해서 가나안 땅을 차지하게 됩니다. 그리고 굉장히 인구가 많아진 지파들은 대개 평범한 지파들입니다. 잇사갈 지파가 만 명 정도 늘었고 므낫세 지파가 이만명 정도 늘었고 아셀 지파가 만 명 정도 늘게 됩니다.

이스라엘 백성이 인구 조사를 다 하고 난 후에 세 가지 이야기가 더 나옵니다. 그 하나가 앞으로 가나안 땅을 정복할 때 제비를 뽑아서 하는데 인구 수대로 땅을 차지한다는 것입니다. 즉 인구가 많은 지파는 큰 땅을 차지하고 인구가 적은 지파는 적은 땅을 차지하되 제비로 뽑는다는 것입니다.

그러니까 가나안 땅은 누군가가 정복하고 난 후에 제비를 뽑아서 나누어주는 것이 아닙니다. 가나안 땅은 가나안 사람들이 있는 상태에서 제비를 뽑아서 자기 땅은 자기가 차지를 해야 하는 것입니다. 그래서 자기가 땅을 차지하기 위해서 싸우지 않으면 아무리 세월이 많이 흘러도 가나안 땅은 자기 것이 되지 못하는 것입니다. 그래서 결국 약속의 땅은 싸워서 빼앗는 자가 차지하는 것입니다.

그러면 우리가 차지해야 할 땅이 어디입니까? 아마 우리도 그것을 알기만 하면 죽자 사자 덤벼들어서 어떻게 해서든지 차지할 것입니다. 만일 고시가 하나님의 뜻이라면 죽자 살자 고시 공부를 할 것이고 유학이 하나님의 뜻이라면 무슨 수를 써서라도 유학을 가서 공부를 할 것입니다. 그리고 장사가 하나님의 뜻이라면 죽자 살자 장사를 할 것입니다. 그런데 하나님께서는 우리에게 가나안 땅을 가르쳐 주시지 않으시는 것입니다. 어디에 가서 어느 땅을 차지하라고 말씀을 하시지 않으십니다. 그 이유가 어디에 있을까요? 우리가 사는 이 땅에는 과거 이스라엘처럼 정복해야 할 물리적인 가나안 땅은 없기 때문입니다.

오직 진정한 우리의 가나안 땅은 하나님 자신입니다. 우리가 알아야 할 것은 가나안 땅은 상으로 주시는 것이지 목표가 아니라는 사실입니다. 이스라엘 백성들이 광야에서 하나님만 붙잡았기 때문에 가나안 땅을 선물로 주시는 것입니다. 그러나 땅 자체를 목표로 하면 가나안 땅은 빼앗기게 되어 있습니다. 출애굽 세대가 땅을 목표로 했기 때문에 가나안 땅에 들어가지 못한 것입니다. 우리가 하나님 자신을 목표로 하고 하나님을 알아가고 믿음이 자라는 자체를 목표로 삼을 때 우리는 가나안 땅을 차지하게 됩니다. 그러나 그때에도 공짜로 얻는 것은 아니라는 것입니다. 우리는 우리 나름대로 해야 할 것은 다 해야 합니다. 영어 시험도 쳐야 하고 입학이나 취직 원서도 내어야 하고 대학원 공부도 마쳐야 합니다. 그러나 믿음으로 공부하거나 일을 할 때 훨씬 시행착오가 적어지게 될 것입니다. 우리는 인간이기 때문에 시행착오가 전혀 없을 수는 없지만 옛날에 비해서 훨씬 시행착오가 적어지고 하는 일이 재미가 있고 그 일에서 하나님의 축복을 경험하게 되는 것입니다. 그리고 어떤 때에는 내가 하고 있는 일에서 아주 유명해질 때도 있습니다. 또 물질적인 복도 많이 받게 됩니다. 그것이 모두 다 하나님께서 우리에게 주시는 가나안의 복인 것입니다.

그럼에도 불구하고 우리는 결국 믿음의 분량 밖에 하나님의 복을 차지하지 못할 것입니다. 왜냐하면 믿음의 분량을 넘어서는 복은 우리에게 도움이 되지도 않기 때문입니다. 이미 부담스럽고 생활을 복잡하게 만들고 영성을 떨어지게 할 것입니다.

여기에 보면 여성들의 상속권 문제가 나오게 됩니다. 옛날에는 여성들의 상속권이 인정이 되지 않았습니다. 그래서 인구를 헤아릴 때에도 이십 세 이상의 남자만 헤아린 것입니다. 그것은 여성들은 남자와 결혼해서 가정을 이루는 것을 정상적으로 생각하기 때문입니다.

그런데 인구 조사를 하다보니까 요셉 지파에서 슬로브핫이라는 사람이 있는데 이 사람은 아들은 하나도 낳지 못하고 딸만 다섯을 낳고 죽었습니다. 그런데 아들이 없고 딸만 있으니까 이 딸들은 아예 땅을 분배하는데 해당 사항이 없었습니다. 즉 있으나 마나 한 사람들이 된 것입니다. 이들이 살 수 있는 길은 죽으나 사나 빨리 남자를 잡아서 결혼하는 수밖에 없었습니다. 그런데 이 딸들은 아버지의 땅을 지키기를 원했습니다. 즉 결혼을 못하는 한이 있더라도 우리는 아버지의 가나안 땅을 지키겠다는 것이었습니다.

그래서 이 다섯 딸이 모세를 찾아가서 우리 아버지는 고라 당에 든 것도 아니고 특별한 죄를 지어서 죽은 것도 아니고 그냥 나이가 들어서 죽었는데 왜 우리는 여자라고 해서 아버지의 땅 분배에서 다 빠져야 하느냐 우리에게도 땅을 달라고 요구를 했습니다.

> **민수기 27장 4절**
> 어찌하여 아들이 없다고 우리 아버지의 이름이 그 가족 중에서 삭제되리이까?
> 우리 아버지의 형제 중에서 우리에게 기업을 주소서 하매

이스라엘의 땅은 남자를 통해서 상속이 되게 되어 있습니다. 그런데 만일 그렇게 되면 딸만 있는 아버지는 아예 이스라엘 중에서 이름까지도 없어지기 때문에 안 된다는 것입니다. 딸에게도 상속권을 주어서 아버지의 권리가 없어지지 않게 해 달라는 것입니다. 그런데 골치 아픈 문제가 하나 있었습니다. 그것은 딸이 결혼을 하지 않고 아버

지의 재산을 지키는 것은 괜찮지만 결혼하면 마찬가지가 아니냐 하는 것입니다. 결국 나중에 이런 여자는 같은 씨족 안에서만 결혼을 하도록 하는 조건으로 상속권을 인정해주게 됩니다.

요즘은 모든 영역에서 여성들이 두각을 나타내고 있는 시대가 되었습니다. 판사나 검사도 여성들이 많고 군대 사관학교에서도 여자 생도들이 일등으로 졸업을 하고 있습니다. 어린 아이들 세계에서도 남자가 여자 아이에게 프러포즈를 하는 것이 아니라 여자 아이가 남자 아이에게 프러포즈를 한다고 합니다. 그러나 아직도 직업이나 승진에 있어서 여성들에게 불리한 것은 엄청나게 많이 남아 있습니다. 아마 이런 부분들은 앞으로 바꾸어져야 할 것입니다. 그런데 여성들이 가만히 있는데 남자들이 알아서 챙겨줄리는 절대로 없다는 것을 아셔야 합니다. 이스라엘 백성들 안에서도 슬로브핫의 딸들이 문제를 제기하니까 결국 이것이 인정이 된 것이지 그냥 가만히 있었더라면 그냥 넘어가는 수밖에 없는 것입니다.

이것은 우리가 하나님 앞에서도 그럴 것입니다. 이미 하나님께서 우리에게 주시마 약속하신 복이 어마어마하게 많은데 우리가 모르고 찾지 못해서 그냥 사장되어버리는 것이 엄청나게 많을 것입니다. 그러기에 우리는 성경을 철저하게 연구하여 하나님이 숨겨놓으신 보물을 찾아야 합니다. 우리가 찾고 구하기만 하면 우리의 것이 되는 것입니다.

모세와 여호수아

모세에게 가장 가슴 아픈 사건은 므리바 반석의 사건이었을 것입니다.

민수기 27장 12-14절
여호와께서 모세에게 이르시되 너는 이 아바림 산에 올라가서 내가 이스라엘 자손에게 준 땅을 바라보라. 본 후에는 네 형 아론의 돌아간 것 같이 너도 조상에게로 돌아가리니 이는 신 광야에서 회중이 분쟁할 제 너희가 내 명을 거역하고 그 물 가에서 나의 거룩함을 그들의 목전에 나타내지 아니하였음이니라. 이 물은 신 광야 가데스의 므리바 물이니라

이스라엘 백성들이 광야에서 사느냐 죽느냐를 결정하는 것은 물이었습니다. 이스라엘 백성들은 물이 없어서 너무나도 고통스러워했습니다. 이때 이스라엘 백성들이 모세에게 와서 '물이 없어서 우리가 너무 고통스럽습니다. 우리는 더 이상 버틸 수가 없습니다. 우리를 위해서 기도를 좀 해주시겠습니까?' 하고 했더라면 모두 다 믿음으로 승리했을 것입니다.

그러나 이스라엘 백성들은 물에 대한 강박 관념이 있었습니다. 물이 없으면 전부 다 광야에서 죽을 것이라고 생각했습니다. 그래서 모든 원망을 모세에게 다 퍼부었습니다. 사실 하나님은 거기에 물을 준비해 놓고 계셨습니다.

우리가 알아야 할 것은 우리가 더 견딜 수 없을 때 거기에 반드시 살 길이 있다는 것입니다. 이때 우리는 하나님의 은혜를 기억하고 감

사하고 구하기만 하면 되는 것입니다.

그런데 모세가 거기서 더 이상 참지 못했습니다. 하나님께서는 모세에게 분명 지팡이를 가지고 반석을 향해 명령을 하라고 했습니다. 즉 오직 하나님의 말씀을 가지고 반석에서 명령을 하기만 하면 되는 것입니다.

그러나 모세는 화를 내었습니다. 그러면서 '내가 너희를 위하여 이 반석에서 물을 내랴' 고 하면서 두 번 반석을 쳤습니다. '내가 너희를 위하여 이 반석에서 물을 내랴' 고 하는 것은 '너희 같은 것들을 위해서 무엇 때문에 물을 내겠어? 너희들이 그런 가치라도 있느냐?' 라는 것입니다.

그러나 우리는 다른 사람의 가치에 대해서 판단하는 말을 해서는 안 됩니다. 그것은 오직 하나님만이 하실 수 있는 것입니다. 다른 사람들이 말도 되지도 않는 욕을 하고 요구를 할 때 입을 다물어 버려야 합니다. 그러나 거기에 대어 놓고 같이 싸우려고 하니까 하나님의 영광을 가리우게 되는 것입니다. 마치 모세가 주인이 된 것 같고 하나님은 모세가 화가 나서 반석을 치니까 어쩔 수 없어서 순종하는 형식이 되어버린 것입니다.

하나님이 원하신 것은 모세가 '그럼에도 불구하고' 였습니다. 이 세상에 살다보면 우리가 화를 내어야 할 이유도 많고 혈기를 부려야 할 때도 많지만 그것보다 더 중요한 것은 하나님의 영광인 것입니다. 우리는 하나님의 영광 때문에 내 혈기와 내 성질을 죽여야 하는 것입니다.

하나님이 원하신 것은 모세가 '그럼에도 불구하고' 반석에게 명령을 내리고 이스라엘 백성들에게도 '그럼에도 불구하고 하나님은 너희를 사랑하신다'고 했어야 하는 것입니다.

하나님은 모세에게 므리바 반석에서 하나님의 영광을 온전히 나타내지 못했기 때문에 가나안 땅을 보기만 하고 들어가지 못한다고 하셨습니다.

하나님의 뜻은 이만큼 무서운 것입니다. 특히 지도자의 교만과 죄에 대해서는 하나님께서 더 철저하십니다.

하나님께서는 모세에게 그의 종 여호수아에게 안수해서 이스라엘의 지도자로 세우라고 하셨습니다. 사실 모세와 여호수아는 비교가 되지 않는 사람이었습니다. 모세는 열 가지 재앙을 일으킨 능력의 종이었습니다. 그는 홍해를 갈라서 이스라엘 백성들을 인도하였고 시내산에 올라갔다가 내려온 후에는 그 얼굴에 영광의 광채가 있었습니다. 모세의 지팡이는 모든 기적을 다 행하는 능력의 지팡이였습니다. 모세는 대단히 카리스마가 있는 사람이었습니다. 거기에 비해서 여호수아는 그런 카리스마가 하나도 없는 사람이었습니다. 여호수아는 열 가지 재앙 중에 단 하나도 행한 적이 없었고 얼굴에 광채도 없었고 그에게는 능력의 지팡이도 없었습니다.

그러나 이제 모든 것이 변했습니다. 이제 이스라엘 백성들에게는 모세의 얼굴의 광채나 카리스마가 필요치 않았습니다. 이제는 그런 것 하나 없이 오직 말씀을 들고 나가기만 하면 되는 것입니다. 이제 오히려 모세가 있으면 이스라엘 백성들은 모세의 지팡이가 그들의 일을 다 해 주기를 기다릴 것입니다.

이스라엘 백성들이 광야에 있을 때에는 아직 어리기 때문에 눈에 보이는 카리스마가 필요했습니다. 광채도 필요했고 지팡이도 필요했고 불이나 나팔 소리도 필요했습니다. 그러나 이제 이스라엘 백성들도 영적으로 성숙했고 또 가나안은 성숙한 신앙을 필요로 하고 있었습니다. 성숙한 신앙인은 눈에 보이는 카리스마적 능력이 나타나지 않아도 오직 말씀 하나 붙들고 세상에 나가서 세상을 정복하고 차지하는 것입니다.

우리가 겉으로 보기에 대단하게 보이는 것이 결코 성숙한 것이 아니라는 것을 알아야 합니다. 화려한 것은 아직 어리기 때문에 교육용으로 시청각 교재로 보여주는 것입니다. 오늘 우리 시대는 성숙한 신앙을 요구하고 있습니다. 눈에 보이는 기적같은 일이 일어나지 않아도 오직 말씀 하나 붙들고 요단강을 건너고 여리고 성을 무너뜨릴 수 있어야 하는 것입니다.

오늘 우리는 화려한 모세의 지팡이나 겉옷을 잡아서는 안 됩니다. 우리는 종이 위에 기록된 살아계신 하나님의 말씀만을 붙들고 믿어야 합니다. 그러면 광야에서 이스라엘을 살리시고 축복해 주신 하나님께서 우리의 삶도 축복해 주실 것입니다.

22 _ 민 28:1-29:40
가나안 땅에서 드릴 제사

우리는 우리 자신의 미래에 대하여 아름다운 청사진을 가지는 것이 중요합니다. 왜냐하면 미래에 대한 청사진을 가지고 하루하루를 살아가는 것과 미래에 대하여 아무런 계획도 없이 닥치는 대로 살아가는 것 사이에는 엄청난 차이가 있기 때문입니다. 어떤 도시를 건설할 때에 처음에는 모두 야산이고 논이고 밭이지만 그 도시를 건설할 책임자의 마음속에는 미래의 청사진이 그려져 있을 것입니다. 어디에 시가지가 만들어지고 어디에 공설 운동장이 세워지며 어디에 시장이 들어설 것인가 하는 구상이 머릿속에 있습니다. 그러면 하나씩 그 계획에 따라서 착착 만들어 나가면 되는 것입니다. 그러나 미래에 대하여 아무런 계획 없이 닥치는 대로 건물이 들어서고 시장이 난립하며 닥치는 대로 땅을 파헤친다면 너무나도 무질서한 도시가 만들어지게 될 것입니다. 심지어 어떤 때에는 한번 했던 공사를 이중 삼중으로 하게 될 때도 있습니다. 그 이유는 미래에 대한 청사진 없이 닥치는 대로 일을 했기 때문입니다.

　우리는 교회에 대해서도 아름다운 청사진을 가지고 있어야 합니다. 그렇지 않으면 너무 의욕에 앞서서 많은 일을 하기는 하는데 실제로는 별로 아름답지 않은 열매만 맺히는 것입니다. 우리는 주님이 우리에게 주신 성전의 청사진이 있습니다. 즉 우리 한 사람 한 사람이 살아있는 성전으로 하나님 앞에서 함께 지어져 가는 것입니다. 우리가 이 청사진을 가지고 있으면 굳이 유행에 따라갈 필요도 없고 우리 자신이 시대에 뒤떨어진다고 생각할 필요도 없는 것입니다. 오히려 예수님이 주신 그 청사진으로 교회를 세워 나가는 것이 시대에 가장 신선하고 능력 있고 시대에 앞장선 교회의 모습이 될 것입니다.

　우리는 개인적으로도 내가 앞으로 하나님 앞에서 어떤 모습의 사람이 될 것인지 청사진을 가져야 합니다. 그렇지 않고 정신없이 살다가 어느 날 늙어서 자신의 모습을 보았을 때 너무나도 추한 모습으로 나타나게 되는 것입니다. 그러나 우리가 자신의 미래에 대한 아름다운 청사진을 가지고 꾸준히 노력을 하면 어느새 가장 성공적인 사람으로 변할 것입니다.

　우리가 이 세상에서 후회 없는 가장 아름다운 삶을 살 수 있는 방법은 자기에게 가장 맞고 자기가 잘 할 수 있는 일을 찾아서 죽을 때까지 꾸준히 해 나가는 것입니다. 그러나 우리는 자기가 가장 잘 할 수 있는 것을 찾는 것이 너무나도 어렵습니다. 우리는 자기가 잘할 수 있는 것을 잘 모릅니다. 그리고 설사 그것을 찾았다 하더라도 자신의 길을 끝까지 가기가 너무나 어렵습니다. 그러나 우리는 자기가 가장 잘 할 수 있는 것을 예수님 안에서 찾습니다. 그리고 자기 길을 꾸준히 걸어갈 수 있는 힘도 주님으로부터 얻게 됩니다. 그러기에 우리는 하나님을 가까이 하고 은혜를 많이 받아야 합니다. 그러면 결국 이 세상에서도 복을 받고 성공하게 되는 것입니다.

민수기는 모세가 두 번째로 이스라엘 백성의 인구 조사를 하는 것으로 끝이 납니다. 즉 민수기는 모세의 인구 조사에서 시작해서 인구 조사로 마치는 것입니다. 모세의 두 번째 인구조사가 민수기 26장에서 이루어지기 때문에 민수기는 26장에서 끝이 나도 전혀 상관이 없습니다. 그런데 민수기는 36장까지 무려 10장이나 더 기록되어 있습니다. 그런데 이 뒤에 기록되어 있는 민수기가 보여주고자 하는 것이 무엇입니까? 그것은 결국 이스라엘 백성들의 미래 청사진인 것입니다. 이스라엘 백성들은 가나안 땅을 아무 생각 없이 닥치는 대로 쳐들어가는 것이 아니었습니다. 이스라엘 백성들은 가나안 땅에 대한 청사진을 가지고 있습니다. 그 청사진은 두 가지였는데 하나는 영적인 청사진 즉 예배에 대한 청사진이고 다른 하나는 땅에 대한 청사진이었습니다. 오늘 우리는 본문을 통해 그 중에서도 영적인 청사진 즉 예배에 대한 청사진에 관해 알아보고자 합니다.

이스라엘 백성의 영적인 청사진

우리는 미래에 대한 자신의 청사진을 만들 때 세상적인 청사진보다는 영적인 청사진 즉 신앙 성장에 대한 청사진을 먼저 만드는 것이 중요합니다. 왜냐하면 세상적인 성공의 청사진은 하나의 희망 사항에 불과한 것이고 그것이 실현될 수 있을지 없을지는 아무도 모르기 때문입니다. 또 이런 세상적인 성공이나 축복도 영적인 축복의 결과로 주어지는 경우가 많기 때문입니다. 그래서 미래에 대한 계획을 세울 때 영적인 청사진을 먼저 그리는 것이 중요합니다. 즉 나는 앞으로 무엇이 되던 지간에 하나님 앞에서 어떤 신앙을 가지겠으며 어떤 식으로 신앙을 지켜나가겠다는 밑그림을 가져야 하는 것입니다. 그런 까닭에 하나님께서는 이스라엘 백성들이 가나안 땅에 들어가기 전에 먼저 제사에 대한 청사진을 가지게 하셨습니다.

> 민수기 28장 1-2절
> 여호와께서 모세에게 일러 가라사대 이스라엘 자손에게 명하여 그들에게 이르라 나의 예물, 나의 식물 되는 화제, 나의 향기로운 것은 너희가 그 정한 시기에 삼가 내게 드릴찌니

민수기 28장과 29장에 나오는 제사는 출애굽기나 레위기나 신명기에 많이 나왔던 내용입니다. 즉 이스라엘 백성들은 매일 하나님 앞에 아침저녁으로 번제를 드릴 것이며 그 외에도 드릴 제사들이 많이 있습니다. 안식일에 드리는 제사도 있고 매월 첫날에 드리는 제사도 있고 신년 초에 드리는 제사도 있습니다. 그리고 이스라엘 백성들의 위대한 삼대 절기에 드리는 제사도 있습니다. 그런데 우리는 이것을 다른 각도에서 보려고 하는 것입니다. 이 제사가 다른 것이 아니라 앞으로 이스라엘 백성들이 가나안 땅에서 살아가는 영적인 청사진이라는 것입니다.

우선 우리가 먼저 생각해야 할 것은 하나님께서 이스라엘 백성들에게 이런 이런 제사를 드리라고 말씀하신 것은 아직 가나안 땅에 들어가기 전인 광야에서였다는 것입니다. 하나님께서 아직 이스라엘 백성

들이 가나안 땅에 들어가기도 전에 가나안 땅에서 드릴 제사부터 말씀하시는 이유가 무엇일까요?

그것은 이스라엘 백성들이 분명히 가나안 땅에 들어가서 이런 이런 복을 받는다는 것을 전제로 말씀을 하시는 것입니다. 만일 이스라엘 백성들이 가나안 땅에 들어갈지 안 들어갈지도 모르는 상황에서 이런 제사를 드리라고 하는 것은 말도 되지도 않는 것입니다. 이스라엘 백성들은 하나님의 이런 약속이 있었기 때문에 광야에서 사십년을 방황하면서도 좌절하지 않았습니다. 그 이유는 예배가 그들에게 미래에 대한 희망을 주었기 때문입니다.

우리나라도 일제 때 나라가 망하고 절망가운데 있을 때 하나님께서는 교회를 통해서 계속 희망을 주셨습니다. 이 희망이 있었기 때문에 우리 민족은 36년간의 일제 탄압을 견디어낼 수 있었던 것입니다. 하나님께서는 예배를 통하여 우리에게 희망을 주십니다.

그래서 사도 바울은 이런 말을 했습니다.

> **빌립보서 2장 13절**
> 너희 안에서 행하시는 이는 하나님이시니 자기의 기쁘신 뜻을 위하여 너희로 소원을 두고 행하게 하시나니

우리 안에 미래에 대한 아름다운 소원을 주시는 분은 하나님이십니다. 이스라엘 백성들은 반드시 하나님이 약속하신 젖과 꿀이 흐르는 땅에 들어가서 그 땅을 차지하게 될 것입니다. 그때 이스라엘 백성들이 해야 할 것이 무엇입니까? 더 하나님께 감사드리고 더 열심히 하나님께 예배드리는 일인 것입니다. 그래서 우리가 열심히 하나님께

예배드리고 예배자의 삶을 온전히 살면 하나님의 은혜와 복을 받는 것입니다. 우리는 당연히 복을 받게 되어 있습니다. 그러면 우리가 하나님의 복을 풍성하게 받았을 때는 어떻게 해야 하겠습니까? 우리는 먹는 걱정이나 사는 걱정을 덜게 되었으니까 더 하나님께 감사하며 더 열정적으로 하나님을 섬겨드려야 하는 것입니다.

하나님께서는 이스라엘 백성들에게 가나안의 많은 복을 전제로 하시고 그들을 신앙적으로 인도하시는 것입니다. 그런데 이스라엘 백성들이 이런 복을 받았을 때 어떻게 할 것인가 하는 것이 아주 중요합니다. 그들이 이런 복을 가지고 놀러나 다니고 우상에 빠지고 세상적으로 타락한 삶을 산다면 가나안의 복은 의미가 없는 것입니다. 무엇보다 우리는 하나님께서 우리를 유명하게 하시고 물질적으로 많은 복을 주셨을 때 어떻게 하면 교만하지 않고 성적으로 타락하지 않고 더 돈을 벌려고 욕심을 부리지 아니하고 더 순수한 사람이 되며 더 하나님을 사랑하는 사람이 될 것인가를 놓고 고민해 보아야 하는데 이를 위해 끊임 없이 기도해야 합니다. 우리가 그렇게 되려면 처음부터 바른 신앙의 자세를 가져야 합니다. 처음부터 돈보다 하나님을 더 사랑해야 하고 하나님의 말씀을 다른 어떤 것보다 더 사랑해야 합니다. 우리가 어느 정도 돈을 벌고 부자가 된 후에 하나님을 사랑하겠다고 생각한다면 우리는 절대로 하나님을 사랑하게 되지 못할 것입니다. 왜냐하면 우리 속담에도 '부자가 더 무섭다'는 말이 있듯이 사람은 돈을 벌면 벌수록 더 돈에 욕심을 내게 되어 있고 유명해지면 유명해질수록 더 명예에 굶주리게 되어 있기 때문입니다. 그래서 아무 것도 없을 때부터 무조건 하나님의 말씀을 이 세상의 모든 것보다 더 사랑해야 합니다. 그래야 돈이 있고 유명해져도 계속 믿음의 길을 갈 수가 있는 것입니다. 그런 까닭에 하나님의 백성들은 언제나 광야에서부터 새 출발을 해야 합니다. 아무 것도 없는 빈털터리에서부터 백퍼센트 하나님의 도우심으로 성공해야 계속 하나님 앞에서 가난하고 겸손하게 위하여 몸부림을 치게 되는 것입니다. 이스라엘 백성들이 앞으로 차지할 가나안 땅은 백퍼센트가 하나님의 것입니다. 그러니까 그들은 자랑할 것이 아무 것도 없었습니다.

이스라엘 백성들이 하나님께 바치는 제물도 크게 두 종류였습니다. 하나는 이스라엘 백성들이 키우는 소나 양과 염소 같은 짐승의 제사였습니다.

이스라엘의 제사에서 가장 중요한 것은 바로 이 가축의 제사였습니다. 절대로 곡식의 제사가 먼저가 아니었습니다. 그 이유는 이 짐승의 제사가 이스라엘 백성들의 죄를 하나님 앞에서 씻는 것이었기 때문입니다. 이스라엘 백성들이 광야에 있거나 가나안 땅에 있거나 가장 중요한 것은 죄를 해결 받는 것이었습니다. 이스라엘 백성들이 죄만 씻음 받을 수 있으면 그들은 어디에서나 하나님의 복을 받을 수 있습니다. 그리고 나서 드리는 것이 곡식 제사인 소제였습니다. 이것은 하나님께서 주신 열매를 가지고 와서 감사드리는 것입니다.

하나님께서는 이것이 하나님 앞에서 '향기' 라고 말씀하셨습니다. 하나님은 이스라엘 백성들의 제사를 향기로 받아주셨습니다.

원래 이스라엘 백성들은 하나님 앞에서 악취가 나는 백성들이었습니다. 그들의 온 몸에서도 땀 냄새가 나고 악취가 나고 비린내가 났습니다. 그런데 그들이 믿음으로 제사를 드렸을 때 그 모든 악취는 다 없어지고 오직 향기만 나게 되었습니다. 우리가 어떤 사람을 만났는데 그 사람에게서 지독한 악취가 날 때 우리는 그 사람을 자꾸 멀리하게 될 것입니다. 왜냐하면 너무 지독한 악취가 나서 골치가 아프기 때문입니다. 그러나 누군가가 아주 좋은 향수 냄새를 풍기면 더 가까이 하고 싶을 것입니다. 그 향기가 너무나도 우리 기분을 좋게 만들기 때문입니다. 그래서 여자 아이들은 처녀가 되면서 향수에 관심을 많이 가집니다. 좋은 냄새를 풍겨서 남자들의 관심을 끌고 싶기 때문입니다. 하지만 이 세상에서 최고로 좋은 향기는 하나님 앞에 진심으로 드리는 예배인 것입니다. 우리가 하나님 앞에서 가장 진실된 마음으로 예배하고 말씀 듣고 은혜 받았을 때 우리에게는 말할 수 없는 향기가 나서 하나님의 마음을 기쁘게 해드리게 됩니다.

그러나 우리는 조심해야 할 것이 있습니다. 예수님께서는 '진주를 돼지에게 주지 말라' 고 하셨습니다. 돼지는 이 향기를 알지 못합니다. 오히려 이 향기를 업신여기고 싫어해서 발로 짓밟고 이빨로 물어뜯으려고 할 것입니다. 만일 우리 자신이 예배의 가치를 업신여기고 다른 것으로 만족을 채우려고 한다면 우리는 향기를 놓친 것입니다. 우리는 예배드리고 난 후에 이 예배가 얼마나 나에게 소중한 것인지 얼마나 내 영혼을 빛나게 하였고 얼마나 나에게 귀중한 복이 되었는지 생각을 하셔야 합니다.

예배는 우리를 새롭게 한다

하나님께서는 이스라엘 백성들이 가나안 땅에 들어갔을 때 기회가 있을 때 마다 하나님께 예배를 드리게 하셨습니다. 우선 첫째로 이스라엘 백성들은 하루의 시작과 끝을 예배로 시작해서 예배로 마치게 하셨습니다.

> **민수기 28장 3-4절**
> 또 그들에게 이르라 너희가 여호와께 드릴 화제는 이러하니 일년 되고 흠 없는 수양을 매일 둘씩 상번제로 드리되 한 어린 양은 아침에 드리고 한 어린 양은 해 질 때에 드릴 것이요

　이스라엘 백성들에게는 상번제라는 것이 있었는데 이것은 매일 하나님께 아침저녁으로 드리는 번제였습니다. 나중에 이스라엘 백성들이 이 상번제를 드리지 못할 때가 오게 됩니다. 그때는 이스라엘 백성들이 바벨론에 의해서 망했을 때입니다. 그러니까 이스라엘 백성들이 하나님의 보호 안에서 하루를 시작하고 하루를 마치는 것입니다. 이스라엘 백성들은 이 상번제를 통해서 하루 전체가 하나님의 은혜 안에 싸여 있게 됩니다.

　다윗이 나발이라는 사람의 모욕을 받고 그를 죽이려고 출동했을 때 나발의 부인 아비가일이 다윗을 맞아서 하는 말이 '당신은 하나님의 생명 싸개에 싸인 사람입니다' 라고 했습니다 (삼상25:29참조). 우리 몸이 그냥 외부로 노출되어 있으면 상하기 쉽습니다. 특히 추운 겨울에 우리의 손이나 발이나 목을 추위에 그대로 노출시키면 얼거나 다치기 쉬울 것입니다. 그러나 다윗은 하나님의 생명싸개에 싸인 사람이었습니다. 그는 언제나 하나님의 싸개에 의해서 보호가 되어 있는 사람이었습니다. 그래서 사울이 그렇게 다윗을 잡아서 죽이려고 했지만 죽일 수가 없었던 것입니다.

　우리가 하루를 시작하는 방법도 여러 가지가 있을 것입니다. 어떤

분은 하루를 시작하는데 화투로 시작하는 분도 있을 것입니다. 어떤 분은 하루를 시작하면서 텔레비전 뉴스로 시작하는 분도 있을 것입니다. 남자들 중에는 아침에 일어나면 파자마 차림으로 문밖에 나가서 신문을 가지고 들어와서 한 자도 빼놓지 않고 다 읽는 분도 있을 것입니다. 왜냐하면 하루 밤 사이에 세상이 어떻게 변했는지 궁금하기 때문입니다. 어떤 사람은 드라마 연속극을 보면서 하루를 시작하는 분도 있을 것입니다. 그러면 그 하루가 정신이 없을 것입니다.

하나님의 백성들은 기도와 말씀으로 시작을 해야합니다. 왜냐하면 우리에게 이 하루를 주신 분이 하나님이시기 때문입니다. 우리는 이 하루를 하나님의 능력으로 살아야 제대로 살 수 있습니다. 하루를 성공적으로 사는 사람이 일 년을 성공적으로 살 수 있고 한평생을 성공적으로 살 수 있습니다. 우리 예수 믿는 사람들은 '하루'를 하나님으로부터 받아서 사는 것입니다. 그래서 '하루' 라는 날자만 받아서는 안되고 '하루' 를 살 수 있는 지혜와 능력도 같이 받아야 하는 것입니다. 그래서 예수님께서는 '일용할 양식을 달라고' 기도하라고 말씀하셨습니다. 즉 하루를 살 수 있는 능력을 구하라는 것입니다. 우리는 바른 신앙의 길을 끝까지 걸어가야 합니다. 우리가 바른 신앙의 길을 끝까지 걸어가기만 하면 기적과 축복이 나타나게 되어 있습니다.

우리가 산을 올라갈 때 한 순간에 정상을 향하여 뜀박질 할 수 없습니다. 거저 한 걸음 한 걸음 올라가다 보면 어느새 중턱까지 올라가 있고 거기서 한 번 더 분발해서 힘을 내면 정상까지 올라가게 되는 것입니다. 우리의 기적은 하루하루를 하나님의 능력으로 사는데서 오게 됩니다.

그리고 우리가 하루를 살면서 너무 일하는 데에만 열중하면 안됩니다. 우리는 주님의 품안에서 쉬어야 하고 자야 합니다. 오늘날 너무나도 많은 사람들이 밤에 잠을 자는데 어려움을 느끼고 있습니다. 밤에 잠이 오지 않으면 얼마나 밤이 고통스러운지 모릅니다.

섹스피어의 멕베드를 보면 맥베드가 마녀의 말을 듣고 던컨왕을 죽였을 때 '맥베드가 잠을 죽였다'는 소리를 듣게 됩니다. 그 후부터 잠이 오지 않는 것입니다. 우리는 주 안에서 쉬는 것이 아주 중요합니다. 우리는 그 부분도 하나님께 맡겨야 하는 것입니다. 사람들이 아무리 똑똑하고 유능하다 하더라도 잠을 자지 않고는 살 수 없습니다. 누구든지 잠을 자지 못하면 미쳐버리게 되어 있습니다. 옛날에 왕이나 장군들 중에서는 자는 중에 부하들의 칼에 찔려 죽는 사람들이 많이 있었습니다. 밤은 자기 힘으로는 도저히 스스로를 지킬 수 없는 시간입니다. 그때는 누가 들어와서 물건을 훔쳐가도 모르고 자기를 죽여도 막을 수가 없습니다.

옛날 사람들은 밤에 달을 보면서 사람들이 미친다고 생각했습니다. 그래서 영어로 미친다는 단어가 'lunatic'인데 '달'이라는 뜻입니다. 그러나 우리는 밤에 미치지 않습니다. 또 우리는 밤에 고통스럽지 않습니다. 왜냐하면 우리는 하나님의 은혜에 싸여 있기 때문입니다. 우리는 하루 만에 할 수 없는 것도 많이 있습니다. 우리는 이것도 걱정하지 않습니다. 왜냐하면 하나님께서 내일 또 도와주실 것이기 때문입니다.

그러기에 여러분은 하루를 시작하고 마치는 것에 대하여 충분한 계획을 세우시기 바랍니다. 하루를 정신없이 시작하고 또 정신없이 아무데서나 쓰러져 자는 것은 옳지 않습니다.

이스라엘 백성들이 두 번째로 기억해야 할 번제는 안식일 번제였습니다.

> **민수기 28장 9절**
> 안식일에는 일년 되고 흠 없는 수양 둘과 고운 가루 에바 십분지 이에 기름 섞은 소제와 그 전제를 드릴 것이니

하나님께서 광야에서 이스라엘 백성들에게 모든 날이 다 같은 것이 아니라는 것을 가르쳐 주시는데 애를 쓰셨습니다. 그 중에서 하나님께서는 이스라엘 백성들에게 안식일은 특별한 날이라는 것을 가르쳐 주셨습니다. 이스라엘 백성들이 광야에서 만나라는 양식을 먹었는데 이 만나는 매일 하늘에서 내리는 양식이었습니다. 만나는 해뜨기 전에 내려서 해가 뜨면 일단 없어졌습니다. 그러니까 이스라엘 백성들이 만나를 거두려면 일찍 일어날 수밖에 없었습니다. 게으른 사람들은 굶어야 하는 것이었습니다. 그런데 이 만나는 이틀이 지나면 구더기가 생기고 벌레가 생겨서 먹을 수가 없었습니다. 만나의 특징은 저장이 되지 않는 것이었습니다. 그런데 오직 안식일에는 만나가 벌레가 생기지 않았습니다. 하나님께서는 이것을 통해서 이스라엘 백성들에게 안식일은 다른 날과 다르다는 것을 가르쳐 주셨습니다.

안식일이 다른 날과 다른 이유가 어디에 있을까요? 이스라엘 백성들이 일주일 동안에는 육신을 위해서 자기 일을 했습니다. 그러나 안식일은 하나님을 만나는 날이었고 은혜를 받는 날이었습니다. 그래서 하나님께서는 안식일을 통해서 얻는 영적인 은혜가 이 세상의 먹고 사는 은혜보다 더 중요하다는 것을 깨닫게 하신 것입니다. 우리가 생각하기에는 먹고 사는 것이 먼저 해결된 후에 하나님을 찾는 것이 옳을

것 같은데 그것은 잘못된 순서인 것입니다. 가장 먼저 하나님을 찾아야 하고 가장 먼저 영적인 은혜를 받아야 합니다. 그러면 하나님께서 이 모든 것을 더해주신다고 하셨습니다.

이스라엘 백성들이 가나안 땅에서 놓치지 말아야 할 중요한 것이 있다면 그것은 하나님의 은혜의 우선순위를 놓쳐서는 안 된다는 것입니다. 하나님의 말씀과 구원이 먼저이고 그 다음에 세상적인 복이 따라오는 것입니다. 만약 이스라엘 백성들이 이 순서를 바꾸게 되면 전부 다 잃어버리게 됩니다.

세 번째는 월삭의 제사입니다.

민수기 28장 11절
월삭에는 수송아지 둘과 수양 하나와 일 년 되고 흠 없는 수양 일곱으로 여호와께 번제를 드리되

월삭이라고 하는 것은 매월 첫 번째 날을 말합니다. 매월 첫날은 한 달을 시작하는 날입니다. 이 날에 해야 할 것이 무엇입니까? 우리는 매달을 시작하면서 우리 자신의 방향을 하나님 앞에서 점검받는 것이 필요합니다.

우리가 어떤 길을 운전해서 가거나 배를 타고 항해하거나 비행기를 운전할 때 중간 중간에 정확한 위치를 확인하는 것이 아주 중요합니다. 중간에 바른 길을 가고 있는지 확인을 하지 않고 고집스럽게 끝까지 갔다가 길이 틀렸으면 그때에는 간 만큼 다시 돌아와야 할 때가 많습니다. 그러나 더 두려운 것은 돌아올 수 없는 때도 많은 것입니다. 그래서 하나님의 백성들은 매 달을 시작하면서 자신의 위치를 늘 하나

님 앞에서 확인을 해보아야 합니다. 그런 까닭에 매일 하는 제사나 안식일 제사보다 좀 더 깊은 하나님과의 교제가 필요합니다. 그래서 내가 무엇인가 잘못된 길로 가고 있다고 생각되면 더 늦어지기 전에 과감하게 방향 수정을 할 용기가 필요합니다. 그런데 사실은 이것마저도 하나님께서 해주셔야 합니다. 우리는 미련하게도 '관성의 법칙'이라는 것이 있습니다. 즉 한 방향으로 가면 끝까지 가려고 하는 고집 같은 것이 있습니다. 이 때 성령님께서 우리 마음에 아니라는 암시를 주셔도 우리는 전혀 깨닫지 못하고 수정을 하지 않으려고 합니다. 그런데 하나님의 강한 은혜가 임할 때는 많은 것들이 저절로 수정이 되는 것을 볼 수 있습니다.

그리고 신년 제사가 있습니다. 이 신년은 또 우리가 완전히 새 마음이 되어서 새 출발하는 시점인 것입니다. 우리는 지난 한 해 동안 하나님 앞에서 말씀에 순종한 것이나 순종하지 못한 것이나 모두 다 하나님께 다 반납하고 완전히 새 마음이 되어서 새로운 결단을 가지고 새 출발을 해야 하는 것입니다.

이스라엘 백성들은 신년에 나팔을 불었기 때문에 이 절기를 '나팔절'이라고 불렀습니다. 운동선수들에게 '스타트'가 얼마나 중요한지 모릅니다. 육상경기나 수영경기에서 있어서 스타트를 놓쳐버리면 경기에 엄청 불리해지게 됩니다. 그래서 우리는 하나님 앞에서 짐이 될 만한 것은 다 벗어버려야 합니다. 우리는 언제나 가벼운 몸으로 출발할 수 있는 준비가 되어 있어야 합니다.

하나님의 백성들에게 귀한 것은 언제나 새 출발을 할 수 있다는 것입니다. 우리는 계속 새 출발만 하면 진도는 언제 나가느냐고 생각하지만 새 출발하는 그것이 바로 진도가 나가는 것입니다. 우리가 걸어가는 이 믿음의 길은 계속 하나님 앞에서 묵은 헌 마음은 버리고 언제나 방향 수정을 하면서 가는 길입니다.

얼마 전까지만 해도 가장 잘 믿는 것 같은데 또 깨닫고 보면 너무 엉터리고 허점투성이였던 것을 깨닫게 됩니다. 이것을 깨다는 것이 참으로 행복한 것입니다.

하나님의 구원의 능력

이스라엘 백성들에게는 가장 중요한 3대 절기가 있습니다. 그런데 이 3대 절기는 모두 애굽을 탈출하는 것이나 광야 생활과 관계되어 있습니다. 즉 가나안 땅과는 직접 관계는 없는 것들입니다. 그러나 하나님께서는 이스라엘 백성들에게 이 3대 절기를 가나안 땅에 들어간 후에도 계속 지키라고 말씀하셨습니다. 그 이유는 하나님의 구원의 능력은 가나안 땅에서도 계속 공급되기 때문입니다.

이스라엘 백성들에게 가장 중요한 절기는 유월절입니다.

> 민수기 28장 16-17절
> 정월 십사일은 여호와의 유월절이며 또 그 달 십오일부터는 절일이니 칠일 동안 무교병을 먹을 것이며

유월절은 이스라엘 백성들이 애굽을 탈출할 때 어린양의 피로 집 문설주에 바르고 죽음을 면했던 날입니다. 애굽 사람들은 모두 장자가 죽어서 힘을 잃고 절망하고 있을 때 이스라엘 백성들은 당당하게

애굽을 탈출했습니다.

그래서 진정한 이스라엘 백성들의 구원은 유월절에서 절정을 이루게 됩니다. 하나님께서는 이스라엘 백성들에게 유월절마다 어린양을 잡아서 유월절을 지키라고 말씀하셨습니다.

세례 요한은 예수님이 요단강에 나타나셨을 때 '하나님의 어린양을 보라'고 했습니다. 예수님이 바로 이 유월절의 어린양이었던 것입니다.

유월절은 하루이지만 일주일 동안은 무교절이라는 절기를 지키게 했습니다. 무교절에는 집에 일체 누룩이 없어야 했습니다. 주로 빵을 구워서 먹는 사람들에게는 빵에 '이스트'가 얼마나 중요한지 잘 알 것입니다. '이스트'가 들어가지 않은 빵은 딱딱하고 탄력이 없어서 먹기가 굉장히 어렵습니다. 그러나 이스라엘 백성들은 일 년에 한 주는 누룩이 없는 떡을 먹어야 했고 집안에 있는 모든 누룩을 없애야 했습니다.

우리에게 무교절은 때때로 실직을 하거나 혹은 취직이 되지 않거나 해서 전혀 자신을 꾸미지 못하고 살아야 할 때라고 생각합니다. 교회 청년들이나 성도들 중에서는 이 무교절이 몇 개월씩 혹은 몇 년씩 계속 되는 것을 볼 수 있습니다. 그때는 멋있는 옷을 입을 수도 없고 외모를 꾸밀 수도 없고 언제나 있는 모습 그대로 하나님 앞에 나올 수밖에 없습니다. 바로 이때가 하나님을 찾을 때이고 이때가 하나님을 만날 때인 것입니다. 그렇다고 해서 하나님께서는 우리가 언제나 누룩 없는 딱딱한 떡을 먹어야 한다고 말씀하시지는 않습니다. 우리는 얼마든지 맛있는 음식을 먹을 수도 있고 멋진 옷도 입을 수 있습니다. 그러나 중요한 것은 가장 낮은 자세로 하나님을 만날 때 우리 안에 부흥이 일어나는 것입니다.

두 번째 절기가 오순절입니다. 오순절은 맥추절이라고 하기도 하고 칠칠절이라고 하기도 합니다. 즉 유월절이 지나고 오십일 혹은 제 칠 주가 되는 주이기 때문입니다. 오순절에는 아주 중요한 일이 있었습니다. 그것은 모세가 시내 산에 올라가서 율법의 돌비를 받아가지고 내려온 것입니다. 이스라엘이 이스라엘이 될 수 있었던 것은 율법을 받았기 때문입니다. 이 세상 사람들이 가진 것 중에 가장 위대한 것은 하나님의 말씀을 가지는 것입니다. 우리는 사회생활을 하는 사람들도 그가 가진 정보에 따라서 계급이 다르다는 것을 알 것입니다. 고위직에 있는 사람들은 우리가 모르고 있는 사실들을 너무 많이 알고 있습니다. 그것은 그가 가지고 있는 정보의 질이 다르기 때문입니다. 그런데 이 세상의 최고의 정보는 무엇입니까? 그것은 하나님의 말씀입니다. 그래서 하나님의 말씀을 맡은 것은 최고의 신분에 있는 것입니다.

그런데 하나님께서는 말씀만 주신 것이 아니라 이 말씀대로 살기만 하면 모든 복을 주시겠다고 약속하셨습니다. 그것이 바로 이스라엘의 복입니다. 우리는 이 이스라엘의 복을 가지게 되었습니다.

모세가 율법을 받았던 오순절이 신약 시대에는 오순절에 성령이 임하셨습니다. 그래서 이제 우리가 이스라엘이고 택한 백성이 된 것입니다. 우리는 우리의 믿음을 시험해 보아야 합니다. 과연 우리가 하나님의 말씀대로 살고 말씀대로 믿는데 부흥이 오는지 안 오는지 축복이 오는지 안 오는지 실험을 해보아야 하는 것입니다. 남들이 뭐라고 하니까 믿는다는 식으로 믿어서는 안 됩니다. 우리가 최고의 보석을 가졌으면 이 보석을 감정해봐야 하는 것입니다.

무엇보다 이스라엘 백성들은 가나안 땅에 들어갔기 때문에 오순절을 지키지 않아도 된다고 생각해서는 안 됩니다. 가나안 땅에서 말씀의 능력을 시험해보아야 하는 것입니다. 여러분은 이 세상에서 말씀의 능력을 시험해보시기 바랍니다. 여호수아는 가나안 땅에서 하나님의 말씀대로 나갔더니 기적이 자꾸 일어났습니다. 그리고 너끈히 가나안 땅을 정복할 수 있었습니다. 이것이 바로 오순절의 능력인 것입니다.

세 번째 절기가 장막절입니다. 장막절은 초막절이라고 하기고 하고 수장절이라고 하기도 하는데 이스라엘 백성들이 광야의 초막에서 살았던 것을 기억하는 절기였습니다. 그래서 나중에도 이스라엘 백성들은 초막절이 되면 지붕위에 초막을 짓고 거기서 일주일 동안 생활을 하였습니다.

초막절은 칠월에 지키는데 칠월에는 절기가 좀 많았습니다. 첫날부터 성회로 모이는데 이 날은 나팔을 불기 때문에 나팔절이라고 불렀습니다. 이때가 이스라엘 백성들에게는 신년의 시작이었습니다. 그리고 십일이 속죄일인데 대제사장이 피를 가지고 지성소에 들어가는 날이었습니다. 그리고 십오일부터 일주일 동안 초막절을 지켰습니다.

특히 이스라엘 백성들이 광야에서 살아남는데 가장 중요한 것은 물이었습니다. 그러나 하나님은 이스라엘 백성들의 거듭된 반역에도 불구하고 반석에서 물이 나게 하셔서 이스라엘 백성들을 살게 하셨습니다. 이 물은 우리가 하나님의 손에 붙잡힌 이상 절대로 망하지 않고 하나님이 우리의 생명을 지켜주신다는 것을 보여주시는 것입니다.

그러나 우리는 이 세상을 물만 가지고는 살 수 없습니다. 우리는 단순히 육체적으로 평안하게 잘 산다고 해서 사는 것이 아닙니다.

예수님께서는 장막절에 성전에서 이렇게 외치셨습니다. '누구든지 목마른 자는 내게로 와서 마시라. 나를 믿는 자는 성경에 이름과 같이 그 배에서 생수의 강이 흘러나리라 하시니 이는 믿는 자의 받을 성령을 가리켜 말씀하신 것이라'(요7:37-39).

우리가 성령을 마시는데 가장 중요한 것은 내가 지금 목마른 상태에 있다는 것을 깨닫는 것입니다. 우리는 이 세상의 물만 가지고는 영혼의 갈증을 해소할 수가 없습니다. 우리 영혼의 답답함과 죄의 열기를 식힐 수가 없습니다. 우리가 이것을 안다면 과감하게 초막으로 나가야 합니다.

유대 백성들은 광야에서 외치는 세례 요한의 소리를 듣고 광야에 나갔다가 예수님을 만나게 되었습니다. 예수님의 말씀은 그야말로 우리의 영혼을 치료하는 완전한 생수였습니다. 오순절의 성령은 우리의 병든 영혼을 치료하는 하나님의 완전한 생수인 것입니다. 오늘날 사람들은 먹고 사는 것을 찾아서 그리고 안정된 직장을 찾아서 더 세상 속으로 들어가고 있습니다. 그러나 거기서 마시는 물은 이미 오염된 물이고 죄의 독약입니다. 우리가 그 물을 마시고는 죄를 이길 수 없고 영혼의 완전한 치료를 기대할 수 없습니다. 우리는 오늘 여기서 오염되지 않은 성령을 마셔야 하겠습니다. 우리의 영혼과 육체가 완전한 치료를 받아야 하겠습니다. 그러면 우리는 이 세상과 다른 길을 걸어갈 수 있습니다. 무엇보다 세상을 따라가는 것이 아니라 광야에서 세례 요한같이 담대하게 복음을 외치는 소리가 될 수 있습니다.

이스라엘 백성들에게는 광야와 가나안 땅이 별개가 아니었습니다. 그들에게는 광야나 가나안 땅이나 같은 곳이었습니다. 왜냐하면 그들은 말씀으로 사는 자들이고 하나님의 능력으로 사는 자들이었기 때문입니다. 오늘 우리들도 이것을 실험해 보아야 할 것입니다. 사람이 떡으로만 살 것이 아니요 하나님의 입에서 나오는 말씀으로 사는 것을 체험해 보아야 할 것입니다. 오늘도 하나님의 능력으로 하루하루를 살아가서 여러분의 삶 전체가 기적이 되기를 바랍니다. 오늘도 여러분 모두는 예수님이 주시는 성령의 생수를 흡족하게 마시고 은혜 받고 능력받기를 바랍니다.

23 _ 민 30:1-31:54

모세의 마지막 임무

공장이 가동이 되는데 가장 먼저 필요한 것은 기계에 전력이 공급이 되어 기계가 달구어지는 것입니다. 기계가 싸늘하게 식어있는 상태에서는 아무리 많은 재료가 쌓여 있다 하더라도 물건을 만들어낼 수가 없습니다. 이것은 사람에게도 마찬가지입니다. 누군가가 이 세상에서 가치 있는 일을 하려고 하면 가장 먼저 그 사람의 마음속에 열정이 생겨야 합니다. 그런데 중요한 것은 그 열정이 그 사람의 인간적인 열정이냐 아니면 하나님이 주신 열정이냐 하는 것입니다. 이스라엘의 역사에서 가장 열정적이고 능력 있는 삶을 산 사람은 모세였습니다. 모세는 그야말로 파란만장한 삶을 산 사람이었는데 이스라엘의 실제적인 아버지였습니다. 아브라함이 이스라엘의 정신적인 아버지였다면 모세는 실제로 이스라엘이 이 세상에 존재하게 했던 사람이었습니다. 그런데 이제 모세의 사명은 이 세상에서 마쳐가고 있습니다. 하나님께서는 모세가 더 이상 가나안 땅에 들어갈 수 없다고 말씀하셨습니다. 그리고 모세는 자기가 할 수 있는 마지막 마무리 일을 하고 산에 올라가서 아무도 보지 않는 가운데 쓸쓸하게 죽음을 맞이하게 됩니다.

나중 신약의 유다서를 보면 모세의 시체를 가지고 사탄과 미가엘 천사가 다투는 것이 나옵니다. 마귀는 모세의 시체를 자기가 차지해야 한다고 주장을 했습니다. 아마도 마귀는 모세가 옛날에 살인죄를 저지른 것을 들추어내면서 모세를 참소해야 한다고 주장을 했던 것 같습니다. 그러나 미가엘 천사는 이미 모세는 죄 씻음 받은 하나님의 종이기 때문에 그의 시체를 내어줄 수 없다고 해서 다투었던 것입니다.

결국 어떤 사람이든지 끝 모습이 참 중요합니다. 어떤 사람은 한 평생 좋을 일을 많이 하고서 끝에 가서 좋지 않은 모습을 보여주는 바람에 한 평생 쌓았던 좋은 이미지를 다 망치고 좋지 않은 사람으로 기억되는 사람들이 있습니다. 모세도 결점이 있는 인간이었기 때문에 그의 끝이 아주 중요했습니다. 사탄은 모세의 마지막을 추하게 만들어서 많은 이스라엘 백성들을 실망시키려고 했습니다. 그러나 미가엘 천사는 끝까지 모세를 은혜로 붙들어 주어서 조용하게 혼자서 죽어서 이스라엘 백성들의 신앙에 걸림돌이 되지 않게 했습니다.

우리가 오늘 살펴보려고 하는 것은 모세의 마지막 임무입니다. 그것은 이스라엘을 유혹했던 미디안을 쳐서 복수하는 것입니다. 그러나 그 이전에 우리는 과연 모세를 모세 되게 했던 것이 무엇이며 그의 삶에 영광과 위기는 무엇이었던가 하는 것을 먼저 살펴보려고 합니다.

모세의 준비

모세의 임무는 이스라엘 백성들을 애굽의 종살이하는데서 끌어내어서 가나안 땅까지 데려가는 것이었습니다. 모세는 처음 하나님으로부터 이 임무를 받았을 때 그는 할 수 없다고 거부를 했습니다. 그런데 모세로 하여금 이 임무를 맡게 한 것은 결국 하나님의 불이었습니다. 모세는 사십년간 광야에서 방황하면서 낮아질 대로 낮아졌을 때 하나님께서 떨기나무의 불 가운데서 모세를 만나주셨습니다. 바로 그 불이 이스라엘을 구원하고자 하는 하나님의 열정이었고 모세의 가슴에도 이 열정의 불이 붙었던 것입니다.

모세의 생애는 바로 이 열정의 삶이었습니다. 모세는 광야에서 하나님을 만난 후 죽을 때까지 이 불이 한 번도 꺼진 적이 없었습니다.

모세는 한때 애굽에서 아주 잘 나가던 청년이었습니다. 모세는 애굽의 바로왕의 공주의 아들로 입양이 되어서 애굽에서 아주 성공적인 목표를 향하여 달려가던 청년이었습니다. 그러나 모세에게는 애굽의 출세와 영광보다는 어머니 요게벳의 신앙적인 가르침이 더 뿌리가 깊었습니다.

모세는 출생부터가 아주 드라마틱했습니다. 모세가 태어날 때 애굽왕 바로는 누구든지 이스라엘 남자는 태어나는 즉시 나일강에 던져서 죽여야 한다는 명령을 내렸습니다. 그런데 모세의 어머니가 믿음이 있었습니다. 그래서 바로의 명령보다 하나님의 말씀을 더 두려워하여 모세를 몰래 키우다가 도저히 더 이상 키울 수 없게 되었을 때 모세를 목숨을 건 입양을 시도하게 됩니다. 즉 그냥 모세를 안고 가서 아들로 삼아달라고 하면 그 즉시 죽일 테니까 애굽의 귀족 부인들이 목욕하는 곳에 모세를 광주리에 담아서 물 위에 띄어 놓는 것입니다. 그래서 애굽의 귀부인이 모세를 보고 사랑해서 입양하면 모세는 사는 것이고 죽이면 어쩔 수 없이 모세는 죽는 것입니다. 그야말로 '죽으면 죽으리라'는 각오로 모세를 내어놓은 것인데 놀랍게도 바로의 딸이 목욕하러 왔다가 히브리인 아기를 보고 자기 아들로 입양을 합니다.

그러니까 모세의 어머니가 얼마나 믿음이 지독한 사람인지 모릅니다. 다른 어머니같으면 모세를 안고 사막으로 도망을 치든지 아니면 들킬 때까지 감추어두고 키우려고 할 것 같은데 모세의 어머니는 이런 감정적인 방법은 다 모세를 죽게 할 뿐이라는 것을 알았습니다. 그녀가 모세를 살리는 유일한 방법은 모세를 완전히 믿음 안에서 키우는 것이었습니다. 즉 모세를 애굽의 귀부인들에게 내어놓고 입양이 되면 사는 것이고 안 되면 죽는 것이라는 것이었습니다.

하지만 하나님은 모세를 사랑하셔서 살게 하셨습니다. 그냥 살게 하신 것이 아니라 바로의 공주의 아들이 되어서 애굽 궁정에서 자라게 하셨습니다. 이때 모세의 어머니는 모세가 젖 뗄 때까지 아기가 알아듣든지 알아듣지 못하던지 간에 철저한 신앙 교육을 시켰습니다. 이것이 결국 모세의 장래를 결정하게 된 것입니다. 우리는 모세 오경의 첫 권이 창세기인데 이것은 인류의 역사이고 이스라엘의 역사입니다. 이런 지식은 전부 어렸을 때 어머니로부터 배워서 외우는 것이었습니다.

모세는 애굽에서 얼마든지 성공적인 삶을 살 수 있었습니다. 특히 모세의 어머니는 하쳅슈트라고 알려진 여왕인데 고대 이집트에서 가장 강력한 여왕이었던 것으로 알려지고 있습니다. 사람들의 추측에 의하면 모세가 살인을 하고 도망을 칠 때에도 군대가 추격하지 못한 것은 이 하쳅슈트가 막았을 것이라고 하기도 합니다.

그러나 모세는 애굽의 영광이나 출세로 만족할 수 없는 마음의 갈증이 있었습니다. 그의 마음속에는 영원히 채워질 수 없는 갈급한 것이 있었던 것입니다. 그것은 이미 그의 마음속에 하나님의 빛이 비추었기 때문입니다. 비록 모세가 아주 어렸을 때였지만 이미 모세의 영혼 속에는 하나님의 말씀의 빛이 비취었습니다. 그래서 그는 도저히 이 세상의 부귀영화로는 만족할 수 없는 영혼의 갈증이 있었습니다. 그래서 애굽 왕자의 신분으로 자꾸 히브리 노예들을 찾아갔던 것입니다. 그것은 그의 마음속에 이유는 알 수 없지만 히브리 노예들에게 끌리는 마음이 있었습니다. 그리고 모세는 히브로 노예들을 찾아갔을 때 마음이 기뻤고 마음속에 뜨거움이 생겼습니다. 모세는 자기 힘으로 히브리 노예들을 도우려고 하는 뜨거운 마음이 생겼는데 이것은 하나님의 불이 아닌 인간의 불이었습니다. 모세는 채찍질당하는 한 히브리인을 도우려고 하다가 애굽의 노예 감독을 살인을 하게 되는데 여기서 모세는 몰락의 길을 걷게 됩니다.

모세는 살인 도망자로 무려 사십년 동안이나 미디안 광야에서 유목민의 집에서 양을 돌보아주는 목동으로 살게 됩니다. 이때가 모세에게는 가장 힘들고 비참했던 고난의 시간이었습니다. 그러나 모세는 바로 이 미디안 광야에서 낮아지는 기간을 통하여 하나님의 사람으로 준비되고 있었습니다. 모세에게 있어서 자기 자신이 완전히 죽어지는데 필요했던 시간은 사십년이었습니다. 이 사십년의 기간을 통해서 모세의 고집이나 자존심이나 세상적인 야망은 완전히 죽어지게 되고 온전히 하나님의 손에 붙잡힐 수 있는 도구가 될 수 있었습니다. 그때 하나님은 광야의 떨기나무의 불붙는 가운데 모세에게 나타나셨고 모세는 하나님의 손에 붙잡힌 막대기가 되었습니다. 그리고 이때 모세의 가슴에도 하나님의 열정의 불이 붙게 되었습니다. 이번에 모세에게 붙었던 이 불은 인간적인 불이 아니라 하나님의 불이었습니다.

모세는 오직 지팡이 하나만 손에 잡고 애굽의 바로와 대항해서 이스라엘 백성들을 구출했습니다.

여기까지가 모세의 준비 기간이었습니다. 모세가 하나님의 종으로 준비되는데 걸린 시간은 팔십년이었습니다. 모세의 준비 기간은 3단계로 나눌 수가 있는데 첫 단계는 젖 뗄 때까지 어머니 품에서 배운 신앙 교육의 단계였습니다. 그리고 두 번째가 애굽에서 화려한 세상적인 교육을 받던 단계였습니다. 그리고 세 번째가 광야에서 하나님의 학교에서 사십년 동안 방황하면서 하나님의 종으로 훈련받던 기간이었습니다. 이 중에서 가장 중요한 훈련은 역시 광야 하나님의 학교 훈련이었습니다. 그리고 두 번째로 중요했던 것은 어렸을 때 유아 교육이었습니다. 그리고 가장 중요하지 않은 것은 애굽의 명문 대학 교육이었습니다. 그러나 우리는 가장 중요하게 생각하는 것이 두 번째 이 세상의 명문 대학 교육이라고 생각합니다.

모세에게 있어서 가장 놀라웠던 일은 그가 직접 하나님의 말씀의 능력을 체험했을 때였습니다. 하나님은 모세에게 손에 든 지팡이를 땅에 던지라고 말씀하셨습니다. 모세가 그 말씀대로 지팡이를 땅에 던졌을 때 지팡이는 독사로 변했습니다. 아마 코프라 종류였던 것 같습니다. 하나님께서는 모세에게 독사의 꼬리를 잡으라고 하셨습니다. 독사의 꼬리를 손으로 잡는다는 것은 독사에게 물리려고 작정한 것과 같습니다. 그것은 그 즉시 죽게 될 것입니다. 그러나 모세가 하나님의 말씀에 순종해서 독사의 꼬리를 잡았을 때 물리기는커녕 독사가 딱딱한 지팡이로 변해버렸습니다. 또 하나님은 모세에게 손을 품 안에 넣으라고 말씀하셨습니다. 모세가 하나님의 말씀에 순종했을 때 온 손에 나병이 생겼습니다. 옛날에는 나병이 생기면 인생을 망치는 것이었습니다. 모세가 하나님의 말씀에 순종하니까 나환자가 되어버렸습니다. 그런데 하나님께서는 다시 손을 품에 넣으라고 하셨습니다. 그래서 손을 넣었다고 꺼내니까 손은 치료되어 있었습니다. 하나님의 말씀은 치료하는 능력이 있었습니다. 모세의 능력은 일체 자기 생각을 하지 않고 하나님의 말씀에 절대적으로 순종하는데 기인한 것이었습니다. 거기서 열 가지 재앙이 터졌습니다.

모세가 일으킨 열 가지 재앙은 하나하나가 원자 핵 폭탄 같은 능력을 가진 것이었습니다. 모세는 무려 열개가 넘는 핵폭탄을 가진 사람이었습니다. 아무리 애굽의 바로가 군사력이 있고 독종이라 하더라도 모세의 핵무기 열개는 감당할 수가 없었습니다. 요즘도 많은 나라들이 미국의 항공모함을 보고 겁을 내는 이유는 미국의 항공모함 하나가 나라 하나를 절단 내는 능력을 가지고 있기 때문입니다. 모세는 끝에 가서 홍해바다를 갈라서 이스라엘 백성들을 데리고 애굽을 나왔습니다. 바다를 가르는 것은 바로 쓰나미입니다. 이 쓰나미는 히로시마에 떨어졌던 핵폭탄의 백만 배의 위력을 가진 것입니다.

여기까지 모세는 너무나도 멋이 있었습니다. 이 세상의 어느 누구도 감히 모세 앞에서 혀를 함부로 놀릴 사람은 없었습니다. 애굽의 개들도 모세나 이스라엘 백성들 앞에서는 짖지 못했습니다.

그러나 이 후에 모세는 이해할 수 없는 결단을 내렸습니다. 그것은 출애굽한 이백만 명 이상 되는 이스라엘 백성들을 전혀 물도 없고 양식도 없는 광야로 데리고 들어가 버린 것입니다. 이것이 바로 모세의 위대한 점입니다. 아마 이 세상의 어떤 지도자도 모세가 아닌 이상 절대로 이렇게 하지 못할 것입니다. 왜냐하면 이백만명이나 되는 사람들을 전혀 물도 없고 양식도 없는 광야로 데리고 간다는 것은 죽이려고 데려가는 것 밖에 되지 않기 때문입니다.

그러나 모세가 이런 결단을 내렸기 때문에 이백만명의 노예는 이백만명의 하나님의 백성으로 만들어질 수 있었습니다. 즉 이백만개의 잡석이 이백만개의 보석으로 변했던 것입니다.

노예는 가나안 땅을 정복하는 전쟁을 할 수 없었습니다. 하나님의 백성들은 공짜로 가나안 땅을 차지하는 노예가 아니었습니다. 하나님의 백성들은 자기 스스로 하나님의 뜻을 위하여 싸우는 군인이어야만 했습니다.

그래서 우리는 하나님의 백성들의 책임이 미신이나 불신앙에서 건짐을 받는 것으로 끝난다고 생각해서는 안 됩니다. 우리는 그 상태에서 하나님의 자녀로 훈련을 받아서 그 후에는 자기 스스로 이 세상의 죄를 정복하는 정복자가 되어야 하는 것입니다.

나중에 신약성경의 갈라디아서를 보면 노예가 입양이 되어서 주인의 아들이 되는 예들이 나옵니다. 그때 몽학 선생이 나오는데 이 사람은 노예로서 가정교사인 것입니다. 즉 노예 중에서 아들이 될 노예를 훈련시키는 노예인데 그야말로 훈련소 교관과 같은 사람이었습니다. 이 교관은 아들이 될 노예를 그야말로 죽도록 때리면서 지식이나 예의나 여러 가지 필요한 것들을 가르칩니다. 그래서 아들이 될 노예는 다른 노예들보다 훨씬 더 불쌍했습니다. 왜냐하면 다른 노예들이 놀 때에는 놀지도 못하고 두들겨 맞으면서 공부를 해야 했고 훈련을 받아야 했기 때문입니다. 그러나 때가 되면 아들의 지위를 얻게 되는데 그때는 모든 것을 자기가 다 주장을 하게 되는 것입니다.

모세는 이스라엘 백성들을 가나안 입구까지 데리고 오면서 훈련시키는 교관이었습니다. 그러나 가나안 땅으로 들어가지는 못했습니다. 왜냐하면 가나안 땅을 정복하는 것은 노예가 할 일이 아니라 아들이 할 일이었기 때문입니다.

모세를 모세 되게 했던 것은 그의 가슴에 붙었던 하나님의 열정이 었습니다. 그 불을 결국 처음 붙인 사람은 어머니였습니다. 그리고 애굽의 영광도 그 불을 끄지 못했고 광야 사십년의 시련도 그 불을 끄지 못했습니다. 그러나 모세의 능력은 그가 철저하게 죽어져서 하나님의 손에 붙잡혔을 때 나타났습니다. 하나님의 말씀이라고 하면 목숨을 걸고 순종했을 때 기적이 일어났습니다. 이것은 오늘 우리들에게도 해당되는 것입니다.

우리는 가슴에 열정이 있어야 합니다. 열정이 없는 싸늘한 신앙, 싸늘한 예배, 싸늘한 주일학교는 아무 것도 만들어낼 수가 없습니다.

모세가 겪었던 영광과 위기

모세에게 있어서 가장 영광스러운 것은 출애굽의 기적이었습니다. 모세는 오직 지팡이 하나로 거의 메가톤급의 기적을 애굽 땅에 퍼부었습니다. 이 세상에 산 사람들 중에서 모세와 같은 능력을 나타낸 사람은 그 전에도 없었고 그 후에도 없었습니다. 출애굽 세대 이스라엘 백성들에게도 가장 영광스러운 체험은 바로 이 출애굽의 기적이었습니다.

그리고 모세의 두 번째 영광은 시내 산의 영광이었습니다. 이스라엘 백성들이 시내 산을 보았을 때 시내 산은 불덩어리였습니다. 그런데 모세는 그 불붙는 산에 올라가서 사십일 동안 먹지도 않고 물도 마시지도 않고 하나님과 교제하다가 두 돌비를 받아가지고 내려왔습니다. 그리고 그때부터 모세의 얼굴에는 빛이 나기 시작했습니다. 그래서 이스라엘 백성들은 감히 모세의 얼굴을 쳐다보지 못했습니다. 모세는 이 후부터는 이스라엘 백성들과 말할 때 얼굴에 수건을 써야 했습니다. 모세는 하나님과 만나서 대화를 나눌 때에는 수건을 벗었습니다. 왜냐하면 하나님을 영광 가운데서 만날 수 있기 때문입니다. 우리에게 있어서도 가장 영광스러운 것은 하나님의 말씀을 수건을 쓰지 않고 들을 수 있는 것입니다. 그리고 우리가 모든 말씀을 바로 알아들을 수 있는 것입니다. 그리고 세 번째 모세의 영광은 모세가 직접 하나님을 눈으로 본 것이었습니다. 모세는 이스라엘 백성들이 하나님을 거역한 후에 도저히 이 사명을 감당할 자신이 없어서 하나님의 영광을 보여 달라고 부탁을 합니다. 그래서 하나님께서는 모세의 부탁을 들으셔서 모세가 하나님을 볼 수 있게 합니다. 그런데 모세는 하나님의 얼굴은 보지 못하고 하나님의 등을 보게 됩니다. 하나님께서 모세를 바위 속에 숨기시고 큰 손으로 덮으셨다가 하나님의 영광이 지나갈 때에 살짝 등을 보게 하셨습니다. 그래서 모세는 하나님의 얼굴을 본 사람이 아니라 등을 본 사람이 되는 것입니다. 하나님의 얼굴의 광채는 그리스도를 통해서 가장 완전하게 나타났고 복음은 그 하나님의 얼굴인 것입니다. 우리가 권세 있는 하나님의 말씀을 들을 때 하나님의 영광이 우리에게 비춰고 있는 것입니다.

그러나 모세에게 무시할 수 없는 실패가 있었습니다. 그것은 모두 모세 자신의 실패라기 보다는 이스라엘 백성들의 실패였습니다.

그 하나가 시내 산에서 모세가 율법의 돌비를 받으러 산에 돌아간 동안에 이스라엘 백성들이 산 밑에서 금송아지를 만들어 넣고 우상 숭배에 빠진 것이었습니다. 이스라엘 백성들은 금송아지를 우상이 아니라고 말할지도 모릅니다. 단지 자신들의 신앙을 그런 식으로 표현을 했다고 말할지도 모릅니다. 그러나 그것이 바로 우상인 것입니다. 이때 하나님께서는 이스라엘 백성들을 다 멸망시키고 모세 너 한 사람을 통해서 이스라엘을 다시 만들겠다고 하셨습니다. 이때 우리 같으면 어떻게 하겠습니까? 다른 사람들은 다 죽고 나만 살아서 다시 시작하면 어떻겠습니까? 그러나 모세는 이스라엘 백성들을 사랑했습니다. 모세는 하나님께 '나를 하나님의 생명책에서 지우시고 이스라엘 백성들을 살게 해 달라' 고 기도를 했습니다. 하나님은 모세 한 사람의 결심을 보시고 이스라엘 백성들을 다 살리셨습니다. 우리가 다른 사람을 포기하지 않으면 하나님도 결코 포기하시지 않으시는 것입니다. 다른 사람들이 아무리 모두 죄에 빠져 있고 멸망 직전까지 가더라도 우리가 정신을 차리고 우리가 그들을 포기하지 않는다면 하나님은 다시 살려주시는 것입니다.

두 번째 실패가 가나안 땅 입구였습니다. 하나님께서는 이스라엘 백성들을 가나안 땅 입구까지 가게 하신 후 정탐하게 하셨습니다. 즉 이제부터 이스라엘은 믿음을 가지고 가나안 땅을 정복하기만 하면 됩니다. 그러나 그들은 하나님이 주신 기회를 사용하지 못하고 주저앉아버렸습니다. 이스라엘 백성들은 믿음의 말은 듣지 않고 믿음 없는 부정적인 말만 듣고 자기들은 가나안 땅으로 들어가지 못한다고 판단하고 돌이켜서 애굽에 종살이하려고 했습니다. 이때 다시 하나님께서는 이스라엘 백성들을 진멸하시려고 하셨습니다. 그러나 이때도 하나님께서는 모세의 기도를 들으시고 이스라엘을 살려주셨습니다. 그 대신 하나님께서는 이스라엘이 가나안을 정탐한 하루를 일 년으로 계산하셔서 무려 사십년을 광야에서 돌게 하셨습니다. 하나님의 말씀에 대한 믿음이 없으면 하나님의 광야에서 빠져 나오지 못합니다. 하나님의 말씀에 자신을 완전히 던져버려야 광야에서 빠져나올 수가 있는 것입니다.

그리고 세 번째 시험이 므리바 반석에서의 시험이었습니다. 이스라엘 백성들이 물이 없어서 모세를 공격했을 때 사실 하나님께서는 물을 준비해 놓고 계셨습니다. 이스라엘 백성들은 그 잠깐을 참지 못해서 모세를 욕하고 공격했는데 이때 모세는 참지 못했습니다. 그래서 모세는 하나님의 말씀에 순종하지 못했습니다. 하나님께서는 모세에게 단지 반석을 향하여 명령을 하라고 하셨습니다. 아무리 돌이라 하더라도 '반석아! 물을 내라'고 하면 되는 것입니다. 그런데 모세는 이스라엘 백성들을 향하여 소리를 질렀습니다. '내가 너희를 향하여 이 반석에서 물을 내랴?'고 했습니다. 이것은 다른 말로 표현하면 '너희 같은 것들이 이 반석에서 나는 물을 마실 자격이나 있는 줄 알아?'라는 식으로 정죄를 한 것입니다. 하나님은 이스라엘 백성들을 정죄하는 것을 원치 않으셨습니다. 비록 그들이 그렇게 불순종하더라도 성령의 생수를 주시고 싶으셨던 것입니다. 그리고 무엇보다 모세는 반석을 두 번 쳤습니다. 마치 자기가 반석에서 물을 주는 것처럼 보이게 했던 것입니다. 생수는 하나님이 주시는 것이지 모세가 주는 것이 아니었습니다. 결국 하나님께서는 모세에게 '너는 약속의 땅에 들어갈 수 없다'고 선언하셨습니다. 모세의 사명은 출애굽한 백성들을 광야에서 훈련시키는 것으로 끝나게 됩니다. 그리고 가나안을 정복하는 일은 새로운 지도자 여호수아가 하게 됩니다.

모세는 마지막 영광 즉 가나안 땅에 들어가는 것은 허락받지 못했습니다. 이것이 바로 모세의 한계였습니다. 왜냐하면 모세는 종이지 아들이 아니었기 때문입니다. 그래서 히브리서에서도 '모세는 하나님의 집의 사환으로 충성하였다' 고 말씀하고 있습니다. 예수님은 아들이셨습니다. 예수님은 우리를 아들로 만들기 위해서 죽으셨습니다.

회사에서 사장이 부하 직원에게 어떤 일을 시키면 틀림없이 해 놓을 것입니다. 그러나 그렇게 한다고 해서 회사 직원이 아들이 될 수는 없습니다. 아버지가 아들에게 일을 시키면 아들은 '시간이 없어요' 라고 하면서 일을 해놓지 않을 수도 있습니다. 그러나 아들에게는 아버지에 대한 사랑이 있습니다. 하나님은 수 천 명의 노예를 원하지 않으십니다. 하나님은 단 한 사람의 아들을 더 기뻐하시는 것입니다.

결국 모세의 위기는 이스라엘 백성들이 모세 같은 믿음을 가지지 못했기 때문에 생긴 것이었습니다. 그러나 모세는 위기 때마다 사람을 보지 않고 하나님을 붙잡았으며 자기가 책임을 지겠다고 했습니다. 이 태도가 이스라엘을 위기에서 살게 했습니다. 지도자 한 사람이 자기가 살겠다고 도망치면 모두 다 죽는데 자기가 죽더라도 이스라엘을 지키겠다고 했을 때 하나님은 또 살 수 있는 기회를 주셨던 것입니다. 그러나 모세의 임무는 예수님의 임무를 대신할 수는 없었습니다. 예수님은 진짜 우리를 대신하여 죽으시고 우리를 하나님의 자녀가 되게 하셨습니다. 단지 모세는 끝까지 최선을 다했을 뿐입니다. 그러나 예수님은 단지 최선을 다하신 것이 아니라 우리를 죄와 영원한 죽음에서 건져 주셨습니다.

모세의 마지막 임무

이스라엘 백성들이 가나안 땅에 들어가기 전에 마지막으로 당했던 시험이 브올의 아들 발람의 시험이었습니다. 발람은 이스라엘 사람이 아닌 메소포타미아 사람인데 하나님의 말씀으로 예언하는 선지자였습니다. 그러나 엉터리 예언자가 아니고 상당한 파워를 가진 예언자였습니다.

발람은 우선 모압 왕 발락의 돈을 받고 이스라엘을 저주하려고 했습니다. 우리는 저주가 상당히 심각한 것이라는 것을 알 필요가 있습니다. 저주라고 하는 것은 그 사람의 도덕적인 결함이나 비리를 캐내어서 폭로하고 욕하고 공격하는 것입니다. 그러면 아무리 유능한 정치인이나 종교인이나 기업가라 하더라도 일단 한번 공격을 당하게 되면 꼼짝하지 못합니다. 아무리 자기는 아니라고 변명을 해도 의혹은 눈덩이처럼 커져서 나중에는 도저히 감당할 수 없는 지경까지 가게 됩니다. 요즘도 인터넷이나 신문을 통해서 어떤 사람의 비리를 폭로를 해버리면 그 순간부터 그 사람은 매장을 당해버리고 맙니다. 그러나 하나님은 강권적으로 역사하셔서 발람이 이스라엘 백성들을 저주하지 못하게 하셨습니다. 그 이유는 이스라엘 백성들이 아무리 부족한 점이 많아도 하나님의 손에 훈련되고 있는 하나님의 백성들이었기 때문입니다.

하나님의 백성들의 잘못은 하나님께서 다스리셔야지 다른 사람들이 이렇쿵 저렇쿵 할 성질의 것이 아니기 때문입니다. 그래서 발람은 '하나님이 저주하지 않은 자를 내가 어찌 저주하리요' 라고 하면서 오히려 축복의 말을 합니다. 모압 왕 발락이 발람을 돈을 주고 매수해서 이스라엘 백성들을 저주하려고 한 것은 하나님의 능력으로 인해 원천적으로 봉쇄되었습니다.

그러나 그렇다고 해서 사탄의 시험이 끝난 것이 아니었습니다. 발람은 다른 방법을 사용했습니다. 그것은 이스라엘 백성들이 죄에 빠지도록 하기 위해 미인계를 사용하는 것입니다. 즉 모압 여인과 미디안 여인들로 하여금 이스라엘 백성들을 유혹해서 우상 숭배에 빠지게 하고 성적인 죄에 빠지게 하는 것이었습니다. 이스라엘 백성들은 이 유혹에 엄청나게 많이 넘어가서 결국 이만사천명이 염병으로 죽게 됩니다.

이때 하나님께서는 모세에게 마지막 뒤처리를 하게 하십니다. 그것은 고의로 이스라엘 백성들을 죄에 빠트리게 한 미디안을 공격해서 미디안 사람들을 전멸시키고 그 재산을 빼앗는 것이었습니다.

민수기 31장 1-2절

여호와께서 모세에게 일러 가라사대 이스라엘 자손의 원수를 미디안에게 갚으라. 그 후에 네가 네 조상에게로 돌아가리라

궁금한 것은 왜 하나님께서는 모세에게 마지막 사명으로 미디안에 대한 원수를 갚으라고 하셨을까 하는 것입니다.

여기서 우리는 두 가지 정도의 의문이 생기게 됩니다. 그 하나는 처음에 이스라엘 백성들을 유혹한 여자들은 모압 여자로 되어 있는데 왜 여기서는 미디안 여자라고 했는가 하는 것입니다. 그리고 또 하나는 이스라엘 백성들 자신들이 여인들의 유혹을 받아서 실패를 했는데 그냥 넘어가지 않고 왜 복수를 해야만 했을까하는 것입니다.

여기서 모압 여자가 아니고 미디안 여자라고 한 것은 아마 모압 여자와 미디안 여자가 섞여 있었던 것 같습니다. 그리고 모압 여인 중에서도 유목민들은 미디안 여자라고 불렀을 수도 있습니다. 즉 두 민족이 합동을 했든지 아니면 용어의 혼용이라고 볼 수 있습니다. 그리고 두 번째로 이스라엘 백성들 자신이 유혹에 넘어가놓고 왜 미디안을 공격했느냐 하는 것입니다. 그 이유는 이들이 우발적으로 이스라엘을 유혹한 것이 아니라 일부러 이스라엘을 넘어지게 하려고 계략으로 함정을 파 놓고 준비를 한 것이었기 때문입니다. 물론 미련하고 어리석게도 이 계략에 넘어간 이스라엘 백성들에게 일차적인 책임이 있지만 그럼에도 불구하고 만약 이 문제를 깨끗하게 처리를 하지 않고 넘어간다면 앞으로 미디안 여자들이 계속 이스라엘 남자들을 치근거리게 될 것이기 때문입니다.

예를 들면 어떤 남자가 행실이 별로 좋지 못해서 젊었을 때 좀 염문을 뿌리고 다니다가 나중에 정신을 차렸습니다. 그런데 뒤처리를 깨끗하게 해 놓지 않으면 나중에 자꾸 찾아오거나 연락을 해서 도저히 앞으로 나가지 못하게 방해를 할 것입니다.

섹스피어의 역사극에 보면 헨리 5세가 나옵니다. 이 왕자는 젊었을 때 정말 걱정이 될 정도로 술친구들과 방탕하게 지냈기 때문에 아버지가 도저히 이 아들을 믿지를 못했습니다. 그런데 이 헨리 5세가 정신을 차리고 난 후에는 옛날 술친구들을 전부 감옥에 다 가두어버리고 철저하게 변신을 해서 훌륭한 왕이 되게 됩니다.

마찬가지로 이스라엘 백성들이 브올에서 모압 여인들과 미디안 여인들에게 넘어간 것은 앞으로 두고두고 추잡한 추문이 될 수 있었습니다. 하나님께서는 모세에게 네가 마지막으로 이 추문을 정리하고 가라는 것이었습니다.

그리고 또 하나는 이것이 발람의 머리에서 나왔다는 사실입니다. 발람은 하나님의 종인데 이스라엘을 시기하고 저주하려고 하는 사람이었습니다. 이 사람이 하는 일을 그냥 내버려두면 앞으로 두고두고 또 이스라엘을 이런 식으로 괴롭히려고 할 것입니다.

운동선수들에게 있어서 한번 시합에서 진 팀은 이상하게 그 뒤에도 그 팀만 만나면 계속 질 가능성이 있습니다. 그때 감독이나 코치는 비상한 작전을 세워서 어떻게 해서든지 그 상대팀을 이기도록 해야 하는 것입니다. 여기서 자신감을 잃어버리면 이 팀은 삼류 팀으로 전락해버리고 마는 것입니다.

그래서 하나님께서는 모세에게 이 모압 여인들의 죄 그리고 이 미디안 여인들의 죄를 갚으라는 명령을 내리신 것입니다.

대개 하나님의 백성들은 상대방에게 공격을 당할 때 직접적으로 맞상대해서 싸우기보다는 피하는 방법을 많이 씁니다. 왜냐하면 하나님의 백성들은 다른 사람들과 싸우는데 능하지 못하기 때문입니다.

그래서 주로 하나님께서 쓰시는 방법은 은닉과 탁월의 방법입니다. 아직 하나님의 백성들이 준비가 덜 되어 있을 대에는 감추어 놓으십니다. 그래서 아직 사람들의 집중적인 공격의 대상이 되지 않게 하십니다. 그러다가 준비가 되었을 때에는 탁월하게 하셔서 아예 적들과 상대가 되지 않게 하십니다. 그러나 어떤 때에는 마귀를 대적해야 할 때도 있습니다. '마귀를 대적하라. 그리하면 너희를 피하리라' 고 하신 말씀대로 분명하게 자신의 의사를 표현을 해야 할 때가 있습니다. 그러면 이상하게도 기세등등하게 설치던 사탄이 꼬리를 내리면서 슬금슬금 피하게 됩니다.

모세는 모든 이스라엘 지파에서 천 명씩 결국 만이천명을 모았습니다. 그리고 성전의 기구와 나팔을 가지고 전쟁을 하게 했습니다. 미디안 족은 아주 강하고 기동성이 뛰어나기 때문에 완전한 승리를 거두기는 어려운 대상이었습니다. 그러나 이번에 미디안은 이스라엘의 손에 딱 걸려들었습니다. 그래서 미디안 족속들이 완전히 몰살을 당해버렸습니다.

민수기 31장 7-8절
그들이 여호와께서 모세에게 명하신 대로 미디안을 쳐서 그 남자를 다 죽였고 그 죽인 자 외에 미디안의 다섯 왕을 죽였으니 미디안의 왕들은 에위와 레겜과 수르와 후르와 레바이며 또 브올의 아들 발람을 칼로 죽였더라

여기서 중요한 것은 미디안의 모든 남자를 다 죽인 것과 드디어 이브올의 아들 발람을 죽인 것이었습니다. 발람은 메소포타미아 사람인데 자기 집으로 가지 않고 미디안에 있으면서 뒤에서 이스라엘 백성을 망하게 하는 일을 계획하고 있었던 것입니다. 그런데 여기서 이스라엘 군인들은 잠깐 실수를 하게 됩니다. 즉 이 전쟁을 다른 전쟁과 같이 생각한 것입니다. 그래서 남자들은 다 죽이고 많은 양들과 소와 여자들을 포로로 잡아왔습니다.

이때 모세는 여자들을 많이 잡아온 것을 보고 이스라엘 군인들에게 화를 내었습니다. 왜냐하면 이 전쟁의 목적은 모압과 미디안 여자들에게 복수하는 것이 목적이었기 때문입니다. 물론 남자들이 시켰기 때문에 여자들이 그렇게 했겠지만 결국 이스라엘 사람들을 넘어지게 한 것은 미디안 여자들이었습니다. 그런데 이스라엘 군인들은 이 번

전쟁의 목적이 어디에 있는지 잊어버리고 다른 전쟁과 똑같이 남자만 죽이고 가축과 여자들은 노예로 팔려고 다 붙잡아 왔던 것입니다. 이 것을 보고 모세는 화를 내었습니다.

> **민수기 31장 14-16절**
> 모세가 군대의 장관 곧 싸움에서 돌아온 천부장들과 백부장들에게 노하니라. 모세가 그들에게 이르되 너희가 여자들을 다 살려두었느냐? 보라, 이들이 발람의 꾀를 좇아 이스라엘 자손으로 브올의 사건에 여호와 앞에 범죄케하여 여호와의 회중에 염병이 일어나게 하였느니라

사람이 한참 일을 하다보면 눈앞에 이익에 빠져서 자기가 이 일을 하는 목적을 잊어버리기 쉽습니다. 그래서 지도자에게 중요한 것은 무슨 일을 할 때 그 목적을 분명히 하는 것입니다. 즉 이스라엘 군인들은 전쟁에서 이기고 많은 전리품을 약탈하는 것으로 생각했습니다. 그러나 모세에게는 이 전쟁에 분명한 목적이 있었습니다. 그것은 이스라엘을 성적으로 유혹했던 미디안 여자들을 징계함으로 다시는 이스라엘 백성들 앞에 걸림돌이 되지 않게 하는 것이었습니다.

그래서 모세는 다시 잡혀온 포로들 중에서 남자 아이도 죽이고 여자들 중에서 결혼을 했거나 남자와 관계가 있었던 여자들을 모두 다 죽이고 순수한 처녀들만 살리게 했던 것입니다.

이때 이것으로 이스라엘 백성들은 브올의 추문에서 벗어나게 되었습니다. 그래서 다시는 미디안 여자나 모압 여자들이 이스라엘 백성들 앞에 나타나서 옛날이야기를 하면서 이스라엘 백성들의 발목을 잡을 수 없게 만들었던 것입니다.

이때 이스라엘 백성들은 미디안을 쳐서 엄청난 재산상의 유익을 얻게 되었습니다. 그것은 미디안에게서 빼앗은 양만 육십만 마리가 넘었기 때문입니다.

모세는 이때 법을 정해서 전쟁한 군인들이 마음대로 처리하지 못하게 했습니다. 우선 군인들은 칠일 동안 진 안에 들어오지 못하고 진 밖에서 스스로 몸을 깨끗하게 했습니다. 왜냐하면 아무리 이스라엘 백성들이라 하더라도 사람을 죽일 때에는 온갖 잔인한 생각과 분노와 혈기가 넘쳤기 때문입니다. 그래서 칠일 동안 깨끗하게 해야 했습니다. 그리고 물건들 중에서 씻어야 할 것은 물로 씻고 불을 통과할 수 있는 것은 불을 통과하게 했습니다. 이스라엘 백성들이 죄를 씻는 방법은 두 가지였습니다. 하나는 물로 씻는 것이고 다른 하나는 불로 태우는 것입니다. 이것이 나중에는 물세례와 성령세례로 나타나게 됩니다. 가장 중요한 회개가 우리 양심이 말씀과 성령의 불로 폭격을 당하는 것입니다. 이렇게 되어야 우리는 깨끗해질 수가 있습니다.

모세는 법을 정해서 모든 전리품을 반으로 나누어서 반은 전쟁을 한 군인들이 가지고 반은 집을 지킨 일반 백성들에게 나누어주었습니다. 그래서 이것이 나중에 이스라엘의 관례가 됩니다. 즉 간 사람과 보낸 사람이 같은 상을 받는 것입니다. 이것은 오늘날 선교에 있어도 중요한 원리가 되고 있습니다. 간 선교사와 보낸 선교사가 같은 상을 받는 것입니다. 그리고 그것도 모두 다 자기들끼리 가지는 것이 아니라 군인들이 가진 것의 오백 분의 일은 제사장 엘르아살에게 주고 백성들에게 준 오십분의 일은 레위인들에게 주었습니다. 그리고 전쟁에 나간 군인들을 헤아려 보니까 단 한 사람도 죽지 않았습니다. 그래서 모든 군인들은 특히 자기 생명을 하나님께 속죄한다고 해서 탈취한 것들 중에서 금은 패물은 다 하나님께 갖다 바쳤습니다.

민수기 31장 49-50절
그에게 고하되 당신의 종들의 영솔한 군인을 계수한즉 우리중 한 사람도 축나지 아니하였기로 우리 각 사람의 얻은바 금 패물 곧 발목고리, 손목고리, 인장반지, 귀고리, 팔고리들을 여호와의 예물로 우리의 생명을 위하여 여호와 앞에 속죄하려고 가져왔나이다

이스라엘 백성들은 자기들이 전쟁을 했지만 한 사람도 죽지 않은 것을 감사했습니다. 이것은 하나님께서 자기들을 위해서 싸워주셨기 때문이라고 믿었습니다. 그래서 전리품들 중에서 금패물은 모두 자기들의 목숨 값으로 하나님께 바쳤습니다. 그들은 금패물은 없었지만 금보다 더 중요한 것이 자기 목숨이라는 것을 알았습니다. 그래서 모든 것을 다 가지려고 하지 않았습니다. 왜냐하면 모든 것을 다 가지고 죽는 것 보다 덜 가지고 사는 것이 낫기 때문입니다. 우리는 이것을 이 세상에서 적용을 해야 합니다. 전부 다 내가 챙기고 바로 죽는 것보다는 덜 가지고 오래 건강하게 사는 것이 더 지혜로운 것입니다. 그렇게 하려면 내어놓는 것이 있어야 하고 포기하는 것이 있어야 합니다.

그리고 30장에는 이스라엘 여인들의 걸림돌을 제거하는 말씀이 나옵니다. 즉 이스라엘 백성들이 하나님의 이름으로 맹세한 것은 목숨을 걸고 지켜야만 했습니다. 왜냐하면 하나님의 이름을 거짓되게 할 수 없기 때문입니다. 그러나 사람들 중에는 잘 모르고 혹은 일시적인 흥분으로 맹세를 했다가 이것이 한 평생 올무가 되는 경우가 있습니다.

그래서 하나님께서는 모세에게 여자들이 잘 모르고 맹세했을 때 이

것이 올무가 되지 않도록 여자가 어렸을 때에는 아버지가 그 맹세를 듣고 취소할 수 있게 하셨습니다. 그리고 결혼을 할 때에는 남편이 듣고 취소할 수 있게 하셨습니다. 왜냐하면 결혼이라고 하는 것은 새로운 출발인데 처녀 때 모르고 하나님께 맹세한 것 때문에 결혼 생활 내내 불행해서는 안 되기 때문입니다.

그래서 하나님께서는 어떻게 해서든지 여자들이 일시적인 맹세 때문에 한 평생을 불행하게 살지 않도록 구제하는 길을 열어주셨습니다.

단지 아버지나 남편이 듣고 상당한 시간이 지난 후에 취소를 하면 여자가 아니라 자기들에게 책임이 돌아가게 됩니다. 왜냐하면 일단 이야기를 듣고 적극적으로 반대하지 않은 것은 받아들인 것이 되기 때문입니다.

그러나 과부나 이혼을 당한 여자의 서원은 해당이 되지 않습니다. 왜냐하면 아버지나 남편의 통제를 받지 않기 때문에 자기 자신을 스스로 지켜야 하기 때문입니다.

하나님께서는 이스라엘 백성들이 미래를 향하여 힘차게 나갈 수 있도록 두 가지 걸림돌을 제거하셨습니다. 하나는 미디안 여인의 유혹으로 인한 과거의 실패의 올무이고 다른 하나는 자기 스스로 책임지지도 못하면서 미래에 서원한 올무인 것입니다. 우리는 이제 아무 올무 없이 미래를 향하여 담대하게 나아가는 자가 되어야 합니다. 여러분 모두에게 이러한 축복이 있기를 기원합니다.

24 _ 민 32:1-36:13
가나안 정복의 청사진

그림을 그릴 때 색을 칠하기 전에 가장 중요한 것은 밑그림을 잘 그리는 것입니다. 밑그림도 없이 색부터 칠하기 시작하면 처음에는 좋은 그림이 나올 것 같지만 나중에 보면 균형이 맞지 않고 이상한 실패작이 만들어지게 됩니다. 이것은 거대한 조각을 만들 때도 마찬가지입니다. 무조건 자신의 영감에 따라서 대형 조각부터 만들면 실패하기 쉽습니다. 먼저 데생부터 그려본 후에 작은 작품을 만들고 그리고 나서 큰 작품을 만들어야 실패하지 않습니다. 미군은 이차대전 때 일본과 전쟁을 하면서 많은 모의실험을 하였습니다. 즉 동경 만에 상륙작전을 하는 훈련도 하고 특히 원자폭탄을 비슷한 지형에 가서 떨어트리는 훈련도 하고 원자 폭탄을 터트리는 실험도 몇 차례 했습니다. 그리고 드디어 정해진 날에 히로시마에 원자탄을 투하에 성공했을 때 일본은 즉시 항복하고 전쟁은 한 순간에 끝나고 말았던 것입니다.

우리가 인생을 살아가는데 있어서도 영적인 청사진이 필요합니다.

그러나 우리에게 가장 힘든 것은 우리 자신이 이 영적인 청사진을 잘 알지 못하는 것입니다. 청년들은 자주 '하나님께서 나를 어디에 쓰시려고 이렇게 준비시키시는지 모르겠다' 는 말을 합니다. 이것은 나에 대한 하나님의 인생 청사진을 잘 모르고 있다는 뜻입니다. 우리는 장차 어디서 살고 어떤 직업을 가져야 할 것인지 그리고 무엇을 하면서 살 것인지 아직 전혀 모르고 있습니다. 우리는 지금 내 인생에 대한 밑그림도 없이 하루하루를 믿음으로 살아가고 있는 것입니다.

그래서 우리는 이런 이야기들을 합니다. 즉 우리의 인생은 '하나님의 모자이크' 라고 합니다. 우리는 지금 하나님의 전체적인 밑그림은 모르고 있지만 하루하루 성실하게 살아가다보면 어느 순간에는 하나님의 거대한 그림이 완성이 된다고 믿고 있습니다.

이것은 이스라엘 백성들에게도 마찬가지였습니다. 하나님께서는 이스라엘 백성들에게 장차 젖과 꿀이 흐르는 가나안 땅에 들어가게 될 것이라고만 말씀하셨지 구체적으로 어떤 경로로 또 구체적으로 어떤 지방에서 어떤 직업을 가지고 살 것은 말씀하시지 아니하셨습니다. 이스라엘 백성들이 가나안 정복에 대한 밑그림을 가질 수 있었던 것은 사십년 광야 훈련이 마쳤을 때인 것입니다. 여기서 우리는 하나님의 로드맵을 대충 알 수 있습니다. 즉 하나님께서는 우리가 예수 믿은 직후에 우리 인생의 미래 청사진을 주시는 것은 아니라는 것입니다. 왜냐하면 그 청사진을 주셔도 우리는 그 청사진을 이해할 수도 없고 감당할 수도 없기 때문입니다. 하나님께서 우리에게 보다 자세한 미래 청사진을 주실 때는 사십년 광야 생활이 끝날 때인 것입니다. 물론 이것이 우리에게는 사십년은 아닐 것입니다. 십년일 수도 있고 오년일 수도 있고 이십년일 수도 있지만 일단 어느 정도 신앙 훈련이 끝나야 미래에 대한 청사진을 가질 수 있는 것입니다.

이스라엘 백성들이 출애굽한지 사십 일 만에 가데스 바네아에서 가나안 땅으로 들어가려고 했을 때 그들은 그것을 믿음으로 받아들일 수가 없었습니다. 이스라엘 백성들은 열두 명의 정탐꾼들을 보내었지만 여호수아와 갈렙을 제외하고는 모두 가나안 땅에 들어갈 수 없으니까 애굽으로 돌아가서 다시 종살이를 하자고 충동질을 했습니다. 이들은 훈련도 되어 있지 않았고 미래에 대한 청사진도 없었고 오직 의욕에만 불타 있었습니다. 그러다가 가나안 땅이라고 하는 현실을 맞닥뜨리게 되었을 때 모두 다 주저앉고 말았던 것입니다. 그러나 이스라엘 백성들이 사십년 광야 훈련을 받으면서 그들은 달라져 있었습니다. 이제는 하나님의 말씀 하나로 가라고 하면 가고 서라고 하면 서는 하나님의 군대로 변해 있었습니다. 즉 사십년 전에는 잡석이었던 사람들이 이제는 하나님의 보석으로 변해 있었던 것입니다. 이들에게 하나님은 가나안 정복의 청사진을 보여주시고 진격해서 단숨에 차지하게 하신 것입니다. 준비된 이스라엘 백성들은 원자폭탄과 같았습니다. 단숨에 가나안 땅을 차지해버렸습니다.

우리는 여기서 모세의 믿음을 보게 됩니다. 모세는 이스라엘 백성들을 애굽에서 나오게 한 후에 오직 하나님의 말씀만 믿고 물도 없고 양식도 없는 광야로 데리고 들어가 버립니다. 아무 대책도 없이 이 많은 사람들을 광야로 데리고 들어가는 것은 자살 행위나 마찬가지였습니다. 이스라엘 백성들도 이것을 가장 의심하였습니다. 즉 모세의 정신 상태가 정상적일까 하는 것이었습니다. 사실 이스라엘 백성들은 광야 사십년 동안 고생을 많이 했습니다. 이미 애굽을 떠날 때 이십세가 넘었던 장정들은 모두 광야에서 다 죽어야만 했습니다. 그러면 과연 광야 사십년을 통해 모세가 얻은 것이 무엇일까요?

애굽을 출발할 때 잡석에 불과했던 이스라엘 백성들을 광야 훈련을 통해서 모두 이백만개의 보석으로 만들어놓았던 것입니다. 하나님의 말씀을 듣고 무조건 순종하는 자들은 한 사람 한 사람이 보석이고 원자폭탄이며 이런 사람들이 이 세상을 정복할 수 있는 것입니다.

오늘 본문 말씀은 지금까지 설교한 것 중에서 가장 긴 본문입니다. 즉 민수기 32장에서부터 36장까지의 내용입니다. 물론 이 전체는 하나 하나의 가치도 있지만 전체로 뭉떵 거려서 '가나안 정복의 청사진'이라고 하면 훨씬 더 이해가 잘 될 것입니다. 여기에 보면 여러 가지 많은 내용들이 나오고 있습니다. 우선 32장에 보면 요단 동편의 땅을 보고 르우벤 지파와 갓 지파가 모세에게 자기들은 가나안 본토를 차지하지 않고 이 동편 땅을 차지하게 해 달라고 요구하는 내용입니다. 그리고 33장에는 이스라엘 백성들이 사십년 동안 광야를 돌아다녔는데 그 여정이 간단하게 기록되어 있습니다. 즉 이스라엘 백성들의 사십년 여정이 한 페이지의 글로 요약이 되어 있는 것입니다. 그리고 33장 후반과 34장은 이스라엘 백성들이 차지할 가나안 땅의 경계가 어디서부터 어디까지이며 어떻게 분할할 것이며 어떻게 차지할 것인가 하는 내용이 기록이 되어 있습니다. 그리고 35장과 36장은 레위인은 어떤 땅을 차지하며 실수로 사람을 죽인 죄인이 도망쳐서 살 수 있는 도피성은 어떻게 지정을 하며 끝에 가서는 사회적인 약자인 여성들이 어떻게 땅을 차지할 것인가 하는 것을 기록함으로 민수기는 끝나고 있습니다.

이스라엘 백성들의 가나안 여정

　민수기 33장은 이스라엘 백성들의 광야 여행기입니다. 즉 이스라엘 백성들은 사십년 동안 광야를 정신없이 닥치는 대로 걸어 다녔던 것이 아니라 세밀하게 일지를 적으면서 걸어 다녔습니다. 우리는 때때로 인생살이를 하면서 방향 감각을 잃고 안개 속을 방황하는 것처럼 헤맬 때가 있습니다. 그러나 우리가 방황을 다 끝내고 지나간 세월들을 돌이켜 보면 하나님께서 너무나도 놀랍게 내 걸음을 인도하셨고 결코 내가 방황했던 것이 아니라는 것을 알고는 감사할 때가 많이 있습니다. 그 이유는 우리가 무작정 방황한 것이 아니라 하나님의 말씀과 함께 방황을 했기 때문입니다.

　이스라엘 백성들의 광야 사십년이 그러했습니다. 자기들은 지난 사십년 동안 방향 감각도 없이 하나님이 가라고 하시면 가고 서라고 하시면 서고 나중에는 아무 의식도 없이 돌아다녔는데 나중에 보니까 정확하게 요단강 동편에 와 있었던 것입니다.

　옛날에 저희 어머니들은 연도를 계산을 하실 때 무슨 특별한 사건과 연결해서 기억하실 때가 많았습니다. 즉 '해방이 되던 해에' 라고 하시든지 아니면 '사변이 터지던 해에' 라는 식으로 기억을 하셨습니다. 혹은 아이들을 가지고 연도를 기억하실 때도 많았습니다. '내가 큰 애를 배었을 때' 라고 하시든지 혹은 '내가 둘째 애를 낳았을 때' 라는 식으로 연도를 기억을 하셨습니다.

　그러나 우리 크리스천들은 살았던 동네나 지역에 따라서 신앙 상태가 어떤 특징을 나타낼 때가 많습니다. 예를 들면 '내가 어느 동네에 살았을 때 영적으로 최악이었다' 라고 하든지 '내가 어느 아파트에 살

때 영적으로 살아나기 시작했다'고 하든지 혹은 '내가 어느 집에 살 때가 영적으로 최고로 좋았을 때였다' 라는 식으로 기억을 합니다.

아마 우리 성도님들도 자신의 삶을 사시던 집이나 동네에 따라서 영적인 상태가 다 달랐던 것을 회고하실 수 있을 것입니다. 그것이 바로 여러분들의 민수기인 것입니다. 아마 여러분들 중에는 이런 불만을 가진 분들이 있을 것입니다. '우리 아버지가 이사를 하시지 않는 바람에 나는 민수기라는 것이 없습니다' 라고 말씀하시는 분도 있을 것입니다. 제 생각으로는 이사는 하지 않았더라도 반드시 여러분들의 민수기는 있을 것입니다.

이스라엘 백성들이 무려 사십년 동안 광야에서 돌아다닌 내용이 민수기 33장 한 장으로 요약될 수 있는 것을 보면 우리는 놀라지 않을 수 없습니다. 아무리 대단한 인생을 산 것 같아도 이력서 한 장으로 요약이 될 수 있는 것입니다. 더욱이 그 사람이 죽었을 때에는 더 짧은 한 줄로 요약이 될 것입니다. 즉 '별 볼일 없는 짓만 잔뜩했다' 혹은 '먹기만 하고 애만 낳았다' 는 식으로 요약이 될 지도 모릅니다.

이스라엘 백성들의 광야 생활은 세 단계로 나눌 수 있습니다.

첫 번째가 33장3절에서 5절까지입니다. 첫번째는 출애굽 단계입니다. 이스라엘 백성들의 출애굽은 라암셋에서 숙곳까지입니다.

민수기 33장 3-5절

그들이 정월 십오일에 라암셋에서 발행하였으니 곧 유월절 다음 날이라 이스라엘 자손이 애굽 모든 사람의 목전에서 큰 권능으로 나왔으니 애굽인은 여호와께서 그들 중에 치신 그 모든 장자를 장사하는 때라. 여호와께서 그들의 신들에게도 벌을 주셨더라. 이스라엘 자손이 라암셋에서 발행하여 숙곳에 진 쳤고 이스라엘 백성들은 유월절 다음날 바로 애굽을 떠났습니다. 그때 하나님께서는 애굽 전체에 장자를 죽이는 재앙을 내리셨는데 이스라엘 백성들은 당당하게 승리의 개선가를 부르면서 애굽을 떠났습니다. 이때 하나님께서는 애굽의 신들도 벌을 주셨다고 말씀하셨습니다. 애굽에는 신들이 많았습니다. 그 중에서 가축도 신이었고 왕도 신이었고 태양도 신이었습니다. 모세의 열 가지 재앙은 바로 이 신들과의 전쟁이었고 이 신들을 심판하신 하나님의 능력이었던 것입니다.

그리고 두 번째 단계가 홍해에서 시내산까지입니다. 이것이 33장 6절에서 15절까지입니다. 6절에 보면 '숙곳에서 발행하여 광야 끝 에담에 진 쳤고' 라고 했고 15절에는 '르비딤에서 발행하여 시내 광야에 진쳤고' 라고 되어 있습니다. 어쩌면 이 두 번째 단계가 광야 생활의 절정이었던 것 같습니다. 이스라엘 백성들은 이 두 번째 단계에서 바다를 건너서 시내산 쪽으로 넘어갑니다. 이때 애굽 바로의 군대는 이스라엘 백성들을 추격하다가 바다가 합쳐지는 바람에 모두 다 바다에 빠져 죽었습니다. 그리고 이스라엘 백성들은 물이 없어서 고통을 받게 되는데 삼일 동안 물 없이 걷다가 드디어 마라라는 곳에 갔는데 그 물은 써서 마실 수가 없었습니다. 그래서 이스라엘 백성들이 모세를 원망하자 하나님께서 모세에게 나뭇가지를 던져서 물이 달게 하셨습니다. 그리고 이스라엘 백성들이 시내 산 광야에서 하나님의 언약의 돌비를 받고 언약의 백성이 되었으며 성막을 짓고 인구조사를 하게 됩니다. 여기서도 이스라엘 백성들은 모세가 시내산에 올라간 동안 금송아지를 만들어서 죄를 짓게 됩니다. 그리고 세 번째 단계가 본격적인 사십년 광야 생활입니다. 즉 가데스에서 시작해서 광야 생활이 끝날 때까지입니다.

19절에 보면 '릿마에서 발행하여 림몬베레스에 진 쳤고' 라고 되어 있는데 여기의 '릿마' 가 가데스가 아닐까 추측하고 있습니다. 원래 하나님의 계획에 의하면 이스라엘 백성들은 사십 일 만에 광야 생활을 끝내고 가나안 땅에 들어갈 수 있도록 되어 있었습니다. 그러나 이스라엘 백성들은 가베스 바네아까지 온 후에 '도저히 우리 힘으로는 가나안을 정복할 수 없기 때문에 애굽 땅에 도로 돌아가서 종살이하자' 고 하는 바람에 하나님을 배반하고 신앙적으로도 큰 실패를 했습니다. 그래서 하나님께서는 가나안 땅을 정탐한 하루를 일 년으로 쳐서 사십년 동안을 광야에서 뺑뺑이 돌게 하셨던 것입니다. 그 동안에 애굽을 떠날 때 이십 세 이상 되었던 모든 남자 어른들은 광야에서 다 죽었습니다. 그리고 출애굽할 때 이십 세가 되지 않았던 어린이들이 자라서 이스라엘을 채웠습니다. 완전한 세대교체가 이루어진 것입니다.

그 동안 하나님께서는 이스라엘 백성들에게 사십년 동안 만나를 주시고 옷이 떨어지지 않게 하셨습니다. 이스라엘 백성들이 사십 년 만에 다시 가데스에 왔을 때 그들은 이미 변해 있었습니다. 우선 중요한 것이 그들의 제사장이 바뀝니다. 아론은 늙어서 죽고 그의 아들 엘르아살이 대신해서 대제사장이 됩니다. 그리고 그들은 사십년전 그들을 공격해서 비참하게 만들었던 남방 아랏왕을 전멸시켰습니다. 그리고 요단 동편 땅의 아모리 왕 시혼과 바산 왕 옥을 전멸시켰습니다. 그리고 가나안으로 들어가기 직전에 발람의 저주를 하나님이 막으셨으나 이스라엘 백성들은 모압 여인의 유혹에 넘어가서 우상의 제물을 먹고 음란한 짓을 해서 이만사천명이 병으로 죽었습니다.

이것이 바로 사십년 동안 이스라엘 백성들이 훈련을 받은 내용입니다. 이것을 보면 하나님의 훈련이 얼마나 적나라하며 얼마나 우리의 인간 본성을 철저하게 보게 하는지 잘 알 수 있습니다. 이스라엘 백성들은 수없이 모세와 하나님을 원망하고 또 하나님으로부터 징계 받아서 두들겨 맞고 헤매었지만 어느덧 훌륭한 하나님의 용사들이 되어서 요단 동편에 서 있게 된 것입니다.

사실 하나님의 눈에는 가나안 땅보다 변화된 이스라엘 백성들 자신이 더 보배였습니다. 오늘 우리는 이 세상에서 눈에 보이는 결과가 나타나야 복을 받았다고 생각하는데 그렇지 않습니다. 우리가 말씀으로 연단되고 하나님의 손에 의해서 갈고 닦여졌을 때 이미 우리는 보배가 된 것입니다.

요단 동편 땅의 의미

문제는 이스라엘 백성들이 가나안 땅에 들어가기 전에 그 비옥한 요단 동편의 땅을 어떻게 할 것이냐 하는 것입니다. 그 동안 모세나 이스라엘 백성들은 오직 가나안 땅 본토만 생각을 했지 요단 동편의 땅은 생각하지도 못했습니다. 그러나 르우벤 지파와 갓 지파는 목축업을 하는 사람들이었습니다. 그래서 그들은 요단 동편 땅을 본 순간 이곳보다 목축하기에 더 좋은 곳은 없다고 생각을 했습니다. 결국 그들은 모세에게 우리는 가나안 땅에 들어가지 않고 요단 동편 땅에 주저앉을 테니까 허락을 해 달라고 요청을 했습니다.

이것이 바로 민수기 32장의 내용입니다.

민수기 32장 1-2절

르우벤 자손과 갓 자손은 심히 많은 가축의 떼가 있었더라. 그들이 야셀 땅과 길르앗 땅을 본즉 그곳은 가축에 적당한 곳인지라. 갓 자손과 르우벤 자손이 와서 모세와 제사장 엘르아살과 회중 족장들에게 말하여 가로되

모세는 이들의 말을 듣고 가슴이 철렁했습니다. 왜냐하면 사십년 전의 일이 생각이 났기 때문입니다. 사십년 전에 이스라엘 백성들이 가나안 땅 남쪽 경계까지 와서 이제 가나안 땅을 들어가서 자치하기만 하면 되는데 열 명의 족장이 우리는 절대로 가나안 땅을 차지하지 못한다고 뒤로 나자빠지는 바람에 이 사십년 동안 죽도록 광야에서 훈련 받느라고 고생을 했던 것입니다. 그런데 이제 사십년이 지나고 요단 동편에 와서 가나안 땅에 막 들어가려고 하는데 다시 두 지파가 '우리는 가나안 땅에 들어가지 않고 요단 동편에서 살겠다' 고 나오는 것입니다. 그래서 모세는 이 이스라엘 백성들이 사십년이나 훈련을 받고서도 약속의 땅의 가치를 알지 못하고 그저 편하게 이 세상에 아무데나 눌러 앉으려고 하는 것을 보고 충격을 받았습니다.

그래서 모세는 르우벤 지파와 갓 지파를 책망을 했습니다.

민수기 32장 7절

너희가 어찌하여 이스라엘 자손으로 낙심케 하여서 여호와께서 그들에게 주신 땅으로 건너갈 수 없게 하려느냐?

사실 젖과 꿀이 흐르는 가나안 땅은 반드시 이스라엘 백성들이 행복하게 살기 위한 땅은 아니었습니다. 이곳은 하나님이 약속하신 땅이고 옛날에도 하나님의 말씀이 임했고 앞으로도 하나님의 말씀이 임

할 땅입니다. 그런데 르우벤 지파와 갓 지파는 현실적인 필요에 의해서 자기들은 굳이 가나안 땅에 들어가지 않겠다는 것입니다.

여기서 모세는 르우벤 지파와 갓 지파에게 '왜 편하게 살려고 하느냐?', '너희들이 편하게 살려고 좋은 땅에 눌러 앉아버리면 누가 힘들게 가나안 땅에 들어가서 전쟁을 하겠느냐? 고 하면서 책망을 했습니다.

르우벤 지파와 갓 지파는 모세의 책망을 듣고서 자기들이 얼마나 이기적이었는지 알게 되었습니다. 그러나 도저히 요단 동편 땅은 포기하고 싶지가 않았습니다. 즉 자신들의 직업에 너무나도 이상적인 곳이었기 때문입니다.

그래서 모세에게 하나의 타협안을 제시를 했습니다. 그것은 우리가 여기에 성을 쌓고 여자와 아이들과 가축을 안전하게 한 후에 우리가 먼저 가나안에 들어가서 같이 싸우겠다는 것입니다. 즉 '우리는 다른 지파와 똑같이 가나안 땅에 들어가서 싸우겠다. 그러나 땅은 요단 동편 땅을 차지하게 해 달라'는 것이었습니다. 여기서 모세는 한발 물러섭니다. 너희들이 다른 지파와 똑같이 가나안 땅에 들어가서 싸우기만 한다면 요단 동편 땅을 차지하는 것은 상관하지 않겠다는 것입니다.

요단 동편 땅은 이스라엘 본토는 아니지만 세상적으로는 아주 중요한 곳이었습니다. 과연 이스라엘이 이런 곳을 포기해야 하느냐 하는 것입니다

예를 들면 신앙적으로는 별로 중요하지 않지만 세상에서 출세하고 성공하는 데는 아주 중요한 자리나 위치가 있을 수 있습니다. 우리가 믿음이 너무 좋아서 그런 것까지 다 포기하고 오직 신앙 하나만을 위해서 사는 것도 중요합니다. 그러나 어떤 때에는 신앙적으로 손해를

보지 않는 범위 내에서 얼마든지 세상적으로 좋은 자리를 차지할 수도 있는 것입니다. 물론 우리에게는 영적인 복도 중요하지만 세상적인 복도 굳이 포기할 필요는 없는 것입니다. 그러나 자칫 잘못하면 세상에서 성공한 것을 교회 안에 끌고 들어오거나 자랑함으로 믿음의 연단을 받고 있는 많은 형제와 자매들을 낙심하게 할 가능성도 있는 것입니다. 이 문제를 모세는 바로 보았고 하나님의 말씀을 가지고 책망을 함으로 모두가 다 살 수 있게 했습니다. 만약 오늘 정신 나간 목회자 같으면 오히려 요단 동편이 전부라고 하면서 두 손을 높이 들어서 축복을 했을 것입니다. 그러면 더 중요한 본토를 또 잃어버리게 되는 것입니다. 그리고 어쩌면 사십년을 더 광야에서 방황을 해야 할지 모릅니다.

교회의 역사가 오래된 많은 나라들을 보면 바로 이 요단 동편의 유혹 때문에 교회 안에서 부흥의 불길을 많이 꺼트린 역사를 보게 됩니다. 즉 세상적으로 지위가 높아지고 돈이 많아지게 되니까 가나안 본토의 축복은 밀려버리고 오직 요단 동편의 세상 축복만 가지고 자랑하고 떠드는 바람에 진정한 이스라엘의 부흥의 불이 꺼져버리는 것입니다. 그래서 우리는 예수님의 말씀대로 '그 나라와 그 의를 먼저 구하라. 그리하면 이 모든 것을 더하시리라' 는 말씀을 붙잡아야 하겠습니다. 그리고 언제나 가나안 본토가 있고 요단 동편이 있는 것이지 요단 동편에 만족을 하게 되면 더 큰 복을 잃어버리게 되는 것을 주의해야 합니다.

가나안 정복의 청사진

민수기 33장 50절부터 민수기 끝까지는 이스라엘 백성들이 과연 어떤 목적을 가지고 그리고 어떤 원리에 따라서 가나안 땅을 정복할 것인지 청사진이 나옵니다.

이스라엘 백성들이 가나안 땅을 정복하는데 있어서 가장 중요한 것은 이스라엘 백성들이 왜 가나안 땅을 정복해야 하는지 그리고 그 목적이 무엇인지를 명확히 아는 것이 중요합니다. 도대체 이스라엘 백성들은 무엇 때문에 이 먼 곳 가나안 땅까지 와서 여기서 잘 먹고 잘 살고 있는 가나안 족속들을 몰아내고 이 땅을 차지해야 하는가 하는 것입니다. 즉 이스라엘 백성들이 가나안 땅을 차지하는 것은 재산의 습득이고 재산의 증가인가 아니면 더 큰 야망을 위한 발판을 삼으려고 하는 것인가 아니면 새로운 사회를 건설하기 위한 것인가 하는 것입니다.

여기서 하나님께서는 이스라엘 백성들이 가나안 땅을 정복해야 하는 이유를 분명히 말씀하셨습니다.

민수기 33장 50-53절
여리고 맞은편 요단 가 모압 평지에서 여호와께서 모세에게 일러 가라사대 이스라엘 자손에게 말하여 그들에게 이르라 너희가 요단을 건너 가나안 땅에 들어가거든 그 땅 거민을 너희 앞에서 다 몰아내고 그 새긴 석상과 부어 만든 우상을 다 파멸하며 산당을 다 훼파하고 그 땅을 취하여 거기 거하라 내가 그 땅을 너희 산업으로 너희에게 주었음이라

이 당시 가나안 땅은 음란과 미신과 우상 숭배가 가득 찬 땅이었습

니다. 하나님께서는 이스라엘 백성들에게 이런 미신과 음란과 우상을 몰아내고 하나님의 말씀이 실천되는 아름다운 사회를 만들라고 가나안 땅을 주시는 것입니다. 이스라엘 백성들은 이미 광야에서 하나님의 말씀으로 사는 삶이 어떤 것인지를 경험했습니다. 그렇다면 이 세상에서도 그런 삶을 한번 만들어보라는 것입니다. 즉 광야에서 오직 하나님의 말씀 하나로 이렇게 성공적이고 아름다운 삶을 살 수 있었다면 젖과 꿀이 흐르는 땅에서는 더 그렇게 살 수 있다는 것입니다.

만약 우리가 교회에서 믿음으로 살 수 있다면 이 세상 직장이나 장사하는 곳에서도 분명히 믿음으로 살 수 있습니다. 하나님의 말씀이 우리를 바꾸었다면 우리도 하나님의 말씀으로 이 세상을 얼마든지 아름답게 바꿀 수 있습니다. 바로 그 땅이 약속의 땅이고 가나안 땅인 것입니다.

그러나 만약 이스라엘 백성들이 이 목적이 흐려지게 되면 결국 우상을 따라가게 되고 음란한 생활을 따라가게 되고 나중에는 이스라엘이 아니라 가나안 족속처럼 되고 마는 것입니다.

그래서 하나님은 이렇게 경고하셨습니다.

> **민수기 33장 55절**
>
> 너희가 만일 그 땅 거민을 너희 앞에서 몰아내지 아니하면 너희의 남겨둔 자가 너희의 눈에 가시와 너희의 옆구리에 찌르는 것이 되어 너희 거하는 땅에서 너희를 괴롭게 할 것이요

눈에 가시와 옆구리에 찌르는 것이 있으면 어떻습니까? 아마 우리는 너무나도 고통스러울 것입니다. 이것을 빼려고 하니까 잘 뽑히지

않고 그렇다고 해서 그냥 두자니 너무나도 괴로운 것입니다.

하나님께서는 이스라엘 백성들에게 섣불리 가나안 족속들과 타협하려고 하지 말라고 하셨습니다. 왜냐하면 전부 그 안에 사단의 가시가 들어 있기 때문에 결국 받아들이면 죽을 때까지 가시 노릇을 하게 되는 것입니다. 그래서 하나님의 백성들은 언제나 말씀과 성령으로 이겨버려야 나중에 편하게 됩니다. 처음부터 어설프게 타협을 하거나 협상을 하면 나중에 바로 잡기가 아주 힘들어지게 되는 것입니다.

그래서 하나님의 일을 하는데 있어서 아주 중요한 것이 있다면 그것은 고지와 제공권입니다. 요즘 전쟁은 거의 모두 공군의 제공권에 의해서 초기에 결정이 되어버립니다. 그리고 고지를 차지해야 하는 것입니다. 우리가 모든 것을 다 잘 할 수는 없습니다. 오히려 모든 것을 다 잘하려고 하다가는 더 중요한 것을 놓칠 수 있습니다. 우리는 절대로 영적인 주도권에 밀려서는 안 됩니다. 그리고 무슨 일을 하든지 중요한 고지가 있습니다. 그 고지를 반드시 먼저 차지를 해야 가나안의 힘을 뺄 수가 있습니다.

그리고 이스라엘 백성들이 가나안 땅을 차지하는 데는 제비의 방식을 사용했습니다. 33장54절, "너희의 가족을 따라서 그 땅을 제비 뽑아 나눌 것이니 수가 많으면 많은 기업을 주고 적으면 적은 기업을 주되 각기 제비 뽑힌 대로 그 소유가 될 것인즉 너희 열조의 지파를 따라 기업을 얻을 것이니라"

우리나라는 현재 대학교나 직장을 선택할 때도 지원자가 원하는데로 할 수 없습니다. 오직 시험을 쳐서 시험 성적순으로 결정을 합니다. 그러니까 결국 머리 좋은 사람들이 좋은 것을 다 차지한다고 보아야 할 것입니다. 그래서 사람들이 죽으라고 엘리트 그룹에 들려고 하는 이유는 일단 엘리트 그룹에 들어가야 좋은 부분을 먼저 먹을 수 있기 때문입니다. 그래서 우리나라에서는 가난이 대물림이 될 때가 많습니다. 집이 가난하기 때문에 좋은 교육을 받지 못하고 또 좋은 교육을 받지 못했기 때문에 좋은 직장을 구하지 못하는 것입니다.

그러나 하나님께서는 이스라엘 백성들에게 제비의 방식에 의해서 땅을 배정받게 하셨습니다. 제비를 뽑는다는 것은 일단 자신의 힘이나 노력이 배제가 되는 것입니다. 그 이유는 이 가나안의 축복이 하나님이 주시는 은혜의 선물이기 때문입니다. 그래서 똑똑하고 공부를 잘 하고 힘이 있다고 해서 좋은 땅을 차지하는 것도 아니고 못생기고 머리가 나쁘다고 해서 나쁜 땅을 차지하는 것도 아닙니다. 이스라엘 백성은 누구나 제비가 뽑힌 땅이 하나님이 주신 땅인 줄 알고 열심히 살면 되는 것입니다. 그러나 하나님은 그 제비 뽑은 땅이 완전히 불합리하지는 않을 것이라고 하셨습니다. 왜냐하면 사람이 많은 가족은 넓은 땅이 제비 뽑히고 사람이 적으면 작은 땅이 뽑힐 것이기 때문입니다. 그래서 우리는 하나님이 우리 사정을 가장 잘 아신다는 것을 믿어야 합니다. 단지 내가 행복하기 위해서 다른 사람들의 행복을 빼앗아서는 안 되는 것입니다. 이스라엘은 강한 자나 약한 자나 모두 행복할 권리가 있습니다. 그러나 이스라엘 백성들은 게으르면 안 됩니다. 아무리 제비를 뽑았다고 해서 그 땅이 빈 땅은 아니기 때문입니다. 누구든지 제비를 뽑으면 자기 힘으로 거기에 있는 가나안 족속들을 몰아내고 그 땅을 차지해야 합니다. 결코 가만히 있는데 다른 사람이 빼앗아주는 일은 없는 것입니다.

하나님께서는 이스라엘 백성들이 가나안 땅에서 차지할 경계선을 지시해주셨습니다. 그 내용이 민수기 34장에 나옵니다. 그 경계선은 지금 우리가 보는 가나안 땅 전부였습니다. 즉 남쪽의 애굽 경계선에서부터 북쪽의 유브라데강까지가 모두 가나안 땅이었습니다. 하나님께서는 이스라엘 백성들에게 알렉산더나 나폴레옹이 했던 것처럼 온 세계를 다 정복하라고 명령하시지 아니하셨습니다. 오직 가나안 땅만이 이스라엘 백성들이 정복할 영역이었습니다.

이것이 나중에 사도행전에는 '예루살렘과 온 유다와 사마리아와 땅 끝까지' 범위가 넓어지게 됩니다.

그렇다면 오늘날 우리가 정복해야 할 가나안 땅이 어디일까요? 오늘 우리는 다양한 삶의 지평을 눈앞에 두고 있습니다. 요즘은 눈에 보이는 땅을 차지하려고 하는 사람들은 대개 땅 투기꾼들일 것입니다. 우리에게는 학문의 영역도 있고 예술의 영역도 있습니다. 또 인터넷의 발달로 사이버 공간도 분명한 영토의 한 부분으로 등장하고 있습니다. 빌 게이츠 같은 분은 일찌감치 하버드 대학을 그만두고 사이버 공간을 정복해서 세계 최고의 부자가 되었습니다.

우리는 하나님의 말씀도 정복의 대상인지는 모르겠지만 성경도 어마어마하게 거대한 땅입니다. 이 안에는 정글도 있고 사막도 있고 강도 있고 넓은 들판도 있습니다. 이 안에는 역사도 있고 시도 있고 노래도 있고 법률도 있고 논문들도 있습니다.

우리는 내가 그리스도 안에서 가장 잘 할 수 있는 영역을 찾아내어서 누가 뭐라고 하든지 간에 꾸준히 정복해 나가야 하는 것입니다. 이것이 과학 실험실일 수도 있습니다. 미디어의 영역일 수도 있습니다. 책 출판일 수도 있을 것입니다.

해리 포터를 쓴 조앤 롤랭은 호그와트 마술학교 하나로 이야기를 엄청나게 만들어서 해리포터를 세계적인 기업으로 만들었습니다. 이것이 영국의 저력인 것 같습니다. 우리는 하나님의 이 엄청난 말씀과 성령의 능력으로 새로운 세계를 만들어내어야 할 것입니다.

간호사들은 단순히 병원의 병자들만 간호하는 것이 아니라 암 환자들이 편안하게 세상을 마칠 수 있도록 '호스피스' 라는 영역을 찾아내었습니다.

우리 크리스천들은 세상적인 상담과는 많이 구별되는 '크리스천 상담' 이라는 영역을 만들어내었고 또 내적 치유라든지 혹은 가정 사역 같은 영역을 찾아내었습니다. 천주교에서는 ME(marriage encounter)라고 해서 결혼한 부부을 위한 프로그램 같은 것을 만들어내어서 성공적으로 사용하고 있습니다. 불교에서는 불교 대학이라고 해서 자기들도 평신도 불자들에게 불경을 가르치는 영역을 만들어내었을 뿐 아니라 불교 유치원도 많이 활성화시키고 심지어는 템플 스테이 같은 불교 체험학교 같은 것을 통해서 많은 사람들의 지지를 받고 있습니다.

그러니까 오늘날의 가나안 땅은 단순히 고시 공부를 해서 법관이 되거나 검사가 되는 것만이 아닙니다. 우리가 찾아내지 못해서 그렇지 얼마나 많은 영역들이 감추어져 있는지 모릅니다. 우리가 이것을 찾아내어야 하는 것입니다.

그러나 하나님께서는 이스라엘 백성들이 가나안 땅을 자기만을 위해서 쓰시지 못하게 하셨습니다. 그들에게는 도와야 할 사람들이 있었습니다. 그 첫째가 레위인이고 제사장들이었습니다. 레위인과 제사장은 땅이 없었습니다. 그들은 농사를 지을 수가 없었습니다. 대신 그들에게는 그들이 살 수 있는 성이나 가축을 키울 수 있는 땅만 주었습니다. 즉 모든 이스라엘 백성들이 레위인들을 먹여 살려야 했던 것입니다. 이것을 통해서 그들은 자기 땅이 자기 것이 아니라 하나님이 빌려주신 땅이라는 것을 다시 깨달을 수 있었습니다.

결국 이스라엘 백성들은 자기 자신을 위해서도 살지만 결국 남을 위해서도 살아야만 했던 것입니다. 그러기에 우리는 남을 돕게 될 때 불평하지 말고 기꺼이 도와야 합니다. 왜냐하면 이 모든 행복을 주신 분은 하나님이시기 때문입니다.

그리고 이스라엘 백성들은 반드시 도피성을 만들어야만 했습니다. 이 도피성이라고 하는 것은 고의가 아니라 실수로 사람을 죽인 자들이 도피해서 목숨을 건질 수 있는 성이었습니다. 이것은 하나님께서 만약의 경우를 인정하시는 것입니다. 우리가 이 세상 살 때에는 만약의 경우라는 것이 있습니다. 그럼에도 불구하고 모든 사람들을 다 똑같이 취급해버리면 억울한 사람이 생기게 되는 것입니다. 그런 까닭에 고의로 사람을 죽인 자들은 마땅히 잡아서 처형을 해야 땅이 더 럽혀지지 않습니다. 그러나 실수로 사람을 죽인 자를 죽이면 또 땅이 더러워지게 됩니다. 그래서 그런 사람은 죽지 않도록 보호를 해야 할 책임이 있었던 것입니다.

우리가 이 땅에서 복을 받으려면 땅이 더러워지지 않게 해야 합니다. 왜냐하면 성경에는 마치 땅이 감각이나 생각이 있는 것처럼 그 위에 사람들이 죄를 짓고 못된 짓을 할 때 땅이 사람을 거부하는 것입니다. 살인자나 간음자나 비도덕적인 자들이 많아지게 되면 땅이 그들을 추방하게 되는 것입니다. 그래서 하나님의 백성들은 언제나 우리가 사는 사회의 도덕적인 수준에 신경을 써야 합니다. 아무리 나는 아니라고 하지만 전체적으로 도덕적으로 타락해서 죄의 수치가 올라가면 자동적으로 재앙은 일어나기 때문입니다. 이것을 막을 수 있는 것은 오직 강한 부흥 밖에 없습니다. 우리 안에서 성령의 불같은 역사가 지속적으로 뜨겁게 일어날 때 세상의 죄와 마귀의 궤계는 불에 타게 되면서 안전한 사회가 만들어지게 되는 것입니다. 그러기에 우리가 최우선적으로 해야 할 일은 성령의 불이 꺼지지 않도록 말씀과 기도로 거룩하게 살아야 하는 것입니다. 이 부흥의 불길이 절대로 꺼트리지 않도록 우리는 항상 노력해야 합니다.